목민
심서

목민심서

정약용 著 노태준 譯解

홍신문화사

옛날에 순 임금이 요 임금의 뒤를 이어 천하를 다스릴 때는 12목(牧)을 두어서 그들로 하여금 목민케 하였고, 문왕이 정사를 돌볼 때는 사목(司牧)을 두어서 목민케 하였으며, 맹자가 평륙(平陸)으로 갔을 때는 가축을 기르는 것을 목민에 비유하였으니, 백성을 기르는 것을 목(牧)이라 일컫는 것은 성현이 남긴 뜻인 것이다.

성현의 가르침에는 원래 두 가지 길이 있으니, 하나는 사도(司徒)를 두어서 만백성을 가르치고 각기 수신(修身)하게 하는 것이며, 다른 하나는 대학에서 국자(國子)를 가르치고 각기 수신하여 백성을 다스리도록 하는 것이다. 따라서 군자의 학문이란 반은 수신하는 것이고 나머지 반은 목민하는 것이다.

성인의 시대가 멀어짐에 따라 그 말씀도 사라져가므로 그 도가 어두워졌기 때문에, 오늘날의 사목(司牧)들은 오직 이익을 얻는 데만 급급하여 목민하는 길을 알지 못하고 있다. 그러므로 백성들은 여위고 곤궁하고 병들어서 구렁텅이로 빠져 들어가는데도 사목들은 바야흐로 비단옷과 기름진 음식으로 자신을 살찌우고 있으니 이 어찌 슬픈 일이 아니겠는가.

우리 선친께서는 성조(聖朝)의 인정을 받아 두 현(縣)의 감(監)과 한 군(郡)의 수(守)와 한 부(府)의 호(護)와 한 주(州)의 목(牧)을 지내시면서 모두 뛰어난 공적을 쌓으셨다. 비록 용(鏞)은 어리석고 둔하지만 따라다니면서 배우고 얻은 바가 있었고, 보고 깨달은 바가 있었으며, 물러나와서 몸소 시험하고 경험을 얻은 바가 있었다.

그러나 이미 귀양살이하는 몸으로서 아무 소용이 없게 되었다. 먼 변방에서 18년 동안 궁하게 살아오며 사서(四書)와 오경(五經)을 되풀이하여 연구하고 수기(修己)의 학문을 강론하였는데, 이미 배웠다고 하나 배운 것은 반 정도뿐이다.

이에 23사(史)와 우리 나라의 사서(史書) 및 자집(子集) 등 여러 서적을 가지고 옛날 사목들의 목민한 자취를 찾아 연대순으로 뽑아내고 분류하여 차례대로 편집하였다. 또 멀리 떨어진 남쪽에서 전부(田賦 : 토지에 부과하는 조세)로 인하여 일어나는 간악하고 교활한 아전들의 고질적인 폐단을 지금의 처지에 있는 나는 더욱 자세히 얻어들을 수 있었기 때문에 이것 또한 분류하고 기록하여 모두 12편(篇)으로 만들었으니 1은 부임(赴任), 2는 율기(律己), 3은 봉공(奉公), 4는 애민(愛民), 이어서 이(吏)·호(戸)·예(禮)·병(兵)·형(刑)·공(工) 등 육전(六典)이고 11은 진황(賑荒), 12는 해관(解官)편이며, 각 편을 또다시 6조로 세분하여 총 72조가 되었다. 혹 몇 조를 합하여 한 권을 만들기도 하고 혹 한 조를 여러 권으로 나누기도 하여 모두 48권으로 한 부(部)가 되게 하였다. 비록 시대에 따르고 풍속에 순응하여 위로 선왕(先王)의 시대와 꼭 맞을 수는 없으나 목민하는 일은 조례가 갖추어졌을 것이다.

　고려 말에 비로소 5사(五事)로 수령들을 고과(考課 : 성적을 평가하는 것)하였으며, 조선시대로 접어들면서 이를 토대로 하여 7사(七事)로 늘렸는데 수령이 해야 할 것의 대략만을 들었을 뿐이었다. 수령의 직책을 수행함에 있어서 법전(法典)이 없을 수 없고 여러 가지 조목을 차례로 들어 오직 직책을 다하지 못할까 두려워해야 하거늘, 하물며 저 혼자 생각하고 저 혼자 행하는 것을 기대할 수 있겠는가.

　이 책은 첫머리와 맨 끝의 두 편을 제외한 나머지 열 편에 들어 있는 것만 해도 60조나 되니 진실로 양식 있는 수령으로서 그 직분을 다하고자 한다면 아마도 살피를 잡지 못하는 일은 없을 것이다.

　옛날에 부염(傅琰)은 〈이현보(理縣譜)〉를 지었고, 유이(劉彝)는 〈법범(法範)〉을 지었으며, 왕소(王素)는 〈독단(獨斷)〉을 지었고, 장영(張詠)은 〈계민집(戒民集)〉을 지었으며, 진덕수(眞德秀)는 〈정경(政經)〉을 지었고, 호대초(胡大初)는 〈서언(緖言)〉을 지었으며, 정한봉(鄭漢奉)은 〈환택편(宦澤篇)〉을 지었으니 모두 이른바 목민하는 책이다.

　이제 이러한 책들이 거의 전해지지 않고 오직 음탕한 말과 기발한 글귀만이 세상에 떠돌고 있으니, 비록 내 책인들 어찌 전해지기를 바라겠는가마는 〈주역(周易)〉에 말하기를, "전 사람의 말이나 지나간 행동을 많이 앎으로써 그 덕을 쌓는다."라고 하였으니, 이는 진실로 나의 덕을 쌓기 위한 것이지 어찌 꼭 목민에만 뜻이 있겠는가. 그리고 그것을 '심서(心書)'라 한 것도 목민할 마음만이 있을 뿐 몸소 실행할 수 없으므로 이처럼 이름한 것이다.

  당저(當宁) 21년 신사(辛巳) 늦봄에 열수(洌水) 정약용(丁若鏞)은 서(序)한다.

차 례

해 제

　〈목민심서(牧民心書)〉는 조선 순조(純祖) 18년(서기 1818년)에 정약용(丁若鏞) 선생이 전남 강진(康津)의 유배지에서 저술한 것이다.

　선생께서는 영조(英祖) 38년(서기 1762년)에 경기도 광주군(廣州郡) 초부면(草阜面) 마현(馬峴 : 지금의 남양주시 조안면 능내리)에서 정재원(丁載遠)의 넷째 아들로 태어났다. 자(字)는 미용(美鏞) 또는 송보(頌甫)라고 하였으며, 호는 삼미(三眉)·다산(茶山)·사암(俟菴)·자하도인(紫霞道人)·태수(苔叟)·문암일인(門巖逸人) 등이며 당호(堂號)를 여유당(與猶堂)이라고 하였다.

　소년시절부터 아버지가 목민관을 지냈으므로 연천(漣川)·화순(和順)·예천(醴泉)·울산(蔚山)·진주(晉州) 등지를 전전하면서 백성을 다스리는 법과 수령으로서의 몸가짐을 보고 배웠으며, 벼슬길에 오른 후에는 경기암행어사(京畿暗行御史)·금정찰방(金井察訪)·곡산도호부사(谷山都護府使) 등의 직책을 역임하면서 혜안(慧眼)으로 민정(民情)을 살피고, 지방행정제도의 모순과 수령(守令)들의 무능과 아전들의 횡포를 체험하고 목격하게 됨으로써 크게 느낀 바가 있어 〈목민심서〉를 만들게 되었던 것이다.

　선생의 형제들이 일찍이 천주교와 관련이 있었기 때문에 순조 원년(서기 1801년)에 황사영(黃嗣永)의 백서사건(帛書事件)이 일어나자 체포되어 강진(康津)으로 유배되었는데, 순조 18년에 방면될 때까지 무려 18년 동안 귀양살이를 하였다. 이 시기야말로 선생으로 하여금 〈목민심서〉를 비롯하여 〈경세유표(經世遺表)〉·〈흠흠신서(欽欽新書)〉·〈아언각비(雅言覺非)〉 등 이른바 〈여유당 전서(與猶堂全書)〉라는 대저서(大著書)를 낳게 한 절호의 기회가 되었던 것이다.

비록 벼슬길에서 물러나 죄인의 몸으로 18년이란 긴 세월을 천리 타향에서 쓰라린 고초를 겪어야 하였으나, 이 방대한 저술을 통한 교훈이야말로 우리 민족의 가슴속에 참신한 기풍을 불어넣어 주었으며, 낡은 사상에서 탈피하여 새로운 진로를 제시하였으니, 선생은 우리 나라 반만 년 역사를 통하여 석학에 속할 뿐만 아니라, 그의 실사구시(實事求是)를 부르짖은 실학사상이야말로 길이 우리의 앞날에 등대가 될 것이다.

국가가 존립하고 정치가 행해지는 목적은 어디까지나 국민들을 잘살게 하는 데 바탕을 두고 있는 것이니만큼 만일 국민이 못살게 된다면 국가나 정치는 곧 그 가치를 상실하게 되는 것이다. 그리고 그 국민의 생활과 직결되어 있는 정치란 바로 일선의 지방행정이며 행정담당자인 목민관에게 달려 있는 것이다. 지방행정이 원활하게 잘 돌아가야 온 국민이 잘살게 되는 것이며 한 나라가 번영을 누리게 되는 것이니 목민관의 책임이야말로 참으로 무겁고 큰 것이라 할 수 있다.

〈목민심서〉는 1. 부임(赴任) 2. 율기(律己) 3. 봉공(奉公) 4. 애민(愛民) 5. 이전(吏典) 6. 호전(戶典) 7. 예전(禮典) 8. 병전(兵典) 9. 형전

(刑典) 10. 공전(工典) 11. 진황(賑荒) 12. 해관(解官)의 12강(綱)으로 크게 나뉘고, 이것을 또다시 각각 6조로 세분하여 전체가 12강 72조로 되어 있으니, 당시에 있어서 목민관의 생활을 총망라한 것이라고 볼 수 있다.

율기편(律己篇)에서는 위엄과 신의로써 관속(官屬 : 관청의 하인들)을 통솔하며, 청렴하고 결백한 이도정신(吏道精神)에 입각하여 정사에 임할 것을 제시하고 있으니, 목민관은 행정에 임하기에 앞서 몸가짐부터 바르게 해야 한다는 것을 강조한 것이다.

이전(吏典)에서도 관속을 통솔하는 근본은 무엇보다도 몸가짐을 바르게 하는 데 있음을 거듭 말하고 있으니, 목민관의 올바른 정신자세야말로 밝은 행정의 원천이 된다고 볼 수 있다. 특히 아전들의 유혹에 빠져서 한 번 부정을 저지르게 되면 수령 노릇을 할 수 없게 된다는 것을 예로 들어서 목민관들에게 일대 경종을 울리고 있다.

호전(戶典)에서는 토지의 소출을 기준으로 하는 전제(田制)를 비판하고, 면적을 기준으로 하는 중국식의 경무제(頃畝制)를 찬양하였으며, 전제의 실질적인 개혁만이 세제를 확립시킴으로써 백성들의 부세(賦稅)를 공정하게 하는 한편 국가재정을 충족시킬 수 있는 것임을 역설하고 있다. 부임(赴任)으로부터 해관(解官)에 이르기까지 전문(全文)을 통하여 목민관은 오직 국민을 사랑하고 나라의 일을 염려하여 관속(官屬)들의 횡포와 부정을 막고 맡은 바 임무를 충실히 이행하는 방법론을 펴고 있으며, 국가 법전을 고증하고 우리 나라 역대로부터 이름높았던 수령들의 선치(善治)는 물론이요, 중국의 유명한 목민관의 치적(治積)까지도 실례로 들어서 보충설명을 하고 있다.

선생은 애민우국(愛民憂國)하는 충정(衷情)에서 오랜 관찰과 연구

끝에 이와 같은 대저술을 이룩하였으나 오직 당쟁(黨爭)과 개인의 영달에만 급급하던 당시 인사들은 안중에도 없었다. 그러나 선생의 소기의 목적은 비록 성취되지 못하였다 하더라도 후세 사람들로 하여금 당시의 정치제도는 물론 사회상을 눈으로 보는 것처럼 소상하게 알 수 있도록 만들어서 그 시대 사람들의 사고방식까지도 낱낱이 엿볼 수 있게 하였으니, 우리의 과거를 아는 데 그 기여하는 바가 실로 크다 할 것이다.

과거를 아는 것은 곧 현재를 바르게 살아가는 데 있어서 귀중한 자료가 될 수 있는 것이므로, 우리의 현실을 비판하며 미래를 추구하는 데도 큰 도움이 될 것이다. 또 아무리 시대가 변하고 제도가 달라졌다 하더라도 대원칙만은 불변하는 것이기 때문에 오늘날의 목민관들은 물론이거니와 모든 정치인들과 일반 인사들도 교훈으로 삼아야 될 줄로 믿는다.

〈목민심서〉의 원본은 한문으로 되어 있으며 또한 문장이 난해하기 때문에, 어산 한문에 소양이 있지 않고는 알아보기 어렵게 되어 있다. 이제 누구나 쉽게 이해할 수 있도록 하기 위하여 현대역으로 축조(逐條) 번역하였으며 주해(註解)를 달고 풀이까지 덧붙였으니, 누구든지 현대역과 원문을 대조해 가며 주해를 참조하면서 풀이를 본다면 무난히 해득할 수 있을 것이며, 동시에 한문에 대한 이해력도 기를 수 있을 것이다. 풀이에 있어서는 주로 선생의 해석을 옮겨 놓고 또 외람되게 필자의 견해까지도 덧붙여 놓았으니 참고로 하기 바란다. 이 책을 재삼 정독하며 음미하는 가운데 독자 여러분들이 크게 얻은 바가 있기를 간절히 바란다.

1

부임 6조 (赴任六條)

1. 사령(辭令)을 받으면서

…… 제배(除拜)

다른 벼슬은 구해도 좋지만, 그러나 목민관만은 구할 것이 못 된다.

제배된 처음에는 재물을 함부로 써서는 안 된다.

저보(邸報)를 처음 내려보낼 때 그 폐단을 덜 수 있는 것은 덜도록 해야 한다.

신임(新任) 여비를 국비로 받고서도 또 백성들에게서 돈을 거둔다면 이는 임금의 은혜를 감추고 백성의 재물을 약탈하는 것이므로 해서는 안 된다.

| 풀이 | 부임 6조(赴任六條)란 목민관이 발령을 받고 고을로 부임하는 데 있어서 여섯 가지 중요한 조항을 열거한 것이며, 이 글에서는 제배, 즉 신임 발령을 받고 난 직후의 유의할 일들에 대하여 논하고 있다.

여러 벼슬 중에서 가장 어렵고 책임이 무거운 것이 목민관이니만큼 다른 벼슬은 구하더라도 목민관은 구하지 말라고 이르고 있다. 고대 중국에 있어서 하(夏)·은(殷)·주(周) 3대의 행정제도를 보면 공작이 사방 100리, 후작과 백작이 각각 70리, 자작과 남작이 50리를 소유하였으며,

1// 他官可求 牧民之官
不可求也 除拜之初 財
不可濫施也 邸報下送
之初 其可省弊者 省之
新迎刷馬之錢 旣受公
賜 又收民賦 是匿君之
惠 而掠民財 不可爲也

목민지관(牧民之官) : 각 고을의 수령. 지금의 군수. 백성을 기른다는 뜻에서 나온 문구임.

제배(除拜) : 임관 발령을 받는 것.

저보(邸報) : 경저(京邸)에서 고을에 보내는 연락 문서. 경저는 수도에 있는 각 고을의 연락소.

쇄마지전(刷馬之錢) : 옛날에는 육로에 있어서 말을 타는 것이 유일한 교통 수단이었기 때문에 나라에서 관리들에게 지급하는 여비를 쇄마전(刷馬錢) 또는 쇄마지전이라고 불렀음.

약민재(掠民財) : 백성의 재물을 무리하게 빼앗는 것.

50리 미만은 부용(附庸)이라 하였고, 이들을 통틀어서 제후라고 일컬었다.

상읍(上邑)은 그 지방이 공(公)과 맞먹고, 중읍(中邑)은 후·백과 맞먹으며, 하읍(下邑)은 자·남과 맞먹고, 그 이하는 부용과 비슷한 것이니, 벼슬 이름은 비록 다르지만 오늘날의 수령이란 그 직책에 있어서 바로 제후와 같은 것이다. 그러나 옛날의 제후들은 그 밑에 상(相)이 있고 삼경(三卿)이 있으며 대부(大夫)와 백관(百官)이 갖추어 있어서 각기 그 직무를 맡아보았기 때문에 제후 노릇 하기가 그리 어렵지는 않았다.

상(相) : 정승.

지금의 수령이란 백성들 위에 고립되어 있어서 간악한 백성 세 사람이 좌(佐)가 되고 교활한 아전 60~70명이 보(補)가 되며, 불량한 토호 몇 사람이 막빈(幕賓)이 되고 패악한 사람 10명이 하인이 되어 서로 한패가 되고 굳게 결속해서 한 사람의 총명을 가리며, 사기와 농간을 일삼아서 백성들을 괴롭힌다.

또 옛날의 제후들은 세습을 하여 대대로 자리를 물려받았으니 신민(臣民)으로서 죄를 지은 자는 종신토록 출세하는 길이 막히거나 그렇지 않으면 자손들에게까지도 영향이 미치게 되므로, 아무리 악한 자라도 감히 두려워하고 복종하지 않을 수 없었다. 그러나 지금의 수령이란 오래가야 2년이요, 그렇지 않으면 몇 달 안에 바뀌게 되니 그것은 마치 주막집에 묵었다 홀연히 떠나가는 과객과도 같은데, 그 좌니 보니 막빈이니 복예니 하는 것들은 아비가 물려주고 아들이 이어받아서 옛날의 세경(世卿)과도 같으니, 주객의 세력이 다르고 오래 살고 잠깐 다녀가는 권(權)이 또한 달라서 군신의 의리나 천지의 정분 같은 것이 있는 것이 아니기 때문에, 죄를 지으면 잠시 몸을 피하였다가 손이 떠나간 뒤에 다시 집으로 돌아와서 부를 누리며 편안히 살 수 있으므로 어찌 두려울 것이 있겠는가.

세경(世卿) : 대대로 이어받는 경.

수령 노릇 하기가 옛날의 공후 노릇 하는 것보다 100배나 더 어려운 것이다. 그리고 비록 덕이 있더라도 위엄이 없으면 안 되고 뜻이 있더라도 사물을 판단하는 총명이 없어서는 안 된다. 능력이 없는 사람이 목민관의 자리에 있게 되면 백성들이 해를 입고 그 여독이 널리 퍼지며, 사람들의 저주와 귀신의 책망으로 인하여 재앙이 자손에게까지 미치게 된다. 그러므로 목민관이란 구할 것이 못 되는 것이다.

공후(公侯) : 제후, 공작과 후작을 아울러 이르는 말.

수령되기를 지원하는 것을 걸군(乞郡)이라 하고, 한 고을의 수령이 되어 그 어버이를 봉양하는 것을 영친(榮親)이라고 하는데, 벼슬아치들 중에는 집이 가난하여 늙은 부모를 봉양하기 어려운 자들이 걸군을 하기도 하고 조정에서는 그 정리를 불쌍히 여겨서 이를 허락하기도 한다. 그러나 벼슬이란 나라의 공기(公器)이므로 아무리 효도라 하더라도 부모를 봉양하는 사사로운 일을 위하여 자신의 능력도 돌아보지 않는 걸군이란 있을 수 없으며, 조정에서도 그 정상만을 참작하여 허락하는 일이 있어서는 안 된다.

목민관이란 교활한 아전들의 부정을 방지하며 수많은

백성을 편안하게 살도록 이끌어나가는 중대한 임무를 지니고 있다. 그와 같은 중대한 임무를 수행한다는 것은 결코 쉬운 일이 아니기 때문에 반드시 덕이 있고 위엄이 있어야 하며, 또한 사리를 정확하게 판단하는 총명함이 있어야 한다.

그러므로 다른 벼슬은 다 구해도 목민관은 구할 것이 못 된다는 말이 나오게 된 것이다.

목민관은 공적인 재물을 함부로 쓰는 일이 있어서는 안 된다. 발령만 받아놓고 부임도 하기 전에 체임(遞任)되는 수가 있는데 이럴 때는 특별한 경우를 제외하고는 녹봉을 받을 수가 없다. 그 고을을 위하여 아무것도 한 일도 없이 그 고을의 재물을 받을 수는 없기 때문이다.

체임(遞任) : 벼슬을 갈아 낸다는 뜻.

그리고 새로 발령을 받은 수령이 부임하기에 앞서 임금을 뵙는 날 액예(掖隸)나 원예(院隸)들이 예전(例錢)을 내라고 하는데 명목은 궐내행하(闕內行下)라 하여 많으면 수백 냥이요, 적더라도 50~60냥이다. 음관(蔭官)이나 무관 및 지체가 낮은 시골 사람으로서 그들에게 주는 돈이 만족스럽지 않을 때는 공공연히 욕지거리를 하거나 옷소매를 끌어당겨서 창피를 당하게 되었다.

액예(掖隸) : 궁중의 하인.
원예(院隸) : 승정원의 하인.

음관(蔭官) : 남행이라고 해서 과거에 급제하지 않고 얻은 벼슬.

그러자 선조(先朝)에서 이를 엄금하고 정원(政院)에서 그 액수를 정하여 액수에 가감이 없도록 하였다. 비록 욕지거리는 덜해졌다 하더라도 억지로 모색하는 것은 예나 다름이 없으니 대체로 돈을 바친다는 것은 크게 예에 벗어난 것이다.

무릇 조정에서 백성들을 위하여 다스릴 자를 보낼 때는 마땅히 비용을 절약하여 백성을 아끼도록 타일러야 할 것인데, 먼저 앞질러서 원예와 액예로 하여금 명목없는 돈을 토색케 하여 기생을 끼고 모여서 술추렴을 하거나 거문고를 타고 저를 불며 노는 비용에 충당하게 하니 이것이 무슨 예란 말인가.

근신들이 '그대는 풍부한 고을을 얻어서 장차 백성들의 고혈(膏血)을 먹을 수 있을 것인즉 내예(內隸)에게 먹이도록 하라.'고 독촉하는 것도 예가 아니며, 수령들은 이에 순응하여 '나도 풍족한 고을을 얻어서 장차 백성들의 고혈을 짤 수 있으니 그와 같은 비용쯤 어찌 사양하랴.' 하는 것도 이치에 맞지 않는다.

조정에서는 액예나 원예의 토색을 엄금해야 하며 수령들도 백성들의 살을 깎아서 조예(皁隸)들의 배를 채워 주는 일을 해서는 안 된다. 부득이 궁한 친구나 가난한 친속을 조금 도와줄 수는 있으나 아무튼 재정을 낭비하는 일은 없어야 할 것이다.

당해 고을에서 새로 부임하는 원(목민관)을 맞이하는 예절로는 첫째 치행(治行)하는 데 소요되는 여러 가지 물자를 바치는 일, 둘째 관아 청사를 수리하는 일, 셋째 각종 기치(旗幟)를 들고 영접하는 일, 넷째 풍헌(風憲)과 약정(約正)들이 문안드리는 일, 다섯째 도중에 문안드리는 일 등이 있는데, 그 폐단들 중에는 빼도 좋은 것이 있다.

저리(邸吏)가 새 원의 부임을 알리는 저보를 띄울 때 수

토색(討索) : 금품을 억지로 달라고 함.

조예(皁隸) : 궐내의 하인.

풍헌(風憲) · 약정(約正) : 풍헌과 약정은 그 고을 각 동네의 소임들을 말한다.

영기(令旗) : 조선 시대 때
군중(軍中)에서 군령(軍令)
을 전하는 데 쓰던 기. 사방
2자 가량의 푸른 비단 바탕
에 붉은 빛으로 '令' 자를
썼음.

속오군(束五軍) : 역(役)을
지지 않는 양인과 천민 중
에서 조련을 감당할 수 있
는 사람으로 편성한 군대.
이들은 평시에는 군포(軍
布)를 바치고, 나라에 큰 일
이나 사변이 있을 때만 소
집되었음.

령은 그 고을 공형(公兄)들에게 지시를 내리기를, '치행에
쓰는 물품은 술과 마른 고기 외에는 아무것도 바치지 말
것, 관아 청사의 수리는 분부를 기다려서 거행할 것, 부임
하는 날에는 고을 경계선에서 영기(令旗) 두 쌍만 문졸(門
卒)이 들고 있도록 하고 다른 것은 모두 생략할 것, 읍이나
외촌을 막론하고 군졸 한 사람에게라도 절대로 알리지 말
것, 밑에서 토색질하는 것은 각별히 엄금하도록 할 것, 외
촌의 풍헌·약정·천총(千摠)·파총(把摠)·초관(哨官)·기
패관(旗牌官)들에게는 절대로 알리지 말 것, 그리고 도중
문안은 중도에서 한 번쯤 맞아 주되, 선물은 절대로 바쳐
서는 안 된다.' 라고 해야 한다.

　옛날에는 치행하는 물자로서 안구(鞍具), 의료(衣料), 종
이, 반찬 등 수효가 많았는데 이것은 새로 맞이하는 예절
이며 이와 같은 예물을 받으면 친척들에게 나누어 주는
것이 또한 옛날의 법도였다. 이와 같은 일이 비록 미풍양
속이기는 하나 근래에 와서 고을의 재정이 극도로 피폐해
졌으니 무릇 이를 절약하는 방향으로 나아가야 한다. 그
렇기 때문에 치행하는 물자를 빼도록 해야 한다. 관아 청
사를 수리하려면 종이값을 비롯하여 많은 비용이 들고,
백성을 부역시키며 중(僧)들을 부역시켜서 그 폐단이 적
지 않기 때문에 부임한 다음 실정을 제대로 파악한 후에
수리해야 할 것이다.

　신영(新迎)하는 기치는 속오군(束伍軍)을 잡아다가 받들
도록 하는 것이 예(例)로 되어 있는데 그들이 읍에 들어와

서 수십 일씩 묵고, 읍에 들어오지 않는 자는 사사로이 비용을 거두어 쓸 것이니, 만일 농사철이라면 더욱 민폐가 클 것이다. 그러므로 이 점을 생각지 않을 수 없다.

무릇 시골 백성이 읍에 들어와서 머무르게 되면 모두 민폐가 되게 마련이므로 풍헌이나 약정 또는 장관(將官)들이 맞이하는 예절도 빼는 것이 좋겠다. 신영할 무렵에 고을 아전들의 문안이 잇달아서 끊어지지 않는다면 필경 그 왕래하는 모든 비용이 백성들에게서 나오게 마련이다. 수령이 부임한 후에 사령들이 이것을 구실로 삼아 백성들로부터 혹독하게 거두어들일 것이니 아전들의 문안을 극도로 제한해야 한다.

장관(將官) : 천총 · 파총 · 기패관 등.

부임 여비를 쇄마전(刷馬錢)이라고 하는데 그 어원은 말〔馬〕을 세내어 타고 가라는 뜻에서 나온 것이다. 목민관이 부임하는 데는 이 쇄마전이 국고에서 지급된다. 처음에는 쌀로 지급되었으나 영조 26년 균역법이 실시되고부터는 돈으로 지급되어서 많으면 400냥이 넘었으며, 적더라도 300냥이 넘었다. 이런 법을 제정하게 된 것은 여비를 백성들로부터 강제로 징수하는 폐단을 막기 위함이었다.

그러나 지금에 이르러서는 신임 수령의 쇄마전을 백성들에게서 거두어들여 국비의 배가 되기도 하고, 국비와 맞먹기도 하는 것이 풍습처럼 되어 있다. 국고로부터 이미 쇄마전의 지급을 받고 또다시 백성들로부터 받는다면 이것은 국가 입법의 뜻을 어기고 임금을 속이는 것이며, 백성의 재물을 약탈하는 행위이다. 다만 백성들로부터 쇄마전을 거두는 일은 향청(鄕廳)에서 자율적으로 하는 것이기 때문에 수령에게는 책임이 없다고 할지 모르나, 만일 그 돈이 향청으로부터 수령에게 넘어오고 수령이 이를 받아들인다면 그것은 수령의 잘못이 되는 것이다.

새로 부임하는 수령은 이러한 점을 잘 알아서 쇄마전 거두는 일을 사전에 방지토록 하고, 만일 거둔 후라면 백성들의 그밖의 부과에 충당하도록 하여 염결(廉潔)한 이도(吏道)를 지키는 한편 백성을 사랑하는 아량을 보여야 한다.

염결(廉潔) : 청렴하고 결백함을 뜻한다.

정치제도가 크게 달라진 오늘날에 이르러서는 이 글에서 나오는 것과 같은 복잡한 신영 예절이라든지 백성들에게 신임 여비를 부담시키는 일들은 찾아볼 수 없게 되었다. 다만 목민관이란 한 고을의 발전과 그 지방 백성들의 복리를 증진시키는 중책이 부여되어 있음을 자각하고 부임하기에 앞서 굳은 신념과 결의를 가져야 한다.

2. 부임(赴任)길의 검소한 행장
……치장(治裝)

2// 治裝 其衣服鞍馬 竝因其舊 不可新也 同行者 不可多玆枕袍襧之外 能載書一車 淸士之裝也

치장에 있어서 그 의복이나 안마(鞍馬)는 옛것을 그대로 쓰되 새로 장만하지 말아야 하며, 수행하는 사람이 많아서는 안 된다.

이부자리와 속옷 외에 책 한 수레를 싣는다면 청렴한

선비의 행장이라 할 것이다.

| 풀이 | 제배를 받은 수령이 부임하는 행장을 차리는 데는 검소한 것을 숭상하여 의복이나 안마를 새로 장만하지 않고 예전의 것을 그대로 써야 한다. 백성을 사랑하는 근본은 절용에 있으며 절용의 근본은 검소한 생활에 있는 것이다. 생활이 검소해야만 능히 염결을 지킬 수 있으며 백성을 사랑할 수 있는 것이니, 목민관은 무엇보다도 우선 절검(節儉)에 힘써야 할 것이다.

의관을 사치하게 하고 살진 말에 화려한 안장을 갖추어서 위세를 자랑하려는 것은 불학무식한 자의 어리석은 행동이다. 노회(老獪)한 아전들이 신임 수령의 의복이나 안마가 사치스럽고 화려한 것을 보면 속으로 비웃으며 기뻐한다. 그러나 거친 무명옷에 행장이 극히 검박한 것을 보면 누려워하고 근신한다.

유의(柳誼)가 홍주목사로 부임하게 되었는데, 해어진 갓과 거친 베 도포에 간장빛 띠를 두르고 비루먹은 말을 탔으며, 이부자리는 남루하고 요도 베개도 없었다. 그러나 이것으로 위엄이 서서, 낡은 채찍 하나도 쓰지 않았으나 간악하고 교활한 무리들이 숨을 죽였다. 또한 유강(柳爀)은 충청감사가 되었는데, 납(蠟)으로 밀화(密花)를 만들어 패영(貝纓)으로 삼으니 모든 고을이 두려워하고 그의 청검(淸儉)에 복종하였다.

수령은 부임하는 길에 수행자를 많이 데리고 가서는 안

안마(鞍馬) : 안장을 얹은 말을 뜻함.
병인기구(竝因其舊) : 병은 다 같이라는 뜻이며, 인은 따른다는 뜻임. 즉 다 같이 그 옛것을 따른다는 말.
포견(袍襺) : 속옷.

밀화(密花) : 호박(琥珀)의 하나.
패영(貝纓) : 갓끈.

된다. 수행자가 많으면 역시 고을의 재정을 축내고 민폐를 끼칠 염려가 있기 때문이다. 근래의 풍속에 책객(冊客)이라는 것이 있어서 회계를 맡아보는데 이것은 예가 아니니 마땅히 없애 버려야 한다. 청렴한 수령의 부임길에는 회계가 필요치 않은 것이다. 그러므로 그 자제 한 사람 정도만 따라가도록 하고, 만일 편지 쓰는 것이 서투르다면 서사(書士) 한 사람쯤 더 대동하는 것으로 충분하다.

허자(許鎡)가 가선령(嘉善令)이 되었는데 청렴하고 강직하여 오직 아들 하나와 종 하나를 데리고 부임하였다. 겨울날에 그 아들이 추위를 견디지 못하고 공에게 숯을 청하니 공은 창고에서 곤봉 하나를 가져오게 하여 아들에게 주면서 말하기를, "이것을 밟아 굴리면 발이 저절로 따뜻해질 것이다."라고 하였다.

또한 조청헌(趙淸獻)이 성도(成都)로부터 부임할 때 거북 한 마리와 학 한 마리를 가지고 갔었는데, 재임할 때는 거북과 학마저도 버리고 따르는 자는 오직 하인 한 사람뿐이었다. 이에 장공유(張公裕)가 다음과 같은 시를 지어 주었다.

馬諳舊路行來滑　　말은 옛 길을 아는지라 가고 오기에 수월하나
龜放長江藝不流　　거북을 장강에 띄우니 갈 길 몰라 하여라.

수령이 부임할 때는 이부자리나 의복 같은 행장은 옛것 그대로 검소한 행장을 꾸며야 하지만 책만은 많이 가지고

가도록 해야 한다. 오늘날의 수행자들은 오직 책력 한 권만을 가지고 갈 뿐, 다른 책은 한 권도 행장 속에 넣지 않는다. 그 까닭은 가면 으레 많은 재물을 얻고서 돌아오게 되는데 그때는 책 한 권이라도 짐이 된다는 것이다.

그 마음가짐이 이처럼 비루한데 어찌 국법대로 목민을 할 수 있단 말인가. 그 고을의 선비를 이끌어나가며 과거를 권장하고 시험을 보는 데도 모름지기 상고할 서적이 있어야 하며, 전정(田政)·부역(賦役)·진휼(賑恤)이나 형옥(刑獄) 등 행정을 해나감에 있어서도 그 근거를 알아야 할 것이 아닌가. 목민관의 직책을 다하려면 하루도 책을 떠날 수가 없는 것이다. 책을 싣고 갔다가 다시 싣고 돌아올 뿐, 그 고을의 재화를 싣고 오지 않는 것이 청렴한 목민관의 올바른 자세라고 할 수 있다.

이 글은 목민관이 제배를 받아서 부임하는 치장, 즉 행장을 꾸미는 일에 대하여 논하고 있다. 검소한 차림을 하도록 강조하였으며 수행원은 한두 사람에 그칠 것과 되도록이면 책을 많이 가지고 가서 목민에 대한 연구와 행정의 완벽을 기할 것을 요구하고 있다. 검소한 생활과 연구하는 태도는 오늘날의 목민관도 마땅히 힘써야 할 것으로 생각된다. 특히 근래에 이르러서 사치하는 풍조가 만연되고 있으므로 실로 통탄을 금치 못하는 바이다.

그러므로 우리 국민이 각자가 자각하여 물건 하나라도 아껴 쓰고, 사치성 물품 수입으로 인한 외화의 유출을 방

진휼(賑恤) : 흉년에 곤궁한 백성을 구원하여 도와줌.

지하며, 오직 검소한 생활 풍토를 길러서 부지런히 일하고 노력하는 것이 우리의 실질적인 생활 향상과 국가의 부강을 이룩하는 길이다. 우리 선조들은 사치를 배격하고 절검을 숭상하여 백성의 모범이 되었다. 따라서 오늘날의 그릇된 풍조를 시정하는 데는 무엇보다도 지도자적 입장에 있는 인사들이 자진하여 검박한 생활을 함으로써 일반 국민들에게 모범을 보이는 것이 그 첩경이라고 생각된다.

3. 조정에 부임 인사
······사조(辭朝)

이미 양사(兩司)의 서경(署經)이 끝난 후에는 조정에 부임 인사를 드려야 한다.

공경(公卿)과 대간(臺諫)에게 두루 부임 인사를 드릴 때는 마땅히 스스로 재기(材器)의 부족함을 말할 것이며 녹봉(祿俸)의 후박을 말해서는 안 된다.

전관(銓官)에게 두루 부임 인사를 할 때는 감사하다는 말을 해서는 안 된다.

신영하기 위하여 아전과 노복이 당도하거든 그들을 대함에 있어 마땅히 장중하고 온화하며 간결하고 과묵하게 한다.

임금을 하직하고 대궐 문을 나서게 되면 개연히 민망(民望)에 수응하며 군은에 보답할 것을 마음속으로 다짐한다.

3// 旣署兩司 乃辭朝也 歷辭公卿臺諫 宜自引材器不稱俸之厚薄 不可言也 歷辭銓官 不可作感謝語 新迎吏隸至 其接之也 宜莊和簡默 辭陛出門 慨然以酬民望 報君恩 設于乃心 移官隣州 便道赴任 則無辭朝之禮

서(署) : 서경(署經)의 뜻. 서경이란 임금이 관리를 서임한 뒤에 그 사람의 성명, 문벌, 이력 등을 갖추어서 대간에게 그 가부를 구하는 것. 고을 원이 부임할 때 상이웃 고을로 벼슬이 옮겨져서 지름길로 부임하게 되면 사조(辭朝)하는 예는 갖추지 않는다.

| 풀이 | 〈속대전(續大典)〉에 말하기를, "각 도의 도사(都事)나 수령으로서 처음 제배된 자는 모두 서경을 해야 하고, 일찍이 시종(侍從)이나 당상관(堂上官)을 지낸 자는 모두 서경을 하지 않는다. 양사에 두 관원을 두어 거행하되〔양사가 함께 모이지 못하였을 경우에는 일사(一司)만이라도 관원이 구비되면 먼저 행한다.〕50일이 지나도 서경을 하지 못한 자는 장계를 고치도록 하라."고 하였다.

서경이란 임관된 본인을 비롯하여 직계 4조 및 모계 4조, 그리고 처계 4조의 행적을 살펴서 죄과의 유무를 따져 가부를 결정짓는 것이니, 임금의 서임이 있고 양사의 서경에서 가결되어야만 비로소 벼슬자리에 나아갈 수 있는 것이다.

그러므로 양사의 서경이 끝난 뒤에 조정에 부임 인사를 드린다고 하는 것이다.

수령은 서경이 끝나면 사조(辭朝)를 하는 법인데 사조란 임금을 비롯하여 공경·대간·장신(將臣)·전관들에게 부임 인사를 드리는 것이다. 공경이나 대간을 찾아서 인사를 할 때는 언제나 자기 재능의 부족함을 말하고 상대방의 가르침을 구해야 한다. 더욱이 이들 가운데는 일찍이 자기 고을을 비롯하여 인근 고을의 수령이나 본도(本道)의 감사를 지낸 사람들이 있을 것이므로 마땅히 그 고을의

신(相臣)·장신(將臣)·육경(六卿)·전관(銓官)들에게 하직 인사를 하는 것.
양사(兩司) : 사헌부(司憲府)와 사간원(司諫院).
사조(辭朝) : 조정에 부임 인사를 하는 것.
공경(公卿) : 정2품(正二品) 이상의 벼슬. 3정승과 6판서를 합쳐서 일컫는 것이기도 함.
전관(銓官) : 인물의 전형을 맡은 관리.
이예(吏隸) : 고을에 속해 있는 아전과 노복을 말함.

직계 4조 : 부·조부·증조·고조.
모계 4조 : 외숙·외조·외증조·외고조.
처계 4조 : 장인·장조부·장증조·장고조.

실정을 자세히 물어서 알아두고, 또 그들의 의견을 들어서 앞으로의 행정에 참고가 되도록 한다면 크게 도움이 될 것이다.

전관이란 인물을 전형하는 직책을 맡은 관원을 말한다. 문관의 전형은 이조에서, 무관의 전형은 병조에서 각각 맡고 있으니 전관의 전형을 거쳐야 비로소 임관할 수 있으며 승진도 할 수 있다. 그러므로 수령이 전관을 찾아서 부임 인사를 드릴 때 흔히 감사하다는 말을 하게 된다. 그러나 전관이 나라를 위하여 인재를 추천하는 것은 자기의 맡은 바 직책일 뿐이며, 이것으로써 사사로이 은혜라도 베푼 것처럼 생색을 내려 든다면 크게 잘못된 것이다. 수령도 또한 정당한 방법을 거쳐서 임관된 것인데 이것을 사사로이 은혜라도 받은 것처럼 생각해서는 안 된다. 따라서 인사를 드리는 수령도 그와 같은 말을 해서는 안 된다. 공과 사를 엄정하게 구별할 줄 알아야 할 것이다.

김변광(金汴光)이 전기랑(前騎郎)으로 시골에서 궁핍하게 살면서도 벼슬을 구하지 않았으나 윤모 씨가 삼전(三詮)이 되어 용강현령(龍岡縣令)으로 천거해 주었다. 그후 윤씨가 딸의 혼사를 맞아 말을 보내어 도움을 청하자 김공이 회답하기를, "가난할 때 서로 돕는 것은 사람으로서 할 도리이나, 다만 혐의를 받기 쉬운 때는 군자는 삼가야 할 것으로 생각됩니다. 비인(鄙人)과 공과는 일찍이 가까이 사귄 일이 없었으나 후에 나를 천거해 주셨으니 비록 명분이서는 선물로써 재물을 주고받는다 할지라도 모르는 사람

삼전(三詮) : 이조참의.

비인(鄙人) : (윗사람이나 남에게 대하여) 자기를 낮추어 이르는 말. 소인.

들은 반드시 말을 하게 될 것입니다. 그렇게 되면 내가 수십 년 동안 지켜오던 바를 하루아침에 잃을 뿐만 아니라, 공의 청렴하고 고결한 덕행에도 누를 끼치며 빛나는 명예를 더럽히는 것이 되지 않겠습니까. 보내 주신 사람을 헛되게 돌려보내니 부끄럽고 두려운 마음 금할 길이 없습니다."라고 하였다.

신영하러 온 고을 아전을 대할 때는 경솔하게 행동하여 체통을 손상시켜서도 안 되고, 그렇다고 점잖만 빼도 안 되며, 장중하고 화평한 태도를 가져야 한다. 오직 과묵하여 말이 없는 것이 더없이 좋은 방법이다.

금주(錦洲)의 박정(朴炡)이 새로 남원부사에 제수되었는데 신영 온 아전이 그를 보고 본부(本府)인 남원부에 몰래 연통하기를, "나이 어린 학사가 말도 않고, 웃지도 않으며, 단정하게 앉아 있는데 그 마음속을 측량할 길이 없다."라고 하였다. 한때 이 말이 널리 전송되어 이것을 금주화상(錦洲畵像)이라고 일컬었다.

임금께 부임 인사를 드리는 날에는 수령의 일곱 가지 지킬 일을 탑전(榻前)에서 외우기도 하고 정원(政院)에서도 강론하는 것이니 잠시도 소홀히 해서는 안 된다.

〈고려사(高麗史)〉에 말하기를, "우왕(禑王) 원년에 5사(五事)로써 수령을 고적(考績)할 것을 명하였는데 전야(田野)가 개간되었는가, 호구가 늘었는가, 부역이 고른가, 송사가 잘 처리되었는가, 도적이 없어졌는가의 다섯 가지이다."라고 하였다. 또 〈경국대전(經國大典)〉에 말하기를,

제수(除授): 추천에 의하지 않고 임금이 직접 관리를 임명함.

탑전(榻前): 임금 앞.

고적(考績): 관리의 공적을 조사함.

"조선시대에 들어와서 농상(農桑)이 번성한가, 호구가 늘었는가, 학교가 세워졌는가, 군정이 잘 다스려지고 있는가, 부역이 고른가, 송사가 잘 처리되었는가, 간활이 자취를 감추었는가 등 일곱 가지이며, 이것이 수령 7사(七事)이다."라고 하였다.

수령은 임금께 부임 인사를 드리고 대궐 문을 나설 때부터, 어진 정사를 베풀어서 백성의 기대에 부응하며 임금의 은혜에 보답한다는 굳은 신념을 가지고 있어야 한다.

벼슬이 이웃 고을로 옮겨지면 서울로 올라와서 사조하는 일은 생략되며 지름길로 임지에 바로 부임하면 된다.

이 글은 제배된 수령이 조정에 부임 인사를 드릴 때 유의할 점과 신영하러 온 아전을 대하는 태도 등에 대하여 논하고 있다. 행정제도가 달라진 오늘날에는 새로 임명된 수령으로서의 신념이나 각오에 있어서는 공통점을 발견할 수 있겠으나, 다른 것은 비교 논의될 여지가 없다.

4. 신관(新官)의 부임 여정
……계행(啓行)

부임길에 올라서도 또한 장중하고 화평하며, 간결하고 과묵하여 마치 말을 못하는 사람처럼 해야 한다.

길을 갈 때 미신으로 꺼리는 곳이라 하여 바른 길을 버리고 다른 길로 돌아서 가려고 하거든, 마땅히 바른 길로 가서 사괴(邪怪)한 말을 깨뜨리도록 해야 한다.

관아에 요괴가 있다고 하여 아전이 기피할 것을 고하거든 조금도 구애됨이 없이 선동하는 습속을 진정시키도록 해야 한다.

관부를 두루 찾아가 마땅히 먼저 임관된 자의 말을 귀담아 들을 것이며 해학으로 밤을 보내서는 안 된다.

도임하는 전날 하룻밤은 마땅히 이웃 고을에서 묵어야 한다.

| 풀이 | 부임길에 오를 때는 아침에 일찍 떠나고 저녁에는 일찍 쉬어야 한다. 길을 떠나기 전에 수리(首吏 : 우두머리 아전)에게 일러서 하인들이 먼저 아침식사를 한 뒤에 수령의 아침식사를 올리게 하고 먼동이 틀 때 길을 떠나도록 한다. 원의 식사는 간소하게 한다. 우리 나라 풍속에 관원이 길을 갈 때 권마성(勸馬聲)을 하는데 이것은 매우 떠들썩하고 시끄러워서 오히려 관원의 위신을 떨어뜨리므로, 수리에게 일러서 권마성을 적게 하도록 해야 한다. 관원의 행차는 정숙해야만 위의(威儀)가 있는 것이며, 더욱이 새로 부임하는 수령이라면 비록 말을 타고 있을지라도 마음속으로는 백성을 위한 설계를 해야 하는데 권마성은 방해가 될 뿐이다.

송나라 때 여해경(呂惠卿)이 연주도(延州道) 장관이 되어 서도(西都)로 가게 되었다. 정이천(程伊川) 선생이 제자에

怪之說 廨有鬼怪 吏告
拘忌 宜竝勿拘 以鎭煽
動之俗 歷入官府 宜從
先至者 熟講治理 不可
諧謔竟夕 上官前一夕
宜宿隣縣

계행(啓行) : 길을 떠나는 것을 말함.
소유(所由) : 지나는 곳.
기휘(忌諱) : 꺼리고 싫어하는 것. 여기서는 미신을 꺼리는 것으로 해석된다.
구기(拘忌) : 꺼리는 것. 여기서는 기피하는 것으로 해석된다.
숙강(熟講) : 마음에 젖도록 강론하는 것.

권마성(勸馬聲) : 마부가 관원을 옹위해 나가면서 마구 떠드는 것.

어거(馭車) : 데리고 있으면서 바른 길로 나가게 함.

게 말하기를, "여혜경이란 이름은 들었으나 아직 그 얼굴을 모르니 아침에 내 집 문전을 지날 때 한 번 보리라." 하고 얼마 후에 물으니 이미 지나간 지 오래되었다는 것이었다. 이천이 감탄하기를, "따르는 자가 수백 명이고 말도 수십 필이 될 텐데 소리 없이 지나갔으니, 대중을 어거하는 것이 이와 같을진대 가히 정숙하다고 할 만하다. 조정에 있을 때는 비록 말이 많았지만 그 재주를 어찌 숨길 수 있으랴."라고 하였다.

이처럼 부임 도중에는 언제나 장중하고 화평한 태도를 취하고 과묵하여 말이 적어야 한다. 혹 아전이 잘못을 저질렀을 경우에는 도임한 후에 다스리되 처음 한 번쯤은 관대하게 처리하도록 할 것이다.

수령은 미신을 타파하는 일에 힘써야 한다. 부임하는 길에 아전들이 미신 때문에 꺼리어 바른 길을 버리고 다른 길로 돌아갈 것을 말려 따르지 말아야 한다. 아전이 시키는 대로 다른 길로 돌아서 간다면 실로 어리석은 수령이 되는 것이다.

사성(使星) : 임금의 명령으로 지방에 심부름 가던 관원(官員).

손순효(孫舜孝)가 영남순찰사로 부임하게 되었는데 영해(寧海)의 서읍령(西泣嶺)을 넘게 되었다. 속설에는 "사성(使星)이 만일 처음 이 재를 넘으면 반드시 흉사가 따르므로 사람마다 모두 이를 피한다."는 것이었다. 공은 즉시 재위로 올라가서 고목을 깎아 희게 한 후에 다음과 같은 시를 썼다고 한다.

너는 화산에 읍하여 만세부르고
나는 왕명을 받들어 백성들을 위로하러 왔네.
그 가운데 경중을 뉘라서 알아줄까.
밝은 해 소연히 둘의 뜻을 비치누나.

汝揖華山呼萬歲
我將綸命慰群氓
箇中輕重誰能會
向日昭然照兩情

어떤 고을에 가면 관사에 요괴가 나온다고 하여 원이 민가에 거처하는 일이 있다. 그러나 이것은 어디까지나 미신이며 설사 요괴가 있다 한들 사특한 것이 어찌 바른 것을 침범할 수 있겠는가. 도임하였을 때 혹 아전들이 기피할 것을 청해 오더라도 그 말을 물리쳐서 선동하는 폐단을 없애도록 해야 할 것이다.

후한(後漢) 때 왕돈(王忳)이 미령(郿令)에 제수되어 시정(渃亭)에 이르니 정장(亭長)이 말하기를, "정(亭)에 귀신이 있어서 자주 과객을 죽이니 쉴 곳이 못됩니다."라고 하자 돈이 말하기를, "인(仁)은 흉하고 사특한 것을 이기며, 덕은 상서롭지 않은 것을 제거하니 어찌 귀신을 피하리오." 하고 곧 정에 들어가 유숙하였는데 밤중에 정장에게 피살된 여자의 청원을 듣게 되었다. 이튿날 아침 정장을 불러 문초하자 죄를 자백하였으므로 곧 묶어서 가두었다.

진(晉)나라 때 악광(樂廣)이 하남윤(河南尹)이 되었는데 관사에 요괴가 많아 전윤(前尹)은 감히 거처하지 못하였다. 그런데 광이 벽 뒤 구멍 뚫린 곳에 사는 살쾡이〔貍〕를 잡아 죽이자 마침내 요괴가 없어졌다.

본도(本道)에 들어서게 되면 그곳 열읍(列邑) 수령들은

본도(本道) : 임지가 소속해 있는 도.

모두 동료로서의 우의가 있다. 어쩔 수 없는 혐의를 가진 집안끼리가 아니면 몸소 찾아가 만나는 것이 옳으며, 그대로 지나가 교만을 부려서는 안 된다. 더욱이 그들은 그곳에 먼저 와 있었으므로 인정·풍속이나 새로운 폐단, 그전부터 내려오는 병통에 대한 것을 들어서 참고될 것들을 얻을 수 있다. 신임하는 자로서는 아무쪼록 견문을 넓혀서 정사에 도움이 되도록 해야 한다.

도임하는 전날 밤은 이웃 고을에서 유숙하는 것이 좋다. 만일 본현(本縣) 경내에서 묵게 된다면 신관의 수행원이라든지 영접하는 사람들이 상당수에 이르기 때문에 그 지역 주민들에게 크게 민폐를 끼치게 된다. 될 수 있으면 부임할 때는 민폐를 덜도록 힘써야 한다.

지난날에는 교통이 불편하여 하루에 100리를 가기가 어려웠으므로 수령의 부임이 거창한 일로 여겨져서 신영에 많은 인원이 동원되어 민폐도 컸다. 그렇기 때문에 이 글에서는 부임하는 수령은 인원을 극도로 제한하고 행차를 간소하게 하여 재정의 지출을 줄이고 민폐를 덜어야 한다고 강조하고 있다.

또 당시에는 미신이 성행하였기 때문에 부임길도 큰 길을 버리고 돌아서 가며 심지어는 관사에 묵는 것까지도 기피하는 형편이었는데, 이러한 것을 과감히 시정하여 미신을 타파해야 한다고 주장하였다.

또 본도에 들어서면 열읍 수령들을 찾아가 그들의 의견

을 들음으로써 시정에 참고할 것을 아울러 말하고 있다. 교통이 고도로 발달된 오늘날에는 수령의 부임이 문제시 되지 않고, 또 수령의 부임에 미신이 개재될 수도 없으며 행정에 대한 연수나 교육도 철저히 실시되고 있기 때문에 이 계행편(啓行篇)에 직결되는 점은 없다고 본다. 다만 장 화간묵(莊和簡默)한 태도와 선배의 의견을 듣는다는 데는 공통점이 있을 것이다.

5. 관부(官府)에 도임하면서
 ……상관(上官)

도임하는 데는 날을 가리지 않되, 우천시에는 날이 맑 아지기를 기다린다.

도임하면 관속들의 참알(參謁)을 받아야 한다.

참알하고 물러가면 화평하게 단정히 앉아서 백성을 다 스리는 방법을 생각하되, 너그럽고 엄정하고 간결하고 치 밀하게 규모를 계획하여 시의(時宜)에 알맞도록 하고 스스 로 이를 굳게 지켜나가야 한다.

그 이튿날 향교에 나아가 알성(謁聖)하고 이어 사직단에 가서 봉심(奉審)하되 오로지 삼가야 한다.

| 풀이 | 새로 부임하는 수령들은 누구나 다 길일을 택하 여 도임하려고 한다. 그렇기 때문에 고을에서 가까운 지

5// 上官 不須擇日 雨 則待晴可也 乃上官 受 官屬參謁 參謁旣退 穆 然端坐 思所以出治之 方 寬嚴簡密 預定規模 唯適時宜 確然以自守 厥明 謁聖于鄕校 遂適 社稷壇 奉審唯謹

관속(官屬) : 여기서는 고을 에 소속된 아전들을 말함.
참알(參謁) : 상관을 찾아 뵙는 것.
시의(時宜) : 그 시대의 사 정에 맞는 것.
궐명(厥明) : 그 이튿날.
알성(謁聖) : 성인을 뵙는다

사직단(社稷壇) : 사(社)는
토지의 신을 말하며, 직(稷)
은 곡신(穀神)을 말하는 것
이니, 즉 사신과 직신을 제
사지내는 단을 말함.

봉심(奉審) : 왕명을 받들어
능이나 묘를 보살피는 일을
말함.

망궐례(望闕禮) : 임금이 계
신 대궐을 향하여 예를 드
리는 것.

출관(出官) : 도임한 지 3일
만에 정식으로 시무하는 것.

역에 이르렀을 때는 하루에 한 역참(驛站)을 가기도 하고
온종일 체류하기도 하여 길일이 이르기를 기다리는데, 이
것은 아전들의 조소거리가 될 뿐이며 아무 도움도 되지
않는다. 봉고파직을 당하기도 하고, 폄하(貶下 : 성적 평가
에서 하등을 받는 것)를 받아서 파직되기도 하며, 연고가 생
겨서 떠나가기도 하거늘 길일을 가려서 도임하는 것이 무
슨 징험이 있단 말인가. 다만 비오고 흐린 날에 도임하는
것은 백성들의 이목을 새롭게 할 수 없다는 뜻에서 날이
화창하게 개기를 기다려서 도임하는 것이 좋을 것이다.

깃발은 영기(令旗) 두 쌍만을 쓰도록 하고 관속들의 영
접하는 예절은 전례대로 할 것을 허용한다.

지경에 들어서면 말을 달리지 못하도록 타이르며 백성
들이 구경하는 것도 금하지 못하게 한다. 읍에 들어서게
되면 더욱 천천히 가도록 하며, 수령은 말 위에서 눈을 굴
리거나 몸을 옆으로 돌리는 일 없이 의관을 정제하고 몸
가짐을 단정히 하여 백성들에게 장중한 위의를 보여주어
야 한다. 관(館) 밖에 이르러서는 옷을 갈아입고, 뜰 안으
로 들어가서 망궐례(望闕禮)를 행하며, 잠깐 부복하여 마
음으로 백성을 잘 다스려 왕은에 보답할 것을 서약하고
몸을 일으킨다.

망궐례가 끝나게 되면 관아에 나아가 관속들의 참알을
받는다. 좌수(座首)를 불러서 급하지 않은 공사는 출관(出
官)까지 기다리도록 하고, 시급한 공사가 있을 때는 서슴
지 말고 즉시 품의를 올리도록 한다.

도임하는 날의 진찬(進饌)은 반드시 예법에 따라 거행하도록 부임 도중에 사전에 단단히 단속해 놓는다. 만일 진찬이 예법을 넘어선다면 그것은 국법을 범하기 쉬운 전제라고 볼 수 있다.

색을 분별할 수 있을 정도로 날이 밝았을 때 조례를 하는 것이 옛날의 법도이다. 조례가 일찍 끝나야만 모든 부서가 바로잡히고 일이 계획대로 진행된다. 일반적으로 수령들을 보면 일어나는 것이 절도가 없어서 해가 높이 솟을 때까지 깊이 잠들어 있고 이속이나 집사들은 문 밖에 모여서 이리저리 방황하며, 느티나무나 버드나무 그늘에는 송사하러 온 백성들이 헛되이 모였다가 하루품을 보내게 된다. 이렇게 되면 사무가 정체되고 기강이 문란해져서 혼란을 일으키게 된다.

참알이 끝나서 관속들이 물러간 뒤에는 시의에 적절한 시정방침을 세우고 어떠한 유혹에도 흔들림이 없이 과감하게 밀고 나아가야 한다.

〈치현결(治縣訣)〉에 말하기를, "군자가 백성 앞에 나설 때는 무엇보다도 먼저 자기 성품부터 헤아려서 치우친 데를 바로잡아야 한다. 유약하면 강하게 하고 게으르면 부지런하게 바로잡으며, 강한 것에 치우치면 관대하게 고치고 느린 것에 치우치면 위맹(威猛)으로 바로잡아야 한다."라고 하였다. 구준(丘濬)의 〈대학연의(大學衍義)〉, 조선료(趙善璙)의 〈자경편(自警編)〉, 설문청(薛文淸)의 〈종정록(從政錄)〉이나 대전(大典)의 〈수교집록(受敎輯錄)〉·〈결송유취

진찬(進饌) : 도임상을 올리는 것.

〈決訟類聚〉〉·〈무원록(無寃錄)〉·〈종덕편(種德篇)〉·〈의옥집(疑獄集)〉 같은 목민에 관한 서적들을 숙독하고 널리 참고하여 일을 처리해 나아감에 있어서 차질이 없도록 해야 한다.

도임한 그 이튿날은 동이 트기 전에 일어나서 횃불의 인도를 받으며 향교에 이르러 대성전(大成殿)에 참배하고 동서무(東西廡)도 봉심한다. 그리고 명륜당(明倫堂)에 나와 앉아 알성하는 예에 참가하였던 유생들을 만나서 주의사항을 전달한다. 알성의 예가 끝나면 사직단으로 가서 봉심한다. 따로 예감(禮監)을 여단(厲壇)과 황단(隍壇)에 보내어 봉심하고 오게 한다. 한 고을의 신으로서는 사직(社稷)이 가장 존엄한 것인데 수령들이 정성을 드리지 않는 것은 큰 잘못이다.

오늘날에 이르러서는 수령의 부임이 발령을 받은 때로부터 며칠 이내라는 기일이 정해져 있어서 엄수되고 있으니, 더욱이 길일을 택한다는 것은 생각조차도 못할 일이다. 향교는 아직도 남아 있어서 군청이나 지방 유림(儒林)에서 관리하며 정기적으로 석전제(釋奠祭)를 집행하고 있지만 사직단이나 여단 또는 황단 같은 것은 그 자취조차 찾아볼 길이 없게 되었다. 오직 시의에 맞는 시정방침을 세운다든지 도임하는 날 소속 직원들로부터 인사를 받는 일은 아직도 행해지고 있다.

대성전(大成殿) : 공자의 위패를 모신 전각.
동서무(東西廡) : 문묘의 동무(東廡)와 서무(西廡)를 아울러 이름.
명륜당(明倫堂) : 강학(講學)하는 곳.

6. 취임 첫날의 정사
……이사(蒞事)

그 이튿날 새벽에 자리를 펴고 관사에 임한다.

이날 선비와 백성들에게 영을 내려서 병폐에 대한 것을 묻고 여론을 조사하도록 한다.

이날 백성들의 소장(訴狀)이 있으면 그 판결은 마땅히 간결하게 한다.

이날 몇 가지 일을 발령하여 백성들과 약속하되, 바깥 문설주 위에 특히 북 하나를 걸어놓도록 한다.

관사에는 기한이 있는데 이 기한이 미덥지 않으면 백성들이 법령을 가볍게 여길 것이므로, 기한이란 믿음이 없어서는 안 된다.

이날 책력에 맞는 소책자를 만들고 모든 일의 정해진 기한을 기록하여 유망(遺忘)에 대비토록 한다.

그 이튿날 늙은 아전을 불러 화공(畵工)을 모집케 하여 본현(本縣)의 사경도를 그려서 벽 위에 게시토록 한다.

인문(印文)은 만멸되어서는 안 되고 화압(花押)이 초솔(草率)해서도 안 된다.

이날 목인(木印) 몇 개를 파서 여러 마을에 나누어 주도록 한다.

┃ 풀이 ┃ 출관(出官 : 처음 시무하는 것)하는 날에는 수령이 자리를 정하고 집무한다.

6// 厥明開坐 乃蒞官事
是日發令於士民 詢瘼
求言 是日有民訴之狀
其題批宜簡 是日發令
以數件事 與民約束遂
於門外之楔 特懸一鼓
官事有期 期之不信 民
乃玩令 期不可不信也
是日作適曆小册 開錄
諸當之定限 以補遺忘
厥明日 召老吏 令募畵
工 作本縣四境圖 揭之
壁上 印文不可漫滅 花
押不可草率 是日刻木
印幾顆 頒于諸鄉

순막(順瘼) : 병폐가 되는 일을 묻는 것. 병폐란 민폐를 비롯하여 여러 가지 폐단을 말함.

제비(題批) : 판결문(判決文)을 말함.

완령(玩令) : 법령을 우롱하는 것.

적력소책(適曆小册) : 책력에 맞는 작은 책자.

보(補) : 돕는 것. 여기서는 대비하는 것으로 해석하는 것이 좋음.

유망(遺忘) : 잊어버리는 것을 뜻함.

관내의 선비들이나 백성들에게 영을 내려서 기한을 정해 주고, 백성들을 괴롭히는 모든 병통이나 폐단들을 적어 내도록 하는 한편 건설적인 의견도 제출토록 하여 이것을 바탕으로 그 개혁에 힘쓰도록 한다.

민원서류의 제출이라든지 그 처리에 대하여 공고를 붙여서 백성들에게 자세히 알리고 약속함으로써 아전이나 군교(軍校)들이 농간하는 폐단을 막고 공정한 처리를 하도록 한다. 특히 소송관계에 있어서 더욱 철저히 하도록 한다. 그러나 아전들이나 관하인들이 중간에서 농간을 부려 민원서류가 받아들여지지 않을 염려가 있으므로, 청사의 대문 문설주 위에 북을 매달아놓고 새벽이나 날이 저문 후에 북을 울려서 직접 수령에게 호소하도록 한다.

〈운곡정요(雲谷政要)〉에 말하기를, "내소(來訴)하는 백성들은 마치 제 부모의 집에 드나드는 것처럼 친숙한 기분으로 몰려들고, 그를 통찰하되 거리낌이 없게 된 연후에야 이를 백성의 부모라 일컬을 수 있을 것이니, 밥상을 받았거나 목욕하러 들어갔거나 간에 문지기는 그를 금하지 말아야 한다. 혹 이를 어긴 자는 호되게 곤장을 쳐야 한다."라고 하였다.

김익경(金益炅)이 여러 번 수령을 지냈는데 대체를 지키고 세밀한 것을 따지려고 하지 않았다. 바깥문을 활짝 열어놓고 괴로움이 있는 백성들은 곧 동헌 뜰로 들어와서 호소케 하니 그 사정을 숨김없이 털어놓지 않는 자가 없었다.

포증(包拯)이 개봉부(開封府)의 장관이 되었다. 옛날 제도에는 무릇 소송은 직접 들어오지 못하고 부리(府吏)가 문에 앉아서 송첩(訟牒)을 접수히였는데 이를 첩시(牒司)리고 히였다.

그러나 증은 문을 활짝 열어놓고 사람들이 곧장 뜰 아래까지 들어오도록 하여 스스로 일의 시비곡직을 말하게 하였으므로 아전이나 백성들이 감히 속이지 못하였다.

관청의 일이란 반드시 기한이 있어야 하며 그 기한을 엄수하여 백성들에게 신의를 보여야 한다. 만일 기한이 지켜지지 않는다면 백성들이 관을 신뢰하지 않게 되어서 모든 일에 차질이 오게 되고 관의 위신이 떨어지며 명령이 서지 않게 된다.

한연수(韓延壽)가 영천태수(潁川太守)가 되었을 때 조부(租賦)를 거둘 때는 먼저 그 기일을 포고하고 그 기일 안에 기두는 것을 큰 일로 어기니, 이전이니 백성들이 공경히고 두려워하여 그대로 따랐다. 책력에 맞추어서 모든 관사의 처리기한을 기록해 놓고 이에 따라 점검해 나아감으로써 빠지거나 기한을 넘기는 일이 없도록 해야 한다.

고을의 정사를 실행해 나아갈 때는 그 기본이라고 할 수 있는 사경도(四境圖)가 필요하다. 지도에는 사방의 방위를 표시하며 물의 흐름과 신맥의 분포를 그리고, 향명(鄕名)·이명(里名), 사방 도로의 길이, 마을의 크고 작은 형태, 교량, 나루, 고개, 정자, 시장, 사찰 등을 상세히 표시하고 기와집, 큰 집들도 구별함으로써 지방의 실태를 일목요연하게 파악할 수 있도록 한다. 늙은 아전을 시켜

향명(鄕名) : 지금의 면(面).

서 화공을 모집하여 지도를 그리도록 하되 만일 그 고을에 화공이 없다면 이웃 고을에서라도 초빙하여 그리도록 한다. 이미 만들어진 지도는 청사 벽에 게시하고 수시로 참고하도록 한다.

인장(印章) 글씨가 마멸되어서 분명치 않으면 아전들이 농간을 부리기 쉽다. 도임하는 즉시 인장 글씨가 분명치 않은 것은 곧 예조(禮曹)에 보고하여 개조하도록 한다. 화압(花押)이 졸렬하고 일정치 못하면 역시 아전들이 농간을 부리기 쉬우니 숙달되게 함으로써 폐단이 생기지 않도록 힘써야 한다.

향촌의 풍헌이나 약정들은 인신(印信)이 없으므로 관에 보고하는 문서가 중간에서 위조되는 수가 많다. 시무하는 첫날에 여러 향리에게 그 향리의 이름을 집어넣은 목각 인장(印章)을 만들어서 배부해 주고, 관에 올리는 문서에는 반드시 날인하도록 하여 중간에서 위조되는 폐단이 없도록 해야 한다. 인장은 사방 두 치로 하면 된다.

이 글에서는 목민관이 새로 부임하여 시무하는 첫날에 할 일들을 제시하고 있다. 오늘날에는 군청이나 향리를 막론하고 정확한 직인이 있어서 공문서가 오고가는 형편이니 인문이나 인장, 화압이 문제가 되지는 않는다. 그리고 연중행사표·월중행사표·일과표 등이 세밀하게 작성되어 있어서 적력소책(適曆小册)도 논의의 대상이 되지 못한다. 민원서류의 처리 같은 것도 다 일정한 규정에 따라

인신(印信) : 도장. 관인(官印)을 말함.

처리되고 있으며, 관내도(管內圖) 같은 것도 정밀하게 작성하여 비치하고 있다. 그러나 아무리 제도가 잘되어 있다 하더라도 행정이 잘되고 안 되는 것은 담당자의 운영 여하에 달려 있다. 운영의 묘를 얻는다면 그 행정은 밝아질 것이요, 운영의 묘를 얻지 못한다면 좋은 제도도 무색해질 것이다. 특히 여기서 말하는 "백성들로부터 병폐가 되는 일을 묻고 여론을 조사하여 정사를 하는 데 반영시킨다."는 것은 예나 지금이나를 막론하고 변할 수 없는 철칙으로 생각된다.

2

율기 6조 (律己六條)

1. 몸가짐은 절도 있게
……칙궁(飭躬)

기거에 절도가 있으며 관대(冠帶)를 정제하고 백성을 대할 때 장중한 태도를 취하는 것은 옛날의 도이다.

공사에 틈이 있거든 반드시 정신을 모아 생각을 고요히 하여 백성을 편안케 할 방책을 연구하며 지성으로 선을 구해야 한다.

말을 많이 하지 말며 사납게 성내지 말아야 한다.

아랫사람을 어거할 때 너그럽게 하면 따르지 않을 백성이 없을 것이다. 그러므로 공자가 말하기를 "위에 있으면서 너그럽지 않고 예를 행할 때 있어서 공경함이 없으면 내가 무엇을 보랴."라고 하였으며, 또 말하기를, "너그러우면 많은 사람을 얻는다."라고 하였다.

관부의 체모를 지키기 위하여 엄숙함에 힘써야 하므로 수령의 곁에 다른 사람이 있어서는 안 된다.

군자가 무겁지 않으면 위엄이 없으니 백성의 윗사람이 된 자는 무거운 태도를 취하지 않으면 안 된다.

술을 끊고 색을 끊으며 소리와 풍류를 물리치고, 공손하고 단정하며 엄숙하여 큰 제사를 받들 듯하며, 감히 유흥에 빠져서 정사를 어지럽히며 시간을 헛되이 보내는 일

1// 興居有節 冠帶整飭
蒞民以莊 古之道也 公
事有暇 必凝神靜慮 思
量安民之策 至誠求善
毋多言毋暴怒 御下以
寬 民罔不順 故孔子曰
居上不寬 爲禮不敬 吾
何以觀之 又曰寬則得
衆 官府體貌 務在嚴肅
坐側不可有他人 君子
不重 則不威 爲民上者
不可不持重 斷酒絕色
屏去聲樂 齊遫端嚴 如
承大祭 罔敢遊豫 以荒
以逸 燕遊般樂 匪民攸
悅 莫如端居而不動也
治理旣成 衆心旣樂 風
流賁飾 與民偕樂 亦前
輩之盛事也 簡其驕率
溫其顏色 以詢以訪 則
民無不悅矣 政堂有讀
書聲 斯可謂之淸士也
若夫哦詩賭棋 委政下吏
者 大不可也 循例省事
務持大體 亦或一道 唯
時淸俗淳 位高名重者
乃可爲也

칙궁(飭窮) : 몸을 신칙하는 것을 말함.

흥거(興居) : 기거하는 것.

이민(涖民) : 백성을 대하는 것을 말함.

응신(凝神) : 정신을 모으는 것을 말함.

사량(思量) : 헤아림. 연구하는 것.

어하(御下) : 아랫사람을 다스리는 것.

위례불경(爲禮不敬) : 예를 하는데 공경하지 않는 것.

득중(得衆) : 많은 사람을 얻는 것. 즉 많은 사람을 따르게 하는 것.

지중(持重) : 무거운 태도를 가지는 것. 여기서는 몸가짐을 무겁게 하는 것.

재속단엄(齊遬端嚴) : 공손하고 단정하며 엄숙한 것.

황(荒) : 여기서는 정사를 거칠게 하는 것.

일(逸) : 편안한 것. 여기서는 시간을 헛되이 보내는 것을 말함.

연유(燕遊) : 한가하게 놀이를 즐기는 것.

반락(般樂) : 놀이하며 즐기는 것.

비민유열(匪民攸悅) : 백성들의 기뻐하는 바가 아니라는 것을 뜻함.

분식(賁飾) : 꾸미는 것.

해락(偕樂) : 함께 즐기는 것을 말함.

전배(前輩) : 선배. 옛사람.

추솔(騶率) : 마부나 하인배. 쉽게 말하면 따르는 사

이 없도록 한다.

한가하게 놀이를 즐기는 것은 백성들의 기뻐하는 바가 아니니, 몸가짐을 단정히 하여 움직이지 않느니만 같지 못하다.

다스리는 일도 이미 이루어지고 사람들의 마음도 이미 즐겁다면 풍류를 마련하여 백성들과 함께 즐기는 것 또한 선배들의 성대한 일이었다.

따르는 하인을 간략하게 하고 그 얼굴빛을 부드럽게 하여 찾기도 하고 묻기도 한다면 기뻐하지 않을 백성이 없을 것이다.

정당(政堂)에 글 읽는 소리가 있다면 곧 청사(淸士)라고 말할 수 있을 것이다. 만일 시를 읊고 바둑을 두면서 정사는 하리(下吏)에게 맡긴다면 크게 그릇된 것이다.

전례에 따라 일을 살피고 대체를 지키는 것 또한 한 가지 방법이긴 하지만, 이는 오직 시대가 맑고 풍속이 순후하여 지위와 명망이 아울러 높은 사람만이 할 수 있는 것이다.

| 풀이 | 날이 새기 전에 일어나서 촛불을 밝히고 소세(梳洗)를 한 뒤 의관을 정제한다. 그런 다음 정신을 모으고 단정히 앉아서 그날 할 일의 차례를 정하고 그 처리하는 방법들을 마음속으로 생각하여 결정짓는다. 여기서는 오직 공정을 따를 뿐 털끝만큼도 사욕이 개재되어서는 안 된다. 날이 밝아서 하인이 시간을 알리면 창문을 열고 관속

들의 문안을 받는다. 저녁 때 관아를 물러나는 일은 겨울에는 좀 늦게 하고 봄·여름에는 이르게 한다.

공무를 집행할 때는 오사모(烏紗帽)에 청창의(靑氅衣)를 입는다. 대좌기(大坐起 : 큰 의식)가 있을 때는 단령포(團領袍)·정대(鞓帶)·흑화(黑靴)를 착용하고 의자에 앉아서 알현을 받아야 한다. 무사(武事)로 인한 대좌기가 있을 때는 반드시 융복[戎服 : 호수립(虎鬚笠)에 사첩리(紗帖裏)]을 갖추고 검을 차야 한다. 언제나 기거에 절도가 있고 의관은 정제하며 몸가짐을 장중하게 함으로써 목민관으로서의 위엄을 갖추어야 한다.

여공저(呂公著)가 고을을 다스릴 때, 오경(五更)이면 일어나서 촛불을 밝혀놓고 책상 위의 서류를 살피며, 동이 트면 청에 나와서 백성들의 송사를 처결하고, 물러나 편좌하여 한가한 때도 마치 재계하듯 하고 손님이나 직원이 만나고자 하면 때에 구애됨이 없었다. 그러므로 고을에는 지체되는 사건이 없었으며 아래의 사정이 위로 통하였다. 무릇 여섯 고을을 다스렸는데 모두 한결같았다.

공사를 처결하고 조금이라도 한가해진 때는 백성을 편안하게 해줄 수 있는 방책을 연구하며 어진 정사를 베푸는 데 온 힘을 기울여야 한다.

장구성(張九成)이 진동판관(鎭東判官)이 되었는데 관사를 성심으로 연구하니 사람들이 속이지 못하였다. 일찍이 벽에다 크게 써놓기를, "이 몸이 진실로 하루라도 한가하다면 백성들이 한없는 괴로움을 당한다."라고 하였다.

람을 뜻함.
아시(哦詩) : 시를 읊조리는 것을 말함.
도기(賭棋) : 장기 두는 것.
하리(下吏) : 부하 아전.
시청속순(時淸俗淳) : 시대가 맑고 풍속이 순후한 것.
위고명중(位高名重) : 지위가 높고 명망이 무거운 것.

백성의 윗사람된 자의 일거 일동을 아랫사람은 보고 살핀다. 군자가 집에 있어서도 말을 삼가야 하는 것인데 하물며 관청에 있어서 어떠하겠는가. 시동(侍童)이 비록 어리고 시노(侍奴)가 비록 우둔하다 할지라도 여러 해 동안 관청에 있으면서 백 번 닦이어서 눈치 빠르고 영리하여 엿보고 살피는 것이 마치 귀신과도 같다. 사소한 일까지도 시각을 지체하지 않고 문 밖으로 퍼져나가게 마련이다. 말이 적을수록 다른 사람들이 어렵게 생각하게 되며 위신을 잃지 않는다.

수령들 가운데는 흔히 위엄을 세우기 위하여 사납게 화내는 자가 많은데, 처음 한두 번은 효력을 발생할지 모르나 반복될수록 체통에 손상을 가져올 뿐이며 영(令)이 서지 않는다. 언제나 화를 내는 일은 삼가야 한다.

포증(包拯)이 경윤(京尹)이 되었는데 말과 웃음이 적으므로 사람들은 그 웃음을 황하의 맑음에 비하였다.

공자가 말하기를, "위에 있으면서 너그럽지 않고 예를 갖춤에 있어서 공경함이 없다면 내가 무엇을 보랴."라고 하였다. 윗사람은 아랫사람을 너그러움으로써 이끌어나가야 한다. 그래야만 아랫사람들이 은혜롭게 생각하여 진심으로 공경하며 따르게 된다. 예로부터 너그럽고 어진 이는 많은 사람의 지지를 얻어서 공을 이루고 길하나, 강포한 자는 인심을 잃어서 일에 실패하고 불행한 처지에 놓이게 된다.

범충선공(范忠宣公)이 제주(濟州)의 수령이 되었을 때 어떤 사람이 공을 격려하며 말하기를, "공은 정치하는 데 너그러움으로 하지만 제주 백성들은 흉하고 독살스러운 성품이어서 노략질과 겁탈을 좋아하니 마땅히 엄하게 다스려야 합니다." 하자 공이 말하기를, "너그러움은 내 성품에서 나오는 것이니 만일 억지로 사납게 다스리면 오래갈 수 없을 것이오. 사나움으로 흉한 백성을 다스리다가 오래가지 못하면 그것은 스스로 백성들의 놀림을 사는 길이오."라고 대답하였다.

사람이란 행동에 무게가 있어야만 위엄이 있는 것이다. 그렇기 때문에 〈논어(論語)〉에도 말하기를, "군자는 무겁지 않으면 위엄이 없다〔君子不重則不威〕."라고 하였다. 더욱이 만백성의 윗사람이 되는 수령일수록 행동을 무겁게 하여 위엄을 보이는 한편 시범도 보여야 한다.

배두(裵庹)가 중서성(中書省)에 있을 때 갑자기 인장을 잃었다는 보고를 받고도 여전히 술을 마시고 있었다. 얼마 후에 다시 그 자리에서 찾았다는 보고를 받고도 역시 아무런 대꾸도 하지 않았다. 어떤 사람이 그 까닭을 묻자 도가 말하기를, "이는 필시 아전이 인장을 훔쳐서 문서에 찍었을 것임에 틀림없으므로 급하게 서두른다면 물이나 불 속에 던져버릴 것이나, 늦추어 주면 다시 제자리에 갖다 놓을 것으로 여겼기 때문이다."라고 하자 모두들 그의 도량에 탄복하였다.

정선(鄭瑄)이 말하기를, "총명은 한도가 있고 일할 것은 한이 없는데 한 사람의 정신으로서 뭇사람의 농간을 막아

인장(印章) : 도장

낸다는 것은 결코 쉬운 일이 아니다. 그런데도 술 마시고 여색을 일삼으며 시나 읊조리고 바둑 두는 걸로 세월을 보낸다면 형옥(刑獄)이나 송사(訟事)가 해를 넘기고 그밖의 일들이 밀리고 쌓여서 수습할 길이 없게 되니 이 어찌 통탄할 일이 아니겠는가. 닭이 울면 정사를 듣되, 집안일은 물리쳐버리고 주색으로 인하여 스스로 곤욕을 사거나 놀고 즐기다가 해를 당하는 일이 없도록 하라. 어느 일은 반드시 처결해야 하고 어느 통첩은 반드시 보고해야 하며, 어느 부세(賦稅)는 반드시 가려내야 하고 어느 죄수는 반드시 풀어주어야 하는 등 수시로 이를 살피고 부지런히 처리하여, 내일을 기다린다는 말을 하지 않는다면 처리되지 않는 일이 없을 뿐만 아니라 그 마음도 또한 편안할 것이다."라고 하였다.

목민관은 언제나 주색을 멀리하고 연락(宴樂)을 삼가며 두려운 마음과 엄정(嚴正)한 자세로 공사를 빈틈없이 처리해 나아가야 한다.

목민관이 어진 정사를 행하며 백성들이 잘살게 되었을 때는 풍류를 마련하여 백성들과 함께 즐기는 것도 또한 태평한 기상이며 아름다운 일이라고 볼 수 있다. 목민관은 항상 민정을 살펴야 한다. 종자를 한두 명으로 제한하여 간소한 차림으로 경내를 순행하며, 백성들의 노고를 위문하고 여론을 들어서 이를 행정에 반영시키면 백성들은 기뻐서 따르며 협력하여 치적(治績)이 클 것이다.

고려 때 서침(徐忱)은 울진현령(蔚珍縣令)이 되었는데 소

종자(從者) : (남에게 종속되어) 뒤에 따라다니는 사람. 따라다니며 시중드는 사람.

치적(治績) : 나라나 고을을 잘 다스린 공적.

를 타고 다니면서 농사를 권장하였다. 또 박세량(朴世樑)은 신창현감(新昌縣監)이 되었는데 모든 일을 가소하게 하였다. 관아(官衙)에 들 때도 북과 피리 소리가 없었고 밖에 나갈 때도 호위하는 하인이 없었다. 병이 났을 때가 아니면 여러 가지 반찬을 먹지 않았고, 큰 더위가 아니면 일산(日傘)을 받쳐 들지 않았으며, 매양 농사철이 되면 관청 부역을 하는 자는 논밭으로 돌아가도록 허락하였다. 관아를 지키는 사람은 겨우 몇 사람만 남겨놓고 땔나무 같은 것은 종들을 시켜서 공급하게 하였으며, 틈이 나면 단건(短巾)과 편복으로 지팡이를 둘러메고 산책을 즐기니 많은 백성들이 잘 알아보지 못하였다.

편복(便服) : 평상시에 입는 옷을 말함.

공사를 처결하고 틈이 있을 때는 독서를 함으로써 피로를 풀고 교양을 높이며, 어진 정치를 할 수 있는 참고 자료를 얻도록 힘쓰는 것도 좋은 일이다. 모두 진리는 책 속에서 찾을 수 있는 것이다.

유중영(柳仲郢)은 예법으로써 몸을 바르게 하여 언제나 손을 마주잡고 단정히 앉아 있었다. 큰 고을의 수령을 세 번이나 지냈으면서도 마구간에는 좋은 말이 없었으며 옷에서는 향내가 나지 않았다. 공사에서 물러나면 반드시 글을 읽어 손에서 책이 떠나지를 않았다.

수령이 만일 시나 짓고 장기와 바둑이나 두어서 소일하며 정사를 관속들에게 맡긴다면 아전들이 농간을 부려서 정사를 그르치고 백성들이 편안하게 살 수 없게 된다. 아전들에게 정사를 맡기는 일은 극히 위험한 것으로 마치 목민관이 그 직책을 버리는 것과 같다. 근래의 수령들 중에는 정당(政堂)에서 아전들을 데리고 투전놀이로 날을 보내고 밤을 새우니 실로 체모의 손상이 극도에 이르렀다. 슬프도다, 이를 장차 어찌하면 좋단 말인가.

이 글은 율기 6조(律己六條) 가운데서 칙궁(飭躬), 즉 몸가짐에 대하여 논한 것이다. 이 가운데에는 수령뿐만 아니라 일반 사람들로서도 배우고 힘써야 할 일들이 많다. 오늘날 목민관이 되는 인사들도 많은 참고로 하기를 바라는 바이다.

2. 청렴결백한 마음가짐
……청심(淸心)

2// 廉者 牧之本務 萬善之源 諸德之根 不廉而能牧者 未之有也 廉者 天下之大賈也 故大貪必廉 人之所以不廉者 其智短也 故自古以來 凡智深之士 無不以廉爲訓 以貪爲戒 牧之不淸 民指爲盜 閭里所過 醜罵以騰 亦足羞也 貨賂之行 誰不秘密 中夜所行 朝已昌矣 饋遺之物 雖若微小 恩情旣

염결(廉潔)이란 목민관의 본무(本務)이며 모든 선(善)의 원천이요, 모든 덕(德)의 근본이다. 염결하지 않고서 능히 목민을 할 수 있었던 자는 지금까지 한 사람도 없었다.

염결이란 천하의 큰 장사이다. 그러므로 크게 탐하는 자는 반드시 염결할 것이니, 사람이 염결하지 못한 것은 그 지혜가 짧기 때문이다.

그러므로 옛날부터 무릇 지혜가 깊은 자는 염결로써 교훈을 삼고 탐욕으로써 경계를 삼지 않은 자가 없었다.

목민관이 염결하지 않으면 백성들이 도둑으로 지목하여

마을을 지날 때 더러운 욕설이 터져나올 것이므로 또한 부끄러운 일이다.

뇌물을 주고받음에 있어서 누가 비밀을 지키지 않으랴만 한밤중에 한 일이 아침이면 드러난다.

보내는 물건이 비록 사소하다 하더라도 은정(恩情)이 이미 맺어졌으니 사사로움이 이미 오고간 것이다.

염결한 벼슬아치를 귀히 여기는 것은 그가 지나가는 곳의 산림이나 천석(泉石)도 모두 그 맑은 빛을 받게 되기 때문이다.

무릇 진귀한 물건이 본읍에서 산출되면 반드시 고을의 폐단이 되는 것이다. 하나라도 가지고 돌아오지 않아야만 염결하다고 말할 수 있다.

무릇 교격(矯激)한 행동이나 각박한 정사 같은 것은 인정에 가깝지 않아서 군자의 물리치는 바이니 취할 바가 아니다.

청렴하나 치밀하지 못하며 재물을 쓰면서도 실상이 없는 것 또한 칭찬할 것이 못 된다.

무릇 민간의 물건을 사들임에 있어서 그 관식(官式)이 너무 헐한 것은 마땅히 시가대로 사들여야 한다.

무릇 그릇된 관례가 전해 내려오는 것은 굳은 결의로써 이를 고치도록 하되, 고치기 어려운 것은 나라도 범하지 말아야 한다.

무릇 포백(布帛)을 사들일 때는 인첩(印帖)이 있어야 한다.

무릇 날마다 쓰는 장부는 주목할 것이 아니니 끝에 서

結 私已行矣 所貴乎廉
吏者 其所過山林泉石
悉被淸光 凡珍物 産本
邑者 必爲邑弊 不以一
杖歸 斯可曰廉者也 若
夫矯激之行 刻迫之政
不近人情 君子所黜 非
所取也 淸而不密 損而
無實 亦不足稱也 凡買
民物 其官式太輕者 宜
以時直取之 凡謬例之
沿襲者 刻意矯革 或其
難革者 我則勿犯 凡布
帛貿入者 宜有印帖 凡
日用之簿 不宜注目 署
尾如流 牧之生朝 吏校
諸廳 或進殷饌 不可受
也 凡有所捨 毋聲言 毋
德色 毋以語人 毋說前
人過失 廉者寡恩 人則
病之 躬自厚而薄責於人
斯可矣 干囑不行焉 可
謂廉矣 淸聲四達 令聞
日彰 亦人世之至榮也

본무(本務) : 처음부터 힘써야 할 일.
능목자(能牧者) : 백성을 기를 수 있는 자, 즉 백성을 다스릴 수 있는 자.
이렴위훈(以廉爲訓) : 염결한 것으로 교훈을 삼는 것.
이탐위계(以貪爲戒) : 탐욕으로써 경계를 삼는 것.
민지위도(民指爲盜) : 백성

들이 도둑으로 지목하는 것.
화뢰(貨賂) : 뇌물.
궤유지물(饋遺之物) : 선물로 보내는 물건.
소귀호염리(所貴乎廉吏) : 청렴결백한 관리를 귀하게 여기는 것.
실피청광(悉被淸光) : 모두 맑은 빛을 받는다는 것.
읍폐(邑弊) : 고을의 폐단.
교격(矯激) : 마음이 굳세고 과격함.
비소취야(非所取也) : 취할 바가 아니라는 것.
손이무실(損而無實) : 내주면서도 실상이 없는 것.
관식(官式) : 관청에서 정한 가격, 즉 공정가격.
태경(太輕) : 너무 가벼운 것. 여기서는 값이 너무 헐한 것을 뜻함.
유례(謬例) : 그릇된 관례.
연습(沿襲) : 전해 내려오는 것을 말함.
포백(布帛) : 포목이나 비단.
인첩(印帖) : 관인(官印)이 적혀 있는 통장.
서미(署尾) : 끝 부분에 수결을 두는 것.
성언(聲言) : 크게 소리내어 말하는 것. 즉 자랑하는 것.
덕색(德色) : 생색내는 것.
무설전인과실(毋說前人過失) : 그전 사람의 허물을 말하지 말라는 것.
궁자후(躬自厚) : 궁은 자기 자신을 말하는 것으로써 여기서는 모든 책임을 자신에게로 돌리는 것.

명하되 물 흐르듯 하라.

목민관의 생일날 아침에는 이교제청(吏校諸廳)에서 혹 성찬을 바치더라도 받아서는 안 된다.

무릇 기쁜 일이 있더라도 소리내어 말하지 말며, 생색내지 말며 남에게 이야기하지도 말고, 전인(前人)의 허물을 말하지 말아야 한다.

염결한 자는 은혜로운 일이 적으니 사람들은 이를 병통으로 여긴다. 모든 책임은 자기에게로 돌리고 남을 책하는 일이 적으면 된다. 청탁이 행해지지 않는다면 염결하다고 말할 수 있을 것이다. 청렴한 소리가 사방에 이르고 아름다운 이름이 날로 빛나면 또한 일생의 지극한 영광인 것이다.

| **풀이** | 벼슬아치들은 무엇보다도 염결을 본분으로 삼아야 한다. 목민관이 된 사람은 더욱 그렇다. 목민관이 재물만을 탐하고 염결의 이도(吏道)를 지키지 않는다면 어진 정치를 베풀어서 백성들을 잘살게 할 수 없다. 옛날에는 관리의 녹봉을 양염은(養廉銀)이라고 이름지어서 염결의 기품을 기를 것을 권장하기도 하였으며, 또 지극히 염결한 관리를 선정하여 청백리(淸白吏)라는 명예를 주어 표창하기도 하였다.

조선 건국 후부터 정조 때까지의 기록을 살펴보면 태조로부터 성종 사이에 45명, 중종으로부터 선조 사이에 37명, 인조로부터 숙종 사이에 28명, 도합 110명의 청백리

가 나왔다. 그 동안에 벼슬자리에 있었던 사람이 수천 수만을 헤아리는 중에서 110명뿐이라 실로 혜성적인 존재이며, 염결을 지키는 어려움을 입증하는 한편 이도(吏道)가 확립되어 있지 않았음을 말해 주고 있는 것이다.

〈상산록(象山錄)〉에 말하기를, "염결에 세 가지 등급이 있으니, 나라에서 주는 녹봉 이외에는 아무것도 받아먹지 않고, 그 먹다 남은 것은 하나도 가지고 돌아가지 않으며, 체임되어 돌아가는 날에는 한 필 말에 몸을 실었을 뿐 옷소매에 맑은 바람만이 움직이는 것이 이른바 옛날의 염리(廉吏)로서 최상등에 속하는 것이다. 봉록 외에 명분이 바른 것은 먹되 바르지 않은 것은 먹지 않고, 먹고 남는 것이 있으면 집으로 보내는 것이 이른바 중고(中古)시대의 염리로서 바로 그 다음가는 것이다. 무릇 이미 전례로 되어 있는 것은 비록 명분이 바르지 않더라도 먹되 전례가 없는 것은 제가 먼저 시작하지 않고, 향(鄕)이나 임(任)의 벼슬도 팔지 않으며, 재앙을 핑계로 곡식을 농간하지도 않고 농사나 형옥을 돈에 팔려서 하지 않으며, 세를 더 부과하여 남는 것을 착복하지 않는 것이 이른바 오늘날의 염리로서 최하등이다."라고 하였다. 능히 녹봉만으로 지내는 것은 진실로 착한 것이나 그렇지 못할 때는 그 다음이라도 좋다. 최하등의 것은 아마 옛날 같으면 국법에 의하여 다스림을 받아야 할 것이니, 대저 선을 즐기고 악을 부끄럽게 여기는 사람이라면 결코 그러한 짓을 하지 않을 것이다.

박책어인(薄責於人) : 다른 사람에게는 책임을 적게 지우는 것.
간촉(干囑) : 청탁.
영문(슈聞) : 아름다운 소문.
일창(日彰) : 날로 빛나는 것을 말함.

탐욕의 마음이 큰 사람은 반드시 염결을 지킨다. 공자의 말씀에 "인자는 인에 편안하고 슬기로운 자는 인을 이용한다."는 말이 있는 것과 같이 실로 염결한 자는 염결에 편안하고 슬기로운 자는 염결을 이용한다. 재물은 모두가 크게 탐욕하는 바이지만 탐욕하는 것이 재물보다도 더한 것이 있기 때문에 이를 버리고 취하지 않는다.

문벌이 혁혁하고 재주가 있으며 명망이 높은 자가 얼마 안 되는 돈 때문에 관직을 삭탈당하고 유배생활을 하며 10년씩이나 서용(敍用)되지 못하는 일이 허다하다. 비록 세력이 있고 때를 잘 만나서 형벌이나 죽음을 면하게 되더라도 이미 세상 사람들이 멸시하며 비루하게 여기므로, 맑은 명망이 땅에 떨어져서 문관이라면 관각(館閣)에 참여하지 못하고, 무신이라면 등단(登壇)하지 못하는 자가 많다. 그러므로 탐욕의 마음이 큰 사람은 염리가 되어서 크게 영달할 터전을 닦으며, 지혜가 짧고 생각이 얕은 자는 변변치 않은 재물을 탐하기 때문에 몸을 망치는 데 이르고 만다. 예로부터 지혜가 많고 생각이 깊은 자는 염결을 숭상하고 탐욕을 경계하였던 것이다.

공의휴(公儀休)가 노(魯)나라의 정승이 되었을 때 손님 중에서 생선을 바친 자가 있었으나 받지 않았다. 손이 묻기를, "당신께서는 생선을 좋아한다고 들었기에 생선을 드리는 것인데 무엇 때문에 받지 않는 것입니까?"라고 하자 의휴가 대답하기를, "바로 생선을 좋아하기 때문에 받지 않는 것이오. 이제 재상이 되어서 생선을 스스로 공급

관각(館閣) : 홍문관과 규장각을 말함.

할 수 있는데 만일 이 생선을 받았다가 면직이 된다면 누가 다시 내게 생선을 주겠소. 나는 그러한 까닭으로 받지 않는 것이오."라고 하였다. 또 풍유룡(馮有龍)은 말하기를, "천하의 가장 나쁜 일들은 모두 돈을 버리지 못하는 데서 오고, 천하의 다함이 없는 좋은 일들은 모두 돈을 버릴 수 있는 데서 온다."라고 하였다. 목민관이 부정을 일삼아서 청렴하지 못하면 백성들이 그를 도적으로 지적하게 되는 것이다.

고려 때 나득황(羅得璜)이 백성들의 고혈을 착취하여 최항(崔沆)에게 아첨하고 제주부사(濟州副使)로 부임하게 되었는데, 전임 수령은 송소(宋劭)라는 사람으로서 뇌물받은 죄로 파면된 자였다. 득황이 고을에 이르니 사람들이 말하기를, "제주가 전에는 작은 도적을 겪었는데 이제는 큰 도적을 만나게 되었다."라고 하였다.

뇌물을 주고받는 일은 흔히 한밤중에 비밀리에 이루어진다. 그러나 그 비밀은 지켜지지 않아서 그 이튿날 아침에 곧 드러나게 마련이다. 하찮은 물건을 주고받는다 하더라도 거기에는 벌써 사사로운 정이 얽혀 있어서 일의 공정을 기할 수 없게 되는 것이다.

양진(楊震)이 형주자사(荊州刺史)가 되었을 때 왕밀(王密)이 창읍령(昌邑令)에 제수되자 깊은 밤을 틈타 은밀히 황금 10근을 품고 가서 바치며 말하기를, "밤이 깊어서 아는 사람이 없습니다."라고 하였더니 진이 말하기를, "하늘이 알고 땅이 알고 내가 알고 자네가 아는데 어찌 아는 사람

고혈(膏血) : 애써 얻은 이익, 또는 그렇게 모은 재산.

이 없다고 할 수 있겠는가.”라고 하였다. 밀이 부끄러워하며 그대로 물러갔다. 양진의 그와 같은 대답은 흔히 4지(四知)라는 두 글자로 표현하며 천고(千古)의 명언으로 알려져 있다. 뇌물을 주고받는 일이란 아무리 비밀로 한다 하더라도 자연히 알려지게 마련이며, 또 아무리 사소한 물건이라도 뇌물을 주고받는 일이란 처음부터 있어서는 안 된다.

목민관이 염결하면 그 고을의 백성들만 그 은혜를 입는 것이 아니라 산림이나 천석(泉石) 같은 자연물까지도 그 맑은 빛에 젖게 된다.

당나라 때 이백(李白)이 우성령(虞成令)이 되었는데 관사에 오래된 우물의 물이 맑으나 맛이 썼다. 수레에서 내려 물맛을 보고 빙그레 웃으며 말하기를, “나는 쓰고도 맑은 사람이니 내뜻에 맞는다.” 하고 드디어 길어서 사용하니 변하여 감천(甘泉)이 되었다고 한다. 염결이란 이처럼 대자연까지도 감동시키는 힘이 있는 것이기 때문에 세상에서는 염결한 벼슬아치를 귀히 여기는 것이다.

감천(甘泉) : 물맛이 좋은 샘을 말함.

고을에서 진귀한 물건들이 생산된다면 사람들이 그 물건을 탐내게 마련이다. 상부 관청에서 요구해 오기도 하고 또 수령들이 자진하여 바치기도 한다. 그리고 수령 자신도 그것을 탐내서 모아들이게 되는데, 무릇 물건의 생산이란 백성들의 힘을 빌려야 하고 또 재정을 소모시키게 된다. 그렇기 때문에 여기서는 진귀한 물건을 생산한다는 것도 곧 그 고을의 폐단이라고 설명하고 있다. 그러나 염결한 수령은 결코 상사에게 아첨한다든지 자신이 물건을 탐내는 일이 없다. 체임되어 돌아간다 하더라도 아무것두 그 지방의 토산물을 행장 속에 넣는 일이 없다.

정선(鄭瑄)이 말하기를, "슬프도다, 토산물이 있는 것은 그 고을의 재앙이다. 휘주(徽州)는 메마른 고을인데 정규(廷珪)의 먹과 용미(龍尾)의 벼루가 지금도 누를 끼치는 일이 많다. 덕정(德政)을 새겨 남기고 두 소매에 맑은 바람이 가득 찬 것이 바로 사목(司牧)에게 바라는 바이다."라고 하였다.

포증(包拯)이 단주(端州)의 수령이 되었다. 해마다 그 고을에서 공상(貢上)으로 벼루를 바쳤으며, 전 수령은 벼루 거두기를 수십 배나 하여 세력 있는 벼슬아치들에게 선사하였지만 포증은 오직 공상하는 수를 채울 뿐, 하나도 더 만들지 않았다. 또한 체임이 되어 돌아갈 때도 벼루 한 개도 가지고 가지 않았다.

목민관은 너그러움으로써 백성을 대해야 하며 어진 정치를 베풀어야 한다. 그렇기 때문에 앞에서도 어하이관(御下以寬), 즉 아랫사람은 너그러움으로써 다스려야 한다고 한 것이다. 과격한 행동이라든지 각박한 정치란 군자의 취할 바가 아니다. 정선(鄭瑄)은 말하기를, "사대부가 덕을 손상하는 것은 흔히 그 이름을 세우려는 마음이 급한 데서 나온다."라고 하였으며, 또 "그전에 어른들의 말하는 것을 들어본다면 상관이 탐욕하면 백성들이 오히려 살 길이 있으나, 맑으면서도 각박하면 곧 살 길이 끊어진다고 한다."라고 하였다.

사람됨이 염결하면서도 생각이 치밀하지 못하면 재정만 낭비할 뿐, 실속이 없게 마련이다. 따라서 백성들에게 은혜를 베푼다는 것이 오히려 아전이나 토호들을 살찌게 하는 결과를 가져오게 된다. 그러므로 목민관은 염결을 숭상하면서도 생각이 치밀하여 행정이 밝아야 할 것이다.

이른바 관식(官式)이라는 것은 한 번 정해지면 100년이 되어도 고치지 않으니 시세에 맞을 리가 없다. 관식이 시세에 비하여 너무 헐하게 되면 그것을 사들이는 아전들이 괴로움을 당하게 되고, 백성들이 손실을 입게 마련이다. 그러므로 관식이 시세에 비하여 너무 헐한 것은 마땅히 시세대로 사들여서 민폐를 끼치는 일이 없도록 해야 한다. 동시에 해마다 춘분과 추분 두 시기에 나누어서 관식을 개정함으로써 근본적으로 이를 시정하는 방향으로 흘러야 할 것이다.

예부터 전해 내려오는 잘못된 관례는 이를 과감히 고쳐야 한다. 그러한 것들이 백성의 고혈을 착취하고 아전이나 관원들을 살게 한다. 만일 고치기가 어려운 것이라면 자신만이라도 여기에 손을 대지 말아야 할 것이다.

고려 고종(高宗) 때 김지석(金之錫)이 제주부사(濟州副使)가 되었다. 제주 풍속에 남자 나이 15세 이상은 해마다 콩 1곡(斛)씩을 바치고, 아전 수백 명이 해마다 말 한 필씩을 바치면 부사와 판관이 나누어 가졌기 때문에, 수령이 비록 극히 가난한 자라 하더라도 부자가 되었다. 지석이 제주에 도임하자 공두(貢豆), 황마(黃馬)의 제도를 없애고 염

곡(斛) : 10말의 용량.

리(廉吏) 10명을 불러서 아리(衙吏)와 바꾸어 정사가 물처럼 맑아졌으며 백성이나 아전들은 진심으로 복종하였다.

그에 앞서 경세봉(慶世封)이란 사람이 제주수령이 되었는데 그 또한 청백으로 평판이 높았다. 이 고을 사람들은 입을 모아 말하기를, "전에는 세봉이 있었고 뒤에는 지석이 있었다."라고 하였다.

관에서 포목이나 비단을 사들일 때는 아전들의 농간이나 관수물자(官需物資)임을 빙자해서 강제로 값을 깎으려는 데서 생기게 되는 상인들의 손실을 막기 위하여 반드시 관인이 찍혀 있는 통장을 만들어 놓고 그 거래를 명확하게 하도록 해야 한다.

목민관의 생일을 축하한다는 명목으로 아전, 군교나 여러 부서에서 특별한 음식 또는 물품을 바치는 일이 흔히 있는데, 이는 모두 백성들의 돈을 거두거나 계방(契房)의 돈을 거둔 것이다. 어민들의 작은 생선을 빼앗고 민가의 개를 때려잡으며 절간을 털고 상인이나 공장(工匠)을 등쳐서 얻은 물건들이니 모두 백성들의 원한이 서려 있다. 이러한 물건들을 절대로 받아서는 안 된다. 호대초(胡大初)가 말하기를, "생일날 예물은 모두 물리친다. 내가 받지 않는데도 아전들이 고치지 않는다면 이를 벌하여도 부끄러울 것이 없다."라고 하였다.

염결하다는 수령들이 혹 잘못된 관례로 인하여 생긴 재물을 사사로이 챙기지 않고 공리에 따라 사용하거나 자기의 녹봉을 덜어서 백성들에게 은혜를 입히는 일이 있는

데, 그것이 비록 좋은 일이기는 하지만 이를 큰 소리로 자랑한다든지 생색을 내서는 안 된다.

　어진 정치를 행하고 은혜를 베풀어서 백성들을 잘살게 하는 것은 목민관으로서 마땅히 할 일이다. 무엇이 자랑할 것이 되며 생색을 낼 일인가. 좌우명(座右銘)에 말하기를, "남에게 은혜를 베풀더라도 이것을 마음에 두지 말라."고 하였다. 나의 잘하는 일을 남에게 알리려 하는 것은 교양 없는 사람의 비열한 행동이라 하겠다.

　염결한 목민관은 시비를 가리고 잘못을 다스리는 것이 지극히 엄정하기 때문에 인정에 박하게 마련이며, 사람들은 이것을 병통으로 생각한다. 그러므로 자기를 책할 때는 다소 심하게 하고, 다른 사람을 책할 때는 너그러운 자세로 임해야 할 것이다.

　목민관으로서 염결의 이도를 지키고 어진 정사를 베풀어서 고을이 잘 다스려지고 백성들이 즐거운 삶을 누리게 되어, 염결하다는 성예가 널리 알려지고 아름다운 소문이 날로 높아 간다면 이것이야말로 일생 일대의 지극한 영광이라고 볼 수 있는 것이다.

　이목(李楘)이 서천군수(舒川郡守)가 되었는데 감사 이안눌(李安訥)이 그의 성적을 평론하여 말하기를, "맑기는 옥술병과 같고 은혜롭기는 봄바람과 같다."라고 하였다. 또 이규령(李奎齡)이 수원부사가 되어 맑고 어진 정치를 베풀었다. 송우암(宋尤菴)이 글을 보내어 축하하기를, "큰 물이 산을 둘러싸면 지척에서도 남의 말을 듣지 못하지만 홀로

성예(聲譽) : 명성과 칭찬.

어질다는 성예만은 귓전에서 떠들썩하다."라고 하였다.

이 글 첫머리에서 염결이라는 것은 목민관이 마땅히 힘써야 하는 것이고 모든 선의 원천이며 덕의 근본이라고 하였다. 무릇 벼슬아치들이란 반드시 염결의 이도를 지켜야 한다. 그래야만 비로소 자기의 맡은 바 직무를 충실히 이행할 수 있으며 영달의 길이 열리고 장래가 밝아진다. 목민관일수록 염결해야만 모든 일을 공정하게 처리할 수 있으며 어진 정사를 베풀 수 있다. 이와 같은 도리는 예나 지금이나 다를 바 없는 공통적인 사실이다. 목민관이 된 인사들은 염결을 원칙으로 하여 어진 정치를 행하며 그 지방의 산림과 천석에 이르기까지도 맑은 빛을 입히기를 바라는 바이다.

3. 집안의 법도를 바르게
……제가(齊家)

몸을 닦은 뒤에 집을 정제하고, 집을 정제한 뒤에 나라를 다스린다는 것은 천하의 공통된 이치이니, 그 고을을 다스리려는 자는 먼저 그 집을 정제해야 한다.

국법에 어머니가 아들을 따라가서 봉양을 받을 때는 나라에서 비용을 지급하고, 아버지가 아들을 따라가서 봉양을 받을 때는 그 비용을 지급하지 않는데 그것은 뜻이 있는 것이다.

3// 修身而後齊家 齊家
而後治國 天下之通義
也 欲治其邑者 先齊其
家 國法 母之就養 則有
公賜 父之就養 不會其
費 意有在也 清士赴官
不以家累自隨 妻子之
謂也 昆弟相憶 以時往
來 不可以久居也 賓從
雖多 溫言留別 臧獲雖

多 良順是選 不可以牽
纏也 內行下來之日 其
治裝 宜十分儉約 衣服
之奢 衆之所忌 鬼之所
嫉 折福之道也 飮食之
侈 財之所糜 物之所殄
招災之術也 閨門不嚴
家道亂矣 在家猶然 況
於官署乎 立法申禁 宜
如雷如霜 干謁不行 苞
苴不入 斯可謂正家矣
貿販不問其價 役使不
以其威 則閨門尊矣 房
之有嬖 閨則嫉之 擧措
一誤 聲聞四達 早絶邪
慾 毋俾有悔 慈母有敎
妻子守戒 斯之謂法家
而民法之矣

제가(齊家) : 집을 정제하는
것을 말함.
취양(就養) : 아들을 따라가
서 봉양을 받는 것.
공사(公賜) : 나라에서 주는
것을 말함.
곤제(昆弟) : 형제 사이.
빈종(賓從) : 빈객이나 종자
(從子).
장획(臧獲) : 종.
견전(牽纏) : 얽매이는 것.
내행(內行) : 부인의 행차.
절복(折福) : 복을 꺾는 것.
치(侈) : 사치하는 것.
진(殄) : 없애버리는 것.
초재(招災) : 재앙을 부르는

맑은 선비가 관직에 부임할 때 가족을 데리고 가지 않
는데 가족은 처자(妻子)를 말하는 것이다.

형제 사이에 서로 생각이 날 때는 가끔 왕래할 것이나
오래 머물러서는 안 된다.

빈종(賓從)이 비록 많으나 따뜻한 말로 작별하게 하고
장획(臧獲)이 비록 많으나 양순한 자를 고르며 그들에게
끌려서 얽매이면 안 된다.

내행(內行)이 내려오는 날에는 그 치장은 마땅히 십분
검약해야 한다.

의복의 사치스러움은 사람들의 싫어하는 바이고 귀신의
시기하는 바이니 복을 꺾는 길인 것이다.

음식의 사치스러움은 재정을 소모시키는 것이요, 물자
를 탕진하는 것이니 재앙을 부르는 방법인 것이다.

규문(閨門)이 엄하지 못하면 가도(家道)가 어지러워진다.
한 집안에 있어서도 오히려 그와 같거늘 하물며 관서에
있어서 어떠하랴. 법을 세워서 신칙하고 금하기를 마땅히
우레와 같이 하고 서리와 같이 할 것이다.

청탁이 행해지지 않고 뇌물이 들어오지 않는다면 이는
바른 집안이라고 말할 수 있다.

물건을 사되 그 값을 묻지 않고, 사람을 부리되 위엄으
로써 하지 않는다면 그 규문은 곧 존경을 받을 것이다.

곁방에 첩을 두면 부인은 이를 질투한다. 행동을 한 번
그르치면 소문이 널리 퍼져나가게 되는 것이니, 일찍이
사욕을 끊어서 후회함이 없도록 한다.

인자한 어머니의 가르침이 있고 처자가 훈계를 지킨다면 이는 법도 있는 집안이라 말할 것이니, 백성이 이를 본받을 것이다.

| 풀이 | 〈대학(大學)〉에 말하기를, "수신이후가제(修身而後家齊)하며 가제이후국치(家齊而後國治)하며, 국치이후천하평(國治而後天下平)."이라고 하였으니, 이는 곧 몸을 닦은 후에야 집을 정제할 수 있으며, 집을 정제한 후에야 나라를 다스릴 수 있으며, 나라를 다스린 후에야 천하를 평화스럽게 할 수 있다는 뜻으로서 군자가 처세하는 순서를 밝힌 것이다.

그것과 마찬가지로 목민관이 된 자가 그 고을을 잘 다스리려면 무엇보다도 먼저 자기 집을 정제하여 집안의 법도가 서야 한다. 그렇기 때문에 제가(齊家)란 목민관의 선무인 것이다. 제 집도 제대로 정제하지 못하면서 어떻게 고을을 다스리고 나라를 다스릴 수 있겠는가. 목민관의 제가에 대하여 몇 가지 방법을 들어 보기로 한다.

첫째 권솔(眷率)을 대동하는 일은 정해진 법을 지키지 않으면 안 된다. 둘째 행장을 꾸미는 것은 검소하게 해야 한다. 셋째 음식은 절약해야 한다. 넷째 규문은 엄정하고 근신해야 한다. 다섯째 청탁 따위는 끊어버려야 한다. 여섯째 물품 구입은 청렴결백하게 해야 한다. 이상 여섯 가지를 철저하게 해야만 비로소 고을을 제대로 다스릴 수 있는 것이다.

것을 뜻함.
신금(申禁) : 신칙하고 단속하는 깃.
간알(干謁) : 청촉.
포저(苞苴) : 뇌물로 보내는 물건을 뜻함.
무판(貿販) : 사들이는 것.
폐(嬖) : 여기서는 첩(妾)으로 해석됨.
거조(擧措) : 행동하는 것.
법가(法家) : 법도 있는 집안을 말함.
법(法) : 여기서는 본받는 것을 말함.

권솔(眷率) : 자기가 거느리고 사는 식구.

가권(家眷) : 자기에게 딸린 식구. 집안 식구.
남솔(濫率) : 여기서는 많은 가족을 데리고 부임하는 것을 말한다.
읍비(邑婢) : 고을의 계집종.

임소(任所) : 지방 관원이 근무하는 곳.

내사(內舍) : 안채.

〈속대전〉에 말하기를, "수령의 가권(家眷)을 남솔(濫率)하는 자와 읍비(邑婢)와 몰래 간통한 자를 적발하였을 때는 파면시킨다."라고 하였다. 그러나 남솔은 금하는 것으로 되어 있으면서도 명문(明文)이 없으니 실로 그 한계가 모호하다.

부모와 아내 외에 오직 한 아들의 시종을 허락하며 미혼 자녀는 그 수에 구애됨이 없이 이를 허락해야 한다. 그리고 한 노자(奴子)와 두 비자(婢子)를 데리고 가는 정도로 하면 좋을 것이다.

나라 법에 어머니가 아들의 임소(任所)로 가서 봉양을 받을 때는 나라에서 그 비용을 지급하기로 되어 있으며, 아버지가 따라가서 봉양을 받을 때는 아무런 지급도 하지 않았다. 오늘날과 달라서 남존여비를 주장하였던 당시에 있어서 여자는 활동 능력이 없고 남자는 활동 능력이 있음을 감안한 것으로 생각되며, 또한 아버지가 아들의 임소에 같이 있게 되면 모든 일에 간섭하여 행정에 지장을 가져올 것을 염두에 둔 것으로 생각된다.

그렇기 때문에 나이가 60세가 넘어서 노쇠하여 활동 능력이 없을 경우에는 어쩔 수 없지만 되도록이면 따라가지 않는 것이 좋다고 한 것이다. 만일 부득이한 경우로 인하여 따라가야 할 때는 내사(內舍)의 깊은 방 하나를 치우고 거처하며 외부와의 접촉을 일체 끊는 것이 아들의 체통을 존중하는 교양 있는 태도라고 하였다.

옛날의 염결한 목민관은 부임에 있어서 처자를 데리고

가지 않았다. 처자를 데리고 가게 되면 고을 다스리는 데 지장이 있지 않을까 염려하였기 때문이다.

양속(羊續)이 남양태수(南陽太守)가 되었을 때 아내와 아들 비(秘)가 함께 관아로 찾아갔으나, 속은 문을 닫고 들이지 않았다. 속이 비록 염관으로서 이름은 높았으나 이와 같은 행동은 너무 지나친 처사라고 생각된다.

형제 사이에는 보고 싶은 생각이 있을 때 임소로 찾는 것은 좋겠으나 오래 머물러 있어서는 안 되며, 더욱이 따라가 머무르는 것은 옳지 않은 일이다.

종족들과는 마땅히 돈목하게 지내야 하지만 데리고 가서는 안 되며, 빈객에 대해서는 비록 후하게 해야겠으나 불러가서는 안 된다. 노비가 비록 많더라도 양순한 사람만을 가려서 수를 제한할 것이며 인정에 끌려 좌우되는 일이 있어서는 안 된다. 한 노자와 두 비자 정도면 알맞고 그 이상은 데리고 가지 않아야 한다. 권속이 많지 않으면 비자 한 사람이면 족하다.

제오륜(第五倫)은 아내가 몸소 밥을 지었으며 왕서(王恕)는 종을 부리지 않았다. 또 범문정공(范文正公)은 수령으로 나갔을 때도 세 비자뿐이었는데 문하부(門下府)와 추밀부(樞密府), 두 부의 장관을 지내고 죽을 때까지 한 사람도 늘리지 않았으며 바꾸지도 않았다.

연산군 때 윤석보(尹碩輔)는 일찍이 풍기군수가 되었는데 오직 한 노자와 한 비자만을 데리고 갔었다. 뒤에 성주목사(星州牧使)가 되었는데 처 박씨가 임신 8개월인데도

돈목(敦睦) : 정이 두텁고 화목함.

말을 태워 데리고 갔을 뿐 감히 교자를 태우지 않았다. 박씨의 아우 중간(仲幹)이 상주목사(尙州牧使)가 되어 와서 관아의 공급이 매우 부족한 것을 보고 소금 몇 말을 선사하였더니 윤공이 엄하게 물리치고 받지 않았다.

내행(內行)의 치장은 검약을 위주로 하며 사치한 것이나 화려한 것은 금물이다. 송흠(宋欽)이 수령으로 부임할 때마다 신영마(新迎馬)는 오직 세 필뿐이었으니 공이 한 필을 타고 어머니와 아내가 각각 한 필씩을 탔다. 그때 사람들은 그를 보고 삼마태수(三馬太守)라고 일컬었다.

수령의 부인들 중에는 흔히 의복과 음식을 사치하게 하는 사람들이 있다. 사치스런 생활이란 처음부터 교양 있는 사람의 취할 바가 아니니 옛날의 성현들이 극히 경계하던 바이다. 더욱이 목민관으로서는 몸소 절검을 여행(勵行)하여 백성들에게 모범을 보여야 한다. 또 의복이나 음식의 사치를 일삼는다면 재정이 궁핍해져서 자칫하면 국고를 축내고 부정을 저지르기가 쉽다. 벼슬아치들이 사치스런 생활을 한다면 주위 사람들의 의심을 불러일으키기 쉽고 백성들의 빈축을 사게 된다. 사치란 궁극적으로 패가망신의 장본이 되는 것이니 극히 삼가고 금해야 할 것이다.

조어(趙崟)가 합천군수(陜川郡守)가 되었는데 그는 염결하기가 비할 데가 없었다. 그 아들이나 사위 또는 종들이 왕래하더라도 모두 저 먹을 것을 제가 가지고 왔다. 또 고을에서 은구어(銀口魚)가 산출되었는데 여름날 비록 썩더라도 처자가 맛보는 것을 허락지 않았다.

여행(勵行) : 열심히 행함. 또는 실행하도록 장려함.

은구어(銀口魚) : 은어.

규문이 엄정하지 못하면 집안의 법도가 문란해지는 법인데 더욱이 관청에 있어서는 더 말할 나위도 없다. 규문을 엄격하게 신칙하고 금단하여 기강을 바로잡아야 한다. 내사의 문을 옛날에는 염석문(簾席門)이라고 일컬었으니 발로써 격리시키고 자리로 가려서 가노(家奴)나 관복(官僕)이 접근하는 것을 금하였기 때문이다. 그러나 근세에 이르러서는 이 법이 무너져서 가노가 마음대로 이 문을 드나들며 관비(官婢)가 함부로 들어와서 귀를 붙이고 무릎을 맞대서, 명령이 여러 곳으로부터 나오며 이로 말미암아 백 가지 폐단이 생기게 되니 실로 한심스러운 일이다.

관아의 내사에는 관기나 관비의 출입을 단속하며 더욱이 수리(首吏)의 처가 출입하는 것은 엄금해야 한다. 이러한 사람들이 흔히 틈을 타서 내실에 성찬을 올리기도 하고 포목이나 비단이나 그릇 등 귀히 여길 물건들을 바침으로써 사사로운 정으로 인하여 친의가 두터워지게 되고, 목민관도 여기에 끌려서 수리를 사인(私人)처럼 보게 되어 정사를 크게 그르치게 된다. 부녀자란 흔히 마음이 약하고 사사로운 정에 끌리기 쉽다. 그렇기 때문에 아전이나 관기·관비들의 꾐에 빠져서 청탁을 받기 쉬우니, 부인의 말이라고 하여 이를 전적으로 받아들이려 하지 말고 냉정하게 판단하고 엄정하게 물리쳐서 뇌물이란 털끝만큼도 받아들이는 일이 없도록 해야 한다. 내실에서 청탁이 행해지지 않고 뇌물을 받아들이는 일이 없어야만 비로소 법도 있는 집안이라고 볼 수 있다.

수리(首吏) : 각 지방 관아의 여섯 영리(營吏) 아전 중 이방(吏房) 아전이 으뜸이라는 뜻으로 일컫는 말.

양계종(楊繼宗)이 가흥군(嘉興郡)의 지사(知事)가 되었는데 마부(馬夫) 가운데 삶은 돼지머리를 바치는 자가 있어서 그 부인이 이를 받아 두었다. 계종이 밖으로부터 돌아와서 먹은 후에 어디서 보내온 것인가를 묻자 부인이 사실대로 말하였다. 계종이 크게 후회하고 북을 울려서 관속들을 모아놓고 말하기를, "내가 집안을 잘 다스리지 못하여 아내로 하여금 뇌물을 받게 해서 몸을 불의에 빠지게 하였다."라고 하면서 조협환(皀莢丸)을 삼켜서 토해 버리고 그날로 아내를 돌려보냈다.

　　부녀자로서 투기하지 않는 자는 극히 드물다. 수령이 근신하지 못하여 혹 애첩을 둔다면 부인이 질투하게 마련이다. 또 자칫 잘못하면 추한 소문이 널리 퍼져 얼굴을 들지 못하게 될 뿐만 아니라, 관찰사(觀察使)의 귀에까지 들어가 성적을 평정하는 데까지도 실려지게 되는 것이니 참으로 부끄러운 일이다. 목민관이 된 자는 처음부터 그와 같은 사특한 욕심을 버려서 정사하는 데 어려움이 있거나 후회되는 일이 없도록 해야 할 것이다.

　　진(晉)나라 때 사막(謝邈)이 오흥태수(吳興太守)가 되었는데 아내 극씨(郤氏)가 투기가 심하여 막이 첩을 얻은 것을 원망하고 글을 보내어 인연을 끊자고 하였다. 막은 문하생 구현달(仇玄達)이 아내의 글을 지어 준 것으로 의심하고 구현달을 쫓아 버렸다. 이에 현달은 손은(孫恩)에게로 갔다가 드디어 막을 죽였다. 첩을 두는 일은 가정의 불화를 불러일으키고 가도를 문란케 하는 원인이 되는 것이므

손은(孫恩) : 복건 지방에서 반란을 일으켰으나 곧 평정되었음.

로 사람마다 극히 삼가야 할 것이며, 특히 만백성을 이끌어가는 중책을 맡고 있는 목민관으로서는 더욱 경계해야 할 일이다.

인자한 어머니는 처자를 교훈하고, 처자들은 자모의 교훈을 받들어서 한 집안에 화기가 있고, 서로 올바른 길로 이끌어갈 수 있다면 그야말로 법도 있는 집안이며 백성의 모범이 될 일이다.

이 글에서는 목민관의 제가(齊家)에 대하여 언급하고 있다. 앞에서도 말한 것처럼 제가야말로 나라를 다스리는 전제가 되는 동시에 목민관으로서 고을을 다스리는 전제 조건이 될 것이다. 한 고을을 다스린다는 것은 한 집안을 다스리는 범위를 확대시킨 것이라고 볼 수 있으니, 한 집안을 제대로 다스리지 못하면서 한 고을을 다스린다는 것은 결코 기대할 수 없는 일이다. 그렇기 때문에 제가야말로 율기 6조(律己六條) 가운데서 중요한 부분을 차지하고 있는 것이다.

목민관의 제가하는 방법으로서 남솔을 경계하였으며 의복이나 음식에 있어서 사치를 엄금하고 절검을 주장하였다. 규문을 엄중하게 단속하며 가도를 확립시키고 청탁이나 뇌물의 수수를 방지할 것과 애첩을 두어 가정의 파탄을 일으키며 세상 사람의 지탄을 받는 일이 없도록 할 것을 강조하였다. 또 어버이는 인자하고 자손들은 효순하여 아름다운 가풍을 일으킴으로써 만백성에게 모범을 보일 것을 말하고 있다. 우리가 원만한 사회 생활을 영위(營爲)하고 입신출세하며 인류문화에 기여하는 등 모든 활동은 가정이 출발점이 되는 것이니, 화목한 가정을 이룩한다는 것이 우리의 급선무로서 제가의 중요성이란 예나 지금이나를 막론하고 변할 수 없는 철칙이라고 할 수 있다.

여기에 나오는 제가에 관한 사항들은 어느 하나라도 오늘날의 목민관들에게 참고가 되지 않을 것이 없으리라고 생각된다. 다만 규문을 엄하게 단속하라는 부분은 오늘날에는 여자를 구속하는 듯한 불평등 의식을 자아내고 있다. 지금에 와서는 평등한 권리 밑에 많은 여성들이 각계각층에서 눈부신 활동을 하고 있으며 또 그들의 활동에 기대되는 바가 실로 크다. 그러나 최근까지도 우리는 주변에서 부녀자의 과실로 인하여 한 나라의 정치가 혼란에 빠지고 자신마저도 패가망신의 참화를 당하는 엄연한 사실을 목격해 왔다. 부녀자들의 진언이 있을 경우에는 사실을 냉정하게 관찰하고 비판하여 일을 그르치는 일이 없도록 힘써야 한다.

참화(慘禍) : 참혹한 재화나 불행.

4. 사사로운 손님은 물리치라
······병객(屛客)

4// 凡官府 不宜有客
唯書記一人 兼察內事
凡邑人及隣邑之人 不

무릇 관부에는 손이 있어서는 안 된다. 오직 서기 한 사람이 안의 일까지 겸해서 살펴야 한다.

무릇 고을 사람이나 이웃 고을 사람들을 인접해서는 안 된다. 무릇 관부 안은 마땅히 엄숙하고 맑아야 한다.

친척이나 친구들이 관내(管內)에 많이 살면 마땅히 거듭 엄중하게 약속하여 의심과 비방을 끊고 좋은 정의(情誼)를 보전하도록 해야 한다.

무릇 조정의 권귀(權貴)가 사사로이 글을 보내어 간절하게 청탁을 하더라도 이를 들어주어서는 안 된다.

빈교(貧交)나 궁족(窮族)이 먼 곳으로부터 오면 마땅히 받아들여서 후하게 대접해서 보내야 한다.

혼금(閽禁)은 엄하게 하지 않을 수 없다.

| 풀이 | 근일에 이르러서 수령들이 따로 책객(冊客) 한 사람을 두어서 회계를 맡아보고 장부를 기록하게 하는데 이것은 예가 아니다. 무릇 관부의 회계란 공용이거나 사용이거나를 막론하고 그 안에 들어가지 않는 것이 없으며 여러 아전이나 하인들이 걸리지 않는 것이 없는데, 명분도 지위도 없는 사람으로 하여금 이와 같은 권리를 총람하게 하여 날마다 아전이나 관노의 재정을 맡은 자와 서로 다투게 한다는 것은 이치에 맞지 않는 일이다.

또 책객을 두는 것은 아전이나 관노들이 물품을 구입할 때 값을 엊어 농간을 부리는 데서 생기는 손실 같은 것을 막으려는 데 목적이 있는데, 책객을 대우하는 비용이 그와 같은 손실보다 훨씬 많게 되어 아전들 보기에 부끄러울 뿐이며 결과적으로는 손해를 가져오게 된다. 책객의

可引接　大凡官府之中
宜肅肅淸淸　親戚故舊
多居部內　宜申嚴約束
以絶疑謗　以保情好　凡
朝貴私書　以關節相託
者　不可聽施　貧交窮族
自遠方來者　宜卽延接
厚遇以遣之　閽禁不得
不嚴

병객(屛客): 손을 물리치는 것을 말함.
인접(引接): 관아로 불러들여서 보는 것.
다거부내(多居部內): 부내는 관내의 뜻으로서, 즉 관내에 사는 사람이 많은 것을 말함.
이보정호(以保情好): 좋은 정의(情誼)를 보전하는 것.
조귀(朝貴): 조정의 권세 있는 고관들.
관절상탁(關節相託): 간절하게 부탁하는 것.
청시(聽施): 말을 받아들여서 그대로 시행하는 것.
빈교(貧交): 가난한 친구.
궁족(窮族): 곤궁하게 사는 친족.
후우이견지(厚遇以遣之): 후하게 대접해서 보내는 것.
혼금(閽禁): 볼일이 없는 사람들의 관청 출입을 금하는 것을 말함.

풍습은 없애버리고 아전 가운데서 서기 한 사람을 뽑아 회계와 장부를 맡아보도록 해야 한다. 그리고 관에서 수령의 집안일까지 맡아보게 되면 경우에 따라서는 수령의 체모를 손상하게 되므로, 따로 가재(家宰) 한 사람을 두어 집안일을 맡아보게 함으로써 공사를 구별하고 일을 원활하게 해야 한다.

관부 안은 언제나 엄숙하고 맑아서 털끝만큼이라도 사사로운 정이 용납되어서는 안 된다. 그렇기 때문에 그 고을, 심지어는 이웃 고을의 인사들까지도 관아로 불러들여서 사사롭게 만나는 일이 있어서는 안 된다. 요즈음 풍속에 이른바 존문(存問)이라는 것이 있는데 이 존문이란 수령이 지방 인사들을 몸소 찾아보는 것이다. 지방의 토호나 간민들이 조정의 권문 귀족과 결탁이 되어서 부임 인사를 하는 날에는 권문 귀족으로부터 존문을 두며 보호해 줄 것을 청탁받는 일이 많다.

유의(柳誼)가 홍주목사(洪州牧使)가 되었을 때 존문하라는 권문 귀족의 청탁을 하나도 시행하지 않았다. 어떤 사람이 그에게 너무 융통성이 없다고 하자 공이 말하기를, "주상께서 이미 홍주 백성을 온통 나 같은 목신(牧臣)에게 맡겨서 그들을 불쌍히 여기고 그들을 비호해 주도록 하셨으니, 조정에 있는 고관들의 부탁이 비록 중하기는 하나 어찌 이를 넘어설 수 있겠소. 만일 내가 한 사람만을 붙잡고 물으면서 치우치게 보호하면 이는 왕명을 어기고 한 사람의 사사로운 지령을 받드는 것이니 그렇게 해서야 되겠소.”라고 하였다. 만일 들어주지 않을 수 없는 것이 있다면 모름지기 부임한 지 석 달 후에 그 사람의 행적을 살펴서 무단(武斷)이거나 간사한 행동이 없는 자라면 존문을 하되, 예단(禮單) 끝부분에 쓰기를, 일부러 와서 회사(回謝)할 것이 없다고 하여 그들의 방문을 거절해야 할 것이다.

조관(朝官)으로서 퇴거하는 자는 비록 보잘것없는 남행(南行)이거나 무관을 막론하고 먼저 존문해야 한다. 이는 존귀함을 존귀하게 여기는 뜻에서이다. 그들 중에 혹 찾아오는 자가 있다면 거절하는 것은 좋지 않다. 다만 만나보는 자리에서 관청의 규율을 세우기 위하여 공사가 아니고는 찾아주지 말기를 거듭 부탁하고 친절하게 이해시켜야 한다.

고을 유생들 중에는 문사라 일컫는 자들이 과시(科時)니 과부(科賦)니 하는 것을 핑계로 관장과 견연하고 농간을 부리려는 자들이 있는데 이들은 만나보아서는 안 된다. 또 풍수ㆍ사주ㆍ관상ㆍ복서(卜筮)ㆍ파자(破字) 등 여러 가지 요사스럽고 허황한 술책을 농하여 관장과 인연을 맺는 자들이 있는데, 이와 같은 일은 작으면 정사를 어지럽게 하고 크면 재앙을 불러오게 되는 것이니, 마땅히 강경하게 거절하여 접근할 수 없도록 만들어야 한다. 오직 익사만은 물리치기 어렵다. 때때로 부르지 않을 수 없으나 마땅히 잘 살펴서 보수는 후히 주되, 입을 열어 청탁하는 일은 하지 못하도록 해야 한다.

설문청(薛文淸)의 〈독서록(讀書錄)〉에 말하기를, “선비들

무단(武斷) : 무력이나 억압으로 일을 해 나감.
회사(回謝) : 사례하는 뜻을 표함.

조관(朝官) : 조정에서 벼슬하는 관리.
남행(南行) : 음관(蔭官).

은 본래 예로써 접해야 하지만 혹 문사(文辭)나 자획(字畫)을 가탁하여 그것을 매개로 수령의 앞에 나아가 한 번 친하게 대하면 함정에 빠지는 수가 있다. 이러한 부류들을 잘 살펴서 멀리 끊어버릴 수 있다면 또한 마음을 맑게 하고 사리를 살피는 데 도움이 될 것이다."라고 하였다. 목민관은 공사가 아닌 이상 어떠한 계층의 인사와도 만나서는 안 된다는 것을 강조하고 있다. 어디까지나 청탁이나 농간의 길을 막고 관부를 숙정(肅正)하려는 것이다.

　친척이나 친구로서 같은 고을이나 인근 고을에 사는 사람이 있다면 한 번쯤 불러서 만나보고 또 한 번쯤 몸소 찾아가서 만나보며 때때로 선물을 보내주는 것은 좋으나, 자주 만나거나 편지가 오가게 되면 사람들의 의혹이나 비방을 불러오기 쉬우니 특별한 사유로 청하기 전에는 관아로 들어와서 만나는 일이 없도록 한다. 그리고 질병이나 우환이 있어서 반드시 서로 알려야 할 경우에는 사연을 간단하게 적고 풀로 봉하지도 말며 예리(禮吏)를 통하여 보내도록 미리 약속해 두어야 한다. 친척이나 친구들을 가까이하고 청탁을 자주 받아들였다가 인심을 잃고 민원(民怨)의 대상이 되어 지위를 보전하지 못하는 사람들이 많다. 이 어찌 두렵지 않겠는가.

　이현보(李賢輔)가 안동부사(安東府使)가 되었는데 안동 경내에 있는 친척과 옛 친구들이 모두 예로써 영접하였다. 정사에 많은 방해가 되었지만 공은 이를 무난히 처리하였고 그 동안 한 올의 사사로운 정도 낄 틈을 주지 않았기 때문에 다른 사람들도 감히 그를 원망하지 못하였다. 친척이나 친구들이 자주 찾아오고 서신을 왕래하게 되면 사사로운 정에 끌리기 쉽고 청탁이 행해질 염려가 많다. 수령이 된 자는 이 점에 극히 유의해야 할 것이다. 조정의 권문 귀족들이 사사로이 글을 보내어 간절하게 청탁하는 수가 많지만, 권문 귀족의 청탁이라고 하여 법과 도리에 어긋나는 일을 받아들일 수는 없는 것이다.

진양(陳襄)이 포성현(蒲城縣)의 주부(主簿)가 되었는데 읍에는 세족(世族)들이 많이 살아서 전임 영(令)들이 이를 제어하지 못하고 몽폐(蒙蔽)하여 청탁하는 일이 상습으로 되어 있었다. 공은 자나깨나 그 폐단을 고칠 것을 생각해 보았으나 청탁하는 사람들이 모두 사류(士類)에 속하기 때문에 갑자기 고칠 수 없으므로, 송사를 들을 때마다 반드시 몇 사람을 자기 앞에 둘러앉게 하니 사사로이 만나려는 사람들이 말을 꺼내지 못하였다. 이로부터 읍의 사류들은 청탁할 수 없음을 알게 되어 노련한 농간배들도 혀를 움츠리고 기운이 저상(沮喪)되었다.

사람이 영달하게 되면 곤궁한 친구와 가난한 친척들이 많이 찾아오게 마련이다. 궁교(窮交)와 빈족(貧族)을 돕는 것은 인간 도의에 속하는 것이다. 공자도 재물이 생기면 가난한 사람들을 구제하는 데 힘쓸 것을 가르쳤다. 또 자공이 공자에게 묻기를, "가난하나 아첨하지 않고 부유하나 교만하지 않으면 어떻습니까?"라고 하자, 공자가 대답하기를, "그래도 좋으나 가난하면서 도(道)를 즐기고 부유

세족(世族): 대대로 벼슬하는 집안.
몽폐(蒙蔽): 덮어 감춤.

사류(士類): 학문을 연구하고 덕을 닦는 선비의 무리.

저상(沮喪): 기운을 잃음, 꺾임, 풀림.

하면서 예를 좋아하느니만 같지 못하니라."고 하였다. 어떤 사람은 궁교와 빈족을 대하는 일이 극히 어렵다고 말하고 있다. 나를 찾아오는 궁교와 빈족이 있다면 따뜻하게 맞이하고 후하게 대접하여 상대방으로 하여금 무안을 당하는 일이 없도록 해야 한다. 예전부터 내려오는 일화를 본다면 궁교와 빈족들을 잘 돌보아줌으로써 후에 그들의 도움으로 입신 출세한 일이 많이 있다.

범문정공(范文正公)이 일찍이 그 자제들에게 말하기를, "나의 오중(吳中) 종족(宗族)들이 매우 많은데 나의 조종(祖宗)의 입장에서 본다면 다 같은 자손들이니, 만일 혼자 부귀를 누리면서 종족들을 돌보지 않는다면 다른 날 어찌 조종을 지하에서 만날 수 있을 것이며 지금이라도 무슨 면목으로 가묘(家廟)에 들어갈 수 있을 것인가."라고 하였다.

수령의 직책은 오로지 목민하는 데 있는 것이지 사람을 만나거나 접대하는 데 있는 것이 아니다. 〈경국대전〉에 말하기를, "사사로이 관부에 출입하는 자는 장(杖) 100대를 때리되 오직 아버지·아들·사위·형제는 예외로 한다."라고 하였으니, 공사가 아니고는 관부 출입을 금해야 한다. 아전과 약속하여 문 밖에 찾아온 손이 있다면 먼저 좋은 말로 사절해 놓고, 가만히 수령에게 고하여 처분을 묻도록 한다면 실수가 없을 것이다.

이 글에서는 관부로 찾아오는 손님을 물리치라고 말하고 있다. 수령이 자주 지방 인사들을 만나게 되면 거기에는 사사로운 정이 맺어지게 되고 청탁을 받아들이게 되어 정사가 공정을 잃게 된다. 그러므로 지방의 유력한 인사가 일없이 관부를 찾아오는 것은 물론, 친척이나 옛 친구까지도 가까이하지 말아야 한다. 또 조정 권문 귀족의 청탁이라도 이를 단호히 거절함으로써 관기가 엄숙하고 청탁이 행해지지 않는 공정하고도 밝은 행정이 이루어질 것이라고 강조하고 있다.

5. 백성을 사랑하는 길
　　……절용(節用)

목민을 잘하는 자는 반드시 인자하다. 인자하게 하려는 자는 반드시 염결해야 하며, 염결하게 하려는 자는 반드시 검약하니 절용이란 곧 목민관이 가장 힘써야 하는 것이다.

절(節)이란 한도로 제약하는 것이다. 한도로써 제약하는 데는 반드시 법식이 있으니, 법식이란 곧 절용의 근본인 것이다.

의복이나 음식은 반드시 검약으로써 법식을 삼는다. 가볍게 그 법식을 넘는다면 이는 쓰는 것에 절도가 없는 것이다. 제사나 빈객이 비록 사사로운 일에 속하는 것이나 마땅히 일정한 법식이 있어야 한다. 쇠잔하고 작은 고을에서는 법식을 보아서 마땅히 줄여야 한다.

무릇 내사(內舍)에 보내는 물건은 모두 법식을 정하되,

5// 善爲牧者必慈 欲慈者必廉 欲廉者必約 節用者 牧之首務也 節者 限制也 限以制之 必有式焉 式也者 節用之本也 衣服飮食 以儉爲式 輕逾其式 斯用無節矣 祭祀賓客 雖係私事 宜有恒式 殘小之邑 視式宜減 凡內饋之物 咸定厥式 一月之用 咸以朔納 公賓之饌 亦先定厥式 先期辦物 以授禮吏 雖有贏餘 勿還追也 凡吏奴所供 其無會計者 尤宜節用 私用之節 夫人能之 公庫之節 民鮮能之 視公如私 斯賢牧

也 遞歸之日 必有記付
記付之數 宜豫備也 天
地生物 令人享用 能使
一物無棄 斯可曰善用
財也

경유기식(輕逾其式) : 가볍
게 그 법식을 넘어서는 것.
수계사사(雖係私事) : 비록
사사로운 일에 속하지만.
항식(恒式) : 일정한 법식.
잔소지읍(殘小之邑) : 쇠잔
하고 작은 고을.
시식의감(視式宜減) : 법식
을 보아서 마땅히 줄여야
한다는 것.
내궤지물(內饋之物) : 내사
(內舍)에 공궤하는 물품.
함정궐시(咸定厥式) : 모두
그 법식을 정한다는 것.
삭납(朔納) : 초하룻날에 바
치는 것.
희(餼) : 여기서는 음식을
대접하는 것.
판물(辦物) : 물건을 장만하
는 것.
이수예리(以授禮吏) : 예리
란 예법을 맡아보는 아전을
말하는 것이니, 즉 예리에
게 주는 것.
부인능지(夫人能之) : 부인
두 글자에 대하여는 착각을
일으키기 쉽다. 여기서는
부와 인을 따로따로 해석하
여, 무릇 사람마다로 풀이
된다. 즉 무릇 사람이면 능
히 할 수 있다는 것.

한 달 쓸 것을 모두 초하룻날 바치도록 한다.

공빈을 대접하는 것도 또한 미리 법식을 정하되, 기일
전에 물건을 마련하여 예리에게 보내주며 비록 남는 것이
생기더라도 돌려보내지 말아야 한다.

무릇 아전이나 관노들이 바치는 것으로서 회계 속에 들
어 있지 않은 것은 더욱 아껴서 써야 한다.

사용(私用)을 절약하는 것은 사람마다 능히 할 수 있으
나, 공고(公庫)를 절약하는 일은 능히 할 수 있는 사람이
적다. 공사 보기를 사사처럼 한다면 이는 곧 어진 목민관
이다.

체임되어 돌아가는 날에는 반드시 기부(記付)가 있어야
하니, 기부의 수는 미리 준비해야 한다.

천지가 만물을 낳아서 사람으로 하여금 누리고 쓰게 하
였는데 한 물건이라도 버림이 없게 한다면 이는 재화를
잘 쓴다고 말할 수 있을 것이다.

| 풀이 | 〈논어〉에 보면 '절용이애인(節用而愛人)'을 행정
의 요체로 삼고 있으니, 즉 재정을 아껴 씀으로써 백성을
사랑한다는 것이다. 또한 〈맹자(孟子)〉에 보면 '생형벌(省
刑罰)'과 '박세렴(薄稅斂)'을 왕도정치의 강령으로 하였는
데, 생형벌이란 형벌을 던다는 뜻이요, 박세렴이란 세금
을 가볍게 한다는 뜻이다. 재정을 아껴 쓴다면 백성들의
부세의 부담이 가벼워진다는 것은 자연적인 추세이며 따
라서 백성들의 생활이 윤택해질 것이다. 백성을 사랑하는

정치는 무엇보다도 재정을 아껴 쓰는 데 있다. 그렇기 때문에 여기서도 절용을 목민관이 가장 먼저 힘쓸 것이라고 말하고 있다.

순암(順菴) 안정복(安鼎福)은 말하기를, "재정을 낭비하게 되는 것은 처자를 끌고 다니거나 손님이 오고가거나 공장(工匠)과 결탁하여 그릇을 만들거나 진귀한 보화를 수집하는 등의 일에 있다."라고 하였다. 수령이 능히 처첩을 거느리지 않고 자제들의 왕래를 허락지 않으며, 권문(權門)이나 귀척(貴戚)을 섬기지 않고 공장을 불러들이지 않으며, 금은 보화를 취하지 않는다면 아무리 척박한 고을이라도 재정의 부족을 느끼지 않을 것이다.

절용의 절이란 사물에 한계를 둔다는 뜻으로 설명하고 있다. 그리고 한계를 두기 위해서는 모든 생활에 있어서 일정한 법식을 두어야 한다고 강조하였으니, 법식을 정하는 것은 곧 절용의 근본이 된다고 말하고 있는 것이다. 〈주례(周禮)〉 천관편(天官篇)에 의하면 "아홉 가지 법식으로서 재용을 절약한다."라고 하였다. 천자(天子)의 부를 가지고서도 반드시 먼저 법식을 정하여 재용을 절약하였는데 하물며 작은 고을의 수령에 있어서랴. 모름지기 고을의 크고 작음을 헤아리고 녹봉의 후박을 계산하여 모든 생활의 법식을 마련해야 한다. 유원성(劉元城)이 마영경(馬永卿)에게 말하기를, "그대의 고을은 녹봉이 박하니 수입을 따져서 지출해야 한다."라고 하였다.

사람의 일상생활에 있어서 필요불가결의 것이 곧 의복

공고(公庫) : 공용의 재화를 쌓아두는 창고를 말하며 여기서는 공용으로 풀이함.

민선능지(民鮮能之) : 백성들이 능히 하는 사람이 적다는 말이나, 여기서는 능히 할 수 있는 사람이 적다로 풀이됨.

시공여사(視公如私) : 공사 보기를 사사와 같이 한다는 것임.

기부(記付) : 관부에 전해 내려오는 전곡(錢穀)이나 모든 물건이 다 장부가 있으니 이를 중기(重記)라고 하며, 체임되어 돌아갈 때는 쓰다 남은 것을 중기에 기재하는데 이것을 기부라고 함.

예비(豫備) : 미리 준비함.

영인향용(令人享用) : 사람으로 하여금 누리고 쓰게 하는 것.

무기(無棄)ㆍ버림이 없는 것을 말함.

선용재(善用財) : 재화를 잘 쓰는 것.

과 음식이다. 의복이나 음식이란 필수품이기 때문에 잠시
도 떠날 수가 없을 뿐만 아니라, 이를 사치하게 하려 든다
면 또한 한이 없다. 의복과 음식부터 일정한 법식을 마련
하되 절검을 위주로 해야 한다.

　후한(後漢) 때 유우(劉虞)가 유주자사(幽州刺史)가 되었는
데, 해어진 옷에 끈으로 맨 신을 신고 먹는 데는 고기를
겸하지 않았다. 정옥(鄭玉)이 황해도 관찰사가 되었는데
몸가짐이 청고하여 여러 고을을 순행할 때도 반찬은 오직
두 접시뿐이었으며, 이 명령을 어기는 자는 벌을 주었다.
유정원(柳正源)이 여러 고을의 수령을 지냈는데 체임되어
돌아갈 때는 채찍 하나로 길에 나섰으며 의복이나 도구들
은 조금도 더 늘지 않았다.

　수령이 자기 선조의 제사를 지낸다든지 또는 자기를 찾
아온 손님을 접대하는 것은 비록 공적인 것이 아니고 사
사에 속하는 것이지만 역시 법식이 있어야 하고, 만일 작
은 고을이라면 녹봉도 적고 고을의 재정도 빈약한 만큼
마땅히 이를 줄여야 한다.

관주(官廚) : 관청 부엌.

　수령의 내행(內行)이 도착하면 관주(官廚)에서 날마다 쓰
는 물건을 바쳐야 한다. 첫 열흘 동안에 바친 물건들을 합
계하고 이의 총수를 세 곱하여(한달은 보통 30일이기 때문
임) 그 세 곱한 수의 물자를 초하룻날 전부 납품하도록 한
다. 이것이 곧 초하룻날에 내사(內舍)에 납품할 법식이 되
는 것이다. 그러나 생선 같은 것은 부패하기 때문에 한 달
분을 한꺼번에 바칠 수 없으니, 매양 장날이 되면 생선 몇

근씩을 정해 놓은 법식대로 바치면 된다. 쇠고기나 돼지고기 같은 것도 마찬가지이다. 정해진 법식에 의하여 소나 돼지 잡는 날에 날짜를 따져서 나누어 바치도록 한다. 무릇 초하룻날 바치는 법식 외에 특별히 쓰게 된 것은 매일 일부(日簿)에 적어둔다. 여러 달 실행되는 동안에 혹 남는 것이 생기면 초하룻날 납품할 때 빼도록 하고, 매양 부족한 것이 생기면 정해 놓은 법식보다 그 수량을 늘리되 정도에 알맞도록 해야 한다.

공빈(公賓)이란 수령의 사사로운 손님이 아니라 공적인 손님을 말하는 것이다. 공빈을 대접하는 품급은 모두 예전(禮典)에 나와 있으니 이것을 참고해야 한다. 관찰사를 대접하는 음식은 마땅히 고례를 따라야 한다. 모름지기 10년 동안의 예에 의하여 그중에서 너무 사치스러운 것은 버리고 너무 검박한 것도 버려서 그 중간을 취하여 항식(恒式)으로 삼아야 한다. 관찰사가 도착하는 기일이 되기 전에 주리(廚吏)에게 명하여 모든 물자를 갖추어서 예리(禮吏)에게 넘겨주도록 하고 미리 장부를 조사하여 회계를 맞추어 놓는다면 때에 임박하여 당황하는 일이 없고 또 아전들이 장부를 농간할 수가 없게 된다. 연경(燕京)으로 가는 사신이나 어사(御史)나 경시관(京試官)이나 반사관(頒赦官) 등 모든 공빈의 접대도 이에 준해서 하면 된다. 공빈의 접대도 역시 항식을 정해 놓고 구입과 지출을 분명히 함으로써 재용의 절약을 강조하는 것이다.

관부의 재정은 모두 백성들에게서 나오는 것이지만 그

주리(廚吏): 부엌일에 소용되는 물품을 맡아보는 아전.

연경(燕京): 북경(北京).

회계 속에 들어 있는 것이 아니라면 백성들에게 끼치는 해독이 더욱 심한 것이다. 그렇기 때문에 아전이나 관노들이 바치는 물건으로서 회계 속에 들어 있지 않은 것일수록 더욱 아껴 써야 한다.

예를 들어서 채소나 오이는 원노(園奴)가 바친다. 이 공로에 의하여 창노(倉奴)가 되어서 좁쌀이나 쌀을 함부로 거두어다가 그 빚을 갚는데〔그처럼 거두는 것을 색락미(色落米)라고 한다〕, 그렇게 함부로 하는 것을 금하지 않으면 백성들이 해를 입게 되고 그렇다고 갑자기 그러한 짓을 엄금하면 창노들이 파산하게 된다.

어찌 그 근원을 맑게 하여 그 잘못된 흐름을 막아버리지 않을 수 있겠는가.

그리고 방촉(肪燭)은 포노(庖奴)가 올리는데 회계하지 않는 것이 예로 되어 있으니 줄곧 계속해서 대줄 수 없는 것이다. 오직 정당에만 날마다 두 자루씩 바치게 하고 내사나 책방에서는 향유(香油)로 점등(點燈)하는 것이 좋다.

정선이 말하기를, "옛날 현령 중에 지극히 청렴한 자가 있었는데 서울서 공문이 이르게 되면 관촉(官燭)을 켜놓고 봉함을 뜯어보다가도 집에서 온 글월이 있게 되면 관촉을 끄게 하고 사촉(私燭)으로 글을 본 뒤에 다시 관촉을 켜게 하였다고 한다."라고 하였다.

비록 굽은 것을 바로잡는 행위로서는 너무 지나쳤다고 하더라도 이것이 풍속을 격려하는 좋은 예인 것이다. 혹 어떤 읍례(邑例)에는 소용되는 쇠고기를 회계하지 않는 곳

원노(園奴) : 밭에 심는 오이, 참외, 수박, 호박 따위를 부치는 사람을 흔하게 이르는 말. 속칭 원두한.
창노(倉奴) : 창고지기.

포노(庖奴) : 푸줏간 하인.

향유(香油) : 참기름.

이 있으며 이러한 고을에 부임하게 된 자는 듣고서 기뻐하는데, 그 이유는 이 물건이 나오게 된 출처를 모르기 때문이다.

그러나 하늘에서 비처럼 떨어지거나 땅에서 물처럼 솟을 리가 없다. 이미 회계가 없다면 이는 반드시 백성들의 괴로움이 되는 것이다. 혹 한 동네를 따로 떼어다가 계방(契房)을 만들어 놓거나, 혹 창고의 곡식을 농간하여 이익을 취하거나 하는 까닭에 회계를 하지 않는 것이다.

또 옛날에는 후하였는데 이제 와서 박해지는 것은 1년 동안 고기를 바치다가 크게 포흠(逋欠)낸 것이고 그 자는 도망치게 마련이다. 그렇게 되면 그 포흠을 그 자의 친척이나 백성들에게서 징수하게 될 것이니 해독이 미치지 않는 곳이 없다. 도둑질을 한 것은 종이요, 장물을 먹은 자는 수령이 되는 것이니 내가 그 장물을 빌아 먹있으면서 종에게 도둑이라고 벌을 준다면 그것이 이치에 맞다고 할 수 있겠는가. 그 장물로써 부모를 봉양하고 조상의 제사를 받들었다면 어찌 효도가 되겠으며 복이 어디로부터 이르겠는가. 이러한 고을에 부임한 수령은 마땅히 빠른 시일 내에 그 법을 고쳐야 한다.

그 본전을 정하고 회계를 밝힘으로써 계방을 없애서 민부를 고르게 하고 창고를 엄히 단속하여 백성의 병통을 덜어야 할 것이다.

자기 재물이라면 아껴 쓸 줄 알면서도 공용이라면 이를 소홀히 생각하고 함부로 쓰는 것이 인지상정인 것이다.

계방(契房) : 사사로이 부과해 먹는 제도의 이름.

포흠(逋欠) : 관청 물건을 사사로이 소비하는 것.

공사를 자기 개인의 일처럼 생각하고 소중히 여기고 아껴 쓸 줄 아는 사람이야말로 훌륭한 목민관이라고 할 수 있다. 고을마다 반드시 공용의 재화가 있어서 여러 창고를 설립하고 있는데 처음에는 비록 공용이라고 하지만 설립한 지 오래되면 점점 사사로이 쓰이게 되는 일이 많다. 그릇된 관례가 층생첩출(層生疊出)하여 낭비가 심해진다. 그것은 공용의 고(庫)이기 때문에 수령이 살피는 것을 게을리하는 까닭이다. 감찰하는 아전과 창고를 맡은 종들이 백 가지로 농간을 부리고 오직 도둑질을 일삼아서 재화가 고갈되면 또다시 중하게 거두어들이니 이것이 공통적인 병통인 것이다.

여러 고(庫)의 명칭을 보면 비록 보민(補民), 보역(補役), 보향(補餉), 보폐(補幣), 해현(解懸), 식견(息肩), 고마(雇馬), 수성(修城), 양사(養士), 장빙(藏氷), 군기(軍器), 군수(軍需), 진휼(賑恤), 전관(傳關) 등 각각 용도가 다르게 되어 있으나 그 지출은 분별이 없으니 이것은 단호히 바로잡아야 한다. 수령은 고을의 주인으로서 한 고을의 사무를 관장하지 않는 것이 없다. 그 잘못된 것은 책임이 있는 것이니 모든 장부를 샅샅이 살펴서 한 푼의 돈이라도 부정 지출되거나 낭비되는 일이 없도록 해야 한다. 또 그 법이 치밀하지 못한다면 그 절목(節目)을 뜯어고치고 그릇된 관례는 없애버리며 새어나갈 구멍을 막음으로써 영구히 폐단이 없도록 해야 할 것이다.

정만화(鄭萬和)가 여러 번 수령을 지냈는데 이르는 곳마다 저축한 것이 처음 왔을 때보다 넘쳐 흘렀으며, 남아도는 것만 해도 이루 다 셀 수 없었다. 일찍이 감탄하여 말하기를, "내가 침식해 먹고 사기하여 빼돌리는 것만을 막음으로 해서 1년 동안에 이만큼 남게 된 것이다. 절용이야말로 어찌 애민(愛民)의 근본이 아니겠는가."라고 하였다.

관부에서 전해 오는 전곡(錢穀)이나 그밖의 물건들은 모두 기록이 있는데 이를 이름하여 중기(重記)라고 하며, 체임되어 돌아갈 때는 그 쓰다 남은 것을 그대로 중기에 기록해 두는데 이를 기부(記付)라고 한다. 평시에 유의하고 있지 않다가 급한 때를 당하게 되면 어떻게 갑작스럽게 정리할 수 있을 것인가. 매달 초하루와 보름의 회계하는 날에 관용 제물(諸物)의 재고를 파악해 두었다가 뜻하지 않은 체임에 대비하는 것이 좋다.

〈지현결〉에 말하기를, "관주(官廚)에서 쓰는 물건은 모두 달로 배정하되 초과 소비하는 일이 없도록 해야만 근심이 없을 것이며, 그밖의 전곡은 언제나 뒷일을 걱정하여 삼가 남용을 하지 않아야만 언제나 마음이 편안한 것이다."라고 하였다. 또 말하기를, "소책자 하나를 만들어 중간에 한 줄을 그어놓고 위쪽에는 전관(前官)이 기부한 여러 가지 물선의 수를 기록하고, 그 아래쪽에서는 여러 가지 물건의 회계를 마친 후의 재고량을 기록해 둔다. 숫자가 다달이 달라질 것이므로 못박듯 고정을 시키지 말고 종이 부전(付箋)을 사용하여 조목조목 붙여두도록 해야 한다. 이를 언제나 참고로 하여 재고량이 전관의 기부를 훨씬 초과할 때는 마음놓고 쓸 것이며, 미치지 못할 때는 이를 보충하여 채운다면 급한 때를 당한다 하더라도 근심이 없을 것이다."라고 하였다.

천지는 사람들의 향유(享有)와 사용에 제공하기 위하여 모든 물건을 만들어내고 있다. 사람들은 모름지기 이 뜻을 체득하고 사소한 물건 하나라도 이를 선용하여 버리는 일이 없도록 힘써야겠다.

선용(善用) : 알맞게 잘 씀. 올바르게 씀.

이 글에서는 절용이 백성을 사랑하는 길임을 강조하고 있다. 그 방법으로써 제사, 빈객으로부터 음식, 의복, 일용 사물에 이르기까지 모두 검약을 위주로 일정한 법식을 정하여 실시할 것을 말하고 있으며, 공사를 자기 개인의 일처럼 생각하며 항상 살피고 감독함으로써 아전이나 종들의 농간을 막고 절용에 힘쓸 것을 주장하고 있다.

6. 은혜를 베풀라
……낙시(樂施)

6// 節而不散 親戚畔之 樂施者 樹德之本也 貧 交窮族 量力以周之 我 廩有餘 方可施人 竊公 貨 以賙私人 非禮也 節 其官俸 以還土民 散其 家穡 以贍親戚 則無怨

절약만 하고 흩어주지 않으면 친척들이 배반한다. 베풀기를 즐겨하는 것은 덕을 심는 근본이다.

가난한 친구나 곤궁한 친척은 힘을 헤아려서 구제해야 한다.

내 곳집에 남는 것이 있다면 남들에게 베풀어도 좋으나

나라의 재화를 훔쳐서 사사로이 사람을 구제하는 것은 예가 아니다.

관봉(官俸)을 절약하며 지방 백성들에게 돌려주고 자기 집의 농사지은 것을 흩어서 친척들을 넉넉하게 해준다면 원망하는 사람이 없을 것이다.

귀양살이하는 사람의 객지 살림이 곤궁하다면 불쌍히 생각하고 돌보아주는 것도 또한 어진 사람의 힘쓸 바이다. 전란을 당하여 떠돌아다니는 사람이 의지하려고 하면 친절하게 받아들이는 것이 의로운 사람의 행실인 것이다.

권문세가를 후하게 섬겨서는 안 된다.

| 풀이 | 못에 물이 괴고 또 괴는 것은 장차 넘쳐흘러서 물건을 적시기 위한 것이다. 그러므로 절용할 수 있는 자는 은혜를 베풀 수 있으며 절용하지 못하는 자는 은혜를 베풀 수 없는 것이다. 기생이나 부르고 거문고를 타며 피리를 불어 질탕하게 놀며, 비단으로 몸을 감고 높은 말에 좋은 안장으로 거드럭거리고 게다가 아첨으로 상관을 섬기고 권귀(權貴)에게 뇌물을 바친다면 비용이 한없이 들어갈 것이다. 그러한 소비를 한 해 동안 계산하면 어마어마한 액수가 될 것이니 어떻게 친척들에게 은혜를 끼칠 수 있을 것인가. 절용이란 은혜를 베풀 수 있는 근본이다.

관장(官長)으로서 궁교와 빈족을 구제하는 사람들을 보면 그 의복이나 생활이 매우 검소하다. 의복이 화려하고 얼굴에 기름이 흐르며 음란하고 질탕하게 놀기를 좋아하

矣 謫徒之人 旅瑣困窮 憐而贍之 亦仁人之務 也 干戈搶攘 流離寄寓 撫而存之 斯義人之行 也 權門勢家 不可以厚 事也

낙시(樂施) : 은혜 베풀기를 좋아하는 것.
절이불산(節而不散) : 절약만 하고 흩어 주지 않는 것.
양력(量力) : 능력을 헤아려 보는 것.
주(周) : 구제하는 것.
관봉(官俸) : 관원의 녹봉(祿俸)을 말함.
토민(土民) : 지방 백성.
가색(家穡) : 자기 집에서 농사지은 것.
섬(贍) : 넉넉하게 해주는 것을 말함.
즉무원의(則無怨矣) : 곧 원망이 없을 것이라는 말.
적도(謫徒) : 귀양살이를 하는 것.
여쇄(旅瑣) : 객지의 살림.
연이섬지(憐而贍之) : 불쌍히 여겨서 돌보아 준다는 것을 말함.
간과창양(干戈搶攘) : 전쟁으로 매우 어수선함을 말함.
후사(厚事) : 후하게 섬기는 것을 뜻함.

는 자로서 남에게 은혜를 베푸는 것은 보기 드물다. 무릇 사람이란 반드시 절용을 숭상해야 하며 절용하여 재화가 모이게 되면 그것으로써 곤궁한 친척이나 가난한 친구들을 구제하는 것이 의리이다. 절용하여 부유해지고도 은혜를 베풀 줄 모른다면 친척들도 의리 없는 사람으로 취급하고 외면하게 된다. 은혜를 베풀어서 남을 도와준다면 그 사람도 은혜에 감격하여 언제든지 보답할 생각을 하게 되는 것이다. 역사의 기록이나 전설을 본다면 남에게 은혜를 베푼 것이 동기가 되어서 큰 사업을 이룩하고 입신출세한 사람들이 수없이 많다. 그렇기 때문에 이 글에서도 은혜 베풀기를 즐겨하는 것은 곧 덕을 심는 근본이 된다고 말하고 있다.

한 집에서 지내는 사람으로서 비록 데리고 오지 못하였다 하더라도 가난하여 끼니를 거르는 자가 있다면 그 식구들에게 매달 얼마씩 생활비를 보내주지 않을 수 없다. 소공(小功)으로서 끼니를 거르는 자에게는 매월 계속하여 반달치 생활비를 보내주어야 한다. 그 나머지는 오직 급한 것을 구제해 주며, 별로 가난하지 않은 자에게는 때때로 조금씩 보내주면 된다. 빈교가 도움을 청하러 오면 후하게 대접하고 왕복 노비(路費)를 쓰고도 남을 정도로 보태주어야 한다. 힘이 자라는 데까지 궁교와 빈족들을 도와주라고 강조하고 있다.

방언겸(方彥謙)이 경양령(涇陽令)이 되었는데 가업이 따로 있었기 때문에 녹봉 소득은 모두 친척이나 친구들을

소공(小功) : 다섯 달 동안 복을 입는 친척.

구제하는 데 썼다. 비록 주머니가 자주 비어도 언제나 즐거운 표정이었다. 일찍이 그 아들 현령(玄齡)에게 말하기를, "남들은 모두 녹봉을 받아서 부자가 되었으나 나는 홀로 벼슬함으로써 가난해졌으니 자손에게 남겨줄 것은 청백(淸白)뿐이다."라고 하였다. 또 이창정(李昌庭)이 순천부사(順天府使)로 있을 때였다. 공과 더불어 성명이 같고 벼슬품계도 또한 같은 사람이 있었는데 그의 친구되는 가난한 선비 한 사람이 시집보내는 딸의 혼수를 청하려고 잘못 알고 공을 찾아왔다. 와서 보니 자기 친구가 아니었다. 실망하여 머뭇거리므로 공이 자리에 앉히고 천천히 그 까닭을 물으니 그 선비는 사실대로 털어놓았다. 공이 웃으면서 말하기를, "조금도 괴이할 것이 없다."라고 하면서 후히 대접한 뒤 혼수까지 빠짐없이 갖추어 주었다. 그 사람이 사례하며 말하기를, "비록 그 친구에게 해달리고 하였더라도 이와 같이 할 수는 없었을 것입니다."라고 하였다.

궁교와 빈족을 구제하는 것이 아무리 인정이요, 의리라고 하지만 그것도 자기 재물이 있어서 하는 것은 좋으나 공고의 재물을 꺼내어 구제할 수는 없는 것이다. 그러므로 공사의 구별을 분명히 하여 혼동하는 일이 없도록 해야겠다. 궁교와 빈족이 도움을 청해 올 때 내가 가진 것이 없다면 실정을 소상하게 들려주어서 이해시키고 다음 기회를 약속한 뒤에 노비라도 주어서 돌려보내도록 해야 한다. 만일 객기를 부리고 생색을 내느라고 공고의 재물을 흩어 주어서 공고가 바닥이 나게 되면 아전들은 목을 매

고 종들은 도망칠 것이며 그 해독이 일경(一境)에 미치게
될 것이다.

윤외심(尹畏心)의 아우가 해남재(海南宰)가 되었을 때 공
채(公債)가 아직도 많은데 제수(祭需)를 보내왔다. 공이 물
리치고 받지 않으면서 말하기를, "아전의 재물을 빼앗아
서 조상의 제사를 받드는 일은 차마 하지 못하겠다."라고
하였으니 실로 격언이라 하겠다. 조상의 제사지내는 일이
그러한데 하물며 다른 일에 있어서랴.

유구(劉球)가 형을 극진히 섬겨서 한 집에 살면서 먹는
것도 자리를 같이하였다. 종제(從弟) 빈(玭)이 보전령(甫田
令)이 되어서 하포(夏布) 한 필을 보내왔는데 그날로 곧 돌
려보내면서 글로써 경계하기를, "마땅히 청백을 지켜서
선인들을 빛나게 할 것이니 이러한 것은 현제(賢弟)에게
바라는 바가 아니다."라고 하였다. 정선은 말하기를, "여
유가 생기기를 기다려서 사람을 구제하려 한다면 반드시
구제할 날이 없을 것이며, 틈이 있기를 기다려서 글 읽을
날이 없을 것이다."라고 하였다. 사람의 곤궁한 것이 비참
한 지경에 이르러서 시급을 요할 때는 여유가 있고 없는
것을 헤아릴 겨를이 없는 것이라고 생각된다.

나라에서 주는 녹봉을 절약해 쓰고 그 남은 것으로써
고을의 곤궁한 백성들에게 은혜를 베푼다면 백성들은 감
격하여 따르니 경내(境內)가 잘 다스려질 것이며, 내 집에
서 농사지은 곡식을 흩어서 가난한 친척들을 구휼한다면
친척간의 돈목(敦睦)하는 의를 지킬 수 있을 것이다.

이집(李稐)이 여러 번 수령이 되었는데 그때마다 집안 살림은 서제(庶弟)인 구(構)가 맡아보았다. 흉년이 들게 되면 구에게 글을 써서 전하기를, "집안의 저축된 것은 반드시 먼저 친족들에게 보내주고 여분이 있거든 하인과 이웃 사람들에게 나누어 주라."고 하였다. 어떤 사람이 틈을 타서 논밭과 집을 늘릴 것을 권고하면 집은 말하기를, "자신의 이익을 도모하여 어찌 차마 그들로 하여금 굶주리게 할 수 있겠는가."라고 하였다.

서제(庶弟) : 아버지의 첩에게서 태어난 아우.

유관현(柳觀鉉)이 경성판관(鏡城判官)이 되었을 때 큰 흉년이 들었는데 지성으로 돌보아 백성들을 구제하니 온 경내가 힘입어 모두 살아나게 되었다. 하루는 감진자(監賑者)가 청하기를, "남방에서의 기근도 북관이나 다를 것이 없습니다. 성주께서는 이미 녹봉으로 백성들을 살리셨으니 이제는 마땅히 그 인덕이 친척에게 미쳐도 좋을 것입니다. 이미 진청(賑廳)에서 따로 저축해 놓은 것이 조금 있으니 보내도록 하십시오."라고 하자 공이 말하기를, "녹봉 또한 백성들에게서 나온 것인데 어찌 사재(私財)로 보아서 먼저 가족을 구휼할 수 있겠는가."라고 하며 끝내 허락지 않았다.

감진자(監賑者) : 진휼을 감독하는 사람.

나라에 죄를 지어서 귀양살이를 하는 사람들은 객지 생활이 극히 곤궁하게 마련이다. 어진 수령들은 이와 같은 처지에 있는 사람들을 동정하고 극진하게 돌보아주어야 한다.

방극근(方克勤)이 제령부(濟寧府)의 지사(知事)가 되었을 때, 명태조(明太祖)가 법을 쓰는 것이 엄하여 제령으로 귀양 오는 사대부들이 많았는데 극근은 그들을 극진하게 돌보아주었다. 사람들이 이를 위태롭게 생각하였으나 공은 그 일을 그만두지 않았다.

박대하(朴大夏)가 나주목사(羅州牧使)가 되었을 때 동계(桐溪) 정온(鄭蘊)이 바른말을 하다가 죄를 입고서 귀양가는 길에 나주지경을 지나게 되었는데, 박공은 일찍이 하루도 사귄 일이 없었건만 손을 잡고 눈물을 흘리면서 노자까지 후하게 주자 정공은 감탄을 하며 갔다.

사람들 중에는 권문세가를 후하게 섬기는 자들이 있는데 이것은 잘못이다. 내가 은혜를 받았거나 혹 의뢰하여 서로 좋게 지내는 사이에는 때때로 물건을 보내주되 먹는 것 몇 가지에 지나지 않아야 한다. 그밖의 초피(貂皮), 산삼, 값진 비단이나 주옥 등속의 귀중한 물건들은 절대로 바치지 말아야 한다. 왜냐하면 재상으로서 염결하고 사리에 밝으며 식견이 있는 자는 이를 받지 않을 뿐만 아니라, 오히려 상대를 비루한 사나이나 아첨하는 무리로 여길 것이며, 혹시 임금 앞에서 벌을 줄 것을 청하기라도 한다면 이는 재물을 잃고 몸을 망치게 되는 것이므로 위태로운 길인 것이다. 또 만일 그 재상이 뇌물 받는 것을 좋아하여 뇌물을 받아들이고 발탁을 해주는 자라면 그런 사람은 오래지 않아서 패망하게 되는데, 그렇게 되면 공론이 나를 그 사람의 사인(私人)으로 지목하게 되어 크게는 연좌될 것이고 적어도 벼슬을 박탈당할 것은 필연의 이치인 것이다. 아무튼 해가 있을 뿐 이익될 것이 없는데 무엇 때문에 애써 그와 같은 행동을 하는 것인가.

현종조(顯宗朝)에 우의정 김수항(金壽恒)이 아뢰기를, "사대부의 대소상기례(大小喪紀例)에는 친지들이 부의(賻儀)를 보내는 규례가 있으나 10세 이전의 초상에야 어찌 이와 같은 일이 있겠습니까. 신이 지난 겨울 어린 자식을 잃었는데 충청병사 박진한(朴振翰)이 면포 한 동(50필)을 부의로 보내왔습니다. 신이 외람되게 대신 지위에 있으니 이것은 아첨하여 환심을 사려는 것이 아니면 틀림없이 신을 시험하려고 하는 것입니다. 비록 곧 되돌려보내기는 하였습니다만 결코 그대로 둘 수가 없습니다. 유사(有司)에 명하여 법대로 죄를 다스리는 것이 어떻겠습니까."라고 하자 상(上)께서 비답(批答)하시기를, "그대로 하라."고 하였으니 이와 같은 일이 어찌 두렵지 않겠는가.

정붕(鄭鵬)이 청송부사(靑松府使)가 되었는데 재상 성희안(成希顏)이 잣과 꿀을 요구하였다. 공이 글로써 답하기를, "잣나무는 높은 봉우리 꼭대기에 있고 꿀은 촌가의 벌통 속에 있으니 태수가 무슨 수로 얻을 수 있겠습니까."라고 하였다. 성공은 잘못을 부끄러워하며 깊이 사과하였다.

이 글에서는 수령이 널리 은혜를 베풀 것을 강조하고 있다. 궁교와 빈족이 도움을 청해 왔을 때는 자신의 능력을 살펴서 극진하게 구제해 줄 것을 주장하면서도 공사를 구별하여 공고의 재물을 함부로 흩어서 폐단을 불러오는 일이 없게 할 것을 말하고 있다. 녹봉을 절약하여 그 여분

부의(賻儀) : 초상집에 부조로 보내는 돈이나 물품.
규례(規例) : 일정한 규칙.

비답(批答) : 상소(上疏)에 대하여 임금이 내리는 답.

병화(兵火) : 전쟁으로 말미암아 일어나는 화재.

으로 고을의 곤궁한 백성들을 도와주며 귀양살이를 하고 있는 불우한 사람들의 객지 생활도 극히 보살펴 줄 것과 병화(兵火)로 인한 화를 당하여 의지하려고 찾아오는 사람들을 따뜻하게 받아들일 것을 주장하였다. 또 권문세가에 아첨하는 행위를 경계하였다.

옛날에는 사(士)·농(農)·공(工)·상(商)의 신분 질서가 확립되어 있어서 선비들이란 오직 학문에만 열중하였을 뿐, 다른 일에는 어두웠기 때문에 집에 고정된 재산이 있거나 벼슬길에 오른 사람을 빼놓고는 거의가 곤궁한 생활을 영위할 수밖에 없었다. 그래서 어려운 친구는 여유 있는 친구에게 도움을 청하게 되고 곤궁한 사람은 부유한 친족에게 의지하려 들었다. 그렇기 때문에 이 글에서도 궁교와 빈족이라는 말이 나오는 것이다.

궁교와 빈족이야말로 큰 골칫거리가 되었으며 그들의 구호야말로 도덕을 숭상하던 당시에 하나의 의무처럼 되어 왔다. 오늘날에는 그와 같은 봉건적인 신분 질서가 깨어지고 직업이 다양하여 사람마다 응분의 노력으로써 자활의 길을 걷고 있지만, 아직도 가난한 상태에서 다른 사람의 힘을 빌리려는 사람이 많이 있다. 힘이 있는 사람이라면 그러한 사람들을 따뜻하게 대해 주고 직업을 알선하는 등 구호에 힘써서 함께 잘살 수 있는 길을 모색하는 아량을 베풀어야 할 것이다.

옛날에는 유배라고 하여 멀고 궁벽한 곳으로 귀양보내는 형벌이 있었기 때문에 귀양살이를 하는 사람들에 대한 구호책도 강구되었다. 그와 같은 형(刑) 제도가 없어진 오늘날에는 논의의 대상이 될 수 없다.

　권문세가를 섬기는 일이란 고금을 막론하고 문젯거리가 된다고 볼 수 있다. 벼슬이란 나라의 공기(公器)이며 모든 정치란 나라의 공사(公事)이다. 권문세가에 뇌물을 바치고 아첨함으로써 벼슬길이 열리고 영달을 누린다면 관기가 문란해져서 그 나라의 정치는 어지러워진다. 나라의 정치가 어지러워진다면 백성들이 도탄에 빠지게 되고 국력이 약화되어 나라가 위망하는 지경에 이르게 된다. 아랫사람과 윗사람이 다같이 도의 정신을 발휘하여 아부와 뇌물이 행해지지 않는 밝은 사회가 이룩되어야 할 것이다.

3

봉공 6조 (奉公六條)

1. 임금의 덕화를 널리 펴라
……선화(宣化)

군수나 현령은 본래 승류(承流)와 선화(宣化)를 하는 것인데 오늘날에는 오직 감사만이 이 책임이 있다고 말하는 것은 잘못이다.

윤음(綸音)이 고을에 이르게 되면 마땅히 백성들을 모아 놓고 친히 선유(宣諭)하여 임금의 어진 뜻을 알게 해야 한다.

교문(敎文)이나 사문(赦文)이 고을에 이르게 되면 또한 사실의 요점을 따서 백성들에게 선유하여 각각 알게 해야 한다.

무릇 망하(望賀)의 예는 마땅히 숙목하고 공경을 다하며 백성들로 하여금 조정의 존엄함을 알게 해야 한다.

망위(望慰)의 예는 오로지 의주(儀注)를 따라야 하는데 고례(古禮)는 강론하지 않을 수 없는 것이다.

국기일(國忌日)에는 일을 폐하고 형(刑)도 쓰지 않으며 악(樂)도 쓰지 않아서 모두 법례와 같이 해야 한다.

조정의 명령이 내려온 것을 민심이 기뻐하지 않아서 봉행할 수 없는 것은 마땅히 병을 핑계하고 벼슬을 버려야 한다.

새서(璽書)가 멀리 내려오게 되면 수령의 영광이며 책유(責諭)가 가끔 이르는 것은 수령의 두려움인 것이다.

1// 郡守縣令 本所以承流宣化 今唯監可 謂有是責 非也 綸音到縣 宜聚集黎民 親口宣諭 俾知德意 敎文赦文到縣 亦宜撮其事實 宣諭下民 俾各知悉 凡望賀之禮 宜肅穆致敬 使百姓知朝延之尊 望慰之禮 一遵儀注 而古禮不可以不講也 國忌廢事 不用刑不用樂 皆如法例 朝令所降 民心弗悅 不可以奉行者 宜稱疾去官 璽書遠降牧之榮也 責諭時至 牧之懼也

승류(承流) : 임금의 은혜를 백성들의 몸에 흐르게 하는 것을 뜻함.
선화(宣化) : 임금의 덕화를 널리 펴는 것.
윤음(綸音) : 임금의 말씀을 가리킴.
취집(聚集) : 모으는 것.
여민(黎民) : 백성. 서민은

머리에 관을 쓰지 않기 때문에 검은 머리칼이 보인다는 뜻에서 일컫는 말. 즉 검은 백성.

친구(親口) : 자기 입으로 직접 말하는 것.

선유(宣諭) : 임금의 가르침을 널리 알리는 것.

비(俾) : 사(使)의 뜻. 즉 하여금.

덕의(德意) : 덕스러운 뜻. 여기서는 임금의 어진 뜻을 말함.

교문(教文) : 임금이 내리는 글을 말함. 유문(諭文)이라고도 함.

사문(赦文) : 나라에 경사가 있어서 죄수들을 석방할 때 임금이 내리는 글.

촬기사실(撮其事實) : 사실의 요점을 따는 것.

비각지실(俾各知悉) : 각각 알게 하는 것.

망하지례(望賀之禮) : 초하루 보름에 수령이 임금이 계신 대궐을 바라보고 행하는 예.

숙목(肅穆) : 엄숙하고 화평한 것.

치경(致敬) : 경의(敬意)를 다하는 것.

망위지례(望慰之禮) : 국상이 났을 때 대궐을 향하고 행하는 예.

의주(儀注) : 나라의 전례(典禮)의 절차를 적은 것.

국기(國忌) : 나라의 기일.

폐사(廢事) : 일을 그만둠.

조령(朝令) : 조정에서 내려온 명령을 말함.

| 풀이 | 동중서(董仲舒)의 〈대책(對策)〉에 말하기를, "지금의 군수나 현령은 백성의 스승이며 장수이니, 그들로 하여금 승류(承流)하며 선화(宣化)하게 해야 할 것이다. 스승과 장수가 어질지 못하다면 임금의 덕이 선양되지 못하고 은혜가 흘러내려가지 못한다."라고 하였다.

선화나 승류는 곧 수령의 책임인데 오늘날에는 오직 감사(監司)의 정당에만 선화당(宣化堂)이라는 현판을 붙여놓았으니, 수령들은 평소에 이 현판만을 눈여겨보고 마음속으로 선화와 승류는 자기의 책임이 아니고 감사만의 책임으로 여기며, 자기는 오직 납세를 독촉하여 거두어들임으로써 상사의 꾸지람만 면하면 된다고 생각하니 이 어찌 한심스럽지 않은가.

〈서경(書經)〉에 말하기를, "신하는 나의 팔다리이며 귀와 눈이 된다. 나는 사방에 힘을 펴고자 하니 네가(수령을 가리키는 말) 하여라."고 하였다. 조정의 어진 뜻을 펴서 백성들로 하여금 임금을 사랑하고 추대하도록 하는 것이 목민관의 직책인데 오늘날의 목민관은 스스로 학정을 행하며 원망은 조정으로 돌린다. 세금을 걷지 못하게 하는 조서가 내려졌는데도 그것을 숨겨서 반포하지 않고 토색하여 빼앗는 물건으로 치부하기에 정신이 없다. 부채를 갚지 말라는 조서가 내려도 숨겨서 이를 반포하지 않고 사복(私腹)을 채운다.

또한 백성들의 질병을 구호하고 장사(葬事)를 지내 주라는 명령이 내렸는데도 이를 숨기고 반포하지 않으며, 혼

인을 권장하고 어린이를 돌보아주라는 명령이 내렸는데
도 이를 숨기고 반포하지 않는다. 굶주리는 시구를 요역
에서 빼 달라고 하면 "조정에서 난색을 보인다."고 하고,
파륭(罷癃 : 병신)이 울부짖으면 "조정의 명령이 지엄하니
난들 어떻게 하겠느냐."고 하고, 옥사(獄事)를 파하고자 할
때는 "조정의 법금이 본래 엄한데 너는 왜 죄를 범하였느
냐."고 해서 백성들로 하여금 슬피 울부짖으며 조정을 원
망하게 하니 참으로 슬프다. 이래서야 되겠는가.

　목민관은 마땅히 이러한 것들을 깊이 생각하고 백성들
을 대할 때마다 오직 조정의 어진 뜻을 선포하는 길을 첫
째 직분으로 삼아야 할 것이다. 감사에게만 승류와 선화
의 직책이 있는 것이 아니라 바로 수령에게 가장 중요한
임무임을 강조하고 있다.

　윤음(綸音)이란 군부가 자민(子民)을 위유(慰諭)하는 글을
말한다. 어리석은 백성들은 문자를 모르기 때문에 귀에다
대고 말해 주거나 맞대놓고 명령하기 전에는 마치 유시(諭
示)가 없는 것과 같다. 따라서 윤음이 한 번 내려오면 목민
관은 마땅히 패전(牌殿) 문 밖에서 몸소 조정의 어진 뜻을
선유하여 백성들로 하여금 나라의 은혜를 깊이 마음속에
새기도록 해야 한다.

　그러나 윤음이 내려올 때마다 보면 대강대강 등사하여
풍헌과 약정에게 돌려주는데, 만일 그 가운데 조서를 어
기고 시행하지 않은 것이 있으면 아전과 풍헌과 약정이
숨겨놓고 알리지 않는다. 예를 들어 세곡정퇴(稅穀停退)나

불열(弗悅) : 기뻐하지 않는 것을 말함.
칭질(稱疾) : 병을 핑계하는 것을 말함.
거관(去官) : 벼슬을 버리는 것을 말함.
새서(璽書) : 포장(褒獎)하는 글을 말함.
원강(遠降) : 멀리 내려오는 것을 뜻함.
책유(責諭) : 책망하는 글.
시지(時至) : 가끔 이르는 것을 말함.

자민(子民) ; 자식과 같은 백성. 통치자가 자식같이 사랑하는 국민.
위유(慰諭) : 위로하고 타이름.
유시(諭示) : 타일러 훈계함. 관청에서 말이나 문서로 타일러 가르침.

세곡정퇴(稅穀停退) : 세금을 그만두게 하는 것.

환곡탕감(還穀蕩減) 같은 것은 윤음이 열 번 내려온다면 여덟 번이나 아홉 번은 숨기고 알리지 않는다. 수령의 여러 가지 죄목 가운데 이 죄가 가장 큰 것으로서 죽음의 형벌을 받더라도 변명할 여지가 없는 것이므로 어찌 범할 수 있겠는가.

영남지방에는 궁벽한 시골 작은 마을에도 모두 윤음각(綸音閣)이 있는데 그것은 한 칸 집으로 북쪽 벽에다 긴 판자를 가로 걸어놓고, 윤음을 받을 때마다 판자 위에다 붙여놓고서 부로(父老)들이 그 앞에 늘어서서 절을 한다. 나라에 경사가 있어도 늘어서서 절을 하고 나라에 상사가 있어도 늘어서서 절을 하며 망곡례(望哭禮)를 행한다. 큰 의논이 있을 때도 거기에 모이니 이는 천하의 미풍인 것이다. 다른 여러 고을도 마땅히 이 풍속을 따라야 할 것이다.

임금의 환후(患候)가 회복되었거나 세자가 탄생하는 경사가 있거나 임금의 나이가 많아졌다거나 가례(嘉禮)를 거행하는 등 나라에 큰 경사가 있을 때는 교문(敎文)을 반포하고, 따라서 죄수를 특사하는 사문(赦文)을 반포하게 되어 교문과 사문이 고을에 이르게 된다. 그러나 문체가 심히 어려워서 어리석은 백성들은 알아보기가 어렵다. 목민관은 마땅히 경사의 근본이 되는 사실을 서술하여 별도로 유문을 만들어서 백성들에게 선포하고 백성들과 함께 경축하도록 해야 한다. 혹 큰 도적을 평정하거나 역적을 토평함으로써 경사로 삼을 때도 이와 같이 해야 한다.

초하루와 보름에는 먼동이 틀 때 망하례(望賀禮)를 행해야 하는데, 이날은 닭이 울면 일어나서 소세(梳洗)를 하고 의관을 정제해야만 때에 미칠 수가 있다. 그리고 이 망하례를 행할 때는 엄숙히 하고 경의를 다함으로써 백성들로 하여금 조정의 존귀함을 알도록 해야 한다. 요즈음의 풍속은 오직 초하루와 보름에만 망하례를 행하는데, 임금의 탄일을 비롯하여 무릇 나라에 경사가 있는 날에는 모두 마땅히 망하례를 행해야만 한다.

왕이나 왕비가 죽어서 국상이 났을 때 수령이 대궐을 향하여 행하는 예식을 망위례(望慰禮)라고 한다. 망위례는 마땅히 의주(儀注)에 의거하여 엄숙하게 거행되어야 한다.

국기(國忌)란 나라의 제삿날을 말한다. 국기일 전날에는 좌재(坐齋)하고, 태형(笞刑)은 쓰되 장(杖)은 쓰지 않으며 관아의 개문과 폐문시에도 군악(軍樂)을 쓰지 않는다(옛날에는 문을 개폐할 때 군악을 연주하였다). 그 이튿날 파재(罷齋)하고서야 비로소 태(笞)와 장(杖)을 모두 쓴다. 근일에 이르러서는 국기일에도 놀이를 하고 잔치를 베풀어서 풍류를 즐기니, 아전이나 백성들이 그 무례한 것을 비방하나 수령은 못들은 척하며 지나친다.

정만화(鄭萬和)가 감사로 있을 때는 반드시 조복(朝服) 차림을 하고서 아전이나 백성을 대하였으며 말하기를, "왕명을 받고 지방으로 내려왔으며 몸이 교서(敎書)를 받들었는데, 평복으로 자신이 편함만 취하는 것은 군부를 공경하는 도리가 아니다."라고 하였다.

초하루와 보름의 요배(遙拜)에는 반드시 목욕재계하고

좌재(坐齋) : 제사 전날부터 정화수에 목욕하고 재계하는 일.

파재(罷齋) : 재계를 그만두는 것.

요배(遙拜) : 멀리 바라보고 하는 절. 망배(望拜).

공경을 다하여 계전(階前)이 멀다는 걸 느끼지 못하였으며, 거느리는 보좌관은 반드시 사부(士夫)의 자제를 쓰고 말하기를, "시정배들은 이(利)만을 중히 여기기 때문에 가까이 할 수 없다."라고 하였다.

아무리 조정의 명령이라 하더라도 백성들이 괴로워하여 시행할 수 없다면 벼슬을 버리고 떠날 수밖에 없다. 백성들에게 큰 폐단이 되고 백성들이 원치 않는다면 억지로 시행할 수 없으며, 또 조정의 명령을 시행하지 못한다면 수령된 책임을 다하지 못하는 것이니, 이럴 때는 마땅히 벼슬을 버리고 물러나야 한다.

새서(璽書)란 공로를 포장하는 조서를 말하며, 책유(責諭)란 잘못을 문책하는 유지(諭旨)를 말한다. 목민관이 어진 정치를 베풀어서 백성이 잘살게 되고 고을이 잘 다스려짐으로써 그 공로를 포장하는 조서가 내려진다면 이는 목민관으로서 더할 수 없는 영광이다. 반면에 행정을 그르쳐서 문책하는 유지가 자주 내려오게 된다면 이것은 목민관의 수치이며 두려워할 바이다.

이 글에서는 임금의 덕화를 널리 펴는 선화(宣化)와 임금의 은혜를 백성들의 몸에 미치게 하는 승류(承流)가 목민관의 임무임을 강조하고, 감사만이 선화의 책임이 있다는 당시 사람들의 그릇된 생각을 논박하였다. 선화의 방법으로써 윤음(綸音)이나 교문이나 사문 등 무릇 임금이 내리는 글은 반드시 백성들에게 선유하여 임금의 어진 뜻을 알리고, 망하례(望賀禮)나 망위례(望慰禮)는 경건하게 거행하며, 국기일(國忌日)은 예법에 따라 엄숙하게 지킴으로써 백성들에게 조정의 존엄성을 알려야 한다는 것을 말하고 있다. 그리고 임금으로부터 포장을 받는 영예와 책유를 받는 두려움을 논함으로써 목민관의 반성과 직무에 충실할 것을 촉구하고 있다. 비록 제도가 크게 달라진 오늘날이라 하더라도 목민관이 되는 인사들에게 참고될 바가 많다고 생각된다.

2. 흔들림이 없는 굳은 신념
······수법(守法)

법이라는 것은 임금의 명령이니 법을 지키지 않는다면 임금의 명령을 따르지 않는 자라고 할 수 있다. 인신(人臣)된 자가 어찌 감히 그렇게 할 수 있겠는가.

굳게 지켜서 흔들리지도 말고 빼앗기지도 말며 무릇 사람의 욕심이거든 물러가 천리(天理)의 유행(流行)에 귀를 기울일 것이다.

무릇 국법의 금하는 바와 형률에 실려 있는 것은 마땅히 두려워하여 감히 범하는 일이 없도록 한다.

이로움에 유혹되지 않고 위세에 굽히지 않는 것이 법을 지키는 길이다. 비록 상사가 독촉하더라도 받아들이지 않아야 한다.

2// 法者君命也 不守法 是不遵君命者也 爲人臣者 其敢爲是乎 確然持守 不撓不奪 便是人慾退聽天理之流行 凡國法所禁 刑律所載 宜慄慄危懼 毋敢冒犯 不爲利誘 不爲威屈 守之道也 雖上司督之 有所不受 法之無害者 守而無變 例之合理者 遵而勿失 邑例者 一邑之法也 其不中理者 修而守之

군명(君命) : 임금의 명령.
인신(人臣) : 남의 신하.
불요불탈(不撓不奪) : 흔들
리지도 않고 빼앗기지도 않
는 것을 말함.
퇴청(退聽) : 물러가서 귀를
기울이는 것.
율율(慄慄) : 두려워서 몸을
떠는 것.
위구(危懼) : 위태롭게 생각
하고 두려워하는 것.
모범(冒犯) : 범하는 것.
불위이유(不爲利誘) : 이익
에 유혹되지 않는 것.
위굴(威屈) : 위세로써 굴복
시키는 것.
수지도야(守之道也) : 수(守)
는 지킨다, 또는 수령(守令)
으로 해석될 수도 있으나
법을 지킨다는 것으로 풀이
하는 것이 이치에 맞다고
생각됨.
유소불수(有所不受) : 받지
않는 바가 있다는 것.
읍례(邑例) : 고을의 예규
(例規)를 말함.
중리(中理) : 이치에 맞는
것을 말함.
수(修) : 여기서는 수정하는
것으로 해석됨.

해가 없는 법은 지켜서 변경하지 말아야 하며 관례의 이치에 맞는 것은 준수하여 잃지 말라. 읍례(邑例)라는 것은 한 고을의 법이니 그 이치에 맞지 않는 것은 고쳐서 지켜야 한다.

▌풀이▐ 정당 책상 위에는 〈대명률(大明律)〉과 〈대전통편(大典通編)〉 각 한 부씩을 비치하여 언제나 법조항을 들추어 보고, 법에 따라 정령(政令)을 행하고 송사(訟事)를 판결하며 일을 처리해야 한다. 법에서 금하는 것은 무슨 일이 있어도 해서는 안 되며 비록 옛날부터 전해 내려오는 읍례(邑例)라 하더라도 국법에서 두드러지게 벗어나는 것은 행해서는 안 된다.

대전 원편(大典原編)과 속편(續編) 등이 비록 여러 번 증보를 거쳤다 하더라도 여전히 빠지고 생략된 부분이 많아 일을 당하여 살펴 보면 근거로 삼을 수 없는 것이 많다. 또 그 문목이 너무 간단하여 세분되어 있지 않으며, 목록에 따라서 내용을 찾아보아도 감추어진 뜻이 나타나지 않는다. 그리고 혹 호전(戶典)에 들어가야 할 것이 병전(兵典)에 들어 있기도 하고, 예전(禮典)에 들어가야 할 것이 형전(刑典)에 들어 있기도 하여 보는 사람이 이를 불편하게 여긴다. 목민에 뜻이 있는 자는 마땅히 대전(大典) 속에서 요점을 따서 따로 한 부분을 만들고 또 〈만기요람(萬機要覽)〉·〈비국등록(備局謄錄)〉·〈고사신서(故事新書)〉 등의 서적 속에서 그 요점을 간추려 모아서 한 편을 만들어 놓았다가 일에 임하였을 때 고증으로 삼으면 된다. 법은 곧 임금의 명령이니만큼 법을 지키지 않는 것은 곧 임금이 명령을 따르지 않는 행동이 되는 것이다. 신하된 도리로 어찌 감히 임금의 명령을 어길 수 있겠는가.

법을 지키는 태도는 확고부동하여 모든 사사로운 욕심을 버리고 하늘의 섭리에 순응해야 한다.

허주(許稠)가 전주판관(全州判官)이 되었는데 맑은 절개를 지키며 과감하고도 밝게 일을 처리하였다. 일찍이 스스로 맹세하기를, "법이 아닌 것으로써 일을 처리한다면 하늘이 벌을 내릴 것이다〔非法斷事皇天降罰〕."라는 글을 작은 현판에 써서 청사(廳舍)에 걸게 하였다. 또 고려 때 금의(琴儀)는 청도(淸道)의 원이 되었는데 정사를 굳세고 바르게 하며 법을 지켜서 흔들리지 않으니 한 고을이 '청도 철태수(淸道鐵太守)'라고 불렀다.

일을 당하였을 때마다 반드시 나라의 법전을 상고하여 법에 저촉되는 일은 결단코 행해서는 안 된다. 만일 전관(前官)이 법을 범하여 나에게 넘겨준 것이 있다면 마땅히 서신을 띄우거나 사람을 보내서 바로잡아야 하되, 상대방이 말을 듣지 않는다면 마땅히 영문에 보고해야 하며 그대로 두어서는 안 된다. 수령은 언제나 두려운 마음으로 일에 임하여 추호라도 법을 범하는 일이 없어야 한다.

수령이 고을의 정사를 집행하려면 혹 이익으로써 유혹하는 자도 있고 혹 위엄으로써 굴복시키려는 자도 있을 것이다. 그러나 수령은 이익에 유혹되지 말고 위엄 앞에

영문(營門) : 감사(監司)가 일을 보던 관아.

굽히지도 말아서 확고부동하게 법을 지켜나가야 한다. 비록 상사의 명령이라 할지라도 법에 어긋나는 일을 받아들여서는 안 된다.

정자(程子)가 말하기를, "현시대에 살면서 현법령에 편안치 않는 것은 의가 아니다. 만일 정치를 논한다면 모름지기 지금의 법도 안에서 그 마땅한 것을 가려서 처리해야만 비로소 의리에 맞는 것이다."라고 하였으며, 주자(朱子)가 말하기를, "정치를 하는 데 있어서 큰 이해가 없으면 뜯어고칠 것을 의논할 필요가 없다. 뜯어고칠 것을 의논한다면 뜯어고치는 일이 이루어지기도 전에 반드시 물의를 빚어서 분쟁이 그치지 않을 것이다."라고 하였다. 정자나 주자는 한결같이 그 시대의 법도를 소중히 생각해서 따라야 하며, 큰 이해가 없는 한 뜯어고치지 말라고 주장하고 있다. 나라의 법이란 크게 해될 것이 없는 이상 그대로 지켜서 뜯어고치지 말아야 한다.

열읍(列邑)의 제고(諸庫)에는 모두 예로부터 내려오는 관례가 있는데 이를 절목(節目)이라고 한다. 처음 만들었을 때는 완전치 못한 것들이 많아서 뒤에 오는 사람들이 뜯어고치기도 하고 가감하기도 한 것인데, 이는 모두 사사로운 생각에서 나온 것들이다. 자기에게만 이롭게 하여 백성들을 착취하며 거칠고 복잡하고 구차하고 고루하여 행할 수가 없게 되었다. 그래서 절목을 폐하고 임의로 새영(令)을 행하게 되는데 무릇 백성들을 착취하는 조항이 날로 늘어나고 해가 갈수록 더하게 되어 백성들이 살아갈 수 없게 되었다.

현명한 목민관이라면 부임한 몇 달 뒤에는 창고이 절목을 가져다가 조목조목 따져 묻고 그 이해(利害)를 알아서 이치에 맞는 것은 그대로 따르도록 하고 이치에 어긋나는 것은 고쳐야 한다. 물건값이 전에는 헐하였는데 지금 비싸진 것은 의논하여 물려주고, 전에는 비쌌는데 지금 헐해진 것은 후하게 해주며, 민호(民戶)가 전에는 성하였는데 지금 쇠한 것은 의논하여 덜어주고, 전에는 적었는데 지금 많아진 것은 고쳐서 없애버리고, 법도에 없이 헛되게 지출되는 것은 한계를 분명히 해야 한다.

민호(民戶) : 보통 백성의 살림집.

깊이 생각하고 세밀하게 살피며 널리 묻고 용감하게 결단을 내려야 한다. 뒤에 오는 폐단을 생각하여 이를 막도록 하고 백성들의 뜻에 순응하여 금석(金石)의 법을 만들고 이를 굳게 지킨다면 호령하면서 영(令)을 내리더라도 마음에 부끄러울 것이 없을 것이다. 읍례 가운데는 백성을 괴롭히고 관장이나 아전들을 살찌게 하는 조항들을 많이 볼 수 있는데 이러한 것들은 개혁을 단행하여 정사를 바르게 해야 할 것이다.

금석(金石) : 쇠붙이와 돌. 여기에서는 몹시 굳어 변하지 않음을 비유힘.

이 글에서는 나라의 법을 두려워하여 이익과 유혹에 마음이 흔들리거나 위세에 굽히는 일이 없이 굳세게 법을 지켜나가는 준법정신을 강조하고 있다. 법이란 존엄성이 있어야 하는 것이기 때문에 큰 이해가 없는 한 뜯어고치는 것을 반대하고 있으나, 각 고을의 법인 읍례(邑例)에 한

해서는 일반적으로 백성들을 착취하여 관장이나 아전을 이롭게 하는 조항이 많이 들어 있기 때문에 단호히 개혁할 것을 주장하고 있다. 다만 '법자군명야(法者君命也)', 즉 법이라는 것은 곧 임금의 명령이라는 말이 나오고 있는데 이것은 군주 전제 제도하의 법이론(法理論)으로서 오늘날의 입법정신과는 거리가 멀다고 보겠다.

3. 원만한 대인관계
……예제(禮際)

예제(禮際)는 군자가 신중히 다루어야 한다. 공손하고 예에 가까우면 치욕을 멀리할 수 있을 것이다.

외관(外官)과 사관(使官)이 서로 만날 때는 모두 예의가 있으니 이는 나라 법전에 나와 있다.

연명(延命)의 예를 감영(監營)으로 달려가서 행하는 것은 옛날의 예가 아니다.

감사란 법을 바로잡는 관원이니 비록 옛 정의(情誼)가 있더라도 이를 믿어서는 안 된다.

영하 판관(營下判官)이 상영(上營)에 대하여는 마땅히 삼가고 공손하게 예를 극진히 할 것이며 소홀히 해서는 안 된다.

상사가 아전이나 군교를 잡아다 다스릴 때는 비록 일이 비리에 속하더라도 순종함이 있을 뿐 어기지 않는 것이 좋다.

3// 禮際者 君子之所愼也 恭近於禮 遠恥辱也 外官之與 使臣相見 具有禮儀 見於邦典 延命之赴營行禮 非古也 監司者 執法之官 雖有舊好 不可恃也 營下判官 於上營宜恪恭盡禮 不可忽也 上司推治吏校 雖事係非理 有順無違焉 可也 所失在牧 而上司 令牧自治其吏校者 宜請移囚 唯上司所令 違於公法 害於民生 當毅然不屈 確然自守 禮不可不恭 義不可不潔 禮義兩全 雍容中道 斯之謂君子也 隣邑相睦 接之以禮 則寡悔矣 隣

과실은 수령에게 있는데 상사가 수령에게 그 이교(吏校)를 치죄(治罪)하라고 하면 마땅히 이수(移囚)시켜야 한다. 상사의 명령이 공법(公法)에 어긋나고 민생을 해치는 것이라면 마땅히 꿋꿋하게 굴하지 말아야 하며 확연히 스스로 지켜야 한다.

예는 공손하지 않으면 안 되고 의는 염결하지 않으면 안 되니 예와 의 두 가지가 아울러 온전하고 온화한 태도로 도(道)에 맞는다면 이를 일러 군자라고 한다.

이웃 고을이 서로 화목하며 예로써 접한다면 뉘우침이 적을 것이요, 이웃 수령과는 형제의 의가 있으니 그에게 비록 잘못이 있더라도 나는 그와 같아서는 안 될 것이다.

교대할 때는 동료의 우의가 있으니 뒷사람에게 미움받을 일을 앞사람이 하지 않아야 원망이 적을 것이다.

전관(前官)에게 잘못이 있으면 이를 가려서 드러내지 말고, 전관에게 죄가 있거든 도와서 죄가 되지 말도록 해야 한다.

무릇 정사의 관맹(寬猛)이나 명령의 득실 같은 것은 서로 이어받고 서로 변통하여 그 허물을 없애도록 한다.

| 풀이 | 예의로써 교제하는 일은 가장 어려운 것으로 군자가 신중히 해야 할 바이다. 공손하고 예법에 맞으면 남들이 나를 업신여기지 못할 것이니, 내 몸에 치욕이 돌아오지 않게 하는 현명한 방법인 것이다. 존비(尊卑)에는 등급이 있고 상하(上下)에는 장문(章文)이 있는 것은 옛날의

官有兄弟之誼 彼雖有失 無相猶矣 交承有僚友之誼 所惡於後 無以從前 斯寡怨矣 前官有疵 掩之勿彰 前官有罪 補之勿成 若夫政之寬猛 令之得失 相承相變 以濟其過

예제(禮際) : 예로써 교제함.
신(愼) : 삼가는 것.
공근어례(恭近於禮) : 공손하여 예에 가까운 것.
원치욕(遠恥辱) : 치욕을 멀리하는 것.
외관(外官) : 수령을 말함.
사신(使臣) : 감사·병사(兵使)·수사(水使)·동지사(冬至使)·경시관(京試官)·어사(御史)·서장관(書狀官) 등을 말함.
방전(邦典) : 나라의 법전.
연명(延命) : 감사나 수령이 부임할 때 궐패(闕牌) 앞에서 왕명을 전포(傳布)하는 의식. 또는 수령이 감사를 처음 가서 보던 의식.
부영행례(赴營行禮) : 감영으로 가서 예를 행하는 것.
집법지관(執法之官) : 법을 지키는 관리.
불가시야(不可恃也) : 믿고 의지해서는 안 된다는 말.
상영(上營) : 상부 영문.
각공진례(恪恭盡禮) : 정성스럽게 공경하여 예를 극진히 하는 것.

불가홀야(不可忽也) : 소홀히 할 수 없다, 소홀히 해서는 안 된다는 것.

추치(推治) : 붙잡아서 다스리는 것.

사계비리(事係非理) : 일이 비리에 속함.

유순무위언(有順無違焉) : 순종이 있을 뿐 어기지 않는다는 것.

소실재목(所失在牧) : 과실이 수령에게 있는 것.

이수(移囚) : 다른 고을로 옮겨서 가두는 것.

옹용(雍容) : 화평스러운 것.

중도(中道) : 도에 맞는 것.

사지위군자(斯之謂君子) : 이러한 것을 군자라고 이른다는 뜻임.

접지이례(接之以禮) : 예로써 접촉하는 것.

과회(寡悔) : 뉘우침이 적음.

인관(隣官) : 여기서는 이웃 고을의 수령을 말함.

무상유의(無相猶矣) : 상대방이 잘못한다고 나도 상대방과 같이 하면 안 된다.

교승(交承) : 교대하고 이어받는 것. 즉 인계인수.

요우(僚友) : 동료.

소오어후(所惡於後) : 뒷사람에게 미움을 받는다는 것.

무이종전(無以從前) : 앞의 사람에게서 나오는 것이 없다는 것.

물창(勿彰) : 드러내지 말라는 것.

보지물성(補之勿成) 도와서 이루어지지 않도록 하는 것.

의이다. 거복(車服 : 타고 다니는 수레와 의복)이 제도가 다르고 기유(旗綏)가 문채(紋采)를 달리하는 것은 신분을 밝히는 것이기 때문이다.

몸이 하관이 되었으면 마땅히 삼가 본분을 지켜서 상관을 섬겨야 한다. 상대방은 무관이요, 자기는 문신이라고 하여 상대방을 업신여겨서도 안 되며, 노소를 가려서도 안 되고 어진 이와 어리석은 이를 말해서도 안 된다. 이것이 엄숙하고 공경하여 감히 실례를 범하지 않으면 화평하고 통달하니, 피차간에 간격이 없어지고 뜻이 서로 통하게 된다. 이것이 백성을 위하는 일이니 상대방이 비록 인자하지 못하더라도 그 비위를 거슬려서 백성들에게 해독을 끼치는 일이 없도록 해야 한다.

학봉(鶴峰) 김성일(金誠一)은 평소에 강직하고 엄정한 사람으로 알려졌는데, 수령이 된 뒤에는 상관이 지경에 이른다는 말을 들을 때마다 반드시 관대(冠帶)를 갖추고 공문(公門)에서 기다렸다.

〈경국대전〉에 말하기를, "외관 당상관(外官堂上官)이 당상사신(堂上使臣 : 감사·병사·수사·동지사 등)을 만날 때는 서쪽 문으로 들어가서 앞으로 나아가 재배하면 사신도 답배한다. 당하사신(堂下使臣 : 품계가 정3품 이하의 당하관)에 대해서는 손은 동쪽, 주인은 서쪽에서 서로 마주 재배한다."라고 하였다. 이처럼 외관이 사신을 만나볼 때는 국가 법전에 따라 예의를 갖추어야 한다.

연명(延命)이라는 것은 수령이 본읍에 있는데 선화(宣化)

의 임무를 띤 신하가 순행하여 본읍에 이르게 되면, 수령이 패전(牌殿) 뜰에서 공경하여 교서를 받들고 첨하(瞻賀)의 예를 행하는 것이니, 이른바 조정의 조유(詔諭)를 토신(土臣)이 공경하여 받드는 것이다. 그러므로 순행이 본읍에 이르지 않으면 토신은 끝내 연명하지 않는 것이 옛날의 도인 것이다. 영조 초년(初年)까지만 해도 오히려 옛날의 도를 따랐는데 후대로 내려오면서 사대부의 기풍과 절개가 더욱 쇠하여 상관을 아첨으로 섬기며 오직 미움이나 사지 않을까 걱정할 따름이다.

관맹(寬猛) : 관대한 것과 엄한 것.

상승(相承) : 서로 이이받는 것을 말함.

상변(相變) : 서로 변통하는 것을 말함.

감사가 도임한 지 열흘도 못되어서 수령이 급히 영하(營下)로 달려가 연명의 예를 행하는데 이것은 연명이 아니라 참알이며, 조정을 존중하는 것이 아니라 상관에게 아첨하는 폐속인 것이다. 감사의 예를 모르는 자는 수령이 즉시 연명의 예를 행하지 않는 것을 보면 허물로 인정하여 채하려 드니 이 또한 잘못이 아니겠는가. 이제는 습속이 이미 이루어져서 옛날의 도를 찾아볼 수 없으나 급급하게 영하로 달려가서 식자(識者)의 웃음거리가 되어서는 안 된다. 도임 후 몇 순(旬)이 되기를 기다렸다가 행하면 될 것이다.

영하(營下) : 감사의 영문.

순(旬) : 열흘.

모름지기 연명의 예는 사신이 친히 조유(詔諭)를 선포하는 것이니, 이는 수령을 공경하는 것이 아니라 군명을 공경하는 것이다. 지금의 사신은 망령되게 스스로 높다고 생각하여 반드시 비장으로 하여금 대신 선포케 하며 이를 대수(代受)라고 일컫는데 이는 실로 예가 아니다. 무릇 사신이 군명을 선포하는 까닭에 수령이 연명을 하는 것인데 지금은 연명을 참알로 인정하기 때문에 이를 대수라고 하는 것이다. 곧 '받을 수(受)'라는 글자에서 근본 정신이 잘못된 것을 충분히 알 수 있다. 수령이 감사의 영문으로 달려가서 연명의 예를 행하는 것은 예법에 어긋나는 것임을 설명한 것이다.

감사는 국법을 집행하는 관원이다. 전에 지극히 친한 사이라고 하여 이를 믿었다가는 큰 화를 당하기 쉽다. 내가 실지로 범법을 행하였는데 그가 의로써 단죄한다면 그것은 진실로 원망할 것이 못 된다. 그러나 요즈음에는 친하다고 하여 일을 만들어 공정한 것을 어지럽히는 자가 있으니 그와 같은 기틀은 살피지 않을 수 없는 것이다.

심지원(沈之源)이 홍주목사로 있을 때 임담(林墰)이 본도의 감사가 되어서 순행하여 홍주에 이르렀다. 공이 평소의 친우라 하여 접대하는 것이 매우 간소하였다. 임공이 홍주의 아전을 붙잡아다 태형(笞刑)을 내리면서 말하기를, "네 상관이 나와의 교분이 비록 친밀하기는 하나 상하관의 체모는 냉정하지 않을 수 없는 것이다. 네 상관에게 과실이 있기 때문에 네가 태형을 받는 것이다."라고 하였다. 이에 심공이 늘 자제들에게 말하기를, "내가 일찍이 체모를 잃어서 노여움을 사고 그리하여 아전이 태형을 당한 것은 법을 업신여겼기 때문이다. 그러므로 나는 끝내 개의치 않았던 것이며, 임공이 나를 옥성(玉城)시킨 것이 실로 많았다."라고 하였다.

옥성(玉城) : 훌륭한 사람이 되는 것.

판관(判官)이란 병영이나 감영에 소속되어 있는 것임에
도 불구하고, 상영(上營)을 무시하고 몸을 굽혀 섬기기를
싫어하며 일을 만들어서 상영과 옥신각신하기를 좋아하
는 자가 있는데, 이것은 순리가 아니며 올바른 태도가 아
니다. 아무리 상영이라 하더라도 이치에 어긋나는 일이라
면 혹 다툴 수도 있겠으나 어디까지나 삼가고 공손하여
하관으로서의 예의를 지켜야 할 것이다.

조석윤(趙錫胤)이 진주목사가 되었을 때 날마다 새벽에
병사(兵使)에게 문안드렸는데 말하기를, "내가 이와 같이
하는 것은 군명을 공경하는 것이다."라고 하며 끝내 그만
두지 않았다. 또 민유중(閔維重)이 경성판관(鏡城判官)이
되었을 때 병사에게 문안하는 것을 조공과 같이 하였다.

본읍에 죄가 있어서 상사가 이교(吏校)를 붙잡아다 다스
린다면 그것은 처음부터 논할 것이 없겠으나, 혹 생트집
을 잡아서 당치도 않은 일을 덮어씌운다 하더라도 나는
그의 부하이니만큼 참고 순종할 따름이다. 만약 상사의
그와 같은 의도가 착각을 일으킨 데서 나온 것일 뿐 악의
가 있는 것이 아니라면 기송장(起送狀)에다 사정을 자세히
기록하고 관대한 처분을 빌어서 나의 이교로 하여금 억울
한 형벌을 면할 수 있게 하는 것이 충후(忠厚)하면서도 겸
비하는 길이다.

그러나 만일 그의 의도가 나를 해치려는 데서 나와 말
로써 다툴 수 없는 것이라면 기송장을 작성하여 죄수들을
압송할 때 사직서를 동봉해서 보내도록 해야 한다. 그가

기송장(起送狀) : 죄인을 압
송하는 문서.

충후(忠厚) : 충직하고 순후
함.

사과하면 모르거니와 끝내 무례하게 군다면 세 번 계속하여 사직서를 낸 후에 떠나가야 할 것이다. 상사가 본읍의 이교를 잡아다가 다스릴 때는 비록 그와 같은 처사가 이치에 맞지 않더라도 그의 하관된 수령으로서는 이에 순종하고 원만히 해결하는 방법을 모색할 것을 강조하고 있다.

아무리 상사의 명령이라 하더라도 국법에 어긋나거나 백성들에게 해독을 끼치는 것이라면 이를 받아들일 수가 없는 것이다. 확고한 신념과 의연한 태도로써 이를 바로잡아야 한다.

후한(後漢) 때 임연(任延)이 무위태수(武威太守)가 되었는데 광무황제가 친히 만나보고 경계하여 말하기를, "상관을 잘 섬기고 명예를 잃지 않도록 하라."고 하니 연이 대답하기를, "신은 듣건대 충신은 사사로울 수 없으며 사사로운 신하는 충성하지 못한다고 하였습니다. 바른 대로 실행하고 공사를 받드는 것이 신하된 자의 절개와 의리이며 상하가 부화뇌동하는 것은 폐하의 복이 아닙니다. 상관을 잘 섬기라는 분부는 감히 받들 수 없습니다."라고 하였다. 황제가 감탄하여 말하기를, "경의 말이 옳도다."라고 하였다.

이영휘(李永輝)가 안협현감(安峽縣監)이 되었을 때 본도(本道)의 감사가 그 아내를 관내에서 장사지내게 되었는데, 각 고을에 요구하는 상수(喪需)가 지극히 많았다. 수령들은 뒷일이 두려워서 뒤질세라 요구하는 물건들을 갖다 바쳤다. 그러나 공은 말하기를, "상관으로서 사사로이 하관에게 요구하는 것은 의가 아니며, 그런 일로 하관이 상

상수(喪需) : 초종을 치르는 데 필요한 물건.

관을 잘 섬기는 것을 나는 아첨으로 생각한다. 그러나 그가 상사를 핑계로 청해 오니 거절할 수 없다.”라고 하면서 물건을 간략하게 주었다.

예의 근본은 공손한 것이며 의의 근본은 염결이다. 수령은 마땅히 예를 숭상하고 의를 지켜야 한다. 예와 의를 온전히 하며 언제나 온화한 태도로써 도리에 맞도록 해나간다면 수령의 직책을 다할 수 있을 것이다. 사대부가 벼슬을 할 때는 마땅히 버릴 기(棄)자 한 자를 벽 위에 써놓고 아침 저녁으로 눈여겨보아야 한다. 언제든지 그만둔다는 각오를 새롭게 하는 것이다. 내 뜻이 행해지지 않으면 벼슬을 버리고 떠나가며, 상사가 나를 무례하게 대해도 벼슬을 버리고 떠나간다. 감사가 나를 벼슬을 잘 버리는 사람으로 알고 또 건드리기 어려운 인물로 인정한 후에야 비로소 목민의 직책을 다할 수 있는 것이다.

오직 벼슬을 잃을까 두려워하여 그것이 말과 표정에 나타난다면 상관이 나를 업신여기고 독촉과 책망이 잇달아서 그 직책에 오래 머물러 있을 수 없는 것이 필연적 추세인 것이다. 예와 의를 온전히 하는 온화한 태도로 도에 어긋남이 없도록 하되 수령으로서 의연한 태도를 지킬 것을 강조하고 있다.

이웃 수령과 불화하게 되는 경우는 혹 송민(訟民)을 보내달라고 할 때 이를 비호해서 보내주지 않는다거나, 당연히 차역(差役)을 해야 하는데도 핑계를 대며 미룬다거나, 객기를 부려서 서로 지기를 싫어하고 이기는 것을 좋

송민(訟民) : 소송에 걸린 백성.
비호(庇護) : 뒤덮어서 보호한다는 뜻임.
차역(差役) : 노역을 시킴.

아하는 일 등에서 기인하는 것이다. 만일 상대방이 이치에도 맞지 않게 따지며 사사로운 정으로 인하여 내 백성을 괴롭힌다면 내가 목민관으로서 마땅히 비호해야 하겠지만, 상대방이 집행하려는 일이 본래 공정한 데서 나왔고 또 내 백성이 완악(頑惡)하고 교활해서 나를 의지하여 숲으로 삼으려 한다면 나는 마땅히 공분을 느껴서 잡아다 다스리도록 해야 할 것인즉, 어찌 사사로운 정을 두어 잔악한 자를 감출 수 있겠는가.

다 같은 나라 땅인데 이웃 고을이라고 해서 등한히 하고 내 고을이라고 해서 소중히 할 수는 없으며, 이웃 수령과는 형제의 우의가 있는 것이니 서로 선을 권하며 사랑하고 협조하여 같이 잘살고 같이 번영하는 길을 모색해야 할 것이다.

양(梁)나라의 대부 송취(宋就)가 현령이 되어 초나라와의 경계에 있었다. 두 경계에 다 함께 오이를 심었는데 양나라 사람들은 힘을 다하여 자주 물을 대주므로 오이가 잘 자랐고, 초나라 사람들은 게을러서 물을 대주는 일이 드물었기 때문에 그 오이가 좋지 않았다. 초나라 수령이 양나라의 오이가 잘 자라는 것을 시기하여 밤중에 몰래 손톱으로 긁어버리자 양나라 오이 중에는 말라버린 것이 생기게 되었다.

양나라 정장(亭長)이 보복하고자 초나라의 오이를 뽑아버리려고 하자 송취가 말하기를, "이는 화를 서로 나누어 갖는 셈이 된다."라고 하며 사람을 시켜 밤중이면 몰래 초나라 오이밭에 물을 대주게 하였다. 초나라 정장이 매일 아침 나와 오이를 보니 다 함께 물이 대어져 있고 날로 보기 좋게 자랐다. 까닭을 살펴본즉 양나라 정장의 소행이었던 것이다. 초나라 수령이 기뻐하여 초왕(楚王)에게 알리자 초왕도 양나라 수령의 숨은 양보를 아름답게 생각하여 귀한 물품으로 사례하고 양왕(梁王)과도 우호를 맺었다.

전후임(前後任)의 인계인수로 교대하게 되면 이는 동료로서의 우의를 맺게 되는 것이다. 〈여씨 동몽훈(呂氏童蒙訓)〉에 말하기를, "동료 사이의 교분이나 전후 교대한 정분은 형제의 의와 같은 것이니 그 자손에게까지 대대로 이어지게 되는 것이다. 옛날 사람들은 오로지 이를 힘썼는데 지금 사람들은 이를 아는 자가 적다."라고 하였다. 그러므로 전관은 후임자에게 괴로움을 남겨주지 않도록 힘써야 하며, 후임자는 진관에게 혹 잘못이 있더라도 그 허물을 드러내려 하지 말고 원만히 처리하도록 해야 한다.

전관의 가족들이 아직도 떠나지 못하고 읍에 남아 있을 경우에는 그 행장이나 여러 가지 일들을 진심으로 보살펴서 자기 일처럼 돌보아주고, 관속 중에서 경박하게 옛 처지를 저버리고 존경하지 않는 자가 있으면 거듭 깨우쳐서 못하게 해야 하며, 그 정도가 심한 자는 엄중하게 죄를 다스려야 한다. 만일 전관이 상을 당하고도 아직도 발인을 못하였을 때는 어려움을 돌보아주고 걱정을 덜어주는 것을 마땅히 제 친척과 같이 하여 털끝만큼도 방심하지 말고 힘써야 한다.

관속(官屬) : 지방 관아의 아전과 하인.

전관에게 잘못이 있다면 이를 덜어주어서 그 잘못을 드
러내지 않도록 힘써야 하며, 전관에게 죄가 있다면 이것
을 도와서 죄가 성립되지 않도록 힘써야 한다. 전관이 공
화(公貨)에 손을 대었거나 창곡(倉穀)을 축내고 허위 문서
를 만들어 놓았다면 이것을 들추어내지 말고 모름지기 기
한을 정하여 배상하도록 하며, 기한이 지나도 배상을 못
할 때는 상사와 의논하여 처리하도록 해야 한다.

이는 동료의 입장에서 서로 사랑하고 협조할 것을 강조
한 것이다.

행정이 중도(中道)를 벗어나서 폐단이 생기는 것은 앞의
일들을 거울삼아 변통함으로써 이를 고쳐나가야 한다.

이 글에서는 목민관이 예의로써 교제하는 일을 논하고
있다. 수령이 사신(使臣)을 만나볼 때의 예의, 연명(延命)하
는 예의, 영하 판관(營下判官)의 상영(上營)에 대한 예의 등
에 대하여 언급하고 있으며, 공경을 근본으로 하는 예와
염결을 근본으로 하는 의를 양전(兩全)하여 목민관의 도리
를 다할 것을 강조하고 있다. 상사를 섬기는 의리에서 상
사에게 순종하는 것을 원칙으로 하나, 상사의 명령이 국
법에 어긋나고 민생을 해치는 것은 받아들일 수 없음을
설명하고 있다. 그밖에 이웃 고을 및 이웃 수령과의 관계
나 전임(前任)과 후임(後任) 사이의 도리 등에 대하여 논하
고 있다.

4. 공문서 처리의 완벽을
…… 문보(文報)

공용 문서의 문안은 마땅히 정밀하게 생각하여 자신이 지을 것이며 아전의 손에 맡겨서는 안 된다.

그 격식과 문구가 경사(經史)와 달라서 서생(書生)이 처음 오게 되면 당혹해 하는 수가 많다.

상납의 서장(書狀), 기송(起送)의 서장, 지회(知會)의 서장, 도부(到付)의 서장은 아전이 예(例)에 따라 부송(付送)해도 좋다.

폐단을 말하는 서장, 청구하는 서장, 방색(防塞)하는 서장, 변송(辨訟)하는 서장 등은 반드시 그 문사(文詞)가 사리에 맞고 정성스러우며 간절해야만 비로소 사람의 마음을 움직일 수 있는 것이다.

인명(人命)에 관한 서장은 마땅히 그 글자를 지워서 고칠 것을 염려해야 하고, 도옥(盜獄)의 서장은 마땅히 그 봉함을 비밀하게 해야 한다.

농형(農形)에 관한 서장, 우택(雨澤)에 관한 서장은 완급(緩急)이 있는데 모두 그 기한을 지켜야만 탈이 없을 것이다.

마감하는 서장은 마땅히 그 유례(謬例)를 바로잡아야 하며, 연분(年分)의 서장은 마땅히 농간을 부리는 구멍을 살펴야 한다.

조목의 수가 많은 것은 마땅히 색인을 만들어 붙여야 하고 조목이 적은 것은 후록(後錄)에 정리해 두면 될 것이다.

4// 公移文牒 宜精思自撰 不可委於吏手 其格例文句 異乎經史 書生始到 多以爲惑 上納之狀 起送之狀 知會之狀 到付之狀 吏自循例 付之可也 說弊之狀 請求之狀 防塞之狀 辨訟之狀 必其文詞條밀 誠意惻怛 方可以動人 人命之狀 宜慮其擦改 盜獄之狀 宜秘其封緘 農形之狀 雨澤之狀 有緩有急 要皆及期 乃無事也 磨勘之狀 宜正謬例 年分之狀 宜寧奸竇 數目多者 開列于成册 條段少者 疏理于後錄 月終之狀 其可删者 議於上司 圖所以去之 諸營之狀 亞營之狀 京司之狀 史館之狀 竝皆循例 不足致意 隣邑移文 宜善其辭令俾無生釁 文牒稽滯 必遭上司督責 非所以奉公之道也 凡上下文牒 宜錄之爲册 以備考檢 其設期限者 別爲小册 若邊門掌鑰 直達狀啓者 尤宜明習格例 兢然致愼

문보(文報) : 문서로써 보고하는 것.
공이문첩(公移文牒) : 공용문서.
자찬(自撰) : 자신이 글을 짓는 것.
경사(經史) : 경서(經書)와 사서(史書).
상납(上納) : 공물(貢物)·세포(稅布)·군전(軍錢)·군포(軍布) 등을 바치는 것.
기송(起送) : 기술자·번군(番軍)·죄수 등을 호송하는 것.
지회(知會) : 조정의 조칙이나 유시를 선포하는 것.
도부(到付) : 상사가 띄운 공문을 영수하는 것.
설폐(說弊) : 폐단을 말함.
방색(防塞) : 상사의 명령을 받을 수 없음을 논하는 공문을 말함.
변송(辨訟) : 송사를 변론하는 것.
측달(惻怛) : 애끊는 것. 지극히 간절한 것.
찰개(擦改) : 글자를 지워서 고치는 것.
도옥(盜獄) : 도적의 옥사.
농형(農形) : 농사 형편.
우택(雨澤) : 비 내리는 것.
연분(年分) : 곡식의 작황을 등급으로 나누는 것.
간두(奸竇) : 농간을 부리는 구멍.
월종지장(月終之狀) : 월말 보고를 뜻함.
제영(諸營) : 여러 영문. 여기서는 병마영(兵馬營)·수군영(水軍營) 등을 말함.

월말의 서장은 깎아버려도 좋은 것은 상사와 의논하여 없애버리도록 한다.

제영(諸營)에 관한 서장, 아영(亞營)에 관한 서장, 경사(京司)에 관한 서장, 사관(史館)에 대한 서장 등은 모두 관례를 따르면 되니, 마음을 쓸 것이 없다.

이웃 고을에 관한 이문(移文)은 마땅히 그 사령(辭令)을 잘함으로써 틈이 생기는 일이 없게 해야 한다.

문첩(文牒)이 기한을 넘겨서 늦어지게 되면 반드시 상사의 독촉과 문책을 받게 되는데, 이것은 봉공(奉公)하는 길이 아니다.

무릇 상하문첩은 마땅히 수록하여 책으로 만들어 고증과 검열에 대비할 것이며, 그 기한이 설정되어 있는 것은 따로 작은 책을 만들도록 해야 한다.

만일 변문의 자물쇠를 맡은 자가 곧장 장계를 올릴 때는 마땅히 더욱 격식과 관례를 밝게 익혀서 두려운 태도로 삼가야 할 것이다.

┃ **풀이** ┃ 형식적인 문서나 관례에 의하여 상부 관청에 보고하는 문서 따위는 아전에게 맡겨도 좋다. 그러나 중요한 문서들은 수령 자신이 세심하게 생각하여 작성해야 한다. 만일 아전의 손에 맡긴다면 아전이 문서를 작성할 때 사사로이 농간을 부려서 일을 그르치는 수가 있다. 이문(吏文 : 공용 문서의 문장)에 능통하지 못한 수령이라면 마땅히 기실〔記室 : 서신을 맡아보는 서사(書士)〕 한 사람을 두고

의논하는 것이 좋을 것이다.

한위공(韓魏公)은 이직(吏職)에 근면하여 모든 장부나 문서를 몸소 살피지 않는 것이 없었다. 어떤 사람이 말하기를, "공께서는 지위가 무겁고 나이도 많으시며 공명도 그와 같으므로 조정에서 한 고을을 내려주어 몸을 기르도록 하였으니, 잔일은 친히 다루시지 않는 것이 좋으리라 생각됩니다."라고 하자 공이 대답하기를, "내가 번거로운 수고를 꺼린다면 백성들이 그 폐해를 입을 것이며, 또 녹봉이 하루에 1만 전(錢)인데 일을 하지 않으면 내 어찌 편안하겠소."라고 하였다.

무릇 상사의 보첩례(報牒例)에는 서목(書目)이 있는데 서목은 원장(原狀)의 대개인 것이다. 감사의 제판(題判)은 서목에 있으며 원장은 증거로 남겨두어야 한다. 무릇 원장의 말미에는 화시(花署)와 화입(花押)을 깆추며 서목에는 화서만 있고 화압은 없게 되어 있다. 처음으로 벼슬자리에 나온 사람은 마땅히 이를 알아야 한다.

공용 문서에는 이두(吏讀)를 사용하고 있는데, 이두는 신라 때 설총(薛聰)이 처음 지었다는 기록이 있으나 확실하지는 않다. 그중에는 알기 어려운 것이 있으니 경관(京官)으로 있을 때 사람들에게 배워 익혀서 스스로 깨닫도록 해야 한다.

또 전문(全文)의 뜻을 서술한 것을 등보(謄報)라 하고 중요한 말만을 수록한 것을 절해(節該)라고 하는데, 평소에 자세히 보고 익혀서 서투르다는 비방을 듣지 않도록 해야

아영(亞營) : 각 도(道)의 도사(都事).

경사(京司) : 서울의 각 관청을 말함.

사관(史館) : 국사를 편찬하는 춘추관(春秋館)을 말함. 수령 중에 춘추관 기주관(記注官)을 겸한 사람이 있음.

선기사령(善其辭令) : 상대방이 납득이 가도록 문장을 잘 만든다는 것.

생흔(生釁) : 틈이 생기는 것을 말함.

계체(稽滯) : 지체하는 것.

조(遭) : 만나는 것.

봉공(奉公) : 공무를 봉행하는 것.

이비고검(以備考檢) : 고증하고 검열하는 데 대비하는 것을 말함.

제판(題判) : 판결문.

화서(花署) : 서명하는 것.

화압(花押) : 수결을 두는 것.

한다. 공용 문서의 격식이나 문구는 경서(經書)나 사서(史書)와는 전혀 다르다. 그렇기 때문에 처음 대하는 사람은 당황하게 된다.

고을에 참기 어려운 폐단이 있어서 그것을 고칠 것을 요청하는 문서 따위는 반드시 문장으로 그 정경을 그려내서 눈앞에 보이는 것처럼 만들어야 상사의 공감을 얻게 되어 일이 이루어질 수 있다. 혹 양식을 옮기기를 청하거나 재정의 원조를 청하거나 세금의 감면을 청하거나 요역을 면제해 줄 것을 청할 때는 조목조목 자세히 밝혀서 사리가 밝아야만 상대방을 이해시킬 수 있는 것이다. 또한 상사의 명령이 무리하거나, 고을의 사정으로 인하여 그 명령을 받아들일 수 없을 경우 이를 방패막이로 사용해야 하는 글이라면 공손한 언사를 쓰고 뜻을 간고(懇告)하게 해야만 상사의 노여움을 면할 수 있고, 상사의 문책에 대한 변명 같은 것은 문장이 사리에 들어맞아야만 의혹을 풀 수 있을 것이다. 살옥(殺獄)이나 도옥(盜獄)에 관한 문서 취급은 극히 신중을 기해야 한다.

살옥에 있어서 아전이 뇌물을 받고 감사에게 품신(稟申)하는 서장의 내용을 지워서 고치거나, 감사의 회제(回題)를 지워서 고친다면 크게 일을 그르치는 무서운 결과를 초래한다. 따라서 문서를 감영으로 발송할 때 형리에게 말하기를, '다른 날 내가 감영으로 가서 문서를 찾아보고 조금이라도 잘못된 곳이 있다면 네가 벌을 받을 것이다.'라고 하여 엄하게 신칙해야 한다.

회제(回題) : 서목 위에 어떻게 처리하라고 지시를 내리는 것.

장기(長鬐) 고을에서 어떤 아전이 사람을 죽였는데 여러 아전들이 짜고 농간을 부려서 검사장(檢査狀)을 모두 고쳐 썼다. 영제(營題)를 보고 현감은 놀라움을 금치 못하였으며 의혹을 풀지 못하였지만, 끝내 그들의 농간을 들추어 내지 못하고 살인 죄인을 백방(白放)하고 말았다. 현감은 서목만을 믿고 감영으로 달려가서 원래의 문서를 찾아볼 생각을 못하였던 것이다.

그러므로 영제가 자기의 품신한 것과 상반될 때는 곧 감영으로 달려가서 원래의 문서를 찾아보아야 하며 마음 속으로 의심하는 데 그쳐서는 안 된다.

또 큰 도적일수록 도당(徒黨)이 널리 깔려 있으므로 군교나 형리가 그들의 끄나풀이 아니라는 것을 보장할 수 없는 것이다. 그들을 체포하게 된 시말(始末)을 극히 비밀에 부치고 서장을 감영에 올릴 때는 거듭 봉함하여 널리 알려지지 않도록 해야 한다.

보고 문서에는 급하게 서두르지 않아도 괜찮을 것이 있고 시급을 요하는 것이 있다. 예를 들어서 5일마다 하는 농형(農形) 보고 같은 것은 형식에 가까운 것이니, 감영으로부터 멀리 떨어져 있는 고을에서는 경비 절약을 위하여 이웃 고을 편에 부탁을 해도 무방하며 기한을 지키기만 하면 되는 것이다. 그러나 큰 가뭄에 비를 얻었다는 보고 따위는 시각을 지체하지 말고 보고해야 한다. 이는 완급을 가려서 제때에 보고할 것을 강조한 것이다.

환곡마감(還穀磨勘)의 서장은 수입과 지출과 재고량을 정확하게 맞추어서 보는 사람으로 하여금 의혹을 일으키지 않도록 해야 하며, 연분(年分)에 관한 서장은 조세에 관계되느니만큼 아전들의 농간이 염려되니 그 점을 유의하여 부정을 막도록 해야 한다. 월종의 서장이란 여러 가지 월말 보고를 말하는 것인데 형식에 지나지 않는 것들이 많다.

예를 들면 황진기(黃震起)의 추적 보고이다. 황진기는 영종(英宗) 무신(戊申)년에 망명하였다. 그러니 이제 벌써 90년이 지나서 죽은 지도 오래되었을 텐데 아직도 다달이 추적 보고를 내고 있으니, 이러한 것들이야말로 관청의 사무를 번잡하게 만들 뿐이다. 이처럼 필요치 않은 월말 보고는 상사와 의논하여 없애버리도록 해야 한다.

이웃과 좋게 지내라는 것은 옛사람의 교훈이다. 수령의 지위가 서로 같다고 하여 이웃 고을 사이에 사소한 일로 서로 다투어 친목을 깨뜨리고 사람들의 웃음거리가 되는 것은 극히 경계해야 한다. 상대방이 한 고을의 관장임을 존중하여 서로 공경하고 예의를 다하여 선린하는 도리를 지키며, 상호 협조하여 목민하는 일에 기여하도록 해야 한다. 일이 있어 공문을 보낼 때는 문장을 잘 만들어서 상대방의 감정을 해치거나 흔단(釁端)을 일으키는 일이 없도록 해야 한다.

모든 문서는 기한을 엄수하고 정체되는 일이 없어야 한다. 기한을 지키지 않거나 정체된다면 상사의 독촉과 문책을 받게 될 뿐만 아니라, 나라에 봉직하는 자의 도리에 어긋나게 되는 것이다. 그리고 모든 서류는 이를 분류하

선린(善隣) : 이웃 또는 이웃나라와 사이 좋게 지냄.

흔단(釁端) : 서로 사이가 벌어지는 시초나 단서.

고 목록을 붙여 책으로 만들어 두고 훗날의 고증이나 검열에 대비해야 한다.

이 글에서는 공용 문서의 처리에 대하여 논하고 있다. 당시에는 선비들이 경사(經史)나 시문(詩文)만을 숭상하였으므로, 관청의 공용 문서에 대해서는 매우 서툴렀다. 공문서는 격식이 독특한데다가 이두를 혼용하였기 때문이다. 이두란 신라 통일기에 설총이 창안한 것으로서 한자의 음과 뜻을 따서 우리 말을 표현하는 방법인데, 문장이 특이하여 따로 배워 익히지 않으면 알 수가 없었다. 그렇기 때문에 수령이 되려면 미리 이두에 대하여 연구하였다. 이두를 모르는 사람이 수령이 된다면 처음에는 당황할 것이다. 그러므로 여기서는 이두를 익히도록 강조하고 있다.

관속들의 농간을 방지하고 공무의 공정한 집행을 위하여 중요한 공문서는 수령이 몸소 작성할 것과 직속 상관인 감사에게 품신하고 회제(回題)를 받는 과정에서 신중을 기하도록 촉구하고 있다. 또 공문서를 분류하여 분석하고 있으며 그 성질에 따라서 문서를 작성하는 요령을 설명하고 있다. 특히 이웃 고을에 대한 문서를 작성하는 데 있어서는 선린과 우의를 돈독히 해야 한다고 말하고 있다. 문서는 반드시 기한을 지켜서 정체하는 일이 없도록 할 것을 강조하는 동시에 모든 공문서는 수록 성책(成册)하여 증거로 남겨두라고 하였다.

지금으로부터 150년에서 200년 전의 시대로서 사회제

성책(成册) : 책을 이룸. 책이 됨.

도나 정치제도를 달리하고 있지만 공문서의 처리 방법에 있어서는 많은 공통점을 발견할 수 있다. 당시의 수령들은 행정·사법 외에 병권까지도 장악하고 있었으니 오늘날의 수령에 비하면 권한이 크고 일을 집행하는 범위가 넓기 때문에 여기의 문제들 하나하나가 모두 오늘날의 수령들이 참고할 바는 아니지만, 원칙면에 있어서는 공감할 수 있는 사항이 많으리라 생각되는 바이다.

5. 농간과 적폐(積弊)의 배제를
…… 공납(貢納)

재물은 백성에게서 나오며 이것을 받아들이는 것은 수령이다. 아전의 농간을 살핀다면 비록 관대해도 해가 될 것이 없지만 아전의 농간을 살피지 않는다면 비록 급하게 굴어도 이익됨이 없을 것이다. 전조(田租)나 전포(田布)는 국가의 긴급 수용에 충당하자는 것이다. 먼저 넉넉한 집부터 집행을 하고 아전들이 빼돌리지 않도록 해야만 기한에 미칠 수 있을 것이다.

군전(軍錢)과 군포(軍布)는 경영(京營)에서 항상 독촉하는 것이다. 그 중첩되는 징수를 살피고 퇴박하는 것을 금해야만 원망을 없앨 수 있을 것이다. 공물이나 토산물은 상사가 배정한다. 그 예전부터 있던 것을 정성스럽게 닦아서 새로 구하는 것을 막아야만 폐단을 없앨 수 있을 것이다.

잡세나 잡물을 백성들은 심히 괴로워한다. 쉽게 얻을 수 있는 것은 보내주고 구하기 어려운 것을 사절한다면 허물이 없을 것이다.

상사가 이치에 맞지 않는 일을 강제로 군현에 배정한다면 수령은 마땅히 이해(利害)를 따져 봉행하지 않도록 해야 한다. 내사제궁(內司諸宮)에 상납하는 것이 기한을 어기면 또한 사단(事端)이 생길 것이니 소홀히 해서는 안 될 것이다.

| 풀이 | 나라의 재정은 백성들로부터 나오며 이것을 거두어들이는 것은 수령들이다. 옛날부터 속미(粟米)와 사마(絲麻 : 명주실과 삼실)를 내서 그 임금을 섬기는 것은 백성의 본분으로 되어 있다. 수령이 백성들에게 도리를 깨우치고 부과를 공정히 하며 아전의 농간을 방지한다면 기한 인에 수납을 끝마칠 수 있다. 우둔한 벼슬아치들은 백성을 어루만지고 사랑한답시고 상납의 기한을 어기며, 또 국가에 봉공한답시고 혹독하게 백성들의 살을 깎아내는 일이 있는데, 진실로 현명한 수령이라면 너그럽게 해주면서도 기한이 미치도록 하여 상하가 모두 원망이 없도록 해야 한다.

전조와 전포는 국가 재정의 대부분을 차지하고 있으니 그 수납이야말로 수령의 급무이다. 영세민의 폐해를 덜고 기한 안에 수납을 끝내려면 무엇보다 먼저 넉넉한 집부터 거두어들이는 동시에 아전들의 농간을 막아야만 한다.

이원익(李元翼)이 안주목사(安州牧使)가 되었는데 주세

可忽也

수이납지(受而納之) : 받아들이는 것.
이간(吏奸) : 아전의 농간.
전조(田租) : 전지의 조세.
전포(田布) : 전지에 부과하는 포목.
국용(國用) : 나라의 소용품.
급수(急須) : 긴급히 필요함.
요호(饒戶) : 넉넉한 집.
이양(吏攘) : 아전이 훔치는 것. 아전이 빼돌리는 것으로도 해석할 수 있음.
군전군포(軍錢軍布) : 병역 의무자가 병역 대신 돈이나 포목을 바치는 것.
경영(京營) : 서울에 있는 군영(軍營). 즉 훈련도감(訓練都監)·어영청(御營廳)·금위영(禁衛營)·수어청(守御廳)·총융청(摠戎廳)의 5군영을 말함.
첩징(疊徵) : 중첩하여 징수하는 것.
척퇴(斥退) : 퇴박하고 받아들이지 않는 것.
수기이획(輸其易獲) : 얻기 쉬운 것을 보내는 것.
사기난판(辭其難辦) : 마련하기 어려운 것을 사절함.
강배군현(强配郡縣) 강제로 고을에다 배정하는 것.
부진(敷陳) : 자세히 설명하는 것.
내사(內司) : 대궐 안에서 쓰는 물건들을 공급하는 관청.

건기(愆期) : 기한을 어김.
생사(生事) : 사단(事端)이
생기는 것.

(州稅)를 관례에 따라 변읍(邊邑)에서 납입하도록 하니, 아전들이 두 배의 값을 징수하여 그 과잉 수량은 백성들의 큰 병통이 되고 있었다. 이에 공이 세액을 밝혀 바로 정하고 과잉 수량을 탕감한 후 몸소 세금을 받아들여서 간악한 아전들이 함부로 거두는 것을 방지하였다. 변읍의 길이 험하고도 먼데 공이 몸소 이르는 것을 보고 백성들이 크게 놀라서 술자리를 마련하고 광대를 청하여 공을 위로하려 하였으나 공은 일체 받아들이지 않았다.

병역 의무자가 병역의 임무를 다하는 대신 바치는 돈을 군전(軍錢)이라 하고 포목을 군포(軍布)라고 하는데, 이것들은 경영으로부터 항상 독촉을 받고 있다. 군포나 군전의 징수에 있어서 아전들이 농간을 부려 첩징(疊徵)이 행해지기도 하고, 군포 같은 것은 규격에 맞지 않는다고 하여 퇴박을 놓음으로써 백성을 괴롭히는 일이 많다. 무릇 상납할 물건으로서는 돈이 가장 폐단이 없고 쌀도 쉽게 살필 수 있지만, 면포와 마포만은 성글고 가는 차가 많고 넓고 좁은 것에 따라 가격이 다르며, 그 장단에는 비록 정해진 척수가 있다지만 경척(京尺)·관척(官尺)·이척(吏尺)·민척(民尺) 등 모두 다르기 때문에 아전들이 농간하기 쉬워서 백성들의 근심거리였다.

곡산(谷山) 아전들이 군포 수납을 함부로 하였는데 포보포(砲保布) 한 필에 돈으로 900냥까지 받아서 백성들의 원한이 뼈에 사무치고 큰 변란이 일어날 뻔하였다. 수령은 아전들의 행동을 살펴서 첩징하는 행위라든지 포목에 대한 농간 같은 것을 엄중히 단속함으로써 백성들의 괴로움을 덜고 기한 안에 징수와 상납을 완결지어서 경영으로부터 독촉받는 일이 없도록 해야 할 것이다.

정선(鄭瑄)이 말하기를, "관리가 되자면 작용(作俑)을 꺼려야 한다. 옛날에도 토산물을 공헌하는 일이 있었지만 이는 그 지방에 무궁한 폐해를 끼치는 것이다."라고 하였다. 토산물 공헌은 상사가 배정을 하는 것인데 토산물이란 실로 지방의 큰 폐단이 되는 것이다. 그전부터 관례로 해 내려오던 것은 하지 않을 수 없는 것이니만큼 정성껏 해야 하지만, 만일 새로운 요구가 있다면 이것은 받아들이지 않아야 한다.

민폐가 되는 일은 극히 삼가는 것이 백성을 사랑하는 것이니 그것이 어진 정치라고 할 수 있다.

양싱(陽城)이 도주자사(道州刺史)가 되었는데 그 주에서 난쟁이 재주꾼이 났다. 해마다 난쟁이를 조정에 세공으로 바쳤는데 성은 그들의 생이별을 불쌍히 여겨 상주하기를, "백성이 모두 난쟁이인지라 만일 공물로 바친다면 어느 놈을 바쳐야 할지 모르겠습니다."라고 하였다. 이로부터 그러한 일이 없어지게 되니 주민들이 감격하여 아들의 이름에 양(陽)자를 넣어 지었다.

또 곽남(郭南)이 상숙현(常熟縣)의 원이 되었는데 우산(虞山)에 연속(軟粟)이 생산되자 백성 중에서 이를 나라에 공물로 바치는 자가 있었다. 남은 급히 그 종자를 없애도록 하고 말하기를, "훗날 상숙현의 해가 될까 두렵다."라

작용(作俑) : 옳지 못한 예를 만듦.

세공(歲貢) : 연말에 바치는 공물.

고 하였으니 그 백성들을 위하여 먼 훗날을 생각하는 것이 이와 같았다.

잡세와 잡물의 공헌은 백성들이 가장 괴로워하는 것이다. 아무리 상사의 명령이라 하더라도 백성들의 힘으로 얻을 수 있는 것은 모아서 바치겠지만 얻기 어려운 것은 이를 사절할 수밖에 없다. 얻기 어려운 것을 강제로 바치게 한다면 백성들로부터 원망을 듣게 되며 또 목민관으로서 백성을 사랑하는 길이 아니다.

광해군 때 이경여(李敬輿)가 충원현감이 되었는데 한여름 어느 날 주민들에게 칡을 캐라는 명령을 내렸다. 백성들은 그 쓸 곳을 알지 못하였는데 봄이 되자 영건도감(營建都監)에서 칡 수천 속을 징발하니 그 값이 모시값과 맞먹었다. 이 고을 사람들은 이미 예비한 것이 있었기 때문에 안연하였으며, 여분으로 이웃 고을의 부족한 것을 도와주기도 하고 팔아서 다른 부역의 대가로 지급하기도 하였다.

강제로 배정하는 명령에는 따르기 어려운 것들이 많다. 혹은 불공평한 요역(徭役)을 징발하거나 혹은 얻기 어려운 물건을 요구하거나, 혹은 못쓸 물건을 강매하여 천한 것을 귀한 것으로 만들려 하거나 혹은 백성을 동원하여 부역에 나가도록 하되, 가까운 데를 버리고 먼 곳으로 가게 하는 등 이치에 맞지 않아 봉행할 수 없는 것들이 있으니, 낱낱이 사리를 따져서 보고하고 이에 따르지 말아야 한다. 이것으로 인하여 폄(貶)을 받는 한이 있더라도 굽힐 수는 없는 것이다.

안연(晏然) : 마음이 편안하고 침착한 모양.

요역(徭役) : 백성에게 일정한 구실 대신에 시키던 강제 노동.

폄(貶) : 성적 평가를 나쁘게 하는 것.

내수사(內需司)나 여러 궁(宮)에 상납되는 것은 반드시 기한을 어기지 말고 실행해야 한다. 만일 기한을 어긴다면 문책을 당하게 되고 말썽이 생기게 된다. 극히 신중을 기하여 소홀히 하는 일이 없도록 해야겠다.

이 글은 모든 공납에 대하여 논하고 있다. 국가 재정의 큰 비중을 차지하고 있는 전조·전포·군전·군포 등의 징수에 있어서 아전들의 농간을 방지하고 부과에 공정을 기함으로써 기한을 엄수 완결시킬 것을 촉구하고 있다. 그밖에도 토산물의 공헌이나 잡세와 잡물의 부과, 비합리적인 강배(强配)나 내사 제궁(內司諸宮)의 상납 등에 대해서도 논하고 있다.

산업 구조를 비롯하여 모든 제도가 달라진 오늘날에는 별로 해당되는 것이 없겠으니, 다만 원칙론에 있어서 담당 관리의 비리나 부정을 방지함으로써 밝은 세정을 지향하는 데서 공통점을 발견할 수 있다.

6. 자기 일은 자기가
······요역(徭役)

상사가 차견(差遣)하면 마땅히 승순(承順)해야 한다. 일이 있다거나 병을 칭하여 스스로 편한 것을 꾀하는 것은 군자의 의가 아니다. 상사가 봉전(封箋)을 보내어 서울로 가라

6// 上司差遣 並宜承順
託故稱病 以圖自便 非
君子之義也 上司封箋
差員赴京 不可辭也 宮

廟之祭 差爲享官 宜齊
宿以行事也 試院同考
差官赴場 宜一心秉公
若京官行私 宜執不可
人命之獄 謀避檢官 國
有恒律 不可犯也 推官
取便 僞飾文書 以報上
司 非古也 漕運督發 差
員赴倉 能蠲其雜費 禁
其橫侵 頌聲載路矣 漕
船臭載 在於吾境 其拯
米晒米 宜如救焚 勅使
送迎 差員護行 宜亦恪
恭 毋俾生事 漂船問情
機急而行艱 勿庸遲滯
爭時刻以赴 修堤築城
差員往督 悅以勞民 務
得衆心 事功其集矣

요역(徭役) : 일에 나서는 것을 말함.
차견(差遣) : 출장 보냄.
승순(承順) : 순종하는 것.
탁고(託故) : 일이 있다고 핑계를 대는 것.
봉전(封箋) : 글을 봉하는 것을 말함.
부경(赴京) : 서울로 가는 것을 말함.
향관(享官) : 제사를 받드는 관원.
재숙(齊宿) : 재는 재(齋)의 뜻. 재소(齋所)에서 밤을 지내는 것. 재소는 재계하는 곳, 재장(齋場)이라고 함.
시원(試院) : 고시를 맡아보는 관청.

고 할 때는 사양해서는 안 된다. 궁묘(宮廟)의 제사에 향관(享官)으로 파견되면 마땅히 재숙(齊宿)하여 행사할 것이다.

시원(試院)에서 함께 고시(考試)를 하기 위하여 차관(差官)으로 과장(科場)에 나가게 되면 오로지 공정한 마음을 가지며, 만일 경관(京官)이 사(私)를 행하려 한다면 마땅히 옳지 않음을 고집해야 한다.

인명의 옥사에 검관(檢官)이 되기를 기피한다면 나라에 항률(恒律)이 있으므로 이를 용서하지 않을 것이다.

추관(推官)이 편리한 길을 택하여 문서를 거짓으로 꾸며서 상사에게 보고하는 것은 옛날의 도리가 아니다.

조운(漕運)의 출발을 감독하며 차원(差員)을 조창으로 보내어 그 잡비를 덜어주고 횡침(橫侵)을 금한다면 칭송하는 소리가 길에 가득할 것이다.

조선(漕船)이 자기 경내에서 침몰하면 그 증미(拯米)나 쇄미(晒米)를 마땅히 불을 구하는 것처럼 해야 한다.

칙사(勅使)의 영송(迎送)에 파견되어 호행(護行)하게 되면 마땅히 정성을 다하고 공손히 하여 사단이 생기지 않도록 해야 한다.

표선(漂船)에 대해서는 정상을 물어서 기민하게 행동을 취하며 어려움이 있더라도 지체하지 말고 시각을 다투어 달려가야 한다.

제방을 수리하고 성을 쌓는 일에 파견되어 가서 감독하되, 기꺼이 백성들을 위로하여 인심을 얻기에 힘쓴다면 그 일의 공이 이루어질 것이다.

| 풀이 | 상사가 나를 파견시켜 일을 보게 하려고 할 때는 이에 순종해야 한다. 내가 만일 일이나 병을 핑계하여 이를 사양한다면 그 임무는 다른 사람에게 돌아가게 되니 그 사람이 어찌 나를 원망하지 않겠는가. 내가 원치 않는 것은 다른 사람에게도 베풀지 않는 것이 사람의 도리이다. 참으로 부득이한 사유가 있거나 몸에 병이 있어서 일을 감당할 수 없는 경우를 제외하고는 사양하지 않아야 하며, 파견되어 일을 보러 가서는 마땅히 성의를 다하여 임무를 완수해야 한다.

요즈음의 향관(享官)들 중에는 단(壇)이나 묘(廟) 옆에서 기생과 더불어 술 마시며 즐기는 사람들이 있는데, 이것은 예법에 벗어나는 행동이다. 목욕재계하고 정성과 공경을 다하여 제사를 받들어야 한다.

수령이 시관(試官)이 되면 자기 고을 유생들과 연통하고 부정을 행하기 쉽다. 몇 사람은 은혜를 칭송하지만 많은 사람이 원한을 품게 되니 지혜 있는 사람의 할 바가 아니다. 그렇다고 시관으로서 팔짱을 끼고 입을 다문 채 목상(木像)처럼 앉아만 있는 것도 도리가 아니다. 합격자를 임금께 아뢸 때는 자기도 그 끝에 서명하게 되어 있으니, 만일 경관(京官)이 사(私)를 행하였다면 그 사를 행한 죄가 수령에게도 마땅히 나누어지게 마련이므로, 이미 그 지위에 있으면서 어찌 허수아비 노릇을 할 수 있겠는가.

경관이 졸렬한 문장을 채택하려 든다면 이를 다투어야 하고, 좋은 글을 버리려 해도 다투어야 하며, 뇌물을 받은

동고(同考) : 함께 고시를 행하는 것.

차관(差官) : 관원을 보내는 것을 말함.

부장(赴場) : 여기서는 과장(科場)으로 가는 것을 말함.

병공(秉公) : 공정한 태도를 지키는 것.

의집불가(宜執不可) : 마땅히 옳지 않음을 고집해야 한다는 것.

모피검관(謀避檢官) : 검관이 되기를 기피하는 것.

항률(恒律) : 일정한 법률.

추관(推官) : 형옥을 심문하는 관원.

조운(漕運) : 배로 물건을 실어 나르는 것.

독발(督發) : 출발을 감독하는 것.

부창(赴倉) 창고로 가는 것.

횡침(橫侵) 가로채서 빼앗는 것.

재로(載路) : 길에 가득한 것을 말함.

조선(漕船) : 물건을 실어 나르는 배.

취재(臭載) : 침몰하는 것.

증미(拯米) : 물에 잠겼던 쌀을 말함.

쇄미(晒米) : 쪄서 말린 쌀.

표선(漂船) : 표류해서 들어온 배.

문정(問情) : 정상(情狀)을 묻는 것.

기급(機急) : 기민하게 행동을 취하는 것.

쟁시각이부(爭時刻以赴) : 시각을 다투어 달려가는 것.

수제(修堤) : 제방을 수리하
는 것.
축성(築城) : 성을 쌓는 것.
노민(勞民) : 백성을 위로하
는 것.
사공(事功) : 일의 공적.

공심(公心) : 공정하고 편벽
되지 않은 마음.

살옥(殺獄) : 살인 사건에
대한 옥사(獄事)를 이르는
말.

회추(會推) : 범죄인의 심문
을 명령받은 관원이 함께
모여서 심문하는 것.

흔적이 있어도 다투어야 하고, 사사로운 정을 둔 흔적이
있어도 다투어서 반드시 합격자 전원으로 하여금 어느 하
나도 공도(公道)에서 나오지 않은 것이 없도록 해야 한다.
그렇게 한다면 한 도(道)의 사람들이 모두 칭송할 것이다.
무릇 수령의 그릇이 적은 자는 명예가 한 고을에 그치고
그릇이 큰 자는 명성이 한 도를 진동케 하는 것이니, 인물
에 대한 평가가 이로부터 이루어지게 된다.

시관에 임명되어 과장(科場)에 임한 수령은 공심(公心)을
가지고 공정한 고시를 집행해야 한다. 경시관(京試官)이
비록 주관한 사람의 입장에 있다고는 하지만 그 옳지 않
은 것은 끝까지 다투어서 바로잡아야 한다.

살옥(殺獄)에 있어서 검관(檢官)이 되어 달라는 요청을
받았을 때는 이를 받아들여서 일에 임해야 하며 회피할
생각을 해서는 안 된다. 국가 법전에 명시되어 있는 만큼
법을 따라야 한다.

옛날에는 옥사를 결단하여 형벌을 행하는 것이 해를 넘
기지 않았다. 그렇기 때문에 한 달에 세 번씩 회추(會推)하
여 속히 그 심정을 파악하도록 하였는데, 지금은 여러 가
지 법도가 다 해이해져서 살인한 자도 죽이지 않고 해를
넘기며 세월을 보내어 옥중에서 늙게 한다. 따라서 회추
하는 법도 폐지되니 한번 회추한 후에는 한 달에 세 번씩
단지 문서로 꾸며서 상사에 보고하며, 상사는 또 그대로
알고 넘겨버려 비록 여러 해가 되어도 다시 거행하지 않
으니, 이것이 어찌 법을 제정한 본의이겠는가. 죽이든 살

리든 빨리 결정을 내려야 하는데 이처럼 덮어두고 질질 끌어서야 되겠는가. 수령이 추관이 되어 비록 법대로 한 달에 세 번씩은 못하더라도 한 번쯤은 직접 나가서 그들의 실정을 캐어 밝힘으로써 속히 판결을 하도록 하는 것이 좋다.

조창(漕倉)이 있는 곳을 살펴본다면 영남은 창원에 마산창(馬山倉), 진주에 가산창(加山倉), 밀양에 삼랑창(三浪倉)이 있고, 호남에는 나주에 영산창(榮山倉), 영광에 법성창(法聖倉), 함열에 덕성창(德盛倉)이 있으며, 호서에는 아산에 공세창(貢稅倉)이 있다.

내지(內地)에서 조세를 나르는 백성이 지게로 지거나 수레에 실어 산을 넘고 계곡을 지나서 조창에 도달하면, 억센 관노와 교활한 아전들이 뱃사공과 결탁하여 두량을 함부로 속이고 때리고 횡포를 부려서 원망의 소리가 높다. 수령은 마땅히 영리한 책객(册客) 한 사람을 조창이 있는 곳으로 잠입시켜 백성들의 말을 염탐하게 한다면 교활한 아전이나 억센 종들의 횡포와 침탈을 억제하고 피곤한 백성들을 도울 수 있을 것이다.

강창(江倉)으로는 원주에 흥원창(興元倉)이 있고 충주에 가흥창(嘉興倉)이 있는데, 매양 조선(漕船)이 떠날 무렵에 갑작스레 진장(津長)이 조선을 호송한답시고 키와 노를 빼앗고 며칠씩 구류시키므로 한 배의 뇌물이 수백 냥에 이르게 된다. 수령은 마땅히 세밀히 살펴서 엄벌하도록 해야 한다.

두량(斗量) : 곡식의 수량을 되나 말로 되어서 셈함, 또는 그 분량.

책객(册客) : 고을 원의 비서 업무를 맡아보는 사람.

칙사(勅使)는 임금의 명을 받든 사신이다. 칙사를 영접하거나 전송할 때는 정성과 공경을 다하여 문젯거리가 생기기 않도록 각별히 조심해야 한다.

풍랑을 만나서 표착한 배가 있다면 수령은 시각을 지체치 말고 달려가서 정상을 알아본 뒤 구호책을 강구해야할 것이다. 표착한 선박을 대할 때 유의해야 할 점이 다섯가지 있다.

표착(漂着) : 표류하여 어떤 곳에 닿음.

첫째, 이국 사람을 대할 때는 서로 공경하며 예의를 다해야 한다. 우리 나라 사람들은 그들이 머리를 깎고 소매가 좁은 옷을 입고 있는 것을 보면 업신여기는 마음이 생겨서 접대하고 문답하는 사이에 예모를 잃게 되는데, 이는 국가의 체면을 손상시키는 경박한 행동이다.

둘째, 우리 나라 국법에 무릇 표류선 중에 그들이 가지고 있는 문자는 인쇄본이나 필사본을 막론하고 모두 초록(抄錄)하여 이를 보고하도록 되어 있다. 왕년에 한 표류선이 서적 수만 권을 싣고 무장(茂長) 밖 바다 위에 정박하자 신문하던 여러 관리들이 의논하기를, "장차 이를 초록하여 보고하려면 한이 없고 몇 가지만 골라서 초록하면 반드시 큰 화를 입게 될 것이다." 하고는 모래톱을 파고 수만 권의 방대한 서적을 그 속에 묻어버렸다. 실로 한심스러운 일이 아닐 수 없다.

초록(抄錄) : 소용이 될 만한 것만 뽑아서 적음.

무릇 세상 일 중에 사람의 힘으로 어찌할 수 없는 것은 죄가 안 되는 법이다. 산을 끼고 바다를 뛰어넘으라고 하였을 때 할 수 없다고 한다면 조정에서 벌을 줄 수 있겠는

가. 책 권수를 자세히 조사하고 제목만을 기록한 뒤에 실정을 갖추어서 보고하였더라면 좋지 않았겠는가. 이로 인하여 책망을 당하더라도 대단할 것이 없을 터인데 포악하게 귀중한 보물을 장사지내 버리니 그들의 억울함은 둘째 치고 그들이 우리에 대하여 어떻게 말하겠는가.

셋째, 정상을 묻는 일은 반드시 섬에서 이루어지고 있다. 섬의 백성들은 호소할 데가 없는 사람들인데 따라간 아전이나 하인들은 접대를 빙자하여 약탈을 자행하고, 심지어 가마솥이나 항아리까지도 남는 것이 없게 만든다. 표류선이 한 번 지나간 후에는 몇 군데 섬이 쑥밭이 되어 버리므로 배가 표착하면 섬 백성들이 반드시 검을 뽑고 활을 당겨서 위협함으로써 그들로 하여금 도망치게 한다.

또 혹 바람이 급하고 암초가 깔려 있어서 화색(禍色)이 박두히어 올부짖으며 구혜 줄 것을 애걸히드리도 섬사람들은 엿보기만 하고 나가지 않으며 그 배가 침몰되도록 내버려둔다. 배가 침몰하고 사람이 죽은 뒤에는 이웃끼리 은밀히 의논하여 배와 화물을 모두 불태워 흔적을 없앤다. 10여 년 전 나주 여러 섬에서 이와 같은 일이 자주 있었는데 타버린 염소가죽이 수만 장이요, 타버린 감초가 수만 근이었다. 그 책임은 혼암(昏闇)한 관장에게 있는 것이다. 그들이 아전을 단속하지 못하였기 때문에 백성들이 눈물을 머금고 그렇게 하는 것이다.

해외의 여러 나라들이 이러한 이야기를 듣는다면 우리를 사람을 잡아먹는 나라로 볼 것이 아니겠는가. 문정관

화색(禍色) : 재앙이 벌어지는 빌미.

혼암(昏闇) : 어리석고 못나서 사리에 어두움.

문정관(問情官) : 정상을 묻는 관리.

(問情官)은 마땅히 큰 집 한 채를 빌려서 관속들을 한 집에서 거처하도록 통제하고, 땔나무와 양식 등속을 공금으로 구입하여 사용함으로써 백성들에게 한 톨의 쌀과 한 주먹의 소금이라도 폐를 끼치는 일이 없도록 엄중히 단속해야 한다.

넷째, 좋은 것을 보면 그것을 받아들여야 한다. 해외 여러 나라는 선제(船制)가 기묘하여 물 위를 가는 데 극히 편리하게 되어 있다. 우리 나라는 3면이 바다로 둘러싸여 있는데도 선제가 투박하고 고루하다. 매양 표류선을 만나면 그 선제도설(船制圖說)을 각각 상술해야 한다. 재목은 어떠한 것을 썼고 뱃전 판자는 몇 장이고 길이와 넓이와 높고 낮음은 몇 도(度)나 되며, 저앙(低仰)·헌지(軒輊)의 세(勢)와 범장(帆檣)·봉최(蓬榱)의 식(式), 탁로(櫂櫓)·외타(桅柁)의 모양과 유회(油灰)·염봉(艌縫)의 방법, 익판(翼板)·배도(排濤)의 술 등 여러 가지 묘리를 자세히 물어서 기록해 두었다가 그것을 모방하도록 해야 할 것이다. 그런데도 표류인이 상륙하자마자 큰 도끼로 찍고 부숴서 즉시 불살라 버리려고 하니 이것이 도대체 무슨 법이란 말인가. 뜻 있는 선비가 문정(問情)하는 임무를 맡았다면 여기에 유의해야 할 것이다.

다섯째, 표류인들과 말할 때는 마땅히 인자한 표정과 동정하는 빛을 보이며, 주는 음식은 정결히 하고 정성을 다하여 호의를 베푼다면 상대방도 감격하여 본국으로 돌아간 후에 우리 나라를 좋게 말할 것이다.

저앙(低仰) : 낮아졌다 높아졌다 함.
범장(帆檣) : 돛대.

이 글에서는 수령이 상사의 명을 받들어 일에 임하는 자세에 대하여 논하고 있다. 제도가 달라진 오늘날에는 크게 참고될 것이 없다고 생각된다. 다만 전통적인 유교 사상에 입각하여 서학(西學)을 배척하고 복고주의에 사로잡혀 있던 당시에는 표류되어 들어온 외국 선박에 대하여 정중하게 대우함으로써 우리의 명예를 손상시키지 말 것과 또 우수한 성능을 지닌 외국 선박의 제도를 모방하여 우리 선박의 개조를 제의함으로써 외국 선진 문명의 수입을 주창한 것은 실로 괄목할 만한 사리이며, 이 대목에서 다산 선생의 선견지명을 볼 수 있다.

애민 6조(愛民六條)

1. 어른을 공경하는 미풍을
……양로(養老)

양로의 예를 폐하면 백성이 효도할 줄 모르게 될 것이니 목민관이 된 자는 이 예를 거행하지 않으면 안 된다.

재력이 부족할 때 거행하는 것이므로 범위를 넓혀서는 안 된다. 마땅히 80세 이상의 노인을 선발하는 것이 좋다.

양로의 예에는 반드시 걸언(乞言)이 있으며, 괴로움을 묻고 질병을 묻는 것이 예이다.

예법에 의하되 문절(文節)을 간략하게 하며 학궁(學宮)에서 행하도록 한다.

전철(前哲)들은 이를 닦아 시행하여 이미 상례를 이루었으니 오히려 아름다운 공적이 남아 있다.

때때로 우로(優老)하는 은혜로운 정사를 행한다면 백성들이 노인을 공경하게 될 것이다.

세제(歲除) 이틀 전에 60세 이상의 노인들에게 음식을 돌려야 한다.

┃ 풀이 ┃ 〈고례(古禮)〉에 보면, 사대부의 기로(耆老)를 국로(國老)라 이르고 서인(庶人)의 기로를 서로(庶老)라 일렀는데, 유우씨(有虞氏)는 서로를 하상(下庠)에서 하후씨(夏后

1// 養老之禮廢 而民不興孝 爲民牧者 不可以不擧也 力拙而擧 贏不可廣也 宜選八十以上 養老之禮 必有乞言 詢瘼問疾 以當斯禮 依於禮法 簡其文節 行之於學宮 前哲於此 修而行之 旣成故常 猶有遺徽 以時行優老之惠 斯民知敬老矣 歲除前二日 以食物歸耆老

역졸(力拙) : 힘이 부족한 것을 말함.
영불가광야(贏不可廣也) : 영은 범위의 뜻. 곧 범위를 넓혀서는 안 된다로 풀이됨.
걸언(乞言) : 교훈이 될 수 있는 말을 청하는 것.
순막(詢瘼) : 괴로움을 묻는 것을 말함.
문질(問疾) : 질병을 묻는 것을 말함.
문절(文節) : 의식 절차.
학궁(學宮) : 향교를 말함.

전철(前哲) 옛날의 어진 사
람을 뜻함.
수이행지(修而行之) : 닦아
서 행하는 것.
고상(故常) : 전해 내려오는
상례.
유휘(遺徽) : 끼친 공적.
혜(惠) : 여기서는 은혜로운
정사.
세제(歲除) : 섣달 그믐을
말하는 것임.
기로(耆老) : 60세 이상의
노인을 말함.

氏)는 서로를 좌학에서 봉양하였으며, 주인(周人)은 서로를
교상(郊庠)에서 봉양하였다고 한다. 〈예기(禮記)〉에 말하기
를, "봄에는 고아들을 위한 잔치를 베풀고 가을에는 기로
를 대접한다."라고 하였으며, 〈여씨춘추(呂氏春秋)〉 12기
〔紀 : 월령(月令)〕에도 말하기를, "봄에는 어린이를 돌보고
가을에는 노인을 봉양한다."라고 하였으니, 추수가 끝난
뒤 날이 추워지기 전에 양로하는 예를 행하면 된다. 양로
의 예를 행하는 것이 백성들에게 효도를 권장하는 방법도
되는 것이므로 목민관은 정성껏 거행하며 게을리해서는
안 된다.

　양로의 예를 거행하는 데 있어서 그 범위를 넓힌다면
넉넉지 못한 재력을 가지고는 감당할 수 없기 때문에 80
세 이상 남자만을 뽑아서 잔치에 참석시키도록 해야 한
다. 80세 이상은 그 찬(饌)이 네 접시이고(떡국 외에 접시가
네 개), 90세 이상은 그 찬이 여덟 접시이다. 만일 100세
된 분이 있으면 수령은 이날 여덟 접시의 찬을 갖추고 그

수향(首鄉) : 좌수(座首)의
별칭.

의 집으로 수향(首鄉)을 파견하여 바치도록 해야 한다. 동
월(董越)의 〈조선부(朝鮮賦)〉에 말하기를, "나라에 80세 된
노인이 있으면 남녀에게 모두 잔치를 베풀어서 은혜를 미
치게 한다."라고 하였으며, 스스로 주(註)를 달기를, "해마
다 음력 9월에는 임금이 80세 된 부인에게 궁에서 잔치를
베풀어준다."라고 하였다. 국초(國初)에는 해마다 이와 같
이 하였기 때문에 동부(董賦)에서 이처럼 말하고 있는 것
이다.

〈대학〉에 말하기를, "윗사람이 어른을 어른으로 받들면 백성들이 공경하는 도리를 알 것이다."라고 하였으니, 이는 바로 태학(太學)에서 양로하는 뜻인 것이다.

수령이 양로의 예를 거행할 때는 반드시 학궁에서 해야 한다. 양로의 예는 예법에 기준을 두어야겠지만 격식이나 절차 같은 것은 간소하게 해야 한다.

옛날의 어진 사람들은 양로의 예를 정성껏 행하여 백성들에게 효제(孝悌)의 도를 권장하였고 그것이 관례가 되어 지금에 이르렀으며, 사회 정화에 기여하는 바가 실로 크다고 하겠다. 그들의 아름다운 사업은 길이 빛날 것이다.

조극선(趙克善)이 순창군수(淳昌郡守)가 되었는데 향약(鄉約)의 법을 닦고 양로의 예를 행하였다. 효(孝)·우(友)·절행(節行)이 있는 자를 초청하여 관아의 청사에서 향연을 베풀고 포장하였으며, 오지 못히는 자는 그 집으로 몸소 방문하여 권선(勸善)의 성의를 표하였다. 〈상산록〉에 말하기를, "80세 이상 노인들에게 입동날 털모자 하나씩을 나누어 주니 민심이 열복(悅服)하였고, 동짓날에는 계피와 건강(乾薑) 등 좋은 약재를 넣어 만든 엿을 한 근씩 유지(油紙)에 싸서 돌려주니 백성들이 또한 기뻐하였다. 이처럼 비용이 많이 들지 않으면서도 우로(優老)의 정사를 펼 수 있었다."라고 하였다.

관내의 80세 이상인 노인들을 조사하여 명부를 작성해 놓고 학궁에서 양로 잔치를 베푸는 외에도 시기에 따라 음식이나 소용품 등을 선사하여 우로하는 정사를 편다면

열복(悅服) : 기쁜 마음으로 순종함.
건강(乾薑) : 한방에서 '새 앙을 말린 것'을 이르는 말.

백성들도 감화를 받아 더욱 효제의 도를 행하게 될 것이다. 특히 묵은 해를 보내는 뜻깊은 세제 이틀 전에 세찬을 보내도록 촉구하고 있다. 이때는 쌀 한 말과 고기 두 근 정도에 예단(禮單)을 갖추어서 존문(存問)하는 것이 좋을 것이라고 하였다.

이 글에서는 양로에 대하여 논하고 있다. 동양 여러 나라에 있어서는 옛날부터 양로가 인정(仁政)의 근본으로 되어 있다. 〈맹자〉에도 말하기를, "내 집 노인을 공경함으로써 남의 노인까지도 공경하며, 내 집 어린이를 사랑함으로써 남의 집 어린이까지도 사랑한다면 천하를 손바닥 위에서 움직일 수 있다."라고 하였다. 우로(優老)란 노인을 우대한다는 뜻이니 우로하는 정치를 행한다면 백성들이 감화를 받아서 효제의 도를 행하게 될 것이며, 효제의 도가 행해지면 밝은 사회를 이룩할 수 있어서 국가의 번영 발전을 이룩할 수 있는 것이다.

오늘날 우리 나라에서도 우로하는 사회 정책을 극력 추진시키고 있으니 경로당이 도처에 세워지고 경로 잔치가 베풀어지며, 의지할 데 없는 노인들을 보호하고 수용하는 양로원이 운영되고 있다. 실로 좋은 정치라 할 수 있다. 앞으로도 양로에 대한 정책을 더욱 확충시켜서 노인들의 여생을 안락하게 만드는 한편 도의 사회를 이룩하는 데 힘써야 할 것이다.

2. 사랑의 정신을
……자유(慈幼)

어린이를 사랑하는 것은 선왕(先王)의 큰 정치이니, 역대의 임금들이 이를 행하여 아름다운 법도를 세웠다.

백성이 곤궁하면 자식을 낳아도 거두지 못하니, 가르치고 길러서 내 자식처럼 보호해야 한다.

흉년이 들면 기아(棄兒)를 물건 버리듯 하니, 거두어 길러서 그들의 부모가 되어야 한다.

우리 나라에서는 법으로 그 수양(收養)을 인정하였으니, 자식을 만들고 종을 만드는 조례가 상세하고도 치밀하다.

기세(饑歲)가 아닌데도 아이를 버리는 자가 있다면 수양해 줄 사람을 골라서 그 양식을 관(官)에서 보조해 주어야 한다.

│ 풀이 │ 〈주례〉에 말하기를, "대사도(大司徒)는 보식 정책(保息政策) 여섯 가지로 만민을 양육하였는데 첫째는 자유(慈幼)요, 둘째는 양로이며, 셋째는 진궁(賑窮 : 곤궁한 자를 진휼하는 것)이다."라고 하였다. 무릇 자유라는 것은 고아를 구휼하는 것을 말한다. 또 급총(汲冢)의 〈주서(周書)〉에 말하기를, "근인(勤人 : 벼슬 이름)을 두어 고아를 맡게 하고 정장(正長 : 벼슬 이름)을 두어 어린이를 보호하게 한다."라고 하였으며, 〈관자(管子)〉에 말하기를, "서울에는 고아를 맡아보는 직책이 있었는데 한 고아를 기르는 자는 그의

2// 慈幼者 先王之大政也 歷代修之以爲令典 民旣困窮生子不擧 誘之育之 保我男女 歲値荒儉 棄兒如遺 收之養之 作民父母 我朝立法 許其收養 爲子爲奴 條例詳密 若非饑歲 而有遺棄者 募民收養 官助其糧

자유(慈幼) : 어린이를 사랑하는 것.
영전(令典) : 아름다운 법도.
생자불거(生子不擧) : 자식을 낳아도 거두지 못하는 것을 말함.
유(誘) : 유인(誘人)의 뜻이나 여기서는 가르친다의 뜻으로 풀이됨.
황검(荒儉) : 흉년을 말함.
기아(棄兒) : 아이를 버리는 것을 말함.
수양(收養) : 거두어 기르는 것을 말함.
기세(饑歲) : 기근이 든 해.
관조기량(官助其糧) : 관청에서 그 양식을 보조해 주는 것을 말함.

아들 중 한 사람은 전쟁에 나가지 않는다."라고 하였다.

또 〈한시외전(韓詩外傳)〉에 말하기를, "백성으로서 어른을 공경하고 고아를 불쌍히 여길 줄 아는 자가 있다면 임금에게 고하여 장식된 쌍두마차를 타게 해야 한다."라고 하였다. 송(宋)나라 제도에는 고을에 자유국(慈幼局)을 세우고 무릇 집이 가난하여 자식을 기를 수 없는 자는 국으로 데리고 오는 것을 허락하였으며, 생년월일을 기록해 두고 유모를 두어서 길렀으니 혹 자녀가 없는 집에서는 국에서 데려다 기르기도 하였다. 이러한 기록들로 보아서 자유란 옛날부터 국가의 중요한 정책이었음을 알 수 있다. 그러므로 자유의 정책은 소홀히 해서는 안 된다.

사람이 극도로 가난하게 되면 자식을 낳아도 거두지 못하여 내다버리게 된다. 목민관은 마땅히 이와 같은 아이들을 거두어서 가르치고 길러서 훌륭한 사람으로 만들어야 한다. 이것이야말로 목민관의 어진 정사인 동시에 임무이다.

후한(後漢) 때 종경(宗慶)이 장사태수(長沙太守)가 되어 백성들의 자식 죽이는 일을 금하니, 백성 중에 양자하는 자가 3천 여 명이었는데 모두 이름에 종(宗)자를 넣어 지었다. 또 장순(張淳)이 영강현(永康縣)의 수령이 되었는데 영강 백성들이 가난하여 딸을 낳으면 거의 거두어 기르지 않았다. 순이 이를 경계하고 가난 때문에 기를 힘이 없는 자는 자기 녹봉을 털어서 양육비를 지급하니 살아난 자가 그 수를 셀 수 없었다.

흉년이 들면 아이를 기를 수 없어서 버리는 사람이 많다. 이 얼마나 참혹한 일인가. 목민관은 기아(棄兒)들을 불쌍히 여기고 거두어 길러야 한다.

왕조(王詔)가 정주(定州)의 수령이 되어서 버려진 아이들을 거두어 기르니 정치와 교화가 크게 행해졌다. 촉생(蜀生)이란 사람이 정주를 지나다가 돈 백금이 든 자루를 잃고 와서 말하자 조가 말하기를, "거기에 다시 가서 보면 지키는 자가 있을 것이다."라고 하였다. 곧 가서 보니 정말 한 사람이 지키고 있는지라 촉생이 "왜 가지고 가지 않았는가." 하고 물으니 지키는 자가 대답하기를, "우리 왕공은 버려진 자식을 보면 눈물을 참지 못하는 분이신데 내가 어찌 차마 이 돈을 가지고 가서 그대로 하여금 우리 왕공의 경내에서 떠돌아다니도록 할 수 있겠소."라고 하였다. 휼고(恤孤)의 징사가 이처럼 사람을 감회시킨 것이다.

버려진 아이들의 구제를 위하여 나라에서는 기아를 수양하는 법을 제정하여 누구든지 거두어 기르는 것을 허용하였으며, 또 조례(條例)를 만들어서 거두어 기른 아이를 자식으로 만들거나 종으로 삼도록 하였다. 목민관은 백성들에게 기아의 수양을 권장하도록 힘써야 한다.

흉년이 아닌 평년에 기아가 생겼을 경우에는 먼저 백성들에게 수양을 권고해 보고 만일 희망하는 사람이 없을 때는 사람을 모집하여 거두어 기르게 하며, 목민관이 그 식량을 보조해 주어야 한다. 다달이 쌀 두 말씩을 지급하되 여름에 한해서 보리쌀 너 말씩을 지급하는 것이 좋을

휼고(恤孤) : 고아를 구제하는 것.

것이다. 흉년에 기아가 생기는 것은 별문제이지만 평년에 서울의 도랑 사이에서 혹 기아를 발견하는 경우가 있는데 이들은 흔히 불륜에 의한 사생아인 경우가 많다. 부모의 죄악을 갓난아이에게까지 미치게 할 수는 없는 것이니 역시 백성들의 수양을 허용하여 권장해야 할 것이다.

이 글에서는 자유(慈幼)에 관한 정책을 논하고 있다. 〈맹자〉에 말하기를, "내 어린이를 사랑하는 마음을 미루어서 남의 어린이까지도 사랑하라."고 하였는데, 이것을 왕도 정치의 요체로 삼고 있다. 이렇듯 역대의 군왕들은 자유에 대하여 큰 관심을 가지고 정책 추진에 힘썼다.

3. 외로운 사람들을
……진궁(振窮)

3// 鰥寡孤獨 謂之四窮 窮不自振 待人以起 振者擧也 過歲不婚聚者 官宜成之 勸婚之政 是我列聖遺法 令長之所宜 恪遵也 每歲孟春 選過時未婚者 竝於仲春成之 合獨之政 亦可行也

환(鰥)·과(寡)·고(孤)·독(獨)을 4궁(四窮)이라 하는데 이들은 궁하여 스스로 일어서지 못하고 다른 사람의 힘을 빌려야만 일어설 수 있다. 진(振)이란 거(擧)의 뜻이다.

과년하도록 혼취하지 못한 사람은 관에서 마땅히 서둘러 주어야만 한다.

혼인을 권장하는 정사는 열성(列聖)의 유법(遺法)이니 영장(令長)은 마땅히 힘써 따라야 한다.

해마다 맹춘(孟春)이면 과년해도 혼인하지 못한 자를 가려내어 중춘(仲春)에는 성혼시키도록 한다.

합독(合獨)하는 정사도 또한 행해야 할 것이다.

| 풀이 | 환·과·고·독을 4궁(四窮)이라고 하는데 문왕(文王 : 주나라의 성왕)의 어진 정치는 이 4궁을 구제하는 데서부터 시작하였다. 〈시경(詩經)〉에 말하기를, "가이부인 애차독(可以富人 哀此獨)."이라 하였는데 이는 부자들은 좋거니와 외로운 사람들은 슬퍼한다는 뜻이다. 아무리 환·과·고·독이라 히더라도 돈 있는 사람은 4궁 안에 들어갈수 없다. 목민관으로서 4궁을 선발하는 데는 세 가지 보는 점이 있으니 첫째 나이요, 둘째 친족이요, 셋째 재물이다.

나이가 60세 미만이거나 10세 이상이면 자신의 힘으로 먹을 것은 구할 수 있으니 제외되어야 하며, 비록 육친(肉親)은 없너라노 악산 새릭이 있는 시공시친(緦功之親)이 있다면 목민관은 그들에게 좋은 말로 권유하기도 하고 강경한 방법을 쓰기도 하여 거두어서 구호토록 하므로 이것 또한 제외된다. 또 자기 재산이 있는 자는 말할 것도 없다.

위의 세 가지 중에 하나도 해당되는 것이 없는 자들이야말로 참으로 돌아갈 곳이 없는 궁민들이니 이들은 관에서 구휼해야 하는 것이다.

따지고 보면 그처럼 궁하여 돌아갈 곳이 없는 백성은 그 숫자가 많지 않아서 한 고을에 몇 명 정도밖에 되지 않는다. 목민관은 이들에게 은혜로운 정치가 미치도록 힘써야 한다.

진궁(振窮) : 궁한 자를 일으키는 것.
환(鰥) : 홀아비.
과(寡) : 과부.
고(孤) : 고아.
독(獨) : 늙어서 의지할 곳 없는 사람.
사궁(四窮) : 네 궁민(窮民). 즉 환·과·고·독.
과세(過歲) : 여기서는 제때에 혼인을 못하고 과년한 것을 말함.
혼취(婚娶) : 결혼하는 것.
열성(列聖) : 역대 임금. 성이란 거룩한 임금이라는 뜻이다.
유법(遺法) : 남긴 법도.
영장(令長) : 수령.
맹춘(孟春) : 음력 정월.
중춘(仲春) : 음력 2월.
합독(合獨) : 홀아비와 홀어미를 혼인시키는 것.

육친(肉親) : 부모·형제·처자를 통틀어 이르는 말.
시공지친(緦功之親) : 육친을 제외한 8촌 이내의 친족.

옛날에는 과년한데도 집이 가난하여 혼인을 못하는 백성이 있을 때는 나라에서 이들의 혼인을 이루어 주었다. 공규(孔揆)가 광주자사(廣州刺史)가 되었을 때 과년한데도 집이 가난하여 시집가지 못한 처녀가 있으면 돈을 주어서 혼인하게 하였다. 또 심문통(沈文通)이 항주를 다스렸는데 부모가 없는 여자로서 시집가지 못한 자가 있으면 돈을 주어 혼인을 시킨 사람의 수가 수백 명에 이르렀다.

〈경국대전〉에 말하기를, "사족(士族)의 딸로서 나이가 30세가 가까운데도 출가하지 못한 자는 예조에서 계문(啓聞)하여 혼수를 지급해 주고 가장은 중벌로 논한다."라고 하였다.

계문(啓聞) : 임금께 아뢰는 것.

정종 15년 2월에 임금께서는 사서인(士庶人) 중에 가세가 빈곤하여 남녀가 혼기를 놓치는 것을 민망히 여기시고 경조(京兆) 5부(五部)에 신칙하여 혼기가 넘은 자는 재촉하여 성혼하도록 권장하고, 나라에서 혼수 비용으로 돈 500과 포(布) 두 필을 지급하게 하여 매달 실적을 보고하게 하였다. 이때 서부(西部) 신덕빈(申德彬)의 딸의 나이가 21세였고 김희집(金禧集)의 나이가 28세였는데 두 사람 모두 혼기를 놓쳤다고 하였다.

경조(京兆) : 서울.

6월 초이튿날 임금께서 말씀하시기를, "내가 5부에 홀아비와 과부가 많은 것을 생각하고 권하여 성혼시킨 것이 무려 백 수십 명이 되는데, 오직 서부의 두 사람만이 아직도 이루지 못하고 있으니, 이 어찌 천지의 화기(和氣)를 인도하며 만물의 성품을 화합하게 할 수 있겠는가. 일이란 처음을 잘 정제하는 것을 귀히 여기고 정사는 끝을 잘 맺도록 힘써야 하는 것이니, 덕빈과 희집을 권하여 좋은 일을 성사시키도록 하라."고 하였다. 임금의 뜻대로 일이 이루어지니 임금께서는 기뻐하시며 말씀하시기를, "이제야 한 지아비와 한 지어미가 제자리를 얻게 되었구나."라고 하였다.

이와 같이 역대 임금들의 혼인을 권하는 뜻을 받들어 자기 경내에 과년한 미혼자가 없도록 힘쓰는 것이 목민관의 직책을 다하는 길이다.

해마다 맹춘이면 25세 이상의 남자와 20세 이상의 여자들을 조사 파악해서, 부모와 친척이 있고 재산도 있는 자는 그 성혼을 독촉하여 중춘에 혼례를 거행토록 하고, 친척도 없고 재산도 없는 자는 고을에서 덕 있는 사람을 시켜 배필을 구하여 성혼시키도록 하되, 권에서 약간의 돈과 포(布)를 주어 혼수에 보태도록 하고 혼례식에 쓰는 예복이라든지 도구 같은 것도 빌려주도록 한다.

합독(合獨)이라는 것은 홀아비와 과부를 성혼시키는 것을 말한다. 〈관자〉에 말하기를, "무릇 국도(國都)에는 중매를 맡아보는 자가 있어서 홀아비와 과부를 짝지어 주는데 이를 합독이라 일컫는다."라고 하였다. 합독 또한 어진 정사이므로 목민관은 이를 힘써서 불우한 홀아비와 과부가 제자리를 얻도록 해야 한다.

국도(國都) : 나라의 수도(首都).

여기서는 환·과·고·독의 궁민들을 힘써 구휼하며

한 사람도 불행한 자가 없는 밝은 정사를 펼 것을 강조하고 있다.

4. 상사(喪事)를 돕자
……애상(哀喪)

상사(喪事)가 있으면 요역(搖役)을 면제해 주는 것이 옛날의 도이다.

스스로 전결(專決)할 수 있는 것은 모두 면제해 주어도 좋다.

백성 중에는 지극히 곤궁하여 죽어도 염하지 못하고 구덩이에 버리는 자가 있는데, 이럴 때는 관에서 돈을 주어 장사지내도록 해야 한다.

혹 기근과 전염병의 유행으로 사망자가 속출할 때는 거두어 묻는 정책과 진휼(賑恤)을 병행해야 한다.

혹 눈에 뜨이는 것이 마음을 슬프게 하여 측은함을 견딜 수 없거든 곧 마땅히 구휼할 것이며 더 이상 뒷일을 생각지 말아야 한다.

혹시 먼 객지에서 벼슬살이를 하던 사람의 관이 고을을 지나게 되면 그 운구를 돕고 비용을 돕는 것을 충후(忠厚)하게 하도록 힘써야 한다.

향승(鄕丞)이나 이교(吏校)가 상사를 당하였거나 본인이 죽었을 때는 마땅히 부의를 주고 조문하여 은정(恩情)을

4// 有喪蠲徭 古之道也
其可自擅者 皆可蠲也
民有至窮極貧 死不能
斂 委之溝壑者 官出錢
葬之 其或饑饉瘟疫 死
亡相續 收瘞之政 與賑
恤偕作 或有觸目生悲
不堪悽惻 卽宜施恤 勿
復商度 或有客宦遠方
其旅櫬過邑 其助運助費
務要忠厚 鄕丞吏校 有
喪有死 宜致賻問 以存
恩意

애상(哀喪) : 상사(喪事)를 슬퍼하는 것.
자천(自擅) : 자기 마음대로 할 수 있는 것. 쉽게 말하면 스스로 전결하는 것.
구학(溝壑) : 구덩이.
출전(出錢) : 돈을 내는 것.
장(葬) : 장사지내는 것.
여역(癘疫) : 나쁜 전염병.
상속(相續) : 속출하는 것.
수예(收瘞) : 시체를 거두어

남기도록 해야 한다.

| 풀이 | 〈예운(禮運)〉에 말하기를, "공(公)에 벼슬살면 신 (臣)이라 하고 가(家)에 봉직하면 복(僕)이라 하는데 3년상 을 벗기 전에는 부리지 않는다."라고 하였다. 유향(劉向)의 〈설원(說苑)〉에 말하기를, "옛날에 친상을 당한 자가 있으 면 그 문에서 그를 부르지 않으며, 재최(齊衰=자최)나 대공 (大功)의 상을 당한 자는 다섯 달 동안 역역(力役)의 정(征) 에 복무하지 않고, 소공(小功)의 상을 당한 자는 장사지내 기 전까지는 역역의 정에 복무하지 않는다."라고 하였다. 상사를 당한 자에게는 요역을 비롯하여 모든 부역을 면제 해 주어야 한다.

〈시경〉에 말하기를, "길에 죽어 있는 사람이 있으면 이 를 묻어주어야 한다."라고 하였나. 실가에 죽어 있는 사람 도 이를 거두어서 묻어주는 것이 인정이요, 도덕이다. 백 성의 목자인 수령은 자기 고을 백성의 죽음에 대하여 관 심을 기울여야 한다. 평소에 관내 여러 마을에 영을 내려 서 사람이 죽었는데도 집이 가난하여 염도 하지 못하고 그대로 구덩이에 내다버려야 할 처지에 놓여 있는 자가 있다면 곧 관에 보고하도록 하고, 이와 같은 보고가 있을 때는 지체없이 수의를 장만하여 염을 해주고 마을에서 협 력하여 장사지내 주도록 해야 한다.

윤형래(尹亨來)는 회인현감(懷仁縣監)을 지낼 때 정당에 앉아 있다가도 곡을 하며 지나가는 소리가 들리면 곧 하

묻는 것.
해작(偕作) : 병행하는 것.
객환(客宦) : 객지에서 벼슬 살이를 하는 것.
여친(旅櫬) : 객지에서 죽어 서 집으로 옮겨지는 널(관) 을 말함.
향승(鄕丞) : 수령의 보좌역 으로서 좌수(座首) 등을 가 리킴.
부문(賻問) : 부의를 하고 조문하는 것.

인을 시켜 알아보게 하고, 만일 백성이 죽어서 묻으러 가
는 것이라고 하면 다시 염을 하였는지의 여부를 물어보게
한 뒤, 가난으로 인하여 염을 하지 못하였다면 돈을 주어
서 염을 하게 하고 관을 사서 장사지내게 해주었다.

〈속대전〉에 말하기를, "서울과 지방에서 전염병의 유행
으로 온 가족이 몰사하여 거두어 묻지 못한 것은 휼전(恤
典)을 거행하도록 하라."고 하였다. 큰 기근이 들거나 전염
병이 유행하게 되면 죽는 사람이 계속해서 생기게 된다.
이러한 때는 그 시체를 거두어 묻는 것도 게을리할 수 없
는 일이니 진휼 정책과 마찬가지로 힘써 추진시켜야 한다.

먼 곳으로 가서 벼슬을 살다가 죽어서 집으로 반장(返
葬)되어 가는 행상(行喪)이 고을을 지나가게 되면, 인부를
내서 운상(運喪)을 도와주고 돈을 주어 비용을 도와주는
등 최대의 성의를 베풀도록 해야 한다.

옛날에는 신하가 상사를 당하거나 죽게 되면 임금이 반
드시 몸소 문상하고 소렴(小斂)과 대렴(大斂)을 살폈으며,
염에는 수의를 보내주고 장사에는 폐백을 보내주었으니,
이러한 것으로 보아 수령도 관속들에게 은전(恩典)이 있어
야 할 것이다. 〈위령(魏令)〉에 말하기를, "관장(官長)이 죽
으면 이속(吏屬)이 재최복(齊衰服)을 입는다."라고 하였으
며, 촉한(蜀漢)의 초주(譙周)가 말하기를, "권도로 참최복
을 입었다가도 후임이 오면 복을 벗는다."라고 하였다.

후세에 이르러서도 재최복을 입고 있다. 아랫사람들은
윗사람을 위하여 복을 입기까지 하는데 윗사람으로서 아

휼전(恤典) : 정부에서 이재
민을 구제하는 법.

반장(返葬) : 객사한 사람을
그가 살던 곳이나 고향으로
옮겨다 장사 지내는 일.

랫사람들에게 아무런 은전이 없다면 이는 가혹한 일이다. 관속이 친상을 당한다든지 또는 본인이 죽었을 때는 마땅히 부의(賻儀)를 보내어 비용을 보태주며, 행상이 나가는 날에는 간략하게 제전(祭奠)을 마련하고 예리(禮吏)를 보내어 치제(致祭)하는 성의를 베풀어야 한다.

제전(祭奠) : 의식을 갖춘 제사와 의식을 갖추지 않은 제사를 통틀어 이르는 말.

이 글에서는 고을 백성들이나 관속들이 친상을 당하였거나 죽었을 경우 등에 대하여 논하고 있다. 옛날에는 여러 가지 행사 중에서 무엇보다도 사람이 죽었을 때 장사 지내는 일을 가장 큰 일로 생각하고 또 소중히 하였다. 오늘날에도 만일 동네에 극빈한 사람이 죽어서 장례를 치를 수 없는 처지라면 관에서 보조해 주고 이웃 사람들이 서로 협조하여 장례를 치러주는 실정이며, 나그네의 사망이라든지 무연고자(無緣故者)의 사망 따위는 관에서 거두어 묻어주고 있다. 사람의 죽음에 대해서는 이를 슬퍼하며 최대의 성의를 베풀도록 힘써야 할 것이다.

5. 환자의 구호
……관질(寬疾)

불치(不治)의 환자나 중병 환자에게는 정역(征役)을 면제해 주는데 이를 관질(寬疾)이라고 한다.
병신이거나 잔약하여 능히 제 힘으로 먹을 수 없는 자는

5// 廢疾篤疾者 免其征役 此之謂寬疾也 罷癃殘疾 力不能自食者 有寄有養 軍卒羸病 因於

관질(寬疾) : 병자를 너그럽
게 대하는 것.
폐질(廢疾) : 불치의 병.
독질(篤疾) : 위독한 병. 즉
중병(重病).
파륭(罷癃) : 병신을 말함.
불능자식(不能自食) : 자신
의 힘으로 먹을 수 없는 것.
기(寄) : 의지하는 것.
동뇌(凍餒) : 춥고 배고픈
것을 말함.
치속(蚩俗) : 어리석은 풍속.
다기(多忌) : 꺼리는 것이 많
다는 말.
온역(溫疫) : 염병.
무지(撫之) : 어루만지는 것.
요지(療之) : 다스리는 것.
마진(麻疹) : 역질(疫疾).
요찰(夭札) : 젊어서 죽는
것을 말함.
의청상전(宜請賞典) : 마땅
히 상을 내리는 은전(恩典)
을 청해야 함.
신방(新方) : 새로운 처방.
연경(燕京) : 중국 북경의
옛이름.

의지할 곳과 살아갈 길을 마련해 주어야 한다. 군졸들 중에
병약하여 춥고 배고픈 것을 이기지 못하는 자에게는 입을
것과 먹을 것을 넉넉하게 주어서 죽지 않도록 해야 한다.

온역(溫疫)이 유행하면 어리석은 풍속에 꺼리는 것이 많
다. 어루만지고 치료해 주어서 두려워함이 없도록 해야
한다.

온역(溫疫)과 마진(麻疹) 및 모든 백성들의 질병과 사망
과 요찰(夭札) 등 천재(天災)가 유행할 때는 마땅히 관에서
구제하고 도와야 한다.

병의 유행으로 사망자가 지나치게 많을 때는 구호하고
매장해 준 사람에게 마땅히 상전(賞典)을 청해야 한다.

근래 유행되는 마각온(麻脚瘟)에는 연경(燕京)으로부터
온 새로운 처방이 있다.

| 풀이 | 불치병에 걸린 환자나 중병에 걸린 환자는 일할
수 있는 능력을 상실하였기 때문에 이들에게는 모든 부역
(賦役)이나 병역을 면제해 주어야 한다. 〈주례〉에 보면, 보
식지정(保息之政 : 백성을 보호하고 쉬게 하는 정치)에 있어서
다섯째가 관질(寬疾)로 되어 있는데, 관질이란 질병이 있는
자에게는 정역(征役)을 너그럽게 면제해 준다는 뜻이다.

몸이 병신이거나 잔약하고 병들어서 자신의 힘으로 능
히 먹고 살 수 없는 자에게는 의지할 데를 마련해 주어서
먹고 살 수 있는 방법을 마련해 주어야 한다. 소경이나 귀
머거리, 절름발이 같은 병신은 사람들이 모두 싫어하는

바인데 거기에다 또 육친이 없어서 떠돌아다니는 자가 있다면 그 정상이 실로 가련하고 불쌍하다. 그 종족(宗族)을 타일러서 보호하게 하거나 그렇지 않으면 관에서 보호하는 방법으로 생활을 안정시키도록 해야 한다.

몸이 쇠약해졌거나 병이 든 군졸이 있을 때는 그 원인을 살펴보아서 구호해야 하는데, 만일 춥고 굶주린 데서 생겼다면 입을 것과 먹을 것을 넉넉하게 주어서 이를 구호해야 한다.

장륜(張綸)이 강회발운부사(江淮發運副使)가 되었는데 조졸(漕卒) 중에 굶주리고 얼어죽는 자가 많은 것을 보고 탄식하여 말하기를, "이는 유사(有司)의 잘못이며 임금의 어지신 덕을 받들지 않는 것이다."라고 하며, 봉전(俸錢)을 내어 솜저고리 1천 벌을 사다가 몸을 지탱할 수 없는 자들에게 입혔다.

염병과 같은 악성 전염병이 유행하게 되면 사람들이 겁을 내고 꺼리는 것이 많아서 혼란을 수습하기가 어렵다. 목민관은 마땅히 위무(慰撫)하여 깨우쳐 주고 치료에 힘써서 백성들이 두려운 마음을 버리고 혼란이 빚어지는 일이 없도록 해야겠다.

소식(蘇軾)이 항주를 다스렸는데 염병이 유행되었다. 공이 아전을 보내어 의원들을 독촉하고 병을 다스리게 하니 만 명 이상을 살려냈다. 또 허적(許積)이 진휼제조(賑恤提調)가 되었는데 몸소 온창(瘟廠)에 이르러 환자들을 보살피고 죽은 사람을 매장하는 일을 감독하였다. 유혁연(柳赫

조졸(漕卒) : 배를 조종하는 군사.

봉전(俸錢) : 봉급.

위무(慰撫) : 위로하여 어루만짐.

온창(瘟廠) : 환자 수용소.

然) 또한 염병을 두려워하지 않았다. 서지(西池) 부근에서 온 가족이 몰살하였는데 매장하는 사람이 없음을 보고 유공이 몸소 염하여 묻어 주었다.

〈경국대전〉에 말하기를, "병들었으나 가난하여 약을 살 수 없는 자에게는 관에서 지급하며, 지방에서는 고을에서 의약을 지급한다."라고 하였다. 염병이나 역질 등 전염병의 유행이나 그밖의 천재로 인하여 백성들이 도탄에 빠져 있을 때는 관에서 그 구조에 힘써야 한다. 전염병이 유행될 때는 목민관은 반드시 그 병의 특효약을 연구하고 만들어서 구료에 만전을 기하도록 해야 한다.

전염병이 유행하여 환자가 많이 생기고 죽는 사람이 속출하게 되면 관의 힘만으로는 처리가 곤란하여 민간의 협조가 필요하다. 또 민간인으로서 재력도 있고 뜻 있는 사람이라면 관에 협력하여 환자의 구료와 매장에 힘써야 한다. 관에 협력하여 많은 환자를 살려내고 죽은 자를 매장하였다면 그것은 국가에 공로가 크다고 볼 수 있는 것이니, 목민관은 마땅히 정부에 보고해서 은상(恩賞)을 내리도록 하여 그에 보답해야 한다. 이와 같이 하는 것은 또 백성들에게 선을 권장하는 방법이기도 한 것이다.

이 글에서는 백성들의 질고(疾苦)에 대한 대책을 논하고 있다. 오늘날에는 위생관념이 발달하여 사람들이 위생을 철저하게 지키고, 전염병의 사전 예방 등으로 전염병이 간혹 발생되더라도 지난날처럼 전염병의 유행으로 수천 수만 명이 목숨을 빼앗기는 일은 없으며, 또 불치병이나 중병에 걸린 환자에 대해서는 병역이나 그밖의 부역을 면제하고 있으니, 이와 같은 것들은 문제될 것이 없으나 다만 몸이 병신이거나 병약하여 자립할 수 없는 자를 구호하는 대책에 있어서는 아직도 빈약하다고 생각된다. 여기에 대한 충분한 검토와 시책이 기대되는 바이다.

6. 최선을 다하라
……구재(救災)

수화(水火)의 재해에 대해서는 국가에서 휼전(恤典)이 있으니 삼가 행할 것이며, 마땅히 항전(恒典) 외에도 목민관이 스스로 구휼해야 한다.

무릇 재액(災厄)이 있으면 그 불에서 구해내고 물에서 구해내는 것을 마치 내가 불에 타고 물에 빠진 것같이 하여 늦추어서는 안 된다.

환난이 있을 것을 생각하고 미리 방비하는 것은 이미 재앙을 당하여 은혜를 베푸는 것보다 나은 것이다.

무릇 제방을 쌓고 언덕을 만들어서 수재도 방지하고 수리(水利)도 일으킨다면 두 가지의 이익을 얻는 방법이 된다.

그 재해가 이미 지나면 백성들을 어루만져 안정시켜야 하니, 이것이 또한 백성을 다스리는 어진 정사이다.

비황(飛蝗)이 하늘을 가리면 재앙이 물러가도록 빌고 잡

6// 水火之災 國有恤典
行之惟謹 宜於恒典之
外 牧自恤之 凡有災厄
其救焚拯溺 宜如自焚
自溺 不可緩也 思患而
預防 又愈於旣災而施
恩 若夫築堤設堰 以捍
水災 以興水者 兩利之
術也 其害旣去 撫綏安
集 是又民牧之仁政也
飛蝗蔽天 禳之捕之 以
省民災 亦可謂仁聞矣

휼전(恤典) : 정부에서 이재민을 구제하는 법.
유근(惟謹) : 오직 삼가는 것을 말함.

항전(恒典) : 정해진 법.
목자휼지(牧自恤之) : 목민
관이 스스로 구휼해야 한다
는 것임.
구분(救焚) : 불에 타는 것
을 구해내는 것.
증닉(拯溺) : 물에 빠진 것
을 건져내는 것.
불가완야(不可緩也) : 늦추
어서는 안 된다는 것.
사환이예방(思患而預防) :
환(患)은 환난. 즉 환난이
있을 것을 생각하고 미리
방비하는 것.
유어기재이시은(愈於旣災
而施恩) : 유(愈)는 보다 나
은 것. 즉 이미 재앙을 당하
고서 은혜를 베푸는 것보다
나은 것이라는 것.
축제(築堤) : 제방을 쌓음.
설언(設堰) : 언덕을 만드는
것을 뜻함.
양리지술(兩利之術) : 두 가
지를 다 이롭게 하는 방법.
무수(撫綏) : 어루만지는 것.
비황(飛蝗) : 날아다니는 메
뚜기.
양(禳) : 신에게 주는 것.
이성민재(以省民災) : 백성
들의 재앙을 덜어주는 것.

아 없애서 백성들의 재해를 덜어준다면 또한 어진 목민관
이라고 할 수 있을 것이다.

| 풀이 | 수재(水災)나 화재(火災) 등 재해를 당하였을 때
는 나라에서 구휼하는 것이 법으로 되어 있다. 〈비국요람
(備局要覽)〉에 말하기를, "물 속에 잠겼다가 무너졌거나 불
에 타서 없어진 집이 100호 미만일 경우에는 전례를 상고
하여 구휼하되 대호(大戶)는 쌀 7두, 중호는 6두, 소호는 5
두이며 100호 이상일 경우에는 대호는 9두, 중호는 8두,
소호는 7두이며 엄사(渰死 : 익사) · 남사(噬死 : 호랑이에 물
려서 죽는 것) · 소사(燒死 : 불에 타서 죽는 것)에 대한 휼전
은 각각 피잡곡(皮雜穀) 1석으로 한다."라고 하였다.

목민관으로서 자기 고을에 재해가 있을 경우에는 물론
위에서 말한 것과 같은 국가 휼전을 삼가 집행해야 하지
만 그것만으로는 극히 빈약하므로 달리 대책을 세워서 재
민 구호에 만전을 기하도록 힘써야 한다.

목민관은 곧 그 고을 백성의 부모라고 볼 수 있다. 무릇
백성들이 재해나 액운을 당하였을 때는 마치 자기 자신이
불에 타고 물에 빠진 것처럼 생각하여 급히 구호를 서둘
러야 할 것이다.

유곤(柳昆)이 강릉령(江陵令)이 되었는데 고을에 큰 불이
일어났다. 즉시 불을 향하여 절을 하였더니 풍향이 바뀌
어지며 불이 곧 꺼졌다. 또 송나라 때 사비(士陴)가 수녕(遂
寧)의 지현(知縣)이 되었다. 강에 둑이 있는데 물이 둑을

넘쳐흐르니 사비가 호상(胡狀)을 가지고 가서 둑 위에 앉았다. 주위 사람들이 피하기를 청하였으나 듣지 않았는데, 얼마 지나지 않아서 물이 물러갔다.

모든 재해는 사전에 방지하는 것이 현명한 일이다. 둑을 견고하게 쌓고 언덕을 만들며 사방(砂防)에 힘쓴다면 수재의 염려를 덜 수 있으며, 건물에도 방화시설을 갖추어 놓는다면 화재를 미연에 방지할 수 있다. 큰 재해를 당한다면 아무리 은혜를 베푼다 하더라도 죽은 사람을 살려 낼 수 없을 뿐만 아니라, 큰 손실을 회복하기도 어렵다. 목민관은 평시에 재해 예방에 최선을 다해야 한다.

제방을 견고하게 쌓고 언덕을 설치한다면 수재를 예방할 수도 있으며 수리(水利)를 일으킬 수도 있어서 두 가지의 이익을 얻을 수 있는 것이니, 목민관은 이 방면에도 힘을 기울여야 한다.

큰 재해가 생기게 되면 재해가 지나간 뒤의 수습이나 재민의 정착이 또한 큰 문젯거리로 남게 된다. 그러므로 목민관은 재민을 위무(慰撫)하고 생활을 안정시키는 데 성의와 온 힘을 기울여서 빠른 시일 내에 회복되도록 해야 할 것이다.

이서구(李書九)가 평양부윤(平壤府尹)이 되었는데 때마침 큰 불이 일어나서 민가와 관청이 거의 다 타버렸다. 공의 시책(施策)이 현명하였으며 지붕을 잇는 것이 또한 법도가 있어서 민가 1만여 호와 관청의 청사가 새롭게 되고 백성도 망하여 흩어지는 자가 없었으니, 지금까지도 사람들이

호상(胡狀) : 중국식 접의자의 한 가지.

사방(砂防) : 산·바닷가·강가 등에 바위가 무너지거나 흙·모래가 바람과 비에 씻기어 밀려 내리는 것을 막기 위해 시설하는 일.

그 은혜를 생각하고 있다.

재해 가운데 충해(蟲害)도 무시할 수 없는 존재이다. 충으로 인한 농작물의 피해가 극심하다면 기근으로 백성들이 허덕일 것이기 때문이다. 그러므로 충해가 만연되었을 때는 목민관이 충해를 제거해 달라고 신에게 빌기도 하고 백성들을 시켜 박멸함으로써 재해 방지에 전력을 다해야 한다〔원문에는 비황(飛蝗)의 재해를 말하고 있으나 우리 나라에서는 신라 때 비황이 한 번 나타났었다는 기록이 있을 뿐이므로 여기서는 충재(蟲災)로 바꾸어 썼다〕.

이 글에서는 재해를 구제하는 일에 대하여 논하고 있다. 오늘날에는 정부에서 사방사업을 일으키고 댐을 건설하는 등 한해와 수해의 방지 및 방화시설의 제도화, 초가집 없애기 운동 등으로 화재 방지에 전력을 기울이고 있으며, 또 살충제의 살포 등으로 충재 방지에도 힘써서 재해를 미리 방지하려고 힘을 다하고 있는 실정이므로 근래에는 재해가 극히 줄어들고 있다. 또 혹시 재해가 생기더라도 재민 구호와 사후 수습에 전력을 다하고 있으니 다산 선생 생존 당시의 빈번한 재해나 빈약한 구호 대책에 비할 바는 아니다. 그러나 재해의 근절을 위하여 앞으로도 당국의 강력한 시책이 기대되는 바이다.

5

이전 6조(吏典六條)

1. 너그러우면서도 엄정하게
……속리(束吏)

아전을 단속하는 근본은 자기 몸을 다스리는 데 있다. 그 몸이 바르면 명령하지 않아도 행해질 것이고, 그 몸이 바르지 못하면 명령을 하더라도 행해지지 않을 것이다.

예로써 정제하고 은혜로써 대한 뒤에 법으로써 단속해야 한다. 만일 업신여기고 짓밟으며 학대하고 혹사하며 거꾸로 세워놓고 심하게 다룬다면 아전들은 단속을 받지 않을 것이다.

윗자리에 있으면서 너그럽지 못한 것을 성인은 경계하였다. 너그러우면서도 해이하지 않으며 어질면서도 나약하지 않다면 일을 그르치지 않을 것이다.

이끌어주고 붙들어주며 가르치고 깨우쳐 준다면 그도 또한 인성(人性)이 있으니 바로잡아지지 않는 자가 없을 것이다. 위엄을 먼저 베풀어서는 안 된다.

이끌어주어도 깨우치지 못하고 가르쳐도 고치지 못하며 마침내 사기를 일삼아서 원악(元惡)이나 대간(大奸)이 된 자는 형벌로써 임해야 한다.

원악이나 대간은 모름지기 포정사(布政司) 밖에다 비를 세우고 이름을 새겨서 영원히 복속(復屬)하지 못하게 해야

1// 束吏之本 在於律己
其身正 不令而行 其身
不正 雖令不行 齊之以
禮 接之有恩 然後束之
以法 若陵轢虐使 顚倒
詭遇者 不受束也 居上
不寬 聖人攸誡 寬而不
弛 仁而不懦 亦無所廢
事矣 誘之掖之 敎之誨
之 彼亦人性 未有不格
威不可先施矣 誘之不
牖 敎之不悛 怙終欺詐
爲元惡大奸者 刑以臨
之 元惡大奸須於布政
司外 立碑鐫名 永勿復
屬 牧之所好 吏無不迎
合 知我好財 必誘之以
利 一爲所誘 則與之同
陷矣 性有偏僻 吏則窺
之 因以激之 以濟其奸
於是乎墮陷矣 不知以
爲知 酬應如流者 牧之
所以墮於吏也 吏之求
乞 民則病之 禁之束之
無俾縱惡 員額少 則閒
居者寡 而虐斂未甚矣
今之鄕吏 締交宰相 關

通察使 上藐官長 下剝
生民 能不爲是所屈者
賢牧也 首吏權重 不可
偏任 不可數召 有罪必
罰 使民無惑 吏屬參謁
宜禁白布衣帶 吏屬游
宴 民所傷也 嚴禁屢戒
毋敢戲豫 吏廳用笞罰
者 亦宜嚴禁 上官旣數
月 作下吏履歷表 置之
案上 吏之作奸 史爲謀
主 欲防吏奸 怵其史 欲
發吏奸 鉤其史 史者書
客也

속리(束吏) : 아전들을 단속
하는 것.
율기(律己) : 몸을 다스림.
불령이행(不令而行) : 명령
하지 않아도 행해지는 것.
제지이례(齊之以禮) : 예로
써 정한다는 것.
속지이법(束之以法) : 법으
로써 단속하는 것.
능력학사(陵轢虐使) : 업신
여기고 짓밟으며 학대하고
혹사하는 것.
전도궤우(顚倒詭遇) : 거꾸
로 세워놓고 함부로 다루는
것을 말함.
불수속야(不受束也) : 단속
을 받지 않는 것.
유계(攸誡) : 경계하는 바임.
관이불이(寬而不弛) : 너그
러우면서도 해이하지 않는
것을 말함.

한다.

수령의 기호에 영합(迎合)하지 않는 아전은 없는 법이
다. 내가 재물을 좋아하는 것을 안다면 반드시 이(利)로써
유혹할 것이니 한 번 유혹당한다면 함께 죄에 빠지게 되
는 것이다.

성품이 편벽하면 아전들은 그 틈을 엿본다. 따라서 격
동하여 그 간악한 죄를 성취시키게 되니, 이리하여 악으
로 떨어지게 되는 것이다.

알지 못하는 것을 아는 것처럼 하며 응수하기를 물 흐
르는 것처럼 하는 것은 수령이 스스로 아전들의 농간에
떨어지게 되는 것이다.

아전들의 구걸을 백성들은 괴로워한다. 금지하고 단속
하여 함부로 행악(行惡)을 하지 못하도록 해야 한다.

관속(官屬)의 정원(定員)이 적으면 한가하게 있는 자가
적고 무리하게 거두어들이는 것이 심하지 않을 것이다.

지금의 향리(鄕吏)들은 재상과 사귐을 맺고 감사와 연통
하여 위로는 관장(官長)을 업신여기고 아래로는 백성들을
착취하는데, 여기에 굽히지 않는다면 어진 수령이다.

수리(首吏)는 권한이 무거우니 치우치게 맡겨도 안 되며
자주 불러도 안 된다. 죄가 있으면 반드시 벌하여 백성들
로 하여금 의혹을 가지는 일이 없도록 해야 한다.

이속(吏屬)의 참알에는 마땅히 백포 의대(白布衣帶)를 금
해야 한다.

이속이 놀이와 잔치를 즐기는 것은 백성들의 미워하는

바이다. 엄하게 금지하고 자주 경계하여 감히 놀이하는 일이 없도록 해야 한다.

이청(吏廳)에서 태벌(笞罰)을 쓰는 것은 마땅히 엄금해야 한다.

도임(到任)한 지 이미 여러 달이면 부하 아전들의 이력표(履歷表)를 만들어서 책상 위에 놓아두도록 해야 한다.

아전이 농간을 부리는 데는 사(史)가 주모자가 된다. 아전의 농간을 막으려면 사가 두려워하게 만들어야 하며, 아전의 농간을 적발하려면 사를 꾀어야 한다. 사(史)는 곧 서객(書客)이다.

| 풀이 | 백성들은 땅을 밭으로 삼고 있지만 아전들은 백성을 밭으로 삼고 있다. 아전들은 백성들의 껍질을 벗기고 길귀질하는 깃을 미치 백성들이 김매는 것처럼 극히 당연한 일로 생각하고 있다. 따라서 아전들을 단속하지 않고서는 백성을 기를 수 없는 것이다. 자기 몸을 바르게 하지 않고서는 남을 바로잡을 수 없는 것이 자연적인 추세이니 목민관이 아전을 단속하려면 무엇보다도 먼저 자기 몸부터 바로잡아야 한다. 수령이 염결을 지키고 몸가짐을 바르게 한다면 그 밑에 있는 아전들은 두려워하여 명령을 내리지 않더라도 일이 저절로 시행된다.

그러나 만일 수령이 탐욕하고 몸가짐이 바르지 못하다면 아전들은 수령의 약점을 잡게 되고 업신여기기 때문에 명령을 내려도 시행되지 않아서 정사가 제대로 이루어지

인이불라(仁而不懦) 어질면서도 나약하지 않은 것.
폐사(廢事) : 일을 그르침.
회지(誨之) : 가르쳐 주는 것. 또는 깨우쳐 주는 것.
피역인성(彼亦人性) : 그 또한 인성(人性)이 있다는 말.
미유불격(未有不格) : 바로 잡아지지 않는 것이 없다.
기사(欺詐) : 속이는 것.
원악(元惡) : 악의 괴수.
형이임지(刑以臨之) : 형벌로써 임하는 것.
입비(立碑) : 비석을 세움.
전명(鐫名) : 이름을 새김.
영합(迎合) : 상대방의 비위를 맞추는 것.
유지이리(誘之以利) : 이익으로써 유혹하는 것.
일위소유(一爲所誘) : 한 번 유혹되면이라는 뜻임.
여지동함(與之同陷) : 그와 함께 죄에 빠지는 것.
규(窺) : 엿보는 것.
이제기간(以濟其奸) : 그 간악한 꾀를 성취시키는 것.
타함(墮陷) : 빠져들어 감.
부지이위지(不知以爲知) : 알지 못하는 것을 아는 것처럼 하는 것.
수응(酬應) : 묻는 데 대답하는 것.
여류(如流) : 물 흐르는 것처럼 하는 것.
민즉병지(民則病之) : 백성들은 괴롭게 생각한다는 것.
금지속지(禁之束之) : 금하고 단속하는 것.
종악(縱惡) : 함부로 행악하는 것.

원액(員額) : 정원(定員).

한거자과(閒居者寡) : 한가하게 있는 자가 적다는 것.

학렴(虐斂) : 무리하게 거두어들이는 것.

향리(鄕吏) : 시골 아전.

체교(締交) : 사귐을 갖는 것을 말함.

관통찰사(關通察使) : 감사와 연통하는 것.

상모관장(上藐官長) : 위로 관장을 업신여기는 것.

하박생민(下剝生民) : 아래로 백성들의 껍질을 벗김.

삭소(數召) : 자주 부르는 것을 말함.

사민무혹(使民無惑) : 백성들로 하여금 의혹이 생기지 않도록 하는 것.

백포의대(白布衣帶) : 흰 천으로 만든 옷과 띠.

유연(游宴) : 놀이하고 잔치를 벌이는 것.

민소상야(民所傷也) : 백성이 미워하는 것.

누계(屢戒) : 자주 경계함.

희예(戲豫) : 놀이하는 것.

상관(上官) : 도임하는 것.

치지안상(置之案上) : 책상 위에 놓아두는 것.

사(史) : 서기(書記)의 뜻.

모주(謀主) : 주모자(主謀者)를 뜻함.

욕방리간(欲防吏奸) : 아전의 농간을 방지하려 한다면 이라는 뜻임.

지 않는다. 그러므로 아전을 단속하는 근본은 무엇보다도 수령이 자기 몸을 단속하는 데 있다.

아전을 단속하는 지름길은 먼저 예의를 갖추어서 위엄을 보이고 은혜를 베풀어서 상대방을 감화시킨 뒤에 법으로써 다스려야 한다. 그리하면 아전들은 수령을 공경하고 두려워하여 단속을 받게 된다. 그러나 만일 수령이 윗사람이라는 것만을 내세워서 아전들을 업신여기고 학대하며 혹사시킨다면 아전들은 오히려 반발심을 일으켜서 무언의 반항을 하게 되며 단속을 받지 않으려 든다. 따라서 명령이 서지 않으므로 정치가 어지러워진다. 조빈(曹彬)은 부하 아전들의 이름을 부르지 않고 매양 일을 아뢰면 반드시 관을 쓴 후에야 만나보았다.

남의 윗사람이 된 자는 마땅히 너그러워야 한다는 것이 옛 성인의 가르침이다. 사람을 다스리는 데는 너그러움으로써 해야 한다. 그러나 오직 너그럽게 하는 데만 힘쓴다면 아전들이 농간을 부려서 정치가 어지럽게 된다. 따라서 너그럽게 하면서도 절도가 맞고 어질면서도 나약하지 않아야만 모든 정사가 제대로 시행되며 밝아지는 것이다.

〈사재척언(思齋摭言)〉에 말하기를, "이세청(李世請)은 경학에 정숙(精熟)하고 가르치기를 게을리하지 않으니 한때 재상들이 그의 문하에서 배출되었다. 청양현(靑陽縣)의 관장이 되었는데 최숙생(崔淑生)이 새로 관찰사로 제수되었다. 문인들이 숙생에게 모두 청양현 일을 당부하여 말하기를, '우리 스승은 학문이 맑고 절조가 있으니 함부로 강등하는 일이 없도록 신중을 기해 주기 바란다.'라고 하였더니 최공은 유유히 승낙하고 떠났다. 그러나 첫 고적(考績)에서 파면의 처분을 내리고 돌아오니 여러 재상들이 찾아와서 말하기를, '호서(湖西) 한 도에 어찌 활리(猾吏)가 없어서 청양만을 최하로 하였는가.' 한즉 최공이 말하기를, '다른 고을에는 활리가 있어도 한 사람이 백성의 적으로 되어 있으니 오히려 견딜 수 있지만, 청양은 비록 청백하다 할지라도 여섯 도적이 밑에 있으니 백성들이 견디어낼 길이 없었다.'"라고 하였다. 이로 미루어 살펴보건대 비록 학문은 해박하다 하더라도 아전을 단속할 줄 모르면 백성을 다스릴 수 없는 것이다.

　아무리 교활한 아전이라 하더라도 사람의 성품은 있는 것이니 친절하게 달래고 가르쳐서 일깨워 준다면 바로잡힐 것이다. 만일 그처럼 달래고 가르쳐도 깨닫지 못하고 고치지 않아서 악을 행하고 간특한 행동을 일삼아 백성을 괴롭힌다면 그때는 엄하게 형벌로 다스릴 수밖에 없는 것이다. 그리고 이처럼 악을 자행하고 간특한 행동을 일삼는 자는 관아(官衙)의 문 밖에다 비를 세우고 그 이름을 새겨서 다시는 관속이 될 수 없도록 만들어 모든 아전들에게 경계하도록 해야 한다. 도의적으로 아전을 단속하도록 하되, 어쩔 수 없는 경우에는 엄중하게 다스릴 것을 강조하고 있다.

　수령이 새로 도임하게 되면 아전들은 수령이 좋아하는 것이 무엇인가를 살펴서 그의 비위를 맞추려 든다. 재물

고적(考績) : 관리의 성적을 상고하는 것.

활리(猾吏) : 교활한 아전.

여섯 도적 : 육방(六房)을 말함.

을 좋아하는 것은 인지상정이다. 수령이 재물을 좋아하는 기미를 알게 되면 무슨 방법으로든지 이(利)로써 수령을 유인하게 되며, 수령이 이에 팔려 한 번이라도 유혹되면 죄에 빠져드는 무서운 결과를 가져오게 된다. 그때부터는 명령이 행해지지 않고 아전들이 횡포를 자행하여 정사가 어지러워지게 되는 것이다.

아전들은 또 새로 도임해 온 수령의 편벽된 성품을 살피고 그 성품을 이용하여 자기네들의 간악한 꾀를 성취시키려고 한다. 그리고 또 수령 중에는 알지 못하는 것도 아는 척하고 아전의 물음에 대하여 물이 흐르는 것처럼 응수하는 사람이 있는데, 이와 같은 행동은 아전들의 술책에 가장 빠지기 쉬운 것이다. 수령은 마땅히 염결을 지켜서 주위의 유혹을 물리치고 성정(性情)을 바르게 하며 위신을 잃지 말아서 아전들의 농간에 휘말리는 일이 없도록 힘써야 한다.

〈여씨 동몽훈〉에 말하기를, "젊은 사람이 처음으로 수령이 되어 나가면 흔히 교활한 아전의 미끼가 된다. 스스로 뒤돌아보지 않으면 소득이란 털끝만큼밖에 없고 한 번 임기 동안에 감히 숨도 크게 쉬지 못한다. 무릇 벼슬아치가 되어 이권(利權)에 맛을 들이면 얻은 것은 심히 적은데도 아전들에게 도둑맞는 것은 적지 않은 것이다. 이것으로 인하여 엄한 책망을 받게 되니 참으로 애석한 일이다." 라고 하였다.

아전들은 흔히 구걸(求乞)을 다니는데 구걸이라는 것은

이름뿐이며, 실제로는 백성의 물건을 억지로 빼앗는 것과 다름없다. 아전의 구걸이란 크게 민폐를 끼치는 행위로써 백성들은 이를 심히 괴로워한다. 목민관은 마땅히 아전들의 구걸 행위를 엄금하고 단속하여 나쁜 짓을 못하도록 해야 한다. 〈주례〉에 말하기를, "중앙이나 지방을 막론하고 관청에는 아전의 정원(定員)이 있었으며 그 정원은 극히 적은 숫자에 지나지 않았다. 그러나 우리 나라는 중앙 관서만이 아전의 정원이 있을 뿐 지방 관서는 전혀 제한이 없기 때문에, 큰 고을은 수백 명씩 되고 작은 고을이라도 20명쯤 되어 이들의 횡포가 심하기 때문에 백성들이 살 수 없는 지경에 이르고 있다. 지방 관서도 마땅히 정원이 있어야 하며 그 숫자는 최소한으로 줄여야 한다. 그렇게 함으로써 한가하게 노는 자가 없도록 하고 백성들의 병폐도 덜어주어야 한다."라고 하였다.

정원(定員) : 규정에 의하여 미리 정해진 인원(人員)의 수를 말함.

지금의 향리들 중에는 서울의 재상과도 교제하고 본도(本道)의 감사와도 연통을 하여 그 세력을 배경으로 삼아 관장을 업신여기며 백성들의 고혈을 착취하는 자가 많다. 이처럼 횡포한 아전들은 국법에 의하여 엄하게 처벌해야 한다. 이에 굽히지 않는 수령이라면 실로 훌륭한 목민관이라고 하겠다.

아전들이 잔치를 벌이며 진탕 노는 것을 백성들은 미워한다. 아전들은 비록 즐겁지만 목민관은 원망을 듣게 되는 것이니 마땅히 엄금해야 할 것이다. 혹 풍년이 들고 평화스런 시절이라면 늦은 가을 부중(府中)이 한가한 때를 이용하여 간소하게 야유회를 갖는 것쯤은 무방하다고 생각된다.

백성을 잘 다스리려면 무엇보다도 인재를 등용해야 한다. 수령은 아전들의 이력서를 작성하여 비치하고, 적재 적소의 능률적인 인사 배치를 함으로써 행정의 원활을 기해야 한다.

이 글에서는 아전을 단속하는 문제에 대하여 논하고 있다. 고을에서 모든 사무 처리는 아전들이 다 맡아보고 있다. 아전들은 모두 그 지방 출신들로서 거의 친척 관계로 얽혀져 있다. 수령은 단 한 사람의 외로운 몸이요, 아전들은 수십 명에서 수백 명에 이르는 큰 세력을 형성하고 있다. 또 옛날의 아전들은 백성들의 껍질을 벗겨서 자기 배를 불리는 것을 일삼아 왔다. 그렇기 때문에 수령이 새로 부임해 오면 어떠한 방법으로든지 유혹하여 부정을 저지르게 함으로써 꼼짝 못하게 만들어 놓고는 자기네들 마음대로 횡포를 부리니 수령은 허수아비 신세가 되고 정치는 혼란에 빠져서 백성들이 신음하게 된다.

그러므로 수령은 무엇보다도 먼저 아전의 단속을 철저히 하여 기강을 바로잡아야 한다. 여기서는 아전을 바로잡는 방법으로써 수령이 염결을 지키고 자기 몸가짐부터 바르게 할 것을 강조하고 있으며, 너그럽게 대하고 은혜를 베풀어 감화시킴으로써 아전을 바로잡는 것이 가장 현명한 길이라고 말하고 있다. 그러나 친절하게 가르치고 깨우쳐도 깨닫지 못하고 여전히 나쁜 짓을 하며 간특한 행동을 일삼을 때는 엄벌에 처할 것을 촉구하였다.

그리고 아전들이 서울의 재상이나 본도의 감사와 사귐으로써 세력을 배경으로 관장을 업신여기고 횡포를 부리는 자들이 있는데, 이러한 자들의 횡포에 굽히지 말고 의연한 태도로 시책(施策)을 강력하게 밀고 나아갈 것을 강조하는 한편, 이속(吏屬)의 정원을 최소한도로 책정하고 표면적인 구걸 행위라든지 유연 따위를 엄금하라고 말하고 있다. 또 아전들의 이력서를 비치하여 적재적소의 능률적인 인사 정책을 추진시키며 사(史)를 철저히 단속할 것을 제시하였다. 과거의 아전이라는 것은 중인 계급에 속해 있었다. 오늘날에 이르러서는 아전이라는 명목조차도 찾아볼 수 없게 되었으나, 상관으로서 부하 직원을 이끌어나가는 것만은 변할 수 없는 철칙으로 되어 있으니, 여기에 나오는 문제들이 오늘날의 목민관들에게도 참고될 바가 많을 것으로 생각된다.

유연(遊宴) : 놀이를 목적으로 베푼 잔치.

2. 위신을 세워서
   ……어중(馭衆)

대중을 어거하는 방법에는 위신(威信)이 있을 뿐이다. 위엄은 염결한 데서 나오고 믿음은 충성된 데서 나오는 것이니, 충성되고 염결할 수 있다면 대중을 복종시킬 수

2// 馭衆之道 威信而已 威生於廉 信生於忠 忠而能廉 斯可以服衆矣 軍校者 武人麤豪之類也

其敌横宜嚴 門卒者古之
所謂皁隷也 於官屬之中
最不率敎 官奴作奸 惟
在倉廒 有吏存焉 其害
未甚 撫之以恩 時防其
濫 侍童幼弱 牧宜撫育
有罪宜從末減 其骨骼
已壯者 束之如吏

어중(馭衆) : 대중을 어거하
는 것.
위신이이(威信而已) : 위엄
과 믿음일 따름이라는 것.
위생어렴(威生於廉) : 위엄
은 염결한 데서 나온다.
추호(麤豪) : 거친 왈패.
집횡(戢橫) : 횡포를 부림.
문졸(門卒) : 사령(使令)들
을 일컬음.
조예(皁隷) : 천한 아이.
최불솔교(最不率敎) : 가장
가르침에 따르지 않는 것.
작간(作奸) : 농간을 부리는
것을 뜻함.
창오(倉廒) : 창고.
무지이은(撫之以恩) : 은혜
로써 어루만지는 것.
시방기람(時防其濫) : 함부
로 하는 것을 방지한다는
것. 시(時)는 때때로의 뜻으
로 풀이될 수도 있음.
시동(侍童) : 통인(通引) 또
는 지인(知引)이라고도 일
컬으며, 항상 수령 곁에 있
으면서 시중을 드는 아전을
말함. 이들은 수령의 인장
(印章)을 들고 따라다님.

있을 것이다.

군교(軍校)란 무인(武人)으로서 추호(麤豪)의 무리들이다. 그 횡포를 막는 데 마땅히 엄해야 할 것이다.

문졸(門卒)이란 옛날의 이른바 조예(皁隷)인데, 관속들 중에서 가장 가르침을 따르지 않는 자들이다.

관노(官奴)가 농간을 부리는 것은 오직 창고에서만 있다. 그곳에는 아전이 있으니 그 해가 심하지 않다면 은혜로써 어루만져서 그 외람된 행동을 막아야 한다.

시동(侍童)이 어리고 약하면 수령이 마땅히 어루만져 길러야 하며 죄가 있더라도 가볍게 다스려야 한다. 그러나 그 몸이 이미 건장하게 자라난 자는 아전과 같이 단속해야 한다.

❘ 풀이 ❘ 대중을 이끌어나가려면 무엇보다도 위신을 세워야 한다. 위신이 없다면 대중이 따라오지 않는다. 그렇다면 위신이란 어디서 나오는 것인가. 청렴 결백하여 몸가짐이 털끝만큼도 흐린 점이 없어야만 사람들이 두려워하므로 위엄이 생기고, 말한 것은 반드시 실천이 뒤따라서 행동이 충성되어야만 사람들이 믿게 된다. 행동이 충성되고 몸가짐이 청렴 결백하다면 대중이 진심으로 따라오게 될 것이다.

무인 중에는 불학무식하여 행동이 거칠고 패악(悖惡)한 무리들이 군교(軍校)에 투신하게 되는데 그들의 직책에는 세 길이 있다. 첫째는 장관(將官)으로서 천총(千總) · 파총

(把總)과 같은 것들이요, 둘째는 군관(軍官)으로서 병방(兵房)의 장무(掌務) 따위이며, 셋째는 포교(捕校)로서 곧 토포도장(討捕都將)과 같은 것들이다. 이들은 기생을 끼고 술 마시는 것이 직업이며 사람을 치고 재물을 겁탈하는 것이 생리로 되어 있기 때문에 그 횡포가 이루 말할 수 없다.

장관(將官)들은 부민(富民)들을 침탈하고 조금이라도 말을 듣지 않는 자가 있다면 초관(哨官)이나 기패관(旗牌官)을 시켜서 그들을 괴롭히기가 일쑤다. 또 포도군관(捕盜軍官)들은 서울이나 지방을 막론하고 대부분 큰 도적들이다. 도적들과 친교를 맺고 도적질한 물건을 나누어 먹는 것이 예사이며, 뜻대로 도둑질하는 방법을 일러주기도 하고, 관에서 도적을 잡으려면 미리 연통하여 멀리 도망쳐버리게 한다. 또 관에서 도적을 죽이려 하면 슬며시 옥졸을 시켜서 놓아주기도 한다. 만일 시장에 대한 감찰을 이들에게 위임한다면 도적을 시장으로 불러들여 상품을 훔치게 할 것이므로 장사꾼들이 이들을 호랑이처럼 두려워할 것이다. 쌀을 훔쳐 가고 솜을 빼앗는 등 횡포가 이루 말할 수 없으나 누구 하나도 감히 건드리지 못한다.

그러므로 수령은 마땅히 이와 같은 폐단을 미리 알아서 따로 그들의 행동을 감시하게 하고 범인을 잡아내어 엄하게 다스려서 폐단을 없애는 데 힘써야 할 것이다.

문졸(門卒)을 일수(日守)라 하기도 하고 사령(使令)이라 하기도 하며 나장(羅將)이라 하기도 한다. 이들은 본래 떠돌이로서 근거가 없는 무리들이다. 혹은 광대 출신이기도

무육(撫育) : 어루만져 기르는 것.
말감(末減) : 가장 가벼운 것을 말함.
골격이장(骨骼已壯) : 뼈대가 이미 굵어진 것.
속지여리(束之如吏) : 아전과 마찬가지로 단속한다는 것을 말함.

하고 혹은 전에 동굴 속에 살던 거지들도 있어서 가장 천하고 교화시키기 어려운 백성들이다.

여러 관속들 중에서도 관노(官奴)가 가장 다루기 힘들다. 시노(侍奴)는 오랫동안 댓돌 위에 서서 잠시도 떠나지 않고, 수노(首奴)는 물건을 사들이는 임무가 있으며, 공노(工奴)는 물건을 제작한다. 구노(廐奴)는 말을 기르며 일산(日傘)을 잡고, 방노(房奴)는 방에 불을 때고 변소를 관리한다. 수령이 어디를 가든지 관노들은 모두 수행해야 하며 그에 따르는 노고가 이루 말할 수 없지만, 보수는 포노(庖奴)나 주노(廚奴) 및 여러 창노(倉奴)가 받는 것에 지나지 않는다.

포노(庖奴) : 푸줏간을 맡은 종.
주노(廚奴) : 물건을 출납하는 종.

낙정미(落庭米) : 마되질을 하다가 땅에 떨어진 곡식.
원정(園丁) : 채소를 바치는 사람.

그들이 먹는 것이라고는 낙정미(落庭米) 몇 섬 뿐인데, 그나마 창노는 반드시 원정(園丁)을 겸해야 되기 때문에, 1년의 소과채(蔬瓜債)가 비싸서 죽도록 고생을 해야만 겨우 이 빚을 메울 정도이다.

그러므로 관노를 거느리는 길이란 두터운 은혜로써 어루만져주며 불쌍히 여겨주는 것뿐이다. 관노가 농간을 부린다면 오직 창노가 그럴 뿐인데 그 해가 심하지 않다면 정상을 참작하여 타이르고 어루만짐으로써 지나친 농간을 방지하도록 힘써야 한다.

시동(侍童)이란 언제나 수령 곁에 있으면서 잔심부름을 하는 관속의 하나인데, 흔히 통인(通引)이나 지인(知引)으로 일컬어지고 있다. 시동이란 안의 동정을 살펴서 외부에 전해 주기도 하고 수령에게 아첨과 참소를 일삼기도

참소(讒訴) : 남을 헐뜯어서 없는 죄를 있는 듯이 꾸며 고해바치는 일.

하며, 수령의 인장(印章)을 보관하고 있기 때문에 인장을 함부로 사용하여 농간을 부리기도 하니 이들을 소홀히 다루어서는 안 된다. 그러나 어리고 약한 아이라면 처음부터 큰 잘못을 범할 수 없는 것이니 혹 죄가 있다 하더라도 가장 가벼운 벌로 다스려야 한다. 그리고 이미 나이가 들어서 몸이 건장한 자라면 다른 아전들이나 마찬가지로 엄하게 다스려야 한다.

이 글에서는 수령으로서 대중을 어거하는 방법에 대하여 논하고 있다. 위엄과 신의만이 사람들을 복종시킬 수 있는 유일한 길이며, 위엄은 염결을 숭상하는 데서 생기고 신의는 충성된 데서 나오는 것이라고 하였다. 군교들의 성질과 횡포를 설명하고 엄한 단속을 강조하였으며, 문졸의 신분에 대하여 말하고 관노들의 생활을 동정하였으며, 시동의 단속에 대해서도 언급하고 있다. 위엄과 신의로써 대중을 어거한다는 것은 동서고금을 막론하고 공통된 원칙이다.

3. 적재적소를 원칙으로
……용인(用人)

나라를 다스리는 것은 사람을 쓰는 데 있다. 군현(郡縣)은 비록 작으나 그 사람을 쓰는 것은 다를 것이 없다.

3// 爲邦在於用人 郡縣
雖小 其用人 無以異也
鄕丞者 縣令之輔佐也

必擇一鄕之善者 俾居是
職 座首者 賓席之首也
苟不得人 庶事不理 左
右別監 首席之亞也 亦
宜得人 評議庶政 苟不
得人 備位而已 不可委
之以庶政 善諛者不忠
好諫者不倍 察乎此 則
鮮有失矣 風憲約正 皆
鄕丞薦之 薦非其人者
還收差帖 軍官將官之
立於武班者 皆桓桓赳赳
有禦侮之色 斯可矣 其
有幕裨者 宜愼擇人材
忠信爲先 才諝次之

위방(爲邦) : 나라를 다스림.
무이이야(無以異也) : 다를
것이 없다는 것.
비거시직(俾居是職) : 그 직
에 있게 한다는 것.
득인(得人) : 사람을 얻는
것. 여기서는 가장 적합한
인재를 얻는 것으로 풀이됨.
서정(庶政) : 모든 정치.
비위(備位) : 자리만을 채움.
선유(善諛) : 아첨을 잘함.
선유실의(鮮有失矣) : 실수
하는 것이 드물다는 것.
천비기인(薦非其人) : 천거
는 하였지만 그 자리에 적
당한 사람이 못 되는 것.
차첩(差帖) : 하리(下吏)의
발령장.
무반(武班) 무관의 반열.
환환(桓桓) 굳센 모양.

향승(鄕丞)이란 수령의 보좌역이니, 반드시 한 고을의
선한 자를 가려서 그 직에 있게 한다.

좌수(座首)란 빈석(賓席)의 우두머리이다. 진실로 그 사
람을 잘 얻지 못한다면 모든 일이 순리대로 다스려지지
않을 것이다.

좌우별감은 수석의 다음 자리이다. 또한 적격자를 얻어
서 모든 정사에 대해 의논하도록 해야 할 것이다.

진실로 적격자를 얻지 못하면 자리만 채울 따름이니,
여러 가지 정사를 맡겨서는 안 된다.

아첨하기를 좋아하는 자는 충성되지 않고 간하기를 좋
아하는 자는 배반하지 않는 것이니, 이를 살핀다면 실수
하는 일이 적을 것이다.

풍헌(風憲)이나 약정은 모두 향승이 천거하였으니, 적임
자가 아니라면 차첩을 환수(還收)해야 한다.

군관과 장관으로서 무반(武班)에 선 자는 모두 굳세고
씩씩하며 어모(禦侮)의 빛이 있다면 좋을 것이다.

그 막비(幕裨)가 있는 자는 마땅히 삼가 인재를 가려쓰
되, 충신을 으뜸으로 삼고 재주를 그 다음으로 해야 할 것
이다.

| 풀이 | 무슨 일을 하든지 사람을 쓰는 것이 가장 중요한
문제이다. 나라를 다스리는 데 있어서도 사람을 잘 선택
하여 쓴다면 나라가 잘 다스려질 것이고 사람을 잘못 쓰
면 나라가 어지러워진다. 한 고을에 있어서도 마찬가지이

다. 옛날에 공자의 제자인 자유(子由)가 무성재(武城宰 : 무성의 수령)가 되었을 때 스승 공자를 찾아가 뵙자 공자께서 "너는 사람을 얻었느냐." 하고 물었다. 자유가 대답하기를, "담대멸명(澹臺滅明)이라는 자가 있는데 지름길로 가지 않으며, 공사(公事)가 아니면 언(堰 : 자유의 이름)의 방에 이르지 않습니다."라고 하였다. 오직 향승(鄕丞)·군교(軍校)·이서(吏胥)로부터 풍헌(風憲)·약정(約正)에 이르기까지 모두 유능한 인재를 선택하여 직책을 맡겨야 한다.

향승이란 유향소(留鄕所)의 간부직을 말하는 것으로써 좌수(座首)와 좌우별감(左右別監)을 뜻한다. 또한 수령의 보좌역으로서 좌수는 이방(吏房)과 병방(兵房)의 직무를, 좌별감은 호방(戶房)과 예방(禮房)의 직무를, 우별감은 형방(刑房)과 공방(工房)의 직무를 수행하므로 극히 중요한 직책이다. 그러므로 한 고을에서 유능한 인재를 가려서 그 자리에 앉혀야 한다.

좌수는 유향소의 가장 우두머리이며 수령의 바로 다음 자리이다. 현명한 인재가 그 자리에 앉아 있어야만 고을의 정사가 밝아질 것이니 수령은 그 인선(人選)에 특히 유의해야 한다. 도임 후 몇 달을 지내 보아서 좌수가 현명치 못하다면 향임(鄕任)을 소집하여 비밀 투표로써 좌를 새로 선출해야 한다.

좌우별감은 좌수의 바로 다음 자리로서 중요한 직책이니, 또한 그 인선에 신중을 기해야 한다. 고을 일을 맡아보는 풍헌이나 약정들도 아전들의 부정을 조장하며 임무

규규(赳赳) : 씩씩한 모습.
어모(禦侮) : 적의 공격을 막는 것. 업신여김을 막는 것.
막비(幕裨) : 비장(裨將).
의신택인(宜愼擇人) : 마땅히 신중히 사람을 가려야 한다는 것.
충신위선(忠信爲先) : 충신을 우선 순위로 한다는 것.
재서차지(才諝次之) : 재주 있는 것을 그 다음 순위로 하는 것.

유향소(留鄕所) : 지방자치단체.

향임(鄕任) : 유향소의 임원.

를 다하지 못하는 자는 그 차첩을 환수하고 향승으로 하여금 다시 추천하여 임명하도록 해야 한다.

군관이나 장관 등 무반에 속하는 직책은 어느 때 어떠한 변란이 있어도 능히 감당할 수 있는 굳세고 씩씩한 인물로 충당해야 한다. 막비(幕裨)를 거느리는 수령도 그 인선을 신중히 해야 할 것이니, 무엇보다도 충성과 신의가 있는 것을 인선의 첫째 조건으로 하고, 재주나 지혜가 있는 것을 그 다음 조건으로 하는 것이 좋다.

아첨하기를 좋아하는 사람은 신의가 없고 교활하기 때문에 농간이 많고 일을 바르게 하지 못한다. 윗사람의 옳지 않은 것을 바른말로 간하는 사람은 정의감이 투철하기 때문에 자기 직무에 충실하고 일의 공정을 기할 수 있다. 사람을 냉정하게 관찰하여 등용하는 것만이 실수를 면할 수 있는 유일한 길인 것이다.

이 글에서는 인재 등용에 대하여 논하고 있다. 유능한 인재를 등용한다면 번영과 발전이 있을 것이며, 무능하고 부패한 인물이 요직을 차지한다면 쇠망과 비운을 가져오게 된다는 것은 동서고금을 막론하고 불변의 법칙인 것이다. 여기서는 인재 등용에 있어서 무엇보다도 상대방의 인간성을 중시하고 재능이나 지혜를 그 다음으로 하고 있다. 아무리 재주가 있고 지혜가 있다 하더라도 인간성이 나쁘다면 그 재주와 지혜를 악용하여 오히려 일을 그르치고 혼란을 빚어내서 사람들에게 해독을 끼치게 마련이다.

다산 선생의 이와 같은 인재 등용의 원칙에 대하여 공감을 느끼는 바이다. 인재 등용에 있어서 많은 참고가 되리라 믿는다.

4. 현명한 인물을
……거현(擧賢)

현인(賢人)을 천거하는 것은 수령의 직책이다. 비록 고금의 제도가 다르다 하더라도 현인을 천거하는 일을 잊어서는 안 된다.

학행(學行)과 이재(吏才)의 천거는 나라에 일정한 법전이 있으니, 한 고을의 착한 이를 덮어두어서는 안 된다.

과거라는 것은 과목별로 천거한다는 뜻이다. 지금은 그 법에 비록 빠진 데가 있더라도 폐단이 극도에 이르면 변경해야 한다. 거인(擧人)을 천거하는 것은 목민관으로서 마땅히 힘써야 한다.

중국의 과거법은 지극히 상세하고 치밀하여 그것을 본받아 행한다면 천거하는 것은 목민관의 직무인 것이다.

과거(科擧)의 향공(鄕貢)은 비록 국법은 아니라 하더라도 문학하는 선비로서 추천장에 기록해야 할 것이니 법에 구애될 것이 없다.

부내(部內)에 학행을 독실(篤實)하게 닦는 선비가 있으면 마땅히 몸소 나아가 그를 찾고 계절 따라 방문함으로써

4// 擧賢者 守令之職 雖古今殊制 而擧賢不可忘也 經行吏才之薦 國有恒典 一鄕之善 不可蔽也 科擧者 科目之薦擧也 今法雖闕 弊極必變 擧人之薦 牧之當務也 中國科擧之法 至詳至密 效而行之 則薦擧者 牧之職也 科擧鄕貢 雖非國法 宜以文學之士 錄之于擧狀 不可苟也 部內有經行篤修之士 宜躬駕以訪之 時節存問 以修禮意

거현(擧賢) : 현인을 추천하는 것.
수제(殊制) : 제도를 달리하는 것.
경행(經行) : 학문과 행실.
이재(吏才) : 정치하는 재주.

예를 닦아야 한다.

│ 풀이 │ 수령이 자기 고을의 어진 사람을 추천하는 일은 옛날부터 있었다. 중국 한(漢)나라 시대에는 수령들로 하여금 현명한 인물을 추천케 하여 인재 등용의 방법으로 삼았다.

당(唐)나라 때 제도를 보면 태학(太學) 출신자를 생도(生徒)라 하고, 주현(州縣)의 추천을 받은 자를 향공(鄕貢)이라 하였으며, 이들은 다 같이 벼슬길에 올라서 국가와 민생을 위하여 공헌하였던 것이다. 지방의 어진 이를 천거하는 것은 수령의 직책에 속하는 일이니 수령은 널리 묻고 살펴서 유능한 인물이 초야에 파묻히는 일이 없도록 극력 추천해야 한다.

옛날에는 국법에 매양 식년(式年)이 되면 군현(郡縣)에서 어진 이를 추천하도록 되어 있었다. 중년에 이르러서는 당쟁이 격심해져서 비록 군현에서 추천한 인물이라도 집권당에 소속되어 있는 사람이 아니면 이를 등용하지 않았기 때문에, 수령의 추천이 한낱 형식에 그치는 결과를 불러오기도 하였다. 그러나 학문과 덕행(德行)이 있고 정치적 능력이 있는 현명한 인물을 추천하지 않을 수는 없는 것이다.

자기 고을에 학문이 깊고 덕행을 쌓는 어진 선비가 있다면 수령은 때때로 찾아가 보며 가끔 명절 때 예물을 보내는 등 어진 이를 공경하는 뜻을 표해야 한다. 이것이 곧

금법수궐(今法雖闕) : 지금은 그 법이 비록 빠진 데가 있더라도.
폐극필변(弊極必變) : 폐단이 극도에 이르면 반드시 변한다는 뜻.
효이행지(效而行之) : 본받아서 이를 행하는 것.
향공(鄕貢) : 고을에서 해마다 학행이 있는 사람을 천거하는 것.
거장(擧狀) : 추천장.
독수(篤修) : 독실하게 닦음.
궁가(躬駕) : 몸소 찾아감.

식년(式年) : 4년에 한 번씩 과거보는 해.

수령이 어진 이를 높이는 도리인 동시에 사람들에게 선을 권장하는 길인 것이다.

이 글에서는 수령이 현명한 인물을 나라에 추천할 것을 강조하고 있다. 앞에서도 말한 바와 같이 한 나라가 잘 다스려지고 못 다스려지는 것은 곧 현명한 인물을 얻을 수 있느냐 없느냐에 달려 있는 것이다. 그렇기 때문에 인재 등용이라는 것이 큰 문제로 되어 있으며 동서 고금을 막론하고 어느 나라에서나 부심(腐心)하고 있는 것이다. 인재를 얻는 방법으로서 중국이나 우리 나라에서 옛날부터 법을 정하여 고을의 수령으로 하여금 인재를 추천케 하였다. 그러나 오늘날에는 제도가 달라졌기 때문에 그와 같은 방법은 실시되지 않고 있다. 다만 특별한 경우에 한하여 수령들이 추천하기도 하지만 그와 같은 경우는 극히 드물다.

부심(腐心) : 근심, 걱정으로 마음을 썩임. 무엇을 생각해 내느라고 몹시 애를 씀을 말함.

5. 엄밀한 사찰(査察)
...... 찰물(察物)

목민관은 혈연(孑然)히 고립되어 있으며 일탑(一榻) 외에는 모두 나를 속이려는 자들뿐이다. 사방을 보는 눈을 밝게 하고 사방을 듣는 귀를 통달하게 하는 것은 오직 제왕만이 할 바가 아니다.

5// 牧孑然孤立 一榻之外 皆欺我者也 明四目 達四聰 不唯帝王然也 齵箭之法 使民重足側目 決不可行 鉤鉅之問 亦近譎詐 君子所不爲也

每孟月朔日 下帖于鄉
校 以問疾苦 使各指陳
利害 子弟親賓 有立心
端潔 兼能職務者 宜令
微察民間 首吏權重 壅
蔽弗達 別岐廉問 不可
已也 凡細過小疵 宜含
垢藏疾 察察非明也 往
往發奸 其機如神 民斯
畏之矣 左右近習之言
不可信聽 雖若閑話 皆
有私意 微行不足以察
物 徒以損其體貌 不可
爲也 監司廉問 不可使
營吏營胥 凡行臺察物
唯漢刺史六條之問 最
爲牧民之良法也

찰물(察物) : 물정을 살핌.
혈연(孑然) : 외로운 것.
일탑(一榻) : 한 자리.
불유제왕연야(不唯帝王然
也) : 오직 제왕만이 그러한
것이 아니라는 것.
항통(缿筩) : 비밀한 문서를
넣는 통, 즉 투서함(投書函).
측목(側目) : 곁눈질로 보는
것, 즉 눈치를 살피는 것.
구거(鉤鉅) : 갈고리로 긁어
내는 것. 여기서는 남의 마
음속을 떠보는 것을 말함.
휼사(譎詐) : 간휼한 속임수.
맹월(孟月) : 정월.
삭일(朔日) : 초하룻날.
하첩우향교(下帖于鄉校) :
우(于)는 어(於)와 같은 어

항통(缿筩)의 법은 백성들로 하여금 걸음을 무겁게 하고 눈치를 살피게 하는 것이니, 결코 행해서는 안 된다. 갈고리로 남의 마음속을 긁는 것 같은 질문은 또한 간사하고 음흉한 속임수에 가까운 것이니, 군자로서 할 일이 아니다.

해마다 정월 초하루면 향교에 통첩을 보내어 질고(疾苦)를 묻고 각각 이해(利害)를 지적하여 진술토록 한다.

자제나 친빈(親賓) 중에서 마음가짐이 단결(端潔)하고 겸하여 일을 할 줄 아는 자가 있다면 마땅히 민간의 일을 미행하여 살피게 한다.

수리(首吏)의 권한이 무거워서 백성의 일이 가려지고 서로 트이지 않는다면 따로 염문(廉問)하는 일을 그만두어서는 안 된다.

무릇 변변치 않은 과실이나 조그만 흠은 마땅히 덮어둘 것이니 샅샅이 밝혀내는 것은 현명치 못하다. 가끔씩 농간을 적발해 내서 그 기틀이 귀신과 같다면 백성들이 두려워할 것이다.

좌우에 가까이 있는 사람들의 말을 그대로 믿어서는 안 된다. 비록 한가롭게 하는 말 같지만 모두 사사로운 뜻이 들어 있기 때문이다.

미행이란 물정을 살피는 데 흡족지 못한 것이며, 한갓 체모만을 손상할 뿐이니 할 것이 못 된다.

감사(監司)가 염문(廉問)하고자 할 때는 영리(營吏)나 영서(營胥)를 시켜서는 안 된다.

무릇 행대(行臺)에서 물정을 살필 때는 오직 한(漢)나라

자사(刺史)의 6조의 물음이 백성을 다스리는 가장 좋은 방법일 것이다.

| 풀이 | 고을을 다스림에 있어서 수령은 한 사람뿐이며 그 나머지는 수많은 아전들과 유향소의 임원들뿐이다. 아전들이나 유향소의 임원들은 모두 지방 세력으로서 수령의 눈을 속이고 서로 결탁하여 농간을 부리며 백성들을 침탈하는 것이 습관처럼 되어 있다. 제왕만이 구중궁궐 깊은 곳에 들어 앉아서 세상 물정을 모르는 것이 아니라 수령 또한 세상일에 어둡게 마련이다. 수령은 언제나 관속들의 동정을 밝게 살펴서 그들에게 총명이 가려지는 일이 없도록 힘써야 한다.

투서함을 설치하여 백성들로 하여금 관속들의 부정이나 자신의 원통한 일을 고발하게 한다면 관속이니 토호(土豪)들의 농간을 알 수 있어서 정사를 행하는 데 크게 도움이 될 것이다. 또 말로써 관속들의 마음속을 떠보는 것도 상대방의 부정을 알아내는 한 가지 방법이라고 할 수 있다. 그러나 전례를 본다면 투서함을 설치한 결과 아전과 백성들이 서로 고발하게 되고, 호족(豪族) 사이에 서로 고발하는 일이 생겨서 지방 사람들 사이의 불화를 조장하며, 또 무서운 원한을 맺어서 대대로 불꽃 튀기는 싸움을 하니, 풍속을 크게 해치게 된다. 그렇기 때문에 물정을 살핀다는 것이 오히려 큰 폐단을 낳게 되는 것이니 투서함의 설치란 절대로 해서는 안 되며, 말로써 상대방의 마음

조사임. 즉 통첩을 향교에 내려보내는 것.
지진이해(指陳利害) : 이해를 지적해서 말하는 것.
입심(立心) : 마음가짐.
미찰(微察) : 남모르게 살핌.
옹폐(壅蔽) : 길이 막혀 버림을 뜻함.
별기(別岐) : 다른 길.
염문(廉問) : 염탐하여 알아보는 것.
소자(小疵) : 조그만 흠.
함구장질(含垢藏疾) : 밝혀내지 않고 그대로 넘겨버림.
찰찰(察察) 샅샅이 살핌.
발간(發奸) 농간을 적발함.
근습지언(近習之言) 가까이 있는 사람들의 말.
도(徒) : 한갓.
영리영서(營吏營胥) : 영문의 아전을 말함.
행대(行臺) : 각 도(道)의 감사를 말함.
자사(刺史) : 중국의 벼슬 이름으로 우리 나라의 감사와 같은 직임.

속을 떠본다는 것도 일종의 간사하고 음흉한 수단이라고
볼 수 있으니 군자의 할 바가 못 되는 것이다.

향교는 정사를 의논하는 곳이다. 태학에는 정록청(正錄
廳)이 있는데 옛날에는 밀통(密筩)을 걸어놓고 모든 유생들
로 하여금 시정의 득실을 논하게 하였으니 향교에 대하여
민폐를 묻는 것은 근거가 있는 것이다. 해마다 정월 초하
룻날에는 통첩을 향교로 내려보내는데, 거기에는 지난 한
해 동안에 고을에서 실시한 중요한 정사, 예를 들면 세금
을 거두어 들였다든가 구호 양곡을 방출한 것 등을 열거
하고 거기에 따르는 아전의 농간이나 폐단 등을 진술하도
록 한다.

향교의 제생들은 이를 면밀히 조사하고 진술서를 작성
하며 정월 초열흘날에 향교의 우두머리가 이를 거두어서
수령에게 제출토록 한다. 이것은 선비들의 의견을 모으는
것으로, 서류를 받는 즉시 거기에 대한 처리를 서두르지
말고 시간을 두고 깊이 생각하여 의심나는 것들은 비밀리
에 진상을 조사하도록 해야 한다.

자제나 친척 또는 문생(門生)들 중에서 마음가짐이 단정
하고 결백하며 일을 할 줄 아는 사람이 있다면, 이 사람들
을 시켜 각 마을을 미행하면서 관속들의 농간이나 백성들
의 범죄를 살피도록 하여 부정을 척결하며 밝은 행정을
하는 자료로 삼아야 한다.

이방(吏房)을 수리(首吏)라고 하는데 이는 아전의 우두머
리이기 때문이다. 아전 중에서 가장 권한이 크고 농간을

밀통(密筩) : 비밀 투서함.

문생(門生) : 문하생의 준말.

많이 부리는 자가 이방인데 관속들이 모두 그의 심복이기 때문에 수령으로서는 그의 비행을 알 길이 없다. 그렇기 때문에 이방의 비행을 조사하는 일은 따로 방법을 강구할 수밖에 없다. 많은 아전들 중에는 이방과 사이가 좋지 않은 자가 있게 마련이며 수령이 도임해서 조금 지나면 자연히 눈치채게 된다. 그러나 수령의 측근이 어느 한 사람도 이방의 눈과 귀가 아닌 자가 없으므로 섣불리 부를 수도 없는 일이다.

그러므로 공사(公事)를 빙자하여 이방을 서울로 올려 보내고(수령의 본집은 흔히 서울에 있음) 형제나 자질(子姪) 중에서 일을 알고 말을 삼가는 사람을 시켜 그 아전에게 이방의 모든 부정을 털어놓게 한다면, 아전은 원한을 갚고 자신의 영달을 도모하기 위하여 아는 것이 있으면 숨김없이 다 털어놓게 마련이다. 그 말을 살펴보아서 고의로 무함하는 것이 아니라면 이를 법대로 다스려야 한다.

수령들 중에는 아전이나 백성의 변변치 않은 과실을 들으면 무슨 기화(奇貨)라도 얻는 것처럼 그 진상을 들추어내서 사람들에게 폭로시키며, 자기의 살피는 것이 밝음을 과시하려 하는 사람이 있는데 이것은 극히 박덕한 일이다. 큰 허물은 물론 적발해야겠지만 조그만 것은 이를 용서해 주고, 혹 몰래 그 사람을 불러서 따뜻한 말로 깨우쳐 준다면 감화를 받아서 잘못을 고치고 바른길을 가게 될 것이다. 이처럼 큰 허물은 엄히 다스리고 작은 허물은 관대하게 처리한다면 사람들이 더욱 공경하고 두려워하니

기화(奇貨) : 아주 귀한 물건. 못되게 이용하는 기회.

밝은 정사가 이루어질 것이다.

수령은 언제나 냉정한 태도를 취해야 한다. 수령의 주위에서는 별별 간계(奸計)가 다 이루어지고 있다. 통인이나 관노, 심지어는 기녀에 이르기까지도 그들의 주고받는 말 속에는 깊은 뜻이 들어 있게 마련이니 수령은 주위 사람들의 말을 그대로 믿고 받아들여서는 안 된다. 자칫하면 그들의 속임수에 넘어가서 정사를 그르치기 때문이다.

수령들 중에는 한밤중에 미행을 하여 물정을 살피는 사람들이 있는데 이것은 수령의 체모를 손상시킬 뿐 크게 도움이 되지 않으니 그만두는 것이 좋다.

요즈음의 감사들은 영문의 아전들을 심복으로 인정하고 염문(廉問)하는 일에 이들을 내보낸다. 이들은 열읍(列邑)의 아전들과 처음부터 기맥(氣脈)이 상통되어 있기 때문에 그 염문이란 영리(營吏)들의 배를 불릴 뿐 유명무실한 것이 되므로, 반드시 친척이나 친구들 중에서 일을 하는 사람을 가려내어 마을을 돌아 아전들의 작간(作奸)과 정치의 득실을 살피도록 해야 한다.

한(漢)나라 때는 자사(刺史)가 군현을 순행하며 치적(治積)을 살펴서 능부(能否)를 따라 출척(黜陟)하며 원옥(寃獄)이 있으면 결단을 내려주고 여섯 가지 조목으로 책임을 물었으니, 다음과 같다.

1조. 강호(强豪)들이 전택(田宅)의 제도를 위반하며 강함으로써 약한 자를 업신여기고, 많은 것으로써 적은 것을 학대하지 않았나 하는 것.

염문(廉問) : 여기서는 각 고을의 행정을 비밀히 조사하는 것.

작간(作奸) : 간악한 짓을 하는 것.

출척(黜陟) : 등용과 추출.

2조. 2천 석(그 당시 수령의 녹봉)으로서 조서를 받들지 않았거나, 공(公)을 배반하고 사(私)를 행하였거나, 아첨을 일삼고 이익만을 꾀하며 백성들의 재산을 침탈하는 농간을 부리지 않았나 하는 것.

3조. 2천 석의 수령으로서 의옥(疑獄)을 불쌍히 여기지 않고 성나면 마음대로 형벌하고 기쁘면 상을 주는 등 번요(煩擾)하고 각포(刻暴)하여 불쌍한 백성들의 뼈를 깎아서 그들의 미워하는 바가 되지 않았나 하는 것.

4조. 2천 석으로서 선서(選署)를 불공평하게 하였거나 어진 이를 가로막고 완악(頑惡)한 자를 총신(寵信)하지 않았나 하는 것.

5조. 2천 석의 자재로서 영화와 세력을 믿고 청탁을 받아들이는 일이 없었는가 하는 것.

6조. 2천 서으로 공(公)을 어기며 아랫사람과 어울려서 강호들에게 아부하며 뇌물을 받아 정령(政令)에 손상을 끼치지 않았나 하는 것이다.

감사가 민정을 살피는 것은 이와 같은 한(漢)나라 시대의 자사들이 실시한 6조의 문책을 원칙으로 하는 것이 백성을 다스리기 위한 가장 좋은 방법이라고 할 수 있다.

이 글에서는 수령이 민정을 살피는 일과 감사가 군현을 감찰하는 일에 대하여 논하고 있다. 수령이 민정을 살피는 방법으로서는 지방 인사들의 의견을 들을 것과, 관리가 아닌 친척이나 친구들 사이에서 능력이 있고 믿을 수 있는 사람을 가려서 민간에 잠입시켜 민정을 조사할 것과, 동료 아전을 이용하여 아전들의 비행을 내사할 것 등을 말하고 있다. 또한 투서함의 득실을 비교 분석함으로써 투서함 설치를 반대하였으며, 수령이 직접 미행하여 민정을 살피는 것을 비판하고 있다.

그리고 감사가 영리(營吏)를 내보내서 군현의 정치를 감찰하는 일을 반대하고 중국 한(漢)나라의 제도를 본떠서 감찰을 실시할 것을 강조하고 있다.

오늘날에도 수령이 민정을 살피고 감독 관청에서 하급 관청을 감사하는 일은 행해지고 있으며 결과에 따라서 징계가 행해지기도 한다. 그러나 공정한 감사는 담당자의 정신 자세에 달려 있는 것이니, 공정한 감사가 이루어짐으로써 부정이 근절될 것이므로, 밝은 정치를 기대할 수 있다.

6. 엄정한 성적 평가
   ……고공(考功)

6// 吏事必考其功 不考
其功 則民已勸矣 國法
所無 不可獨行 然書其
功過 歲終考功 以議施
賞 猶賢乎已也 六期爲
斷 官先久任 而後可議
考功 如其不然 唯信賞

관리가 한 일은 반드시 그 공적을 따져야 한다. 그 공적을 따지지 않는다면 백성이 힘써 일하지 않는다.

국법에 없는 것을 혼자서 행할 수는 없으나 그 공과(功過)를 기록하였다가 연말에 공적을 따져서 상 줄 것을 의논한다면 오히려 그만두는 것보다 나을 것이다.

관리는 육기(六期)로 끊어 무엇보다도 먼저 한 자리에 오래 재임한 연후에야 고공(考功)을 논의할 수 있는 것이다. 그렇지 않다면 오직 신상필벌(信賞必罰)로써 백성들로 하여금 명령을 믿도록 할 따름이다.

감사 고공의 법을 따라서 의논할 수 있다. 매우 허술하여 실효를 거두기 어려우면 임금께 아뢰어 그 방식을 고치는 것이 아마 좋을 것이다.

| 풀이 | 관리들의 성적을 평가한다는 것은 예로부터 있었던 제도이다. 무릇 사람을 어거하는 방법에는 오직 상벌이 있을 뿐이다. 공이 있는데도 상이 없다면 백성들이 힘써 일하지 않고 죄가 있는데도 벌이 없다면 백성들이 징계되지 않는다. 권해지지 않고 징계되지 않는다면 만백성이 헤이헤저서 모든 일이 다 무너지고 말 것이다. 모든 벼슬아치나 아전들도 마찬가지이다. 요즈음에는 죄를 범하였을 때 벌은 있어도 공로가 있는 자에게 상은 없다. 이것은 관리들의 풍습이 날로 간악한 데로 치우치고 있기 때문이다.

수령은 마땅히 책자 하나를 비치하고 향승과 군교를 비롯하여 아전과 하인에 이르기까지 공과(功過)를 일일이 기록해 두었다가 연말에 가서 성적 평가를 한다. 9등급으로 나누어서 위로 3등까지는 신년도 업무를 나눌 때 요직을 맡기도록 하고, 4등부터 6등까지는 상을 주는 데 차이를 두며, 7등부터 9등까지는 1년 동안 정직(停職)을 시키는

고공(考功) : 공적을 평가하는 것.
이사(吏事) : 넓은 뜻에서 관리가 한 일. 여기서는 아전들이 한 일을 뜻함.
서기공과(書其功過) : 그 공로와 과실을 기록하는 것.
세종(歲終) : 연말.
유현호이(猶賢乎已) : 오히려 그만두는 것보다는 낫다.
관선구임(官先久任) : 관장(官長)이 먼저 한 곳에 오래 재임해야 한다는 것.
여기불연(如其不然) : 만일 그렇지 않다면이라는 뜻임.
신상필벌(信賞必罰) : 상과 벌을 밝히는 것.
신령이이(信令而已) : 명령을 믿게 할 따름이라는 것.
책실(責實) : 실효를 거둠.
주개기식(奏改其式) : 임금께 아뢰어서 그 방식을 고치는 것.
억소의야(抑所宜也) : 아마 좋을 것이라는 말.

방법을 쓰는 것이 좋을 것이다. 이와 같이 한다면 관속들의 해이한 정신을 진작시키며 선을 권하는 데 도움이 될 것이다.

요즈음에는 수령의 체임이 잦아서 오래면 2년이요, 그렇지 못하면 1년이니 그와 같은 짧은 기간으로는 고공을 논할 수가 없다. 미처 얼굴도 익히지 못하고, 혹 1년 동안의 성적을 평가한다 하더라도 거기에 대한 논공 행상을 하기도 전에 떠나게 되니 참으로 무의미해진다. 이처럼 고공이 불가능할 경우에는 신상필벌을 엄하게 여행(勵行)하여 백성들로 하여금 정령(政令)을 믿고 따르게 해야 한다. 공자께서는 문인(門人)의 물음에 답하여 말하기를, "병사(兵士)가 없어도 되고 먹을 것이 없어도 되지만 믿음이 없어서는 안 된다."라고 하였다. 정령을 믿도록 만드는 것이 백성을 다스리는 데 있어서 급선무이기 때문이다.

감사가 수령들을 고공하는 법을 고치도록 하는 것이 좋다고 생각된다. 수령의 고공에 있어서 단지 여덟 자만을 쓰고 있는데 이것은 너무 간략한 것이다. 그처럼 폭넓은 수령의 정무 평가를 단지 여덟 글자로써 완벽을 기할 수 있겠는가.

이 글에서는 수령이 관속(官屬)을, 감사가 수령을 고공하는 일에 대하여 논하고 있다. 오늘날에는 모든 고공이 일정한 조항이 있고 원칙이 서 있어서 거의 완벽을 기하고 있다. 다만 고공하는 권한을 가지고 있는 수령이나 도

여행(勵行) : 열심히 행함. 또는 실행하도록 장려함.

지사의 정신 자세에 따라서 공정성이 좌우된다. 고공이 공정하게 이루어지는 곳에 올바른 인사 행정이 이루어지고 국정의 근본이 되는 군정(郡政)이나 도정(道政)이 밝아질 것이다.

6

호전 6조(戶典六條)

1. 근본적인 개혁을
……전정(田政)

목민관의 직책 54조 중에서 전정(田政)이 가장 어려우니, 이는 우리 나라의 전법(田法)이 본래부터 잘되어 있지 않기 때문이다.

요즈음 전산법(田算法)에는 방전(方田)·직전(直田)·구전(句田)·제전(梯田)·규전(圭田)·사전(梭田)·요고전(腰鼓田)의 여러 가지 명목이 있는데, 그 추산하고 측량하는 방식은 쓸모없는 법으로서 다른 밭에 통용할 수 없는 것이다.

개량(改量)은 전정의 가장 큰 일인 것이다. 묵은 것을 조사하고 숨은 것을 캐내어 구안(苟安)을 도모하되 제대로 안 될 때는 힘써 개량(改良)해야 한다. 그러나 큰 해가 없는 것이라면 모두 예전 것을 따르고 피해가 너무 심한 것만을 바로잡아서 원액(原額)에 충당하도록 한다.

개량조례(改良條例)는 매양 조정에서 반포하는 것이 있으니, 그중의 요리(要理)만은 모름지기 약속을 명백하게 해야 한다.

양전(量田)하는 법은 아래로는 백성을 해치지 않고 위로는 나라에 손실을 가져오지 않게 하는 것이니, 오직 고르게 해야 할 것이다. 먼저 적임자를 얻어야 논의할 수 있다.

1// 牧之職 五十四條 田政最難 以吾東田法 本自未善也 時行田算 之法 乃有方田 直田 句 田 梯田 圭田 梭田 腰 鼓田 諸名 其推算 打量 之式 仍是死法 不可通 用於他田 改量者 田政 之大擧也 査陳覈隱 以 圖苟安 如不獲已 黽勉 改量 其無大害者 悉因 其舊 釐其太甚 以充原 額 改量條例 每有朝延 所頒 其中要理 須申明 約束 量田之法 下不害 民 上不損國 惟其均也 惟先得人 乃可議也 畿 田雖瘠 本旣從輕 南田 雖沃 本旣從重 凡其負 束 悉因其舊 唯陳田之 遂陳者 明其稅額過重 不可降等也 陳田降 等 字號變遷 民將多訟 凡其變者 悉給牌面 總 之量田之法 莫善於魚 鱗爲圖 以作方田 須有 朝令 乃可行也 査陳者

田政之大目也 陳稅多
冤者 不可不查陳也 陳
田起墾 不可恃民 牧宜
至誠勸耕 又從而助其
力 隱結餘結 歲增月衍
宮結屯結 歲增月衍 而
原田之稅于公者 歲減
月縮 將若之何

전정(田政) : 농지에 대한
정치를 말함.
오동(吾東) : 우리 나라.
본자미선야(本自未善也) :
본래부터 잘되어 있지 않았
다는 것.
전산지법(田算之法) : 전지
(田地)를 계산하는 법.
방전(方田) : 정사각형의 밭.
직전(直田) : 직사각형의 밭.
구전(句田) : 구고전(句股
田)이라고도 하며 직삼각형
의 전지.
제전(梯田) : 베틀의 북 모
양으로 생긴 전지.
요고전(腰鼓田) : 사람의 허
리처럼 가운데가 잘록한 전
지. 장구배미라고도 함.
개량(改量) : 고쳐서 측량하
는 것.
사진(査陳) : 진전(陳田)을
조사하는 것.
핵은(覈隱) : 숨은 것을 캐
내는 것.
여불획이(如不獲已) : 어찌
할 수 없는 경우.
실인기구(悉因其舊) : 모두
그 예전 것을 따르는 것.

기전(畿田)이 비록 척박하나 본래 경한 것을 따랐으며
남전(南田)이 비록 비옥하나 본래 중한 것을 따른 것이니,
무릇 그 부(負)와 속(束)은 모두 예전 것을 따라야 한다.

오직 진전(陳田)이 아주 묵게 되는 것은 그 세액의 과중
함이 분명하니 강등하지 않을 수 없다.

진전을 강등하여 자호(字號)가 변경되면 백성의 송사(訟
事)가 많을 것이니, 무릇 그 변경된 것은 모두 패면(牌面)
을 발급해야 한다.

양전(量田)의 법은 어린도(魚鱗圖)로 방전(方田)을 만드는
것보다 더 좋은 것이 없다. 모름지기 조령(朝令)이 있어야
행할 수 있을 것이다.

사진(査陳)은 전정(田政)의 큰 조목인 것이다. 진전의 과세
(課稅)가 원통한 것이 많으니 사진(査陳)하지 않을 수 없다.

진전의 개간은 백성만 믿어서는 안 되는 것이니, 목민
관은 마땅히 지성으로 경작을 권장하고 또한 그 힘을 도
와야 한다.

은결(隱結)이나 여결(餘結)은 달마다 해마다 늘어나고,
궁결(宮結)이나 둔결(屯結)도 달마다 해마다 늘어나며, 나
라에 세금을 바치는 원전(原田)은 달마다 해마다 줄어드니
이를 장차 어찌할 것인가.

┃ 풀이 ┃ 목민관의 직책을 9강(綱) 54조로 나누고 있는데
그중에서 가장 어려운 것이 전정(田政)으로 되어 있다. 그
까닭은 우리 나라의 토지 제도가 처음부터 잘되어 있지

않기 때문이다. 중국에서의 전지(田地)의 단위는 면적을 기준으로 하는 경(頃)이나 무(畝)로 하고 있지만, 우리 나라에서는 소출을 기준으로 하는 결(結)이나 부(負)로 하였으니, 이를 결부제(結負制)라고 한다. 그렇다면 길고 짧고 넓고 좁은 것은 형상이 있는 것이지만 척박하고 비옥한 것은 무형인 토지의 성품인 것이다. 형상이 있는 것은 고금을 두고 변할 수 없는 것이지만 무형인 토지의 성품은 때에 따라 달라질 수 있는 것이니(토지의 성품이란 사람의 노력에 의하여 고쳐질 수 있는 것임) 결부제란 처음부터 잘못된 것이다.

전결(田結)이라는 명목은 〈관자〉에 처음으로 나타나고 있다. 신라 때 이미 결부라는 말이 나왔으니 최치원(崔致遠)의 〈산사비명(山寺碑銘)〉에 10결의 전(田)을 하사하였다는 대목이 나오고 있다. 또 〈고려사〉나 〈식화지(食貨志)〉에도 산전(山田) 1결이니 평전(平田) 2결이니 하는 말이 나오고 있다. 그러나 당시의 결부란 또한 중국의 경(頃)이나 무(畝)와 마찬가지로 면적을 기준으로 한 것이었다. 곡물의 소출을 기준으로 한 결부제는 고려 말기에서 시작되어 조선시대에 들어와서 시행하게 된 것이다.

전지(田地)를 산출하는 법에 방전(方田) · 직전(直田) · 구전(句田) · 제전(梯田) · 규전(圭田) · 사전(梭田) · 요고전(腰鼓田) 등 여러 가지 형태가 있는데, 그 소출을 기준으로 하는 견지에서 측량하는 방법이 모두 다르므로 측량이 통일되지 않아 농간이 뒤따르게 된다.

이기태심(釐其太甚) : 피해가 심한 것만을 바로잡음.
충(充) : 충당하는 것.
반(頒) : 나누어 주는 것.
요리(要理) : 중요한 점.
신명(申明) : 거듭 밝힘.
해민(害民) : 백성을 해롭게 하는 것.
손국(損國) : 나라에 손해를 끼치는 것.
득인(得人) : 인재를 얻는 것. 즉 적임자를 얻는 것.
기전(畿田) : 경기 지방의 전지를 말함.
척(瘠) : 척박한 것.
종경(從輕) : 가벼운 것을 따르는 것.
남전(南田) : 남쪽 지방의 전지를 말함.
종중(從重) : 무거운 것을 따르는 것.
부속(負束) : 부(負)는 짐, 속(束)은 뭇. 벼를 수확할 때의 단위도 되지만 전지의 면적 단위도 됨.
실(悉) : 모두.
진전(陳田) : 묵은 전지.
자호(字號) : 천자(千字)로 전지의 번지를 매긴 것.
패면(牌面) : 땅문서로 해석.
총지(總之) : 총체적으로 말해서.
양전(量田) : 전지를 측량함.
어린(魚鱗) : 생선 비늘.
진자(陳者) : 묵은 농지.
진세(陳稅) : 묵은 전지에 대한 세금.
다원(多冤) : 원통한 것이 많은 것.

사진(查陳) : 묵은 전지를 조사하는 것.

기간(起墾) : 전지를 개간하는 것.

불가시민(不可恃民) : 백성을 믿어서는 안 된다는 것.

권경(勸耕) : 경작을 권면하는 것.

우종이조기력(又從而助其力) : 또한 그 힘을 돕는 것.

은결(隱結) : 양안(量案 : 토지대장)에 올리지 않고 사사로이 경작하는 전지. 토지 소유자나 경작자가 숨기기도 하지만 관리들이 숨겨서 세금을 착복하기도 하였음.

여결(餘結) : 각 궁(宮)에 하사한 결세(結稅). 이는 후비(后妃) · 왕자 · 대군 · 옹주(翁主) 등의 궁방(宮房)의 경비에 충당되었음.

둔결(屯結) : 지방 관청의 경비나 군량 충당을 위하여 하사한 결세(結稅).

세증월연(歲增月衍) : 해마다 더해지고 달마다 늘어남.

세우공(稅于公) : 나라에 세금을 바치는 것.

세감월축(歲減月縮) : 해마다 줄어들고 달마다 줄어듦.

조선의 전제(田制)는 그처럼 잘못되어 있기 때문에 역대의 임금들은 묘당(廟堂)에 의논하여 결부제를 없애버리고, 중국의 방법을 모방하여 오로지 면적을 기준으로 하는 경무제(頃畝制) 실시를 추진시키고 있다. 그러나 경무제로 바꾸는 데 따르는 측량 방법 등이 아직도 미비하였기 때문에 새로 측량을 실시한다 하더라도 또다시 결부제로 돌아가는 결과밖에 되지 않으니, 부득이한 경우에 한하여 새로 측량을 실시하도록 하되, 크게 변동이 없을 경우에는 예전 것대로 따르고 크게 변동이 있는 것만을 바로잡아야 한다.

전지를 새로이 측량할 경우에는 백성들에게 해가 돌아가지 않고 나라에도 손실이 가지 않도록 공정을 기해야 하기 때문에, 사전에 유능한 인재를 구하고 면밀한 계획을 세워서 일사불란하게 진행시켜야 한다.

밭이 오래 묵는 데는 여러 가지 이유가 있겠지만, 만일 세금의 부담이 과중한 데 그 원인이 있다면 이를 밝혀내서 등급을 낮추어줌으로써 전지가 묵는 것을 방지해야 한다.

중국의 송나라와 명나라 때는 어린도책(魚鱗圖册)이라 하여 토지대장에 전지를 고기 비늘 모양으로 그려서 표시하였는데, 전지의 측량은 이 법에 따라 하는 것이 가장 좋은 것으로 생각된다.

〈속대전〉에 말하기를, "해마다 묵은 밭을 다시 개간하였거든 일일이 기록하여 호조(戶曹)에 보고하고 그 세금을 반감해 주되, 이미 개간한 밭이 다시 묵게 될 때는 세금을 부과하지 말라."고 하였다. 사진(査陳)이란 실로 전정에 있어서 큰 비중을 차지한다. 사진을 게을리한다면 아전들이 농간을 부려서 은결(隱結)이 생기게 되고, 따라서 국가 재정에 영향을 미치게 된다. 사진은 해마다 반드시 행해야 한다.

진전(陳田)이란 될 수 있는 대로 이를 줄여야 한다. 진전이 많을수록 민생이 피폐해지고 국용이 부족하게 된다. 그러나 진전을 개간하는 일을 백성들에게만 맡길 수는 없다. 수령이 농우(農牛)를 빌려주고 식량을 도와주는 등 여러 가지 방법으로 성의를 다하여 그 경작을 권장해야 한다.

은결이란 토지대장에 올리지 않고 경작하는 전지를 말하는 것이니, 이것은 부정에 의한 탈세 행위로써 토지 소유자나 경작자가 숨기기도 하고 관리들이 숨겨서 세금을 착복하기도 한다. 여결(餘結) 또한 토지대장에 실려 있지 않은 결수(結數)로서 은결과 다른 점은 토지 조사 때 실제보다 적게 기입함으로써 생기는 차액(差額)을 말한다. 궁결(宮結)이란 각 궁(宮)에 하사한 결세(結稅)이니 후비(后妃)나 왕자(王子), 대군(大君), 공주·옹주 등 궁방(宮房)에 소요되는 경비에 충당하는 것이며, 둔결(屯結)이란 지방 관청의 경비나 군량 충당을 위하여 하사하는 결세를 말한다. 권력자나 이속(吏屬)들의 작간에서 생기는 은결과 여결이 날로 늘어나고 또 궁결(宮結)과 둔결이 해마다 증가되는 반면에 세금을 바치는 전지는 날로 줄어들고 있으니, 국용은 무엇으로 충당하며 나라를 어떻게 지켜나갈 것인지 실로 한심스런 일이다.

이 글에서는 군현의 행정 가운데서 가장 중요하다고 볼 수 있는 전정에 대하여 논하고 있다. 전지의 소출을 기준으로 하고 있는 조선시대의 토지 제도가 획일성이 결여되고 정곡(正鵠)을 잃은 것임을 지적하고 중국의 면적에 기준을 둔 경무제를 찬양하여 전제를 바로잡을 것을 강조하고 있다.

진전은 부세(賦稅)를 가볍게 하고 그 경작을 권장하여 묵히는 일이 없도록 함으로써 백성들을 구제하고 국용을 넉넉히 할 것을 제시하고 있다. 은결과 여결 등의 탈세 행위가 날로 늘어나고 궁전(宮田)이나 둔전(屯田)이 해마다 증가하여 국가의 세입이 날로 줄어들고 있음을 지적하여 국가의 앞날을 개탄하고 있다. 오늘날에는 완벽한 측량 방법에 의하여 지적이 정비되고 있으며 은결이나 여결 같은 부정도 자취를 감추어서 거론할 여지가 없다.

2. 밝은 세정(稅政)을
(1) 세법(稅法) 상

전제(田制)가 이미 그러하니 세법 또한 문란하다. 연분(年分)에서 잃어버리고 황두(黃豆)에서 잃어버리니 나라의 세입(歲入)이 얼마 되지 않는다.

집재(執災)니 표재(俵災)니 하는 것은 전정(田政)의 말무(末務)이다. 대본(大本)이 이미 거칠고 조리(條理)가 모두 어

정곡(正鵠) : 과녁의 한가운데 되는 점. 여기서는 목표 또는 핵심을 비유하는 말로 쓰였음.

2// 田制旣然 稅法隨紊 失之於年分 失之於黃 豆 而國而歲入無幾矣 執災俵災者 田政之末 務也 大本旣荒 條理皆 亂 雖盡心力而爲之 無 以快於心也 書員出野

지러워졌으니 비록 심력(心力)을 다하더라도 마음에 쾌할 것이 없다.

서원(書員)이 들에 나가는 날에는 면전으로 불러 따뜻한 말로 달래기도 하고 위엄 있는 말로 위협하기도 하면서 지극히 정성스럽게 대하여 감동시킬 수 있다면 이익되는 점이 없지는 않을 것이다.

큰 가뭄이 있는 해에 아직도 모내기를 하지 못한 논을 답사할 때는 마땅히 사람을 가려서 맡겨야 한다.

그 상사(上司)에 보고할 때는 마땅히 실제 숫자에 따라야 한다. 만일 삭감을 당하게 된다면 인책(引責)을 하고 다시 보고해야 한다. 표재(俵災)는 또한 어려운 것이다. 만일 그 소득이 소집(所執)보다 적을 때는 비례대로 평균하여 각각 얼마씩을 감하도록 한다.

표재가 이미 끝났으면 곧 작부(作夫)에게 명령하여 그들의 이사오고 이사가는 것을 일체 엄금하도록 하고, 징미(徵米)하는 장부는 편리한 방법을 따르도록 허락해야 할 것이다.

간사한 아전이나 교활한 아전으로서 몰래 민결(民結)을 따서 제역촌(除役村)으로 옮겨 기록한 것을 명확하게 조사하여 엄금하도록 해야 한다.

장차 작부하고자 하면 먼저 실제 호수를 파악하고 따로 한 책을 만들어서 국세의 액수에 충당해야 한다.

작부의 장부에 허액(虛額)이 있다면 그 내용을 조사하지 않을 수 없다.

之日 召至面前 溫言以
誘之 威言而怵之 至誠
惻怛 有足感動 則不無
益矣 大旱之年 其未移
秧踏驗者 宜擇人任之
其報上司 宜一遵實數
如或見削 引咎再報 俵
災亦難矣 若其所得 少
於所執 平均比例 各減
幾何 俵災旣了 乃令作
夫 其移來移去者 一切
嚴禁 其徵米之簿 許令
從便 奸吏猾吏 潛取民
結 移錄於除役之村者
明査嚴禁 將欲作夫 先
取實戶 別爲一册 以充
王稅之額 作夫之簿 厥
有虛額 參錯其中 不可
不査驗

수문(隨紊) : 따라서 문란하다는 것.

연분(年分) : 농작물의 작황에 따라서 연사(年事)를 아홉 등급으로 나누는 것.

집재(執災) : 재해의 실황을 조사하는 것.

표재(俵災) : 재해 조사를 근거로 하여 조세를 감면함.

대본기황(大本旣荒) : 큰 근본이 이미 거칠어지는 것.

쾌어심(快於心) : 마음에 흡족한 것.

서원(書員) : 조사원(여기서는 재해 조사원임).

소지면전(召至面前) : 면전

에 불러오는 것.

위언이출지(威言而怵之) :
위엄 있는 말로 상대방을
두렵게 만드는 것.

측달(惻怛) : 슬프다는 뜻으
로 풀이되나 여기서는 지극
히 간절한 것으로 해석하는
것이 좋음.

이앙(移秧) : 모내는 것.

일준실수(一遵實數) : 한결
같이 실제 숫자를 따름.

견삭(見削) : 깎임을 당하는
것을 말함.

인구재보(引咎再報) : 인책
을 하고 다시 보고하는 것.

소집(所執) : 내가 인정한
것.

각감기하(各減幾何) : 각각
얼마씩을 줄인다는 것.

작부(作夫) : 100부(負)가 1
결(結)이 되고 8결이 1부
(夫)가 되는데, 자잘한 것들
을 모아 1부를 만들고 한
호수(戶首)를 세워서 그로
하여금 세금을 징수하도
록 뽑은 자임.

징미지부(徵米之簿) : 세금
으로서 쌀을 징수하는 장부.

종편(從便) : 편리한 방법을
따르는 것.

활리(猾吏) : 교활한 아전.

민결(民結) : 백성의 결세
(結稅)를 말함.

실호(實戶) : 넉넉한 집.

별위일책(別爲一册) : 따로
한 책을 만드는 것.

왕세(王稅) : 국세를 말함.

참착(參錯) : 섞여 있는 것.

사험(查驗) : 조사하는 것.

| 풀이 | 전지(田地)의 단위가 면적 기준이 아니고 소출을 기준으로 하는 결부제로 되어 있는데 연분 9등(年分九等)이라 해서 해마다 작황을 조사하여 상상(上上)·상중(上中)·상하(上下), 중상(中上)·중중(中中)·중하(中下), 하상(下上)·하중(下中)·하하(下下)의 아홉 등급으로 나누어서 과세하게 되어 있기 때문에 부과하는 과정에서 혼란이 빚어지니, 국가의 손실을 불러온다. 또 밭에 대한 세금은 황두(黃豆)를 내는 것이 원칙으로 되어 있으나 쌀로서 대신할 때는 황두 두 말에 대하여 쌀 한 말을 내면 되는 환산법을 적용시키고 있기 때문에, 여기서도 국가의 손실이 생긴다. 이렇게 되고 보니 국가 세입(歲入)에 큰 결함이 있는 것이다.

재해를 조사하고 조세를 감면하는 일은 전정(田政)의 말단 사무이면서도 극히 어려운 일이다. 아무리 심력(心力)을 기울여서 하더라도 정확을 기하기가 힘들다. 서원(書員)이 재해 조사를 하러 들로 나갈 때는 면전으로 불러다가 좋은 말로 공정한 조사를 당부하기도 하고, 또 만일 농간이 있을 때는 엄중히 처벌하겠다고 위협하기도 하여 상대방으로 하여금 양심에 비추어 조사를 진행시키도록 해야 한다. 이는 위재(僞災)라는 재해 조사를 할 때 부자가 돈을 집어주면 작황이 좋은 전지도 전재(全災)로 기록되고, 가난한 백성은 울면서 호소해도 작황이 거의 없는 전지가 내재(內災 : 일부 재해)로 기록될 수도 있기 때문이다. 서원과 백성들이 농간을 부리는 데는 수령 혼자의 힘으로는 어찌할 수가 없다.

큰 가뭄이 든 해에 모내기를 하지 못한 전지를 답사할 때는 관속을 시키지 말고 따로 사람을 선택하여 일을 맡기도록 하는 것이 좋을 것이다. 관속들을 보내어 답사토록 한다면 부정이 없는 것이 오히려 이상할 정도이기 때문이다. 통첩을 각 마을로 내려보내어 그 마을에서 가장 청렴하고 신망이 두터운 사람을 둘씩 선출하여 보고하게 하되, 그 선출된 사람들을 소집하여 답사 요령을 전달한 뒤에 실지 답사를 하게 하고, 그 결과 보고를 근거로 하여 감사에게 보고하도록 하는 것이 가장 공정을 기할 수 있는 방법인 것이다.

재해 조사를 끝마치고 상사에게 보고할 때 흔히 삭감당할 것을 전제로 숫자를 늘리려고 하는데 이것은 장사꾼들의 에누리하는 방법과 같으므로 취할 바가 못 된다. 만일 상부 관청에서 보고한 숫자대로 감면을 인정한다면 실수와 보고한 숫자 사이의 차액으로 생기게 되는 세금 초과분은 어떻게 처리할 것인가. 나라에 바칠 수도 없고 개인의 주머니 속으로 들어갈 수밖에 없는데 그와 같이 하고서 무사하기를 바랄 수 있겠는가.

그러므로 실제 숫자대로 보고해야 되며 만일 삭감당하였을 경우에 그것이 보고를 불신하는 데서 나온 것이라면 책임을 지고 다시 보고할 것이며, 그 결과를 보아서 자신의 거취를 결정해야 한다. 그러나 그 삭감이 내 고을에 국한된 것이 아니라 국가 세입을 고려하여 여러 고을에 공통되는 것이라면 상사의 뜻에 따라서 재조정해야 한다.

상부 관청에서 보고한 실제 숫자대로 재해 감면 승인이 나온다면 문제될 것이 없으나 삭감을 당하게 된다면 비례법(比例法)을 써서 재해 감면을 균등하게 조정해야 한다. 재해 감면이 타결(妥結)되면 감면부(減免簿) 3부를 작성하여 한 부는 수령이 보관하고, 한 부는 담당 아전에게 주고, 나머지 한 부는 해당 마을에 주어서 증거를 삼는다.

　다만 각 마을에 주는 것은 중간에 농간을 피하기 위하여 책보다도 종이 두루마리로 만들고 관인(官印)을 찍어서 명시한 뒤 봉함하고, 그 위에 봉함인까지 찍도록 한다. 그리고 그 감면부를 나누어 줄 때는 반드시 각 마을의 대표 인사를 초치(招致)하고 경위를 설명한 뒤에 전달하도록 한다. 이와 같이 한다면 재해 조사 과정에 있어서 아전과 백성들 사이의 모든 농간이 숨김없이 드러나게 되어 앞날을 징계할 수 있을 것이다.

　100부(負)를 1결(結)이라 하고 8결을 1부(夫)라고 한다. 영세한 납세액을 모아서 1부(夫)에 이르게 되면 그들 납세 의무자 중에서 한 사람을 뽑아 세금을 모아들이게 하는데, 그 징세 책임자를 작부(作夫)라고 한다. 재해 감면이 타결되면 먼저 작부를 선정하고 작부의 명단과 징미(徵米)하는 고지서를 납세 의무자들에게 나누어 준다. 그리고 탈세 방지를 위하여 작부에게 명령을 내려서 납세 의무자들의 이동을 일체 엄금하도록 한다. 동시에 세미(稅米)를 징수하여 착복하거나 매매하는 행위를 막기 위하여 아전들의 이동 또한 엄금한다. 다만 작부가 세미를 징수하는

데 있어서는 납세자들의 비용을 줄이는 뜻에서 편리한 방법을 취하는 것은 이를 허용하도록 해야 한다.

작부를 선정하기 전에 먼저 부유한 백성들을 조사하여 따로 장부를 만들어 놓고, 정해진 국세가 부족할 경우에는 그들로 하여금 이를 충당케 한다.

작부의 장부에 여러 가지 명목의 허액(虛額)이 들어 있다면 반드시 그 내용을 조사하여 밝혀내야 한다.

이 글에서는 전세(田稅)에 대하여 논하고 있는데, 특히 재해가 생겼을 경우에는 재해 조사원의 농간을 막고 상황 조사의 공정을 기할 것을 강조하였으며, 상부 관청에 대한 보고도 실제 숫자를 그대로 보고하여 지시에 따라야 한다고 말하고 있다. 전세를 징수하는 과정에 있어서도 교활한 아전들의 작간을 방지하고 기한 안에 완결시킬 것을 촉구하였다. 오늘날에도 전세란 국가 세입의 큰 비중을 차지하고 있으며 재해가 생겼을 때는 재해 조사를 실시하여 세금을 감면해 주고 있다. 다만 재해 조사의 공정을 기한다는 것은 극히 어려운 일이며, 조사원의 성의와 농민들의 협조에 기대되는 바가 큰 것이다.

(2) 세법(稅法) 하

작부를 이미 끝마쳤으면 곧 계판(計版)을 만들어야 하며, 계판의 내용은 세밀하게 살피고 엄하게 밝혀내야 할

2// 作夫旣畢 乃作計版 計版之實 密察嚴覈 計版旣成 條列成册 頒于

諸鄉 俾資後考 計版之
外 凡田役尚多 故羨結
之數 不可不定 結總旣
羨 田賦程寬矣 正月開
倉 其輸米之日 牧宜親
受 將開倉 榜諭倉村 嚴
禁雜流 雖民輸愆期 縱
吏催科 是猶縱虎於羊欄
必不可爲也 其裝發漕轉
竝須詳檢法條 恪守毋犯
宮田屯田 其剝割太甚者
察而寬之 南北異俗 凡
種稅 或田主納之 或佃
夫納之 惟牧順俗而治
俾民無怨 西北及關東畿
北 本無田政 惟當按籍
以循例 無所用心也 火
粟之稅 按例比總 唯大
饑之年 量宜裁減 大敗
之村 量宜裁減

계판(計版) : 세액의 비율을
정하는 것.
밀찰엄핵(密察嚴覈) : 자세
히 살피고 엄하게 밝혀냄.
조열성책(條列成册) : 조목
조목 열거하여 책을 만듦.
상다(尙多) : 아직 많은 것.
선결(羨結) : 여유가 있는
세금을 말함.
정관의(程寬矣) : 좀 너그럽
게 해도 좋다는 것.
수미(輸米) : 쌀을 수송하는
것을 말함.
방유(榜諭) : 방을 붙여서

것이다.

계판이 이미 이루어졌으면 조목조목 열거하여 책을 만
들어서 여러 마을에 나누어 주고 후일에 참고삼도록 해야
한다.

계판 외의 전역(田役)이 아직도 많다. 그러므로 선결(羨
結)의 수를 정하지 않을 수 없다. 결총(結總)에서 이미 남
으면 전부(田賦)는 다소 관대해도 좋을 것이다.

정월에 창고를 여는데 쌀을 수송하는 날에는 수령이 몸
소 받아들이는 것이 좋을 것이다.

창고를 열려고 할 때는 창촌(倉村)에 방유(榜諭)하여 잡
류(雜流)를 엄히 금해야 한다.

비록 민수(民輸)가 기한을 어겼다 하더라도 아전을 풀어
서 독촉한다면 이는 양떼의 우리 속에 범을 풀어놓는 것
과 같은 것이니 반드시 해서는 안 된다.

장발(裝發)과 조전(漕轉)은 모두 모름지기 법조문을 상세
히 검사하여 엄격히 지켜서 범하지 않도록 해야 한다.

궁전(宮田)이나 둔전(屯田)의 착취가 너무 심한 것은 살
펴서 너그럽게 해주어야 한다.

남북이 풍속이 다르니 무릇 종자나 세금은 혹 전주(田
主)가 바치기도 하고 혹 전부(佃夫)가 바치기도 하는데, 수
령은 오직 풍속을 따라서 다스려야 하며 백성들이 원망하
는 일이 없도록 해야 한다.

서북(西北) 및 관동(關東), 기북(畿北)은 본래 전정(田政)
이 없는 곳이니 오직 전적(田籍)을 고찰하고 관례를 따를

것이며 마음을 쓸 것이 없다.

화속(火粟)의 세는 관례에 따라서 총수(總數)와 비교하고, 오직 크게 기근이 든 해에는 재량해서 감해 주며, 크게 퇴패(頹敗)한 마을에도 마땅히 재량해서 감해 주어야 한다.

| 풀이 | 계판(計版)이란 도리(都吏 : 세무를 주관하는 아전)와 아전들이 그 해 세율을 의결해 내는 것으로서 그 종별이 셋인데 첫째는 국납(國納 : 나라에 바치는 것), 둘째는 선급(船給 : 쌀을 서울로 수송한 뱃삯), 셋째는 읍징(邑徵 : 고을에 바치는 것)이다. 작부(作夫)를 끝마치면 곧 계판을 작성하게 되는데 그 내용을 분명하게 밝혀야 한다.

계판이 완성되면 이것을 조목조목 열거하여 책을 만들어서 여러 마을에 나누어 주어야 한다. 백성들은 쌀을 바치면서도 무슨 세금이 얼마인지도 모르고 명령을 따를 뿐이다. 계판이라는 이름은 들어보았지만 일찍이 한 번 본적도 없다. 계판을 받아보면 국납이 얼마이고 선급(船給)이 얼마이며 읍징이 얼마이고 원결(原結)이 얼마인 것을 알게 되고, 또 면결(免結 : 재해로 인하여 면제된 것)이 얼마이며 선결(羨結)이 얼마라는 것을 일목요연하게 알 수 있다. 죄목을 일러주면서 형벌한다면 백성은 그 죄를 알 것이며, 명목을 일러주면서 징수한다면 백성은 그 쓰이는데를 알게 될 것이다. 백성에게는 명목이나 용도를 깨우쳐 주지도 않고 쌀만을 토색하는 것이 어찌 관(官)의 정당한 처사라고 볼 수 있겠는가. 반드시 계판을 반포하여 다

유시하는 것.

창촌(倉村) : 창고가 있는 마을을 말함.

건기(愆期) : 기한을 어기는 것을 뜻함.

종리최과(縱吏催科) : 아전을 놓아서 세금을 독촉함.

양란(羊欄) : 양떼의 우리.

장발(裝發) : 육로로 수송함.

조전(漕轉) : 배로 수송함.

상검(詳檢) : 자세하게 살핌.

각수무범(恪守毋犯) : 엄격하게 지켜서 범하지 않음.

박할태심(剝割太甚) : 착취가 너무 심한 것.

찰이관지(察而寬之) 살펴서 너그럽게 해주는 것.

전부(佃夫) : 소작인.

순속(順俗) : 풍속을 따름.

안적이순례(按籍而循例) : 전적(田籍)을 고찰하고 관례를 따르는 것.

화속지세(火粟之稅) . 화신(火田)의 세금.

안례비총(按例比總) : 관례에 따라서 총수와 비교하는 것을 말함.

양의재감(量宜裁減) : 그 양을 마땅히 재량에 의하여 덜어주어야 한다는 것.

대패지촌(大敗之村) : 크게 쇠잔하여 사람들이 많이 떠나가는 마을.

음날 참고 자료로 만들어야 한다.

계판에 나오는 세금을 빼고도 그밖에 내는 전역(田役)이 얼마든지 있다. 이처럼 부세(賦稅)가 무거우니 백성들이 어떻게 살 수 있겠는가. 따라서 목민관은 마땅히 아전들의 침탈을 극력 방지함으로써 조금이라도 민폐를 덜도록 최선을 다해야 한다. 정월에 창고를 열며, 백성들이 세미(稅米)를 수송할 때는 수령이 몸소 창고로 나와서 이를 받아들여야 한다. 그렇게 하면 아전들이 두량(斗量)할 때 농간을 부릴 수 없을 것이고 백성을 침탈하는 행동을 못하게 되니, 백성들은 안심하고 수송할 수 있어서 세미의 수납을 빨리 종결시킬 수가 있다.

두량(斗量) : 쌀을 되는 것.

세미를 걷는 종말에 이르러서는 아전과 교졸(校卒)을 풀어서 민가를 수색하며 납세를 독려하는데, 이것을 검독(檢督)이라고 한다. 이는 마치 호랑이를 양떼의 우리 속에 풀어놓는 것과 다를 것이 없다. 백성이 비록 기한을 어겼다 하더라도 목민관으로서 백성을 이처럼 괴롭히는 일을 해서는 안 된다.

창고가 있는 마을인 창촌(倉村)에서 금하고 있는 것은 남사당패 · 기생 · 주모(酒母) · 광대 · 악공(樂工) · 초라니 · 투전 · 푸줏간 등 잡류(雜流)의 접근이다. 이와 같은 잡류들은 성색(聲色)과 주육(酒肉)으로 사람들을 유혹하게 되니, 창리(倉吏)가 여기에 빠져들게 되고 뱃사람들이 여기에 빠져들게 되어 많은 돈을 낭비하게 된다. 그 비용이 과다하고 탐욕이 깊어지면 포학하게 거두어들이고 횡포하게 받아들여서 포흠진 것을 채울 것이니, 이러한 것들은 반드시 엄금해야 한다. 그러므로 창고를 열려고 할 때는 사전에 잡류들이 창촌에 유숙하였거나 이들을 재워준 자나 이들과 함께 놀아난 아전이나 뱃사람들을 엄벌에 처한다는 방문(榜文)을 써 붙여서 주의를 환기시키고, 그래도 법을 어긴 자가 있으면 가차없이 징벌하도록 한다.

장발(裝發)이나 조전(漕轉)은 모두 법금이 있다. 조선(漕船)에 붙여 싣는 데 대한 금지 조례는 지극히 엄격함에도 불구하고 범하는 자가 속출하기 때문에, 파면되고 붙들려 갇히는 자가 없는 해가 없으니 어찌된 영문인지 모르겠다. 매양 배가 출발하는 날에 대막대기·절굿공이·쇠솥·바구니 등속을 새끼로 묶고 짚으로 싸서 포구로 실어보내면 백성들은 비웃으면서 그것을 탐욕으로 빼앗은 물건이라 지목하고, 뱃사람들은 화를 내면서 내던지며 말하기를, "죄덩어리다."라고 하므로 천금이라도 귀할 것이 못 된다. 세속 인물들이 변방의 수령 자리라도 얻게 되면 그의 집안사람들은 서로 경사라고 하며 말하기를, "화두(火斗)도 모두 보내라."고 하니 이러한 말이야말로 부끄러워해야 할 말이 아니겠는가. 설사 그것을 나른다 하더라도 어찌 사선(私船)이 없겠는가. 만일 위험한 법령을 범한다면 소득이라고는 몇 푼 안 되는 뱃삯뿐인데, 이것으로 인하여 작록(爵祿)을 잃는 데까지 이르러서야 되겠는가. 실로 한심스러운 일이다.

경기나 호서(湖西)지방에서는 벼를 베는 날에 곧 타작하

포흠(逋欠): 관청의 물건을 사사로이 써버림.

법금(法禁): 법으로 금함.

화두(火斗): 방언으로 부등가리.

작록(爵祿): 벼슬과 녹봉.

여 그 마당에서 똑같이 나누므로 땅 주인은 별로 손해를 볼 것이 없다. 남쪽 지방에서는 벼를 베면 논에 펴놓고 바람에 이틀 동안 말렸다가 농사지은 사람의 집으로 가져가서 높은 볏가리로 쌓아두었다가, 한겨울에 가서야 농사지은 집에서 남녀를 모아 대젓가락 또는 쇠집게로 훑어서 그 곡식을 나누므로 땅 주인은 농간을 살필 길이 없다. 종자와 세미를 북방에서는 모두 땅 주인이 내는데 남방에서는 모두 농부가 낸다. 그 까닭은 타작하는 법이 이미 다르기 때문이다. 또 그 볏짚은 북방에서는 땅 주인과 농부가 똑같이 나누는데 남방에서는 농부가 모두 차지한다. 그러므로 종자와 세미를 이와 같이 하는 것이다.

그러나 흉년에 농사꾼이 그 곡식을 모두 먹어버리고 종자와 세금을 내지 못하면, 땅 주인이 대신 관청의 독촉을 받으므로 스스로 그 세미를 납부한다. 천지의 공리(公理)로 논한다면 농부가 국토를 경작하여 9분의 1을 세금으로 나라에 바치고 9분의 8을 먹으며 다시 빼앗는 자가 없는 것이 곧 옛법인 것이다. 놀고 먹는 선비들이 넓은 전지를 마련해 놓고 백성들에게 경작시켜 그 10분의 5를 받아먹고서 국세까지 소작인에게 맡기니 이것이 과연 옳은 일인가.

북쪽에서는 종자와 세미를 땅 주인이 납부하고 남쪽에서는 소작인이 납부한다. 이것은 남북의 풍속이 서로 다르기 때문이니 수령은 오직 풍속대로 다스려서 백성들에게 원망을 사는 일이 없도록 해야 할 것이다.

경기의 북과 황해의 북과 관동지방은 본래 전세에 재감

재감(災減) : 재해를 입은 논밭의 세를 감함.

(災減)하는 법이 없었다. 마을에 서원(書員)이 없고 가을에 답사하지 않는다. 촌민 중에 노련한 자가 본총(本總)에 대조하여 소작인에게 분배해서 세액을 채우며, 오직 크게 흉년이 든 해에만 관(官)에 호소하여 감세해 줄 것을 청하니, 이는 실로 천하의 좋은 법이라고 할 수 있다.

남쪽 지방에서는 아전 등의 농간과 백성들의 숨은 고통이 매우 심하다. 감사가 해마다 수만 결에 대한 재감(災減)을 받으나 그 실지 혜택은 일찍이 백성들에게 미치지 못하였다. 가령 1만 결이라면 아전들이 먹는 것이 8천 결이요, 관에서 먹는 것이 1천 결이 되며, 혹시 조금이라도 민간에 혜택이 미친다 하더라도 1천 결에 불과하니, 국가 재정에 손실을 가져올 뿐이며 백성들에게 무슨 도움이 되겠는가. 나라에서는 마땅히 위로는 국가 재정을 넉넉히 하고 아래로는 백성들의 원통함을 없앨 수 있는 이와 같은 (기북·서북·관동지방의 관례) 좋은 법은 채택해야 할 것이다. 이 지방의 수령들은 그 관례대로 따르기만 하면 공정을 기할 수 있으며 신경을 쓸 필요가 없다.

화속(火粟)의 세란 화전(火田)에 대한 세금을 말한다. 〈법전〉에 보면, "화전은 6등으로 나눈다."라고 하였으며, 또 "화전은 25일갈이를 1결로 삼는다."라고 하였다. 소위 화전이 있는 곳을 가 보면 가파른 산비탈에 띄엄띄엄 흩어져 있어서 진실로 밭이랑을 가지고 계산할 수도 없고, 결·부(負)로 묶을 수도 없으며, 두락(斗落) 수로 헤아릴 수도 없고, 갈이하는 날짜 수로 한정지을 수도 없다. 관적

두락(斗落) : 마지기. 논밭의 넓이를 나타내는 단위, 보통 논은 200평, 밭은 300평을 한 마지기로 침.

(官籍)에는 비록 몇 결 몇 부라고 실려 있더라도 마을의 사록(私錄)에는 다만 몇 섬 몇 말이라고 기록되어 있을 뿐이다. 결이 무엇인지 부가 무엇인지조차도 모르는 백성이 대부분이다. 따라서 세금은 총수에 비례하여 분배할 뿐이다.

흉년이 들면 마땅히 재감(災減)이 있어야 한다. 그러나 평지에 있는 전지에 대해서는 재해를 감면해 주지 않으려고 하며, 더욱이 화전에 대해서도 재감이 인정받지 못하게 마련이다. 화전은 호조(戶曹)에 바치는 것이 있고 궁방에 바치는 것이 있으며 수령이 받아먹는 것도 있으니, 흉년이 들었을 때는 수령이 받아먹는 것은 감면하는 은전을 베풀어주어야 할 것이다.

또 화전 곡식의 풍흉은 곧 민가의 성쇠에 관계되는 것이다. 30년을 기준으로 하여 가령 예전에 100호 되던 것이 이제 와서 30호밖에 남지 않았다면 이는 쇠잔하고 망해가는 마을이니, 이러한 곳의 민가에 대해서는 더욱 세금을 감면해 주어서 이산을 방지하고 재기할 수 있는 방향으로 이끌어 주어야 한다.

이산(離散) : 떨어져 흩어짐. 헤어짐.

이 글에서는 세금의 부과를 공정히 하고 그 내용을 널리 백성들에게 알려줌으로써 백성들의 불평을 일소하는 밝은 행정을 강조하고 있다. 창촌(倉村)의 풍기를 바로잡아서 세미의 수납에 있어서는 수령이 몸소 임하여 수납함으로써 아전들의 부정을 방지하는 한편, 백성들의 편의를 도모하고 징세의 일을 원활히 할 것을 촉구하였다. 아전을 시켜서 세금을 독촉하는 것은 백성을 극도로 괴롭히는 일이므로 이를 반대하고 있다. 특히 서북이나 기북(畿北) 또는 관동지방의 관례를 극도로 찬양하여 전국적으로 이와 같은 방법을 실시할 것을 강조하고 있으며, 화전민의 보호책에 대해서도 언급하고 있다.

오늘날에는 세제가 잘 정비되어 있어서 과거처럼 지방마다 법이 다르고 관례가 다르다든가 하는 폐단이 없이 전국이 통일되어 있으며 능률적으로 운영되고 있다. 다만 아무리 제도가 잘되어 있더라도 운영의 묘는 역시 세무를 담당하는 당사자들에게 있는 것이다. 세무 담당자들이 국가를 위하고 국민을 위하여 봉사한다는 정신 자세를 가질 때 세정이 밝아지고 백성이 잘살게 되며 국가의 번영을 가져오게 될 것이다.

3. 부정의 원천
　　……곡부(穀簿)

환상(還上)이란 사창(社倉)이 변한 것이다. 조(糶)도 아니요, 적(糴)도 아니면서 생민의 뼈를 깎는 병폐로 되어 있으니, 백성이 죽고 나라가 망하게 될 급한 일이다.

환상이 병폐가 되는 까닭은 그 법이 본래 어지럽기 때문이다. 그 근본이 이미 어지러운데 어찌 그 말(末)이 다스려질 것인가.

3// 還上者 社倉之一變 非糶非糴 爲生民切骨 之病 民劉國亡 呼吸之 事也 還上之所以弊 其 法本亂也 本之旣亂 何 以末治 上司貿遷 大開 商販之門 守臣犯法 不 足言也 守臣翻弄 竊其 嬴羨之利 胥吏作奸 不

足言也 上流既濁 下流
難清 胥吏作奸 無法不
具 神姦鬼猾 無以昭察
弊至如此 非牧之所能
救也 惟其出納之數 分
留之實 牧能認明 則吏
橫未甚矣 每四季磨勘
之還 其回草成帖者 詳
認事理 不可委之吏手
凶年停退之澤 宜均布
萬民 不可使逋吏專受
也 若夫團束簡便之規
惟有經緯表 一法眉列
掌示 瞭然可察 頒糧之
日 其應分應留 查驗宜
精 須作經緯表 瞭然可
察 凡還上善收而後 方
能善頒 其收未善者 又
亂一年 無救術也 其無
外倉者 牧宜五日一出
親受之 如有外倉 唯開
倉之日 親定厥式 凡還
上者 雖不親受 必當親
頒 一升半龠 不宜使鄕
丞代頒 巡分之法 不必
拘也 凡欲一擧而盡頒
者 宜以此意 先報上司
收糧過半 忽有糶錢之
令 宜論理防報 不可奉
行 災年之代收他穀者
別修其簿 隨卽還本 不
可久也 其有山城之穀
爲民痼瘼者 蠲其他徭
以均民役 其有一二士
民 私乞倉米 謂之別還
不可許也 歲時頒糧 惟

상사가 무천(貿遷)하여 크게 상판(商販)의 문을 열고 있으니, 수신(守臣)이 법을 범하는 것은 더 말할 것이 못 된다.

수신이 번롱하여 그 남은 이익을 훔쳐 먹으니 아전들이 작간하는 것은 더 말할 것이 못 된다. 윗물이 이미 흐리니 아랫물이 어찌 맑을 수 있겠는가. 아전이 작간하는 것은 방법이 갖추어지지 않은 것이 없어서 귀신 같은 농간을 밝혀낼 길이 없는 것이다.

폐단이 이에 이르면 능히 수령의 구할 바가 아니다. 오직 그 출납하는 수와 분류(分留)하는 실지를 수령이 밝힐 수 있다면 아전들의 횡포가 심하지 못할 것이다. 사계절마다 환곡을 마감하여 초안을 돌려 첩자를 만드는 것은 사리를 소상하게 살펴야 하며 아전의 손에 맡겨서는 안 된다.

흉년에 정퇴(停退)하는 혜택은 마땅히 만백성들에게 고루 펼 것이며, 포흠진 아전으로 하여금 혼자 받게 하면 안 된다. 무릇 단속을 간편하게 하는 법은 오직 경위표(經緯表)를 작성하여 눈앞에 늘어놓고 손바닥을 보듯이 환하게 살필 수 있도록 하는 것이다.

반량(頒糧)하는 날에 그 응당 나누어 줄 것과 남겨둘 것은 마땅히 정밀하게 점검해야 할 것이며, 모름지기 경위표를 작성하여 분명하게 살피도록 해야 한다.

무릇 환상이라는 것은 잘 거두어들인 후에야 바야흐로 잘 나누어 줄 수 있는 것이니, 그 거두어들이는 것을 잘하지 못한다면 또 1년을 어지럽게 하여 구제하는 방법이 없을 것이다.

외창(外倉)이 없는 데서는 수령이 마땅히 닷새에 한 번씩 나가서 친히 받을 것이며, 외창이 있을 때는 창고를 여는 날에만 친히 그 방식을 정해 주도록 한다.

무릇 환상이라는 것은 비록 친히 받아들이지 않더라도 반드시 친히 나누어 주어야 하며, 한 되 반 홉이라도 향승으로 하여금 대신 나누어 주게 해서는 안 된다. 순분(巡分)의 법에 구애될 것이 없다.

무릇 한 번에 모두 나누어 주고자 할 때는 마땅히 이 뜻을 먼저 상사에 보고해야 한다.

수량이 반도 넘었는데 문득 조전(糶錢)의 영이 있다면 마땅히 이치를 따져서 거절해야 하며 봉행해서는 안 된다.

재해가 든 해에 다른 곡식을 대신 거둔 것은 따로 장부를 만들어 놓고 곧 본래의 곡식으로 돌릴 것이며, 오래 그대로 두어서는 안 된다.

그 산성(山城)의 곡식이 있는 것은 백성의 고질적인 병폐로 되어 있는 것이니, 그밖의 요역을 덜어주어서 민역(民役)을 고르게 해야 한다.

한두 사람의 사민(士民)이 사사로이 창미(倉米)를 구걸하는 것을 별환(別還)이라고 하는데, 이를 허락해서는 안 된다.

세시(歲時)에 곡식을 나누어 주는 것은 오직 흉년이 들어 곡식이 귀할 때만 해야 한다.

혹 민가가 많지 않은데 곡부(穀簿)가 너무 넘치는 것은 청하여 감하도록 하고, 곡부가 너무 적어서 접제(接濟)할 방책이 없는 것은 청하여 이를 늘리도록 해야 한다.

年荒穀貴 乃可爲也 其
或民不多 而穀簿太溢者
請而減之 穀簿太少 而
接濟無策者 請而增之
外倉儲穀 宜計民戶 使
與邑倉 其率相等 不可
委之下吏 任其流轉 吏
逋不可不發 徵逋不可太
酷 執法宜嚴峻 慮囚宜
哀矜 或捐官財 以償逋
穀 或議上司 以蕩逋簿
乃前人之德政 刻迫收入
非仁人之所樂也

환상(還上) : 봄에 농민들에게 식량을 대여해 주고 가을에 이자를 붙여서 받아들임, 환자(還者) 또는 환곡(還穀)이라고도 함.
사창(社倉) : 환상과 성질이 같은 것임. 다만 환상은 관에서 경영하는 것이며, 사창은 민간에서 자치적으로 하는 것임.
조(糶) : 파는 것.
적(糴) : 사는 것.
절골지병(切骨之病) : 뼈를 깎는 병통.
민류국망(民劉國亡) : 백성이 죽고 나라가 망한다.
호흡지사(呼吸之事) : 호흡은 숨쉬는 것을 말하니, 일이 급박한 것을 뜻함.
기법본란야(其法本亂也) : 그 법이 본래 어지러운 것.

하이말치(何以末治) : 어떻
게 끝이 다스려질 수 있으
랴.

수신(守臣) : 수령을 말함.

번롱(番弄) : 농간을 부림.

절(竊) : 훔치는 것.

영선(贏羨) : 남는 것.

서리(胥吏) : 아전.

부족언야(不足言也) : 말할
것이 못 된다는 것.

무법불구(無法不具) : 법이
갖추어지지 않은 것이 없음.

신간귀활(神姦鬼猾) : 귀신
같은 속임수.

소찰(昭察) : 밝게 살핌.

비목지소능구야(非牧之所
能救也) : 목민관이 능히 구
제할 수 있는 것이 아니라
는 말임.

분류지실(分留之實) : 나누
어 주고 남겨두는 실지.

인명(認明) : 정확하게 파악
하는 것.

이횡(吏橫) : 아전의 횡포.

상인사리(詳認事理) : 사리
를 자세하게 밝혀내는 것.

정퇴(停退) : 기간을 뒤로
물리는 것.

포리(逋吏) : 포흠진 아전.

전수(專受) : 혼자 받는 것.
다시 말하면 독점하는 것.

미열장시(眉列掌示) : 눈썹
처럼 벌려놓고 손바닥을 보
듯 한다는 뜻으로, 알아보기
쉽게 기록하는 것을 말함.

반량(頒糧) : 양식을 나누어
주는 것.

사험의정(查驗宜精) 살피기
를 마땅히 정밀하게 해야
한다는 것.

외창의 저곡(儲穀)은 마땅히 민가를 계산하여 읍창(邑倉)과 그 비율에 맞게 해야 하며, 하급 아전에게 맡겨서 마음대로 융통하도록 해서는 안 된다.

아전의 포흠은 징발하지 않아서는 안 되나 포흠의 징발을 너무 가혹하게 해서도 안 된다. 법을 집행하는 것은 마땅히 엄준해야 하나 죄수를 생각할 때는 마땅히 불쌍히 여겨야 한다.

혹 관재(官財)를 덜어서 포흠한 곡식을 갚아 주기도 하는 것은 앞 사람의 덕정(德政)이다. 각박하게 거두어들이는 것은 어진 사람의 즐겨하는 바가 아니다.

| 풀이 | 주관(周官)〈여사(旅師)〉에 보면, 봄에 곡식을 나누어 주고 가을에 거두어들였다 하니, 삼대(三代 : 하·은·주 세 나라를 말함)에 이미 환상(還上) 제도가 있었던 것이다. 한위(漢魏)의 제도에는 창고의 저축이 조적(糶糴)에 관한 것이 많았으니, 혹은 상평(常平 : 곡식이 쌀 때 비싼 값으로 사들이고, 비싸졌을 때 싼 값으로 내어 팔아서 곡가를 조절하는 것임) 정책을 위해서이며, 혹은 균수(均輸 : 그 지방에 있는 물건을 그 물건이 없는 지방으로 옮기는 것)를 위한 것으로서 환상의 자취를 찾아볼 수 없다. 수(隨)나라 때 탁지상서(度支尙書) 장손평(長孫平)이 의창(義倉)의 법을 창설하였으며, 주자가 수정하여 이를 시행하고 이름을 사창(社倉)이라고 하였다.

요즈음 사람들은 흔히 환상(還上)을 사창(社倉)의 유법

(遺法 : 옛사람이 남긴 법)인 것으로 생각하고 있다. 그러나 사창은 곡식을 저장하는 일과 나누어 주는 일이 모두 향사(鄕社 : 향촌의 자치)에 있었고 관리는 이에 간여하지 않았던 것이다. 이것은 백성을 위하는 참마음으로서 지금의 환상법과는 그 거리가 멀다고 하겠다. 왕안석(王安石)의 청묘법(靑苗法)만은 진대(賑貸)라 이름하여 이자를 강제로 취하였으니 환상법과 대동소이한 것이라고 할 수 있다.

백제 때 조적(糶糴)의 명목이 있었으니 이는 한위의 제도를 본뜬 것이었으며, 고구려 고국천왕(故國川王) 때 비로소 진대(賑貸)의 법을 만들어서 봄에 빌려주고 가을에 거두어들였던 것이다. 고려 초기에 처음으로 이창(里倉)을 두었으며 성종(成宗) 때 이를 의창(義倉)이라 고쳐서 불렀다. 조선시대에 내려와서 초기 때는 고려 때의 제도를 본떠서 성길이 사창(社倉)과 같은 깃이었으니 점차로 관고(官庫)로 변하여 지금은 환상이 된 것이다.

당초에 환상의 법을 만든 본의는 한편으로는 백성들의 식량 문제를 해결하고 한편으로는 국용(國用)을 충족시키기 위해서였다. 그러나 지금에 이르러서는 폐단이 폐단을 낳고 거듭 문란해져서 수습할 길이 없게 되었다. 위아래가 다 농간을 부리니 한 톨의 곡식도 백성들은 거의 본 적이 없는데 까닭없이 쌀과 곡식을 실어 들이는 것이 해마다 천만(千萬)에 이른다. 이것은 곧 부렴(賦斂)일 뿐 어찌 진대(賑貸)라 할 수 있으며, 이는 곧 강제로 탈취하는 것일 뿐 어찌 부렴(賦斂)이라고 할 수 있겠는가. 환상이란 실로

선수(善收) : 잘 거두어들임.

선반(善頒) : 잘 나누어 줌.

친반(親頒) : 친히 나누어 주는 것.

반약(半龠) : 약은 홉의 뜻으로, 즉 반홉을 말함.

순분(巡分) : 몇 번에 나누어서 지급하는 것.

불필구야(不必拘也) : 반드시 구애될 것이 없다는 것.

조전지령(糶錢之令) : 쌀로 내던 것을 돈으로 내라는 명령.

논리방보(論理防報) : 이치를 따져서 거절하는 보고를 내는 것.

대수타곡(代收他穀) : 대신 다른 곡식을 받아들임.

별수기부(別收其簿) : 따로 그 장부를 만드는 것.

수즉환본(隨卽還本) : 곧 본래의 곡식으로 돌리는 것.

고막(痼瘼) : 고질적인 병통.

견기타요(蠲其他徭) : 그밖의 요역을 덜어주는 것. 다시 말하면 다른 요역을 면제해 주는 것임.

이균민역(以均民役) : ~하게 함으로써 백성의 부역을 고르게 하는 것.

세시(歲時) : 연말 연시.

연황곡귀(年荒穀貴) : 흉년이 들고 곡식이 귀한 것.

태일(太溢) : 너무 넘침.

청이감지(請而減之) : 청해서 덜도록 하는 것.

접제무책(接濟無策) : 진제(賑濟)하는 방법이 없는 것.

저곡(儲穀) : 곡식을 저축

함.
기율상등(其率相等) : 그 비율을 서로 비슷하게 만드는 것을 말함.
임기유전(任其流轉) : 마음대로 융통하도록 맡기는 것.
이포(吏逋) : 아전이 포흠한 것을 말함.
불가불발(不可不發) : 징발하지 않아서는 안 된다는 것을 말함.
징포(徵逋) : 포흠을 징수하는 것.
태혹(太酷) : 너무 혹심하게 하는 것.
집법의엄준(執法宜嚴峻) : 법을 집행하는 것은 마땅히 준엄히 해야 한다는 것.
여수의애긍(慮囚宜哀矜) : 죄수는 마땅히 불쌍히 여겨야 한다는 것.
혹연관재(或捐官財) : 혹 관의 재물을 내어서.
이상포곡(以賞逋穀) : 포흠 낸 곡식을 갚아주는 것.
이탕포부(以償逋簿) : 포흠의 장부를 탕감해 주는 것.

백성들의 뼈를 깎는 무서운 병폐로서 이를 시정하지 않는다면 백성들이 죽어가고 나라가 망하는 무서운 결과를 초래할 것이다.

환상이 이처럼 폐단을 초래하게 된 것은 그 법이 처음부터 명확하지 못하고 헛점이 많기 때문이다. 법이 명확하게 짜여져 있어도 농간이 있게 마련인데, 법이 이처럼 문란하니 어찌 그것이 제대로 다스려지기를 기대할 수 있겠는가.

감사는 여러 군현에게 매달 시중 가격을 보고하게 하여 곡가의 오르내림을 자세히 파악한 뒤 장사를 한다. 만일 벼 한 섬에 갑(甲)현의 시세가 7전이고 을(乙)현의 시세가 1냥 4전이라면 을현의 벼 2천 섬을 가져다가 팔아서 돈 2천 8백 냥을 만든다. 그 반을 훔쳐서 제 것으로 하고 그 반으로 갑현에서 곡식 2천 섬을 사다가 채워 놓는다. 이것이 이른바 이무(移貿)요, 입본(立本)이라는 것이다. 감사는 본래 녹봉이 적지도 않은데 장사를 일삼으며 백성들의 뼈를 깎고 국맥(國脈)을 손상시키니 다른 사람이야 더 말해서 무엇하랴. 수령들이 법을 범한다고 탓할 것이 못 된다.

수령들도 환상을 농간하여 많은 이익을 보니 아전들이 작간하고 사복(私腹)을 채우는 건 당연한 일로 되어 있다. 윗물이 흐리면 아랫물이 맑지 못한 것은 당연한 이치이다. 아전들의 작간은 방법이 교묘하기 그지없어서 아무리 수령이 현명하다 하더라도 그 부정을 가려내기가 힘들 것이다.

지금은 병폐가 깊이 뿌리박혀서 수령의 힘으로는 구할

수 없게 되어 있다. 수령은 환상곡(還上穀)의 출납에 대하여 마땅히 세심히 유의하고 내용을 명확하게 파악함으로써 아전들의 횡포를 방지하도록 힘써야 한다.

아전의 부정을 단속하는 간단한 방법으로는 경위표(經緯表)를 세밀하게 작성하여 언제든지 내용을 명확하게 파악하는 것이다.

환상곡의 출납에 있어서는 환상곡을 백성들에게 나누어 줄 때 목민관이 친히 창고로 나가서 직접 백성들에게 나누어 주고 받아들일 때도 친히 받아들임으로써 아전들의 농간을 막고 백성들의 폐단을 덜어주어야 한다.

이 글에서는 환상에 대하여 논하고 있다. 환상이란 환곡(還穀)이라고도 하며, 봄에 백성들에게 식량을 빌려 주고 가을에 싼 이자를 붙여 받아들이는 것으로, 그 취지는 백성의 어려움을 덜어주고 나라의 재정에도 도움이 되게 하려는 좋은 뜻에서 나온 것이지만, 벼슬아치(감사나 수령)들의 악용과 아전들의 작간으로 인하여 백성들을 괴롭히는 큰 병폐를 불러오게 하였을 따름이다.

오늘날에는 당국에서 면밀한 계획을 세워서 많은 농민들에게 영농 자금을 대여해 주고 있는데, 비록 과거의 환상은 곡식으로 되어 있으며 오늘날의 영농 자금은 화폐라는 점에서 성질이 서로 다르지만 그 취지는 마찬가지라고할 수 있다. 다만 오늘날의 융자라고 하는 것은 합리적으로 운영되고 있기 때문에 병폐가 따르지 않는다고 생각된다. 반드시 공정하게 운영되어서 농민에게 혜택을 주며 농촌 경제 발전에 기여하기를 바란다.

4. 인구 실태의 정확한 파악
……호적(戶籍)

호적은 모든 부세(賦稅)의 근원이며 모든 요역(徭役)의 근본이니, 호적이 정비된 후에라야 부세와 요역이 고르게 될 것이다.

호적이 문란하여 기강이 서지 않으면 큰 힘을 들이지 않고서는 고르게 할 수 없을 것이다.

장차 호적을 정비하려거든 먼저 가좌(家坐)를 살피고 허실(虛實)을 자세히 안 후에야 증감을 행할 것이니, 가좌의 장부(帳簿)를 소홀히 해서는 안 된다.

호적 개정의 기한이 당도하면 이 가좌부(家坐簿)에 근거하여 증감 추이(增減推移)하도록 하고, 모든 고을의 호구 실태가 지극히 정확해서 거짓이 없도록 한다. 새로운 장부가 이미 만들어졌거든 바로 관(官)의 명령으로 모든 고을에 반포하고 엄숙히 금령(禁令)을 세워서 감히 번거롭게 소송을 하는 일이 없도록 해야 한다.

만일 민가가 줄어들어서 액수를 채울 수 없는 것은 상사(上司)에게 보고해야 한다.

크게 흉년이 들어서 열 집이면 아홉 집이 비게 되어 액

4// 戶籍者 諸賦之源 衆徭之本 戶籍均而後 賦役均 戶籍貿亂 罔有 綱紀 非大力量 無以均 平 將整戶籍 先察家坐 周知虛實 乃行增減 家 坐之簿 不可忽也 戶籍 期至 乃據此簿 增減推 移 使諸里戶額 大均至 實 無有虛僞 新簿旣成 直以官令 頒總于諸里 嚴肅立禁令 無敢煩訴 若烟戶衰敗 無以充額 者 論報上司 大饑之餘 十室九空 無以充額者 論報上司 請減其額 若 夫人口之米 正書之租 循其舊例 聽民輸納 其 餘侵虐 竝宜嚴禁 增年 者 減年者 冒稱幼學者 僞戴官爵者 假稱鰥夫 者 詐爲科籍者 竝行查 禁 凡戶籍事目之 自巡 營例關者 不可布告民 間 戶籍者 國之大政 至 嚴至精 乃正民賦 今玆

수를 채울 수 없을 때도 상사에게 보고하여 그 액수만큼 줄이도록 청원해야 한다.

무릇 인구미(人口米)나 정서조(正書租)와 같은 것은 그 관례를 따르도록 하여 백성들이 수납하는 대로 들어주고, 그밖의 침학(侵虐)하는 행위는 마땅히 엄금해야 할 것이다.

나이를 늘리거나 줄인 자, 유학(幼學)을 모칭(冒稱)한 자, 관작(官爵)을 위대(僞戴)한 자, 홀아비를 가칭한 자, 속여서 과적(科籍)을 만든 자는 아울러 조사하여 금하도록 해야 한다.

무릇 호적 사목(事目)이 순영(巡營)의 전례에 관련된 것은 민간에게 알려서는 안 된다.

호적이란 나라의 큰 정책이니 지극히 엄중하고 정밀하여야만 민부(民賦)가 바르게 될 것이다. 이제 여기에 논하는 것은 풍습에 순응하기 위한 것뿐이다.

다섯 집으로 통(統)을 만들고 열 집으로 패(牌)를 만들되, 옛법에 기초를 두고 새 약조를 덧붙인다면 간세(奸細)가 용납되지 못할 것이다.

| 풀이 | 호적이란 모든 부세(賦稅)나 요역(徭役)의 근본이 되는 것이므로, 호적이 잘 정비되어 있어야만 인구의 실태를 정확하게 파악할 수 있어서 부세와 요역에 공정을 기할 수 있다. 따라서 백성들 사이에 관(官)에 대한 신뢰도가 높아지고 재정의 결함이 줄어든다. 호적이란 실로 국가 행정의 기초가 된다고 볼 수 있다. 호적이 잘 정비되어

所論 以順俗也 五家作統 十家作牌 因其舊法申以新約 則奸究無所容矣

부(賦) : 부세(賦稅). 즉 세금을 말함.
요(徭) : 요역(徭役). 나라 일에 부역하는 것. 역역(力役)의 정(政)이라 하는데 세금의 일종임.
무란(貿亂) : 문란한 것.
망유(罔有) : 없는 것.
가좌(家坐) : 지금의 주민등록부와 같은 것.
호적기지(戶籍期至) : 호적을 개정할 시기가 이른 것.
증감추이(增減推移) : 늘리기도 하고 줄이기도 함으로써 정리하는 것.
대균지실(大均至實) : 지극히 공정하고 실지에 맞음.
반총(頒總) : 나누어 줌.
금령(禁令) : 금지하는 명령으로 해석할 수 있으나 여기서는 법령으로 풀이함.
번소(煩訴) : 번거롭게 소송하는 것.
연호(烟戶) : 민가.
쇠패(衰敗) : 다른 데로 이사를 가거나 식구가 죽어서 줄어드는 것.
충액(充額) : 세금 배당 액수를 채우는 것.
십실구공(十室九空) : 열 집에서 아홉 집이 떠나가 없어지는 것.

약부(若夫) 만약. 약은 만약의 뜻이며 부는 별 뜻 없음.

인구지미(人口之米) : 한 사람에 대하여 쌀 얼마씩을 거두는 것. 〈목민심서〉의 저자인 정약용 당시에 우리나라 남쪽에서는 한 사람에게서 쌀 한 되씩을 거두었다고 함. 인두세(人頭稅)로 볼 수 있음.

정서지조(正書之租) : 한 호(戶)에 대하여 벼 얼마씩을 거두는 것. 호별세(戶別稅)라고 볼 수 있음.

수납(輸納) : 갖다 바침.

침학(侵虐) : 백성을 침해함.

감년(減年) : 나이를 줄임.

모칭(冒稱) : 거짓으로 일컫는 것.

유학(幼學) : 벼슬하지 않은 유생(儒生). 양반 계급에 한해서 일컬었음.

위대(僞戴) : 없는 것을 있는 것처럼 꾸며대는 것.

환부(鰥夫) : 홀아비.

과적(科籍) : 과거에 합격한 문부(文簿).

사금(査禁) : 조사하여 금지하는 것.

간구(奸究) : 간세(奸細), 즉 부정(不正)이나 협잡을 말하는 것임.

있지 않다면 인구 실태를 파악할 수 없어서 부세나 요역이 공정성을 잃게 되며, 따라서 관의 위신이 땅에 떨어지고 민원이 높아진다. 일선에서 백성을 다스리는 목민관은 호적의 정비에 힘써야 한다.

호적의 정비는 가좌(家坐)의 장부를 기초로 하라고 하였는데, 가좌부(家坐簿)란 오늘날의 주민등록부와 같은 것이다. 그렇기 때문에 호적의 기초가 되는 가좌부는 소홀히 다룰 수 없다고 말하고 있다. 목민관이 된 자는 자기 고을의 성시(城市)·산림(山林)·천택(川澤)·도로·부락 등을 표시한 지도를 그리고, 또 부락마다 부호와 빈호(貧戶)를 일일이 구별하여 호수를 표시한 뒤, 집무실 벽 위에 걸어 놓아 인구 실태를 일목요연하게 파악함으로써 행정의 완벽을 기할 것을 아울러 강조하고 있다. 호적을 재조정하는 기한이 이르렀을 때마다 평소에 면밀하게 조사하여 기록해 내려오는 가좌부를 토대로 해서 호적 정비의 완벽을 기하도록 하고, 이를 각 고을에 반포하여 억울한 일이 없도록 해야 한다.

개인의 명예나 이익을 꾀하여 나이를 늘리거나 줄인 자, 유학(幼學)을 사칭한 자, 없는 관직을 신고한 자, 과거에 합격한 일도 없이 과적(科籍)이 있는 것처럼 꾸며넣은 자 등을 조사하여 호적에 있는 기재 사항을 삭제해 버려야 한다.

관청의 아전들을 엄중하게 단속하고 오가작통(五家作統)·십가작패(十家作牌)의 법을 강화하여 부정이나 간교

한 행위가 끼어들 수 없도록 하라고 강조하였다. 다산 선생의 생존 당시만 하더라도 제도에 헛점이 많았으며 목민관의 착취, 아전의 농간, 간세(奸細)한 사람들의 장난 등으로 호적이 문란해져 부세와 요역이 공정을 잃고, 약한 백성들은 억울하게 수탈당하여 정치가 극도로 혼란에 빠졌던 시대이다. 그렇기 때문에 호적의 정확한 정비로써 행정의 공정을 기할 것을 강조하고 있다.

행정제도가 극도로 발달된 오늘날에는 주민등록부가 세밀하게 기재되고 호적이 완전히 정비되어서 물샐 틈이 없는 행정이 이루어지고 있다고 하나, 제도는 어디까지나 제도이며 이를 실지로 집행해 나아가는 것은 사람이기 때문에, 무엇보다도 일을 맡아보는 공무원의 정신 자세가 중요한 문제라 하겠다.

5. 민부(民賦)를 공정하게
(1) 평부(平賦) 상

부역(賦役)이 공정해야 함은 7사(七事) 중에서 중요한 임무인 것이다. 무릇 고르지 못한 부과는 징수할 수도 없거니와 조금이라도 고르지 않다면 정치가 아닌 것이다.
전부(田賦) 외에 가장 큰 것은 민고(民庫)이다. 혹은 전부(田賦), 혹은 호부(戶賦)로 비용이 날로 많아지니 백성들이

5// 賦役均者 七事之要
務也 凡不均之賦 不可
徵 錙銖不均 非政也 田
賦之外 其最大者民庫
也 或以田賦 或以戶賦
費用日廣 民不聊生 民
庫之例 邑各不同 其無

節制 隨用隨斂者 其屬
民尤烈 修其法例 明其
條例 與民遵守之如國
法 乃有制也 契房者 衆
弊之源 群奸之竇 契房
不罷 百事無可爲也 迺
查宮田 迺查屯田 迺查
校村 迺查院村 凡厥庇
隱 踰其所田 悉發悉敷
以均公賦 乃查驛村 乃
查站村 乃查店村 乃查
倉村 凡厥庇隱 匪中法
理 悉發悉敷 以均公賦
結斂不如戶斂 結斂則
本削 戶斂則工商苦焉
遊食者苦焉 厚本之道
也 米斂不如錢斂 其本
米斂者 宜改之爲錢斂
其巧設名目 以歸官橐橐
者 悉行蠲減 乃就諸條
刪其濫僞 以輕民賦 朝
官之戶 蠲其徭役 不載
於法典 文明之地 勿蠲
之 遐遠之也 權蠲之 大
低民庫之弊 不可不革
宜於本邑 思一長策 建
一公田 以防斯役 民庫
下記之 招鄕儒查檢非
禮也

칠사(七事) : 목민관이 반드
시 해야 할 일곱 가지 중요
한 일.
치수(錙銖) : 조금이라도.
전부(田賦) : 전지(田地)를

살아날 길이 없다.

민고의 예는 고을마다 각각 다르니 절도 없이 소용되는
대로 거두어들이는 자는 백성을 괴롭히는 것이 더욱 심한
것이다.

법례(法例)를 고치고 조례를 밝혀서 백성들과 함께 국법
처럼 지키게 되어야만 절제가 있을 것이다.

계방(契房)은 모든 폐단의 근원이요, 뭇 농간의 구멍이
므로, 계방을 없애지 않고서는 어떠한 일도 할 수 없을 것
이다.

궁전(宮田)·둔전(屯田)·교촌(校村)·원촌(院村) 등을 조
사하여 무릇 사실과 달리 은닉된 부분이 있거든 모조리
들추어내서 공부(公賦)를 고르게 하도록 해야 한다.

역촌(驛村)·참촌(站村)·점촌(店村)·창촌(倉村) 등을 조
사하여 무릇 은닉이 법리(法理)에 어긋나는 것이 있거든
모조리 들추어내서 공부(公賦)를 고르게 해야 한다.

결렴(結斂)은 호렴(戶斂)만 같지 못하다. 결렴은 근본이
깎이고 호렴은 공상(工商)을 괴롭힌다. 놀고 먹는 자를 괴
롭히는 것이 근본을 후히 하는 길일 것이다.

미렴(米斂)은 전렴(錢斂)만 같지 못하다. 본래 미렴이던
것은 마땅히 전렴으로 고쳐야 할 것이다.

교묘하게 명목을 만들어서 관의 주머니만 채우던 것들
은 모조리 없애야 한다. 그리고 여러 가지 조목을 보아서
함부로 꾸며댄 것들은 이를 깎아 없앰으로써 백성들의 부
과를 가볍게 해야 한다.

조관(朝官)의 집이라고 하여 그 요역(徭役)을 면제해 주라는 것은 법전에 실려 있지 않다. 문명한 지방에서는 면제해 주어서는 안 되고, 아득히 먼 지방에서는 권도로 이를 면제해 주어야 할 것이다.

대저 민고(民庫)의 폐해는 고치지 않을 수 없는 것이니 마땅히 본읍(本邑)에서 좋은 방책을 생각하고 한 군데 공전(公田)을 마련함으로써 이 부담을 막아내야 할 것이다.

민고의 지출 기록을 향유(鄕儒)를 불러다가 검사케 하는 것은 예가 아니다.

┃ 풀이 ┃ 목민관이 된 사람은 반드시 자기 고을의 모든 부과를 공정하게 해야 한다. 여기서는 농민으로서 가장 중요한 세금인 전부(田賦)를 제외하고 민고(民庫)·계방(契房) 등에 대하여 논하고 있다. 민고란 상관이 접대라든지 여러 가지 임시 지출에 충당키 위하여 백성들로부터 돈 또는 곡식을 거두어들이는 것을 말하며, 이와 같은 부과는 백성의 부담을 무겁게 하는 한편 관장(官長)의 착취, 아전의 농간 등 여러 가지 부정과 협장을 뒤따르게 하는 것이다. 그렇기 때문에 민고의 제도를 없애고 고을에서 따로 공전(公田)을 마련하여 그 소출로써 이에 충당할 것을 주장하고 있다.

계방(契房)이란 공역(公役)의 면제 또는 그밖의 도움을 받기 위하여 아전에게 곡식 또는 돈을 주는 것을 말한다. 계방은 두 가지 종류가 있으니 하나는 이계(里契)라 하여

기준으로 부과하는 것.
민불료생(民不聊生) : 백성들이 살아날 수 없는 것.
수용수렴(隨用隨斂) : 쓸 일이 있을 때마다 수시로 거두어들이는 것.
여민(厲民) : 백성을 못살게 구는 것.
우열(尤烈) : 더욱 심한 것.
군간지두(群奸之竇) : 뭇 농간의 구멍.
백사무가위(百事無可爲) : 아무 일도 할 수 없는 것.
궁전(宮田) : 각 궁(各宮)에 소속된 토지.
둔전(屯田) : 주둔해 있는 군인들이 자급자족을 위하여 경작하는 토지.
교촌(校村) : 향교가 있는 마을을 말함.
원촌(院村) : 원(院)이 있는 마을. 원(院)은 조선 세조 때 설치하였으며 공무로 여행하는 관리들이 유숙하는 곳인데 원주(院主)를 두고 원주전(院主田)을 나누어 주었음.
범궐비은 유기소전(凡厥庇隱踰其所田) : 무릇 그 숨겨 있는 것이 전지를 경작할 수 있는 민가의 수를 넘어서는 것. 예를 들면 궁전(宮田)이 10결일 경우 20집이면 경작을 할 수 있는 것인데, 30집이 모여 있다면 10집은 숨겨 있는 것임.
이균공부(以均公賦) : 그렇게 함으로써 공적인 부과를 고르게 한다는 것.

점촌(店村) : 점은 도자기·철기·토기 등 그릇을 만드는 공장. 즉 점이 있는 마을.
창촌(倉村) : 관청의 창고가 있는 마을.
실행견감(悉行蠲減) : 모조리 없애 버리는 것.
산기람위(刪其濫僞) : 함부로 꾸민 것들을 없애버림.
하원(遐遠) : 극히 먼 것.
권견지(權蠲之) : 임시 방편으로 면제해 주는 것.
장책(長策) : 좋은 방책.
향유(鄕儒) : 시골 선비들.

5// 雇馬之法 國典所無 其賦無名 無弊者因之 有弊者罷之 均役以來 魚鹽船稅 皆有定率 法久面弊 吏緣爲奸 船有多等 道各不同 點船唯循舊例 收稅但察疊徵 魚稅之地 皆在海中 無以細察 唯期比總 時察橫徵 鹽稅本輕 不爲民病 唯期比總 時察橫斂 土船 官船 魚商 鹽商 苔藿之商 厥有探兔 無處告訴 邸稅是也 場稅 關稅 津稅 店稅 僧鞋 巫女布 其有濫徵者察之

한 집에서 곡식이나 돈을 주는 것이다. 이와 같은 제도는 부촌이나 부호로 하여금 공역(公役)을 면제받게 만들므로, 여러 가지 부과에 부정과 협장을 불러오게 되니, 부촌이나 부호는 부담이 가벼워지고 빈촌이나 빈호가 부담이 무거워지는 지극히 불공평한 결과를 낳게 된다. 계방의 제도는 관장이나 아전들의 수탈의 온상이 되고 국가의 모든 부과가 부정에 빠지게 만들므로, 부과의 공정을 위해서는 무엇보다도 계방을 없애 버려야 한다. 그리고 궁전·둔전·교촌(校村)·원촌(院村) 같은 곳을 적극 조사하여 부정 방지에 힘써야 한다.

(2) 평부(平賦) 하

고마법(雇馬法)은 국전(國典)에도 없으며 또 그와 같은 명목의 부과는 있지도 않다. 폐단이 없는 것은 이를 따라야 하며 폐단이 있는 것은 이를 없애버려야 한다.

균역법(均役法)이 제정된 이후로는 어(魚), 염(鹽), 선(船) 등 세금에 일정한 비율이 있었는데 법이 제정된 지 오래되자 폐단이 생겨서 아전들이 농간을 부리게 되었다.

배에는 등급이 많고 도(道)마다 각각 다르니 배를 점검할 때는 관례를 따라야 하며, 세금을 중복되게 징수하는 일이 없도록 살펴야 한다.

어세(魚稅)의 부과 대상은 바닷속에 있어서 샅샅이 살필 수 없으니 정기적으로 총액을 비교하여 함부로 징수하는 일이 없도록 해야 한다.

염세(鹽稅)는 본래 가벼운 것이어서 백성들에게 큰 병폐가 되지 않고 있다. 정기적으로 총액을 비교하여 함부로 징수하는 일이 없도록 살펴야 한다.

사선(私船)·관선(官船), 어상(魚商)·염상(鹽商)·태곽상(苔藿商)에 대하여 억울해도 호소할 길 없는 것에 저세(邸稅)라는 것이 있다.

장세(場稅)·관세(關稅)·진세(津稅)·점세(店稅)·승혜(僧鞋), 무녀포(巫女布) 등에 대하여 함부로 징수하는 것이 있는지를 살펴야 한다.

역역(力役)의 정(政)은 신중히 해야 하는데, 백성의 이익을 위하는 것이 아니면 해서는 안 된다.

아무런 명목도 없이 한때의 잘못으로 정해진 관례는 곧 없애버려야 히며 이에 따리서는 안 된다.

조요(助徭)의 곡식이나 보역(補役)의 돈이 민간에 깔린 것이 있으면 매양 호호(豪戶)의 집어삼키는 바 되기 쉬우니, 조사하여 가려낼 수 있는 것은 징수하고 추징할 수 없는 것은 덜고 보충해야 한다.

부역을 지극히 공정하게 하려면 반드시 호포(戶布)·구전(口錢)의 법을 시행해야 하며 그래야만 민생이 안정될 것이다.

| 풀이 | 여기서도 백성들의 부담을 경감시키고 부과의 공정을 기할 수 있는 방법을 열거하여 강조하고 있다. 첫

力役之政 在所愼惜 非
所以爲民興利者 不可
爲也 其無名之物 出於
一時謬例者 亟宜革罷
不可因也 或有助徭之穀
補役之錢 布在民間者
每爲豪戶所呑 其可査
拔者徵之 其不可追者
蠲而補之 欲賦役之大均
必講行戶布口錢之法
民生乃安

고마지법(雇馬之法) : 말〔馬〕을 세내는 법.
인지(因之) : 전례대로 따라가는 것.
파지(罷之) : 없애버림.
균역(均役) : 균역법(均役法). 조선 영조(英祖) 26년에 백성들의 부담을 경감시키려고 만든 세법임.
위간(爲奸) : 농간을 부림.
점선(點船) : 배를 점검함.
첩징(疊徵) : 중복되게 징수하는 것.
세찰(細察) : 자세히 살핌.
민병(民病) : 백성에게 병폐가 되는 것.
횡렴(橫歛) : 함부로 거두어들이는 것.
토선(土船) : 개인 소유의 배.
태곽지상(苔藿之商) : 김이나 미역을 파는 상인.
탐원(探寃) : 억울한 일이

있는 것.

무처고소(無處告訴) : 호소
할 곳이 없는 것.

저세(邸稅) : 포구(浦口)에
서 물상객주(物商客主)가
상선(商船)이 도착하였을
때 강제로 상품을 거간해
주는 등 상인을 착취하는
행위를 말함.

관세(關稅) : 교통의 요로를
통과하는 상인에게 부과하
는 세금.

점세(店稅) : 객점(客店 : 지
금의 여관)에 대하여 부과
하는 세금.

승혜(僧鞋) : 중들로부터 받
아들이는 짚신.

무녀포(巫女布) : 무녀들로
부터 징수하는 무명이나
베 · 명주 등속을 말함.

역역(力役) : 공적인 토목
사업에 부역하는 것.

신석(愼惜) : 신중히 하고
아끼는 것.

위민흥리(爲民興利) : 백성
을 위하여 이익을 가져오게
하는 것.

유례(謬例) : 잘못된 관례.

사발(査拔) : 조사하여 밝혀
내는 것.

대균(大均) : 지극히 공정하
게 하는 것.

호포(戶布) : 가을과 봄 두
번에 나누어서 집집마다 나
라에 바치는 무명.

째 고마법(雇馬法)의 폐지를 주장하고 있다. 고마란 각 고
을의 수령이 행차할 때 말을 세내는 것을 말한다. 사람이
자기 집에 있을 때라도 말을 길러서 교통 수단으로 이용
하는데, 더욱이 한 고을의 수령이 되고 보면 정부로부터
공무를 집행할 때 말을 타고 다니는 비용으로 300냥이라
는 막대한 예산을 배당받는다. 또한 관청 창고에는 말의
먹이가 얼마든지 비축되어 있고, 또 일없이 놀고 있는 관
하인(官下人)들이 몇 명씩 있는데, 말을 길러서 이용할 생
각을 않고 세내어 타고 다니며 민고(民庫)라든지 그밖의
재원(財源)에서 말삯을 지출한다는 것은 있을 수 없는 일
이니, 이와 같은 법은 즉시 폐지해야 된다.

　다음은 어(魚) · 염(鹽) · 선(船) 등의 세금에 대하여 언급
하고 있다. 영조(英祖) 26년 균역법을 제정할 때는 이들 세
금이 각각 일정한 비율이 있어서 공정을 기하였다. 그러
나 오랜 세월이 흐르는 동안에 법이 해이해지고 수령이나
아전들이 농간을 부리게 되었다. 백성들의 수입을 계산에
넣지 않고 많은 세금을 부과하여 개인의 욕심을 채우는
것이 보통이며, 특히 선세(船稅) 같은 것은 더욱 그러하였
다. 예를 들면 갑이라는 자가 을이라는 사람에게 이미 팔
아 버렸는데도 그 선적(船籍)을 그대로 두고 을에게서 세
금을 징수할 뿐만 아니라, 갑에게도 여전히 세금을 부과
하는 착취 행위를 감행하고 있다.

　실로 한심스런 부과 행정이 아닐 수 없다. 수입을 기준
으로 하여 부과의 공정을 기해야 하며, 한 과세 대상에 대

하여 중복된 과세를 하는 일이 없도록 철저히 단속해야
한다.

어상(魚商)이나 염상(鹽商) 등 상인을 괴롭히는 것으로서
저세(邸稅)라는 것이 있다. 저세란 포구(浦口)에서 물상객
주(物商客主)를 경영하는 사람이 관과 결탁하고 상선(商船)
이 포구에 들어오게 되면 상인들을 강제로 숙박시키고 상
품을 중개해 주며, 무리한 숙박비와 거간료를 받는 등 착
취 행위를 자행하는 것을 말하니, 이와 같은 행동은 엄금
해야 한다.

시장에서 상인들에게서 징수하는 장세(場稅)를 비롯하
여 교통의 요로를 통과하는 상인들에게 징수하는 관세(關
稅), 나루터에서 도선객(渡船客)들에게 받는 진세(津稅), 객
점(客店)에서 징수하는 점세(店稅), 승려(僧侶)에게서 받아
들이는 초혜(草鞋), 무녀들에게서 징수하는 무녀포(巫女布)
등의 부과도 공정을 기하여 징수를 남발하는 일이 없도록
살펴야 한다.

백성을 토목사업에 부역시키려면 반드시 백성에게 이
익될 수 있는 일에 국한되어야 한다. 예를 들면 저수지를
만들어서 농사를 편리하게 하는 동시에 미곡을 증산시키
는 일이라면 백성에게 이익을 주는 것이며, 백성들도 그
와 같은 부역에 대해서는 기쁘게 받아들여서 조금도 불평
이 없게 마련이다. 그러나 개인의 이익을 위하여 백성을
동원시킨다면 이것은 국가에 도움이 되지 않을 뿐만 아니
라, 백성을 도탄의 구렁텅이로 몰아넣는 것이다. 그러므

로 역역(力役)의 정책은 신중을 기하여 백성을 괴롭히는
일이 없어야 한다.

그밖에도 한때의 잘못으로 명분이 서지 않는 부과의 관
례가 있다면 이를 과감하게 폐지해 버려야 한다.

이상은 다산 선생께서 당시 우리 나라 세정(稅政)의 잘
못된 점을 비판 분석하고 그 과감한 시정을 촉구한 것이
라고 보겠다. 밝은 세정이야말로 국민 경제의 건전한 발
전을 가져오게 하는 한편 국가의 부강에 기여할 수 있는
것이다. 이것은 부과의 공정을 기할 수 없으며 국민 경제
의 발전과 국가 재정의 건전한 운영을 저해하는 것이다.

이 글은 세제의 확립과 과학적인 운영과 세무 관리의
정신 자세가 혼연일치됨으로써 비로소 밝은 세정을 이룩
할 수 있음을 강조하고 있다.

6. 농사는 국민 경제의 근본
……권농(勸農)

6// 農者民之利也 民所
自力 莫愚者民 先王勸
焉 古之賢牧 勤於勸農
以爲聲續 勸農者 民牧
之首務也 勸農之要 又
在乎蠲稅 薄征以培其
根 地於是墾闢矣 勸農

농사 짓는 것은 백성의 이익이니 백성이 스스로 힘쓸
바이다. 백성보다 더 어리석은 자가 없는지라 선왕께서
이를 권장하였던 것이다.

옛날의 어진 목민관은 부지런히 농사를 권장함으로써
명예와 공적으로 삼았으니, 농사를 권장하는 것은 목민관

의 으뜸가는 임무인 것이다.

농사를 권장하는 요체는 세금을 덜어주고 부역을 적게 하여 그 근본을 북돋우어 주는 데 있으니, 그렇게 하면 토지가 개척될 것이다.

농사를 권장하는 정책이란 오직 곡식을 심고 가꾸는 것만을 권장하는 것이 아니라, 나무를 심고 목축을 하며 누에를 치는 일 등도 권장하는 것이다.

농사라는 것은 먹는 것의 근본이 되고 양잠은 입는 것의 근본이 된다. 그러므로 백성들에게 뽕나무를 심어 가꾸게 하는 것은 수령된 자의 중요한 임무이다.

농사짓는 기계와 베 짜는 기계를 만들어서 백성들이 편리하게 사용하게 하고 백성들의 생활을 넉넉하게 해주는 것도 또한 목민관이 힘써야 할 일이다.

농사란 소를 부려서 짓는 것이니, 관청에서 소를 빌려준다든지 백성들에게 서로 소를 빌리는 일을 권장하는 것도 또한 권농하는 데 있어서 항상 힘써야 할 것이다.

〈서씨 농서(徐氏農書)〉에 소를 기르는 여러 가지 방법이 기록되어 있으며 또 소의 질병을 고치는 법도 아울러 기재되어 있으니, 우역(牛疫)이 유행되는 때를 당하거든 마땅히 이를 널리 민간에 반포하여 보도록 해야 한다.

농사는 소를 부려서 짓는 것이니 진실로 농사를 권장하려면 마땅히 소를 도살하는 일을 경계하고, 이를 기를 것을 권장해야 한다. 총체적으로 권농의 정책은 마땅히 먼저 직분을 결정해 주어야 한다. 직분을 나누어 주지 않고

之政 不唯稼穡是勸 樹藝畜牧蠶績之事 靡不勸矣 農者食之本 桑者衣之本 故課民種桑 爲守令之要務 作爲農器織器 以利民用 以厚民生 亦民牧之攸務也 農以牛作 或自官給牛 或勸民借牛 亦勸農之恒務也 徐氏農書 有牧牛諸方 備載治病之法 遇有牛疫 宜頒示民間 農以牛作 誠欲勸農 宜戒屠殺 而勸畜牧 總之勸農之政 宜先授職 不分其職 雜勸諸業 非先王之法也 凡勸農之政 宜分六科 各授其職 各考其功 登其上第 以勸民業 每春分之日 下帖于諸鄕 約以農事早晩 考校賞罰

막우(莫愚) : 더 어리석은 것이 없다는 것.
선왕(先王) : 옛날 어진 임금을 말함.
현목(賢牧) : 어진 수령.
성적(聲績) : 명성과 공적.
민목(民牧) : 백성을 거느린 사람. 즉 목민관을 말함.
수무(首務) : 으뜸가는 임무.
견세(蠲稅) : 세금을 덜어줌.
박정(薄征) : 부역(賦役)을

적게 하는 것.

간벽(墾闢) : 토지를 개간하여 넓히는 것.

가색(稼穡) : 곡식을 심어 가꾸는 것.

수예(樹藝) : 나무를 심음.

잠적(蠶績) : 누에치고 길쌈하는 것.

과민종상(課民種桑) : 종상은 뽕나무를 심는 것. 즉 백성들에게 뽕나무를 심게 하는 것을 말함.

유무(攸務) : 힘써야 할 일.

관급우(官給牛) : 관청에서 백성들에게 소를 빌려주는 것을 말함.

권민차우(勸民借牛) : 백성들에게 서로 소를 빌릴 것을 권장하는 것.

목우(牧牛) : 소를 기르는 것을 말함.

비재(備載) : 자세히 기록되어 있는 것.

반시(頒示) : 널리 보여줌.

수직(授職) : 직책을 맡겨주는 것.

잡권제업(雜勸諸業) : 여러 가지 일을 한데 뒤섞어서 권장하는 것.

민업(民業) : 백성들의 직업.

하첩(下帖) : 통첩을 내려보내는 것.

농사조만(農事早晩) : 농사의 이르고 늦은 것.

고교상벌(考校賞罰) : 상과 벌을 상고하여 정하는 것.

다른 일과 뒤섞어 권장하는 것은 선왕의 법도가 아니다.

무릇 권농의 정책이란 마땅히 여섯 과(科)로 나누어서 각기 그 직책을 맡기고 그의 공적을 상고하여 상제(上第)에 올려서 민업(民業)을 권장해야 한다.

해마다 춘분날에는 여러 향리에 통첩을 내려보내서 농사의 조만(早晩)으로써 상벌을 고교(考校)할 것을 약속해야 한다.

| 풀이 | 상공업이 발달되지 못하였던 과거에는 농업이 백성들의 유일한 직업이었다. 따라서 농업이 국민 경제 내지는 국가 재정을 좌우하였으며, '농자천하지대본(農者天下之大本)'이라고 하여 농업이 매우 중요시되었다. 목민관의 으뜸가는 임무는 농업을 권장하는 일이며 그 방법을 논하였는데 아래와 같이 열거하고 있다.

1. 세금의 부과를 가볍게 하고 부역을 적게 하여 백성들의 힘을 배양함으로써 백성들이 기꺼이 농업에 종사하고 농토를 개간하여 넓히도록 한다.

2. 나무를 심고 목축을 하며 누에치고 길쌈하는 일을 권장한다.

3. 농사 짓는 기계와 길쌈하는 기계를 만들어서 백성들이 일하는 데 편리하도록 한다.

4. 소가 없이는 농사를 지을 수 없는 것이니 관(官)에서 소를 빌려준다든지 또는 백성들에게 소를 빌릴 것을 권장한다.

5. 〈서씨 농서〉를 민간에 널리 반포하여 소를 기르는 방법이라든지 우역(牛疫)이 유행하였을 때 치료하는 방법을 습득하도록 한다.

6. 소의 도살 행위를 경계하는 한편 축목(畜牧)을 권장한다.

7. 권농의 직책을 ① 전답작(田畓作), ② 과수(果樹), ③ 소채(蔬菜), ④ 직물(織物), ⑤ 수예(樹藝), ⑥ 축산(畜産) 등 여섯 과(科)로 나누어서 배당하고 그 성적을 평가함으로써 권농을 철저히 하도록 한다.

8. 각 부락에 통첩을 보내어 농사의 이르고 늦음을 기준으로 상벌을 실시할 것을 약속하고, 이를 실천에 옮김으로써 각 부락이 다투어 농사를 힘쓰도록 권장한다.

이 글에서는 권농에 대하여 논하였는데, 비록 상공업이 발달한 오늘날에도 권농 정책을 등한히 할 수는 없다. 농업이란 무엇보다도 가장 중요한 식생활 문제를 해결하는 관건(關鍵)이 되기 때문이다. 인간은 하루도 먹지 않고는 생존할 수가 없다. 인구가 날로 팽창하고 있는 현재의 식량 위기란 심각한 문제로 대두되고 있으며, 근래 아프리카의 일부 지방에서는 심한 가뭄으로 인하여 많은 사람이 생명을 잃었다.

우리 나라에서도 새마을 운동을 국책(國策)으로 정하고 거국일치로 이 운동을 적극 추진시킴으로써 농업이 급속도로 발달되었으며 농민의 생활이 향상되었다. 그러나 아직도 전천후 농토가 확보되지 못하여 수재나 한해 등의 피해를 면치 못하고 있으며, 농업의 기계화도 완전히 이루어지지 못하여 생산이 다른 나라에 비해 뒤떨어지고 있다.

　정부에서는 전천후 농토의 확보 및 농업 기계화 정책을 적극 추진시키는 한편, 농산물 가격의 적정 산출 및 자금의 지원 등으로 농민의 생산 의욕을 고취하여 우리의 가장 시급한 과제로 되어 있는 식량 문제를 해결해야 할 것이다. 동시에 농촌의 근대화를 이룩하며 부족 식량의 수입으로 인한 외화의 유출을 지양하고, 국민 경제 내지 국가 경제의 건전한 발전을 가져와야 할 것이다.

7

예전 6조 (禮典六條)

1. 성경(誠敬)을 다하여
……제사(祭祀)

군현(郡縣)의 제사에는 3단(三壇)과 1묘(一廟)가 있다. 그 제사지내는 의미를 알면 마음이 기울 것이며, 마음이 기울면 이에 재계하고 공경하게 된다.

문묘(文廟)의 제사는 목민관이 마땅히 몸소 거행해야 하되, 목욕재계하고 공경하며 정성을 다하여 많은 선비들을 올바르게 이끌어야 한다. 묘우(廟宇)가 퇴락하였거나 제단이 허물어진 데가 있다든지, 제복(祭服)이 아름답지 못하고 제기(祭器)가 깨끗지 못하다면, 마땅히 이를 보수하고 손질하여 신(神)을 공경하는 성의를 다해야 한다.

경내(境內)에 서원(書院)이 있어서 나라에서 치제(致祭)를 할 때도 또한 공경하고 정결히 하여 선비의 기대에 어긋나는 일이 없도록 해야 하며, 경내에 있는 사묘(祠廟)도 마땅히 보수하고 관리를 철저히 해야 한다.

희생(犧牲)이 여위지 않고 자성(粢盛)이 넉넉히 있다면 이는 어진 목민관이라고 말할 수 있다.

혹시 고을에 잘못된 관례로 전해 내려오는 음사(淫祀)가 있다면 마땅히 선비나 백성들을 효유(曉諭)하여 이를 헐어버리도록 해야 한다.

1// 郡縣之祀 三壇一廟 知其所祭 心乃有嚮 乃齊乃敬 文廟之祭 牧宜躬行 虔誠齊沐 爲多士唱 廟宇有頹 壇壝有毁 祭服不美 祭器不潔 竝宜修葺 無爲神羞 境內有書院 公賜其祭者 亦須度潔 無失士望 其有祠廟在境內者 其修葺庀治 宜亦如之 牲不瘠 粢盛有儲 斯可曰賢牧也 其或邑有淫祀 謬例相傳者 宜曉論士民 以圖撤毁 祈雨之祭 祈于天也 今之祈雨 戱慢褻瀆 大非禮也 祈雨祭文 宜自新製 或用舊錄 大非禮也

삼단일묘(三壇一廟) : 사직단(社稷壇) · 성황단(城隍壇) · 여단(厲壇) 및 문묘(文廟)를 말함.

소제(所祭) : 제사를 지내는 연유.
재(齊) : 재계.
궁행(躬行) : 몸소 집행함.
묘우(廟宇) : 사당집.
단선(壇墠) : 제단.
수즙(修葺) : 집을 수리함.
무위신수(無爲神羞) : 신에게 미안한 일이 없도록 함.
서원(書院) : 선현(先賢)을 제사지내고 지방의 선비들이 모여서 학문을 강론하는 곳. 중국에서는 송나라 때 주희(朱熹)가 백록동서원(白鹿洞書院)을 세웠으며, 우리나라에서는 중종 38년 주세붕(周世鵬)이 백운동서원을 세운 것이 그 기원이 됨.
공사(公賜) : 나라에서 내려주는 것.
사묘(祠廟) : 옛날 이름높은 사람들 제사지내는 사당집.
비치(庀治) : 보수하고 관리하는 것.
생불척(牲不瘠) : 생(牲)이란 문묘(文廟)의 제향을 비롯하여 큰 제향에 제물로 소와 양, 또는 돼지 등의 가축을 바치는 것이며, 불척은 여위지 않고 살쪘다는 뜻임. 즉 희생이 여위지 않았다는 것.
자성(粢盛) : 큰 제사에 제물로 쓰는 차기장과 메기장.
음사(淫祀) : 내력이 바르지 못한 귀신을 제사지내는 것.
효유(曉諭) : 깨우치는 것.
희만(戲慢) : 장난치는 것.
설독(褻瀆) : 모독하는 것.

기우제는 하늘에 비는 것이다. 요즈음 기우제는 부질없는 장난으로 신을 모독하니 크게 예가 아니다.

기우제의 제문(祭文)은 마땅히 자신이 새로 지어야 한다. 혹 그전의 제문을 그대로 쓰는 것은 크게 예가 아닌 것이다.

｜풀이｜ 옛날에는 사람이 신의 가호를 받아서 생존할 수 있다고 생각하였기 때문에 신에게 제사드리는 것이 인간생활의 중요한 부분이었다. 그렇기 때문에 원시시대에는 제정일치의 신정(神政) 시기도 있었으며 근래에 이르러서도 제사라는 것이 정치에 있어서 매우 큰 비중을 차지하고 있다.

조선시대에는 각 고을의 가장 중요한 사당으로 3단 1묘(三壇一廟)가 있었다. 3단이란 사직단·성황단·여단을 말하는 것인데, 사직단이란 토지의 신인 사신(社神)과 곡신(穀神)인 직신(稷神)을 제사지내는 단을 말하며, 성황단이란 그 고을의 수호신인 성황신(城隍神)을 제사지내는 단을 말하고, 여단이란 여신(厲神 : 먼 옛날에는 자손이 없어서 의지할 데 없는 신을 여신이라 하였으며, 그후에는 불의의 재난이라든지 형벌을 받아 죽은 사람의 혼령을 여귀(厲鬼) 또는 여신으로 정의하였음)을 제사지내는 단을 말한다. 1묘란 동양의 대성인인 공자를 비롯하여 그의 학문을 전승하였던 여러 유현(儒賢)들을 제사지내는 문묘를 말하는 것이다.

고을의 수령은 이 3단 1묘의 의의를 정확하게 인식하여 목욕재계하고 공경과 성의를 다하여 제사드릴 것을 강조하고 있다. 묘우나 제단을 항상 보수하고 제복(祭服)이나 제기(祭器)를 정결히 보존하며, 제물로 바칠 희생(犧牲)이나 자성(粢盛)을 미리부터 정선하여 준비해 둘 것을 아울러 말하고 있다. 그밖에 경내에 서원(書院)이 있을 경우에도 그 관리를 소홀히 하지 말며, 나라에서 치제(致祭)할 때는 역시 공경과 성의를 다하여 선비들을 올바르게 이끌어야 한다고 하였다.

기우제란 가뭄으로 인하여 농사를 제대로 지을 수 없을 때 하늘에 비를 기원하는 제전인데, 근래에 와서 여러 가지 비정상적인 기우 행사를 실시하는 것은 정도(正道)를 벗어나는 일이므로, 수령은 이를 엄금하고 오직 성의를 다하여 집전(執典)할 것을 주장하고 있다. 그리고 민폐가 되거나 미풍양속을 해치는 미신적인 전래(傳來)의 제사 따위가 있다면 사람들을 적극 계몽시켜서 이를 없애버리라고 강조하고 있다.

오늘날에는 삼단의 제향 같은 것은 찾아볼 길이 없으나 문묘만은 소중하게 관리되고 있으며 제향이 연례 행사로 집전되고 있다. 또 서원은 그 지방의 유림(儒林)들이 이를 관리하고 있다. 그러나 아직도 성황당이나 굿, 주술 등 여러 가지 미신적인 행사가 성행하고 있는 실정이므로, 당국에서는 치밀한 계획을 수립하여 널리 계몽함으로써 이를 없애버리고 국민 경제에 미치는 폐해를 없애는 한편

문명 국민으로서의 자세를 바로잡아야 한다.

2. 접대는 법도 있게
……빈객(賓客)

빈례(賓禮)란 5례(五禮)의 하나이다. 그 접대하는 물품이 너무 후하면 재물을 낭비하게 되고, 너무 박하면 환심을 사지 못한다. 선왕이 중정(中正)에 맞도록 예법을 제정하여 후하되 정도에 넘치지 못하게 하였으며, 박하되 정도에 미치지 않는 일이 없게 하였으니, 그 예법을 만든 근본 정신은 옛날로 거슬러 올라가지 않을 수 없는 것이다.

옛날의 음식 차림에는 다섯 등급이 있었으니 위로는 천자로부터 아래로는 3사(三士)에 이르기까지 그 길흉간에 사용되는 것은 이 범위를 벗어나지 않았다.

오늘날에 있어서 감사(監司)의 순력(巡歷)은 천하의 큰 폐단이 되고 있다. 이 폐단이 고쳐지지 않는다면 부역이 무거워지고 백성들이 모두 살 수 없게 될 것이다.

내찬(內饌)이란 빈객을 대접하는 예법이 아니다. 그 실상은 있어도 명분이 없는 것은 마땅히 억제해야 한다.

감사의 음식 대접하는 형식은 전해 내려오는 훈계가 국승(國乘)에 기재되어 있으니, 마땅히 정성껏 준수하여 무너뜨려서는 안 된다.

모든 빈객의 대접은 마땅히 고례(古禮)를 따라서 엄하게 법식을 정해야 한다. 법은 비록 마련되어 있지 않으나 예는 강론하지 않을 수 없다.

옛날의 어진 수령은 그 상관을 대접하는 것이 감히 예법을 넘어서지 않았으나 그 아름다운 행적은 널리 기록에 실려 있다.

비록 상관이 아니더라도 무릇 지나가는 사성(使星)은 마땅히 극진히 공경해야 한다. 횡포하는 자는 받아들이지 않을 것이나 그 나머지는 마땅히 정성과 공경을 다해야 할 것이다.

옛사람은 내시(內侍)가 지나가는데도 오히려 의(義)에 항거하였으며, 심한 자는 거가(車駕)가 지나가는데도 백성을 괴롭히면서까지 아부하려 들지 않았던 것이다.

칙사(勅使)를 접대하는 것을 지칙(支勅)이라 일컫는데 지칙은 서쪽 지방의 큰 정책이다.

| 풀이 | 손님에게 음식을 대접할 때 너무 후하게 하면 재정이 줄어들게 되고, 또 너무 박하게 하면 환심을 사지 못하므로, 옛사람이 만들어 놓은 예법을 따라서 정도에 맞게 할 것을 주장하고 있다. 여기서는 특히 수령이 직속 상관인 감사를 접대할 때의 자세에 대하여 언급하고 있는데, 감사가 관내를 순행하는 일은 심한 폐단을 빚어내고 있다. 백성들이 며칠씩 부역을 나와서 길을 닦아야 하며 수백 명에 이르는 수행원들을 송영(送迎)하며 접대해야 한다. 그것은 실로 민생을 도탄으로 몰아넣는 것이다. 수령

勅 支勅者 西路之大政也

오례(五禮) : 가례(嘉禮 : 왕실의 혼인에 관한 예법)·빈례(賓禮 : 빈객 접대에 관한 예법)·길례(吉禮 : 제사에 관한 예법)·군례(軍禮 : 군인의 예법)·흉례(凶禮 : 장상(葬喪)에 관한 예법) 등 다섯 가지 예법을 말함.

희뢰제품(饎牢諸品) : 손님 접대하는 여러 가지 물품.

제례지본(制禮之本) : 예를 제정한 근본 정신.

소(溯) : 거슬러 올라가는 것을 뜻함.

연향(燕饗) : 음식을 대접하는 것.

감사(監司) : 오늘날의 도지사임.

순력(巡歷) : 관내를 순행하는 것.

번중(煩重) : 번거롭고 무거운 것.

내찬(內饌) : 안방에서 따로 손님을 접대하는 것.

예빈(禮賓) : 예법으로써 손님을 대접하는 것.

주전지식(廚傳之式) : 음식을 대접하는 형식.

조훈(祖訓) : 전해 내려오는 법도.

국승(國乘) : 나라의 역사.

각준(恪遵) : 정성껏 준수하는 것.

궐식(厥式) : 그 법식.
유례(踰禮) : 예를 넘어서는 것을 말함.
방휘(芳徽) : 아름다운 행적.
방책(方册) : 기록.
사성(使星) : 임금의 심부름으로 지방에 나온 벼슬아치.
각공(恪恭) : 성의를 다하고 공손한 것.
거가(車駕) : 임금의 행차.
학민(虐民) : 백성을 괴롭히는 것.
구미(求媚) : 환심을 사는 것을 말함.
칙사(勅使) : 중국 천자의 사신을 말함.

은 마땅히 예법을 따라야 하며 정도에 넘치는 일을 해서는 안 된다. 옛날의 어진 수령은 상관을 대접하는 것이 예법에 넘치는 일이 없었으나 그의 아름다운 행적이 널리 기록에 실려 있다는 사실을 들어서 이를 강조하고 있다.

이 글에서는 빈객을 대접하는 예법에 대하여 논하고 있다. 오늘날의 목민관들도 모름지기 국가의 예산을 낭비해 가며 상관을 접대함으로써 환심을 사고 영달을 꾀하는 일이 없도록 해야 한다. 또 상관들도 하부 관청으로부터 정도에 넘치는 향응을 받는다든지 하여 위신이 떨어지고 지도 감독의 임무를 제대로 수행하지 못하는 일이 있어서는 안 될 것이다.

3. 민도(民度)를 높이자
……교민(教民)

3// 民牧之職 教民而已 均其田產 將以教也 平其賦役 將以教也 設官置牧 將以教也 明罰飭法 將以教也 諸政不修 未遑興教 此百世之所以無善治也 束民爲伍 以行鄕約 亦古鄕黨州族之遺意 威惠旣洽 勉而行之可也 前言往行

목민관의 직책은 백성을 가르치는 데 있을 따름이다. 그 전산(田產)을 고르게 하는 것도 장차 가르치기 위함이요, 부역을 고르게 하는 것도 장차 가르치기 위함이요, 관직을 마련하고 목민관을 두는 것도 장차 가르치기 위함이요, 죄를 밝히고 법을 신칙하는 것도 장차 가르치기 위함이다. 모든 정치가 행해지지 않아서 교육을 일으킬 겨를이 없다면, 이는 백세(百世)에도 선치(善治)가 있을 수 없다.

백성을 결속하여 오(伍)를 만들어 향약(鄕約)을 행하는 것도 또한 옛날 향당이나 주족제도를 본뜬 것이다. 위엄과 은혜가 이미 흡족하다면 힘써 행하는 것이 좋다.

지난날의 좋은 말과 아름다운 행실들을 부지런히 백성들에게 권유하여 귀와 눈에 젖도록 하는 것도 또한 교화하고 이끌어나가는 데 도움이 될 것이다.

가르치지 않고 형벌을 주는 것을 망민(罔民)이라고 한다. 비록 대대(大憝)나 불효(不孝)라 할지라도 먼저 이를 가르치고 그래도 고치지 않는다면 죽여야 한다.

형제가 우애하지 않고 쟁송(爭訟)을 일삼으며 부끄러워하지 않는 자도 또한 가르쳐야 하되, 함부로 죽이지 말아야 한다.

궁벽하게 떨어져 있는 지방은 왕화(王化)에서 멀다. 예속(禮俗)을 권유하여 행하게 하는 것도 또한 목민관으로서 먼저 힘써야 할 일이다.

효자와 열녀(烈女)와 충신절사(忠臣節士)를 발굴해 내서 그 숨은 행적을 세상에 나타나게 하고 이를 정표(旌表)하도록 힘쓰는 것도 또한 목민관의 직책인 것이다.

교격(矯激)한 행동이나 편협한 의리는 이를 숭상하거나 장려하여 폐단의 길을 터주는 일이 있어서는 안 된다. 이것이 의리의 정한 것이다.

❙ 풀이 ❙ 목민관은 농토를 균등하게 분배하고 부역을 공정하게 하여 국민 생활의 안정을 도모하는 한편, 반드시

勸諭下民 使之習慣於耳目 亦或有助於化導 不敎而刑 謂之罔民 雖大憝不孝 姑唯敎之 不悛乃殺 兄弟不友 鬪訟無恥者 亦姑敎之 勿庸殺之 邏陬絶徼 遠於王化 勸行禮俗 亦民牧之先務也 孝子烈女忠臣節士 闡發幽光 以圖旌表 亦民牧之職也 若夫矯激之行 褊狹之義 不宜崇奬 以啓流弊 其義精也

전산(田産) : 농지를 말함.
명벌식법(明罰飭法) : 형벌을 밝히고 법을 신칙하는 것을 말함
미황(未遑) : 겨를이 없는 것을 말함.
백세(百世) : 오랜 세월.
향약(鄕約) : 권선징악을 취지로 한 향당의 자치 규약. 우리 나라에서는 조선 중종 14년에 처음 실시되었으나 오래 지속되지 못하였음. 그후 지방에 따라 여러 가지 향약이 있었으며, 그 중심되는 기관으로서 향소(鄕所)가 있었음.
전언(前言) : 지나간 날의 좋은 말. 글자 그대로 해석한다면 좋다는 뜻은 없으나 '좋은'을 집어넣는 것이 타당함.

왕행(往行) : 지나간 날의 아름다운 행실.
화도(化導) : 교화하고 인도하는 것.
망민(罔民) : 백성을 속임.
대대(大憝) : 극악(極惡)한 사람을 뜻함.
부전(不悛) : 고치지 못함.
은송(讞訟) : 송사(訟事)를 심하게 하는 것.
하추절요(遐陬絶徼) : 서울에서 극히 먼 지방.
왕화(王化) : 임금의 교화.
선무(先務) : 먼저 힘써야 할 일을 말함.
천발유광(闡發幽光) : 숨어 있는 빛나는 행적을 밝혀서 세상에 알리는 것.
정표(旌表) : 정문(旌門)을 세워서 표창하는 것.
교격(矯激) : 지나치게 과격한 것.
편협지의(編狹之義) : 의리에 맞는 것 같지만 너무나 융통성이 없어서 사람들의 본받을 바가 못 되는 것.
숭장(崇奬) : 숭상하고 장려하는 것.
유폐(流弊) : 흘러내려가는 폐단.

백성들을 가르치고 감화시켜 예의 바르고 도덕을 존중하는 훌륭한 백성으로 길러냄으로써 질서가 확립된 명랑한 사회를 건설하도록 힘써야 한다. 백성을 교도한다는 것은 목민관의 극히 중대한 사명인 것이다. 나라에서 마련한 법이 있기는 하지만 그릇된 백성들을 법으로 다스리기 전에 백성들이 법을 범하지 않도록 가르치고 이끌어야 한다.

일정한 산업이 있고 모든 세금과 부역이 공정하게 부과되어 생활이 안정된 후에 훌륭한 교화를 베푼다면, 백성들은 자연히 선량해지고 인간의 도리를 알아서 법을 범하고 그릇된 길로 가는 일이 없게 마련이다. 일정한 산업이 없는데다 세금이나 부역의 부과가 공정을 잃어서 생활이 곤궁해지고 게다가 아무런 교화조차 미치지 않는다면, 그 백성은 타락되고 법을 범하며 탈선하게 될 것이다. 그럴 경우에는 법대로 백성을 처벌하기 전에 먼저 자신의 선정을 베풀지 못한 책임부터 느껴야 한다. 그렇기 때문에 이 글에서도 가르치지 않고 벌을 주는 것은 백성을 속이는 행위라고 신랄하게 지적하고 있다.

권선징악을 취지로 하는 지방 자치 조직인 향약(鄕約)을 권장하여 백성들의 자율적인 순화(醇化)를 기하는 동시에 아무리 법을 범한 백성이라도 올바르게 교도해 보고 그래도 고치지 못할 경우에는 벌을 주라고 말하고 있다. 또 백성을 선도하는 방법으로써 지방의 효자·열녀·충신열사 등 훌륭한 인물들을 찾아내서 그 숨은 행적을 세상 사람들에게 널리 알리고 이를 최대한으로 표창할 것을 주장하고 있다.

백성를 교화시킨 옛날 어진 목민관의 실례를 하나 들어 보겠다. 이것은 중국에서 있었던 고사(故事)이다. 한연수(韓延壽)란 사람이 고릉현(高陵縣)의 원이 되었는데 형제가 전지(田地)를 가지고 소송을 걸어 왔다. 한연수는 말하기를, "내가 한 고을의 원이 되어서 교화를 밝히지 못한 까닭으로 형제간에 쟁송(爭訟)하는 일이 일어났으니, 이는 나의 책임이다."라고 하면서 자리를 피하고 종일토록 시무하지 않았다. 이렇게 되니 아전들이 어찌할 바를 모르고 매우 당황하였다.

이 말을 전해 들은 그 형제의 종족(宗族)들이 크게 당황하여 대책을 의논하니, 그 형제들도 자신의 잘못을 뉘우쳐서 소송을 철회하고 원을 찾아가서 사죄하는 한편 종신토록 쟁송하지 않을 것을 맹세하였다. 한연수는 크게 기뻐하여 그들 형제를 불러서 그 개과천선한 용기를 크게 칭찬하며 술과 고기를 대접하였다. 이 일로 말미암아 그들 형제가 우애를 되찾은 것은 물론이고 한 고을의 풍속이 순화되었다고 한다.

이 글에서는 목민관이 백성을 교화시키는 것에 대하여 논하고 있다. 다산 선생이 생존해 있던 당시와 오늘날의 시대적 양상이 비록 달라지기는 하였으나 백성을 교화하는 것이 목민관의 중요한 임무임은 변할 수 없는 철칙이다.

쟁송(爭訟) : 서로 다투어 송사(訟事)를 일으킴.

4. 배움터를 마련
…… 흥학(興學)

4// 古之所謂學校者 習
禮焉 習樂焉 今禮壞樂
崩 學校之教 讀書而已
文學者 小學之教也 然
則後世之 所謂興學者
其猶爲小學乎 學者 學
於師也 有師而後有學
招延宿德 使爲師長 然
後學規 乃可議也 修葺
堂廡 照管米廩 廣置書
籍 亦賢牧之所致意也
簡選端方 使爲齋長 以
作表率 待之以禮 養其
廉恥 季秋 行養老之禮
教以老老 孟冬 行鄕飮
之禮 教以長長 仲春 行
饗孤之禮 教以恤孤 以
時行鄕射之禮 以時行
投壺之禮

흥학(興學) : 학교를 일으키
는 것.
예괴악붕(禮壞樂崩) : 예악
이 무너졌다는 것.
독서이이(讀書而已) : 이
(已)는 따름이다. 뿐이다로
풀이하여 글을 읽을 뿐이다
로 해석됨.
초연(超延) : 초빙하는 것.
숙덕(宿德) : 덕이 높은 사

옛날의 학교에서는 예를 익히고 악(樂)을 익혔었다. 그
러나 오늘날에는 예가 무너지고 악이 무너져서 학교의 가
르침이란 글을 읽는 것뿐이다.

문학이란 소학(小學)에서 가르치는 것이다. 그렇다면 후
세에 와서 학교를 일으킨다고 하는 것은 그 소학을 하는
것과 같은 것이란 말인가.

배운다는 것은 스승에게 배운다는 것이다. 스승이 있어
야 배움이 있으니, 오래 덕을 쌓은 이를 초빙하여 스승을
삼은 후에야 배움의 규칙을 의논할 수 있는 것이다.

당무(堂廡)를 수리하고 재정을 관리하며 널리 서적을 비
치하는 것도 또한 어진 목민관으로서 유의할 일이다.

단아하고 방정(方正)한 자를 가려서 재장(齋長)을 삼아
표솔(表率)이 되게 하고, 예로써 대우하며 염치를 알게 해
야 한다.

늦가을에는 양로(養老)의 예를 행하여 노인을 노인으로
대접하는 길을 가르치며, 초겨울에는 향음(鄕飮)의 예를
행하여 어른을 어른으로 대접하는 길을 가르치며, 중춘(仲
春)에는 향고(饗孤)의 예를 행하여 고아를 긍휼히 여기는
길을 가르친다. 때를 살펴서 향사(鄕射)의 예를 행하며 때
를 살펴서 투호(投壺)의 예를 행하도록 한다.

| 풀이 | 여기서 논하고 있는 학교란 주로 지방의 향교를 말한다. 학교의 건물을 항상 수리하고 손질하여 관리를 철저히 하며, 재정을 확립하고 서적을 널리 비치하여 선비들이 학문을 연구하는 데 조금도 지장이 없도록 해야 한다. 또한 학식이 풍부하고 덕이 높은 인사를 재장(齋長)으로 선임하여 배우는 선비들을 선도하고 훌륭한 인재를 육성하는 데 힘쓸 것을 강조하고 있다. 학교의 시설이 충실한데다 훌륭한 스승들이 교육을 담당한다면 그 교육은 알찬 교육이 될 것이며, 많은 인물이 배출되어 국가와 민족에 크게 기여할 것이다.

과거 우리 나라의 교육은 주로 중국의 제도를 모방한 것이며, 고대 중국의 교육이란 인간 생활의 질서인 예와 정서 함양을 목적으로 하는 악(樂)을 중시하였다. 그렇기 때문에 예악(禮樂)을 치국의 원칙으로 하였으며, '견기례이지기정(見其禮而知其政 : 그 예를 보고 그 정치를 안다)', '문기악이지기덕(聞其樂而知其德 : 그 음악을 듣고 그 덕을 안다)' 이라는 말이 나오게 되었다.

이 글 중에 "오늘날의 학교에서는 예나 악을 익히지 않고 오직 글을 읽는 데 그칠 뿐이다."라고 말한 것을 본다면 당시의 학교 교육에서 예악이 소홀히 다루어졌다는 것을 알 수 있다.

이는 과거 우리 나라 사람들이 예법에 대하여 깊은 관심을 갖고 매우 신중을 기하였다는 사실을 볼 때 예가 소외되었다는 점은 공감이 가지 않는다. 그러나 악공(樂工)

람을 말함.
사장(師長) : 스승.
당무(堂廡) : 강당과 행랑.
조관(照管) : 관리하고 살피는 것.
미름(米廩) : 쌀을 넣어두는 창고.
간선(簡選) : 선택하는 것.
단방(端方) : 사람됨이 단아하고 행동이 방정한 것.
재장(齋長) : 학교장.
표솔(表率) : 사표(師表).
계추(季秋) : 늦가을. 음력으로 9월.
노로(老老) : 노인을 노인으로 대접하는 것. 〈맹자〉의 '노오로이급인지로(老吾老以及人之老 : 내 집 노인을 공경하는 것을 미루어서 남의 집 노인을 공경한다.)' 라는 구절을 인용한 문구임.
맹동(孟冬) : 초겨울. 음력으로 10월.
향음지례(鄕飮之禮) : 고을에서 수령이 주인이 되어 그 지방의 선비들을 모아 술을 마시며 연회를 베푸는 것을 말함. 이 자리에서 향약에 대하여 의논하기도 하였는데, 일정한 기준의 예법이 있었으며 정악(正樂)도 사용되었다. 일향(一鄕)의 친목을 도모하는 동시에 예악(禮樂)을 존중하며 풍속을 순화시킨다는 데 있어서 그 의의가 크다고 생각됨.
장장(長長) : 어른을 어른으로 대접함.
중춘(仲春) : 봄의 중간. 음

력 2월.
향고지례(饗孤之禮) : 고아
들을 모아서 향응하는 것.
휼고(恤孤) : 고아를 궁휼히
여기는 것.
향사지례(鄕射之禮) : 한 시
골의 인사들이 활쏘기를 하
며 연회하는 것. 모든 예법
이나 절차가 향음주례에 기
초를 두고 있음.
투호지례(投壺之禮) : 연회
석에서 주인과 손님이 화살
을 병 속에 던져넣는 것으
로서 승부를 가리며, 진 사
람이 이긴 사람에게 술을
권하던 예법. 향사례와 향
읍례를 절충한 의식임.

들을 천시하였거나 궁중의 악사(樂士)들까지도 중인 계급
에 국한한 것을 본다면 악(樂)만은 본래의 취지와는 달리
정말 소외되어 왔었다는 것을 알 수 있다.

목민관은 학교 교육을 통하여 충실한 학문적인 교육을
실시하는 외에도 철에 따라 노인 대접과 고아를 궁휼히 여
기는 향음주례(鄕飮酒禮)·향고지례(饗孤之禮)·향사례(鄕射
禮)·투호례(投壺禮) 같은 의식을 행함으로써 인의도덕(仁義
道德)에 입각한 미풍양속을 기르는 동시에 예와 악을 익힐
것을 주장하고 있다.

이 글에서는 학교를 일으키는 문제에 대하여 논하고 있
다. 오늘날은 교육 자치가 실시되어 학교 교육이 목민관
의 권한에 속해 있지 않다. 그러나 지방의 교육을 위하여
힘을 모아 협조하는 것은 물론, 양로·휼고(恤孤)의 예를
행한다든지, 향사례나 투호례에 대신할 수 있는 지방 체
육회 같은 것을 적당한 시기에 열어서 도의질서의 확립과
아울러 지방민의 친화를 기하도록 힘써야 할 것이다.

5. 신분 제도의 확립
……변등(辨等)

5// 辨等者 安民定志之
要義也 等威不明 位級
以亂 則民散而無紀矣

변등(辨等)은 백성을 편안케 하고 뜻을 정하는 중요한
일이다. 등급이나 위엄이 밝지 못하다면 지위나 계급이

어지러워져서 백성이 흩어지고 기강이 무너질 것이다.

종족에는 귀하고 천함이 있으니 마땅히 그 등급을 가려야 하며, 세력에는 강하고 약함이 있으니 마땅히 그 정상을 살펴야 한다. 이 두 가지는 그 어느 하나도 그만두어서는 안 된다.

무릇 변등하는 정책은 오직 소민(小民)을 징계하자는 것만이 아니라 중인 계급이 윗사람을 범하는 것도 또한 미워하는 바이다.

궁실(宮室), 거마(車馬), 의복(衣服), 기용(器用) 등을 분수에 넘게 사치하는 것이 제도를 넘어서는 자는 모두 마땅히 엄금해야 할 것이다.

무릇 노비의 법이 변한 후에는 민속이 크게 외람되어졌는데 이는 국가의 이익이 아니다.

귀족들이 이미 쇠잔해지고 천한 부류들이 서로 헐뜯으니 관장이 이를 다스릴 때 그 실정(實情)을 잃는 수가 많다. 이것이 또한 오늘날의 통속적인 폐단이다.

| 풀이 | 조선시대에는 문무 관리(文武官吏) 및 그 자손인 양반, 아전·군교(軍校) 등 중인, 농업·공업·상업에 종사하는 평민, 백정·광대·무당·뱃사공 등 천민의 네 가지 신분 계급으로 나뉘어져 있었으며 그 신분 질서가 극히 엄정하였다. 그러나 세월이 흐르면서 귀족이 쇠잔해지는 반면 중인 계급이 성하고 평민도 권리를 주장하고 나서서 계급 질서가 문란해졌던 것 같다. 따라서 양반 계급

族有貴賤 宜辨其等 勢有强弱 宜察其情 二者不可以偏廢也 凡辨等之政 不唯小民是懲 中之犯上 亦可惡也 宮室車乘 衣服器用 其僭侈踰制者 悉宜嚴禁 盖自奴婢法變之後 民俗大渝 非國家之利也 貴族既殘 賤流交誣 官長按治 多失其實 斯又今日之俗弊也

변등(辨等) : 등급을 가리는 것을 말함.
정지(定志) : 글자 그대로 풀이한다면 뜻을 정한다로 해석되나, 전체 문장의 취지로 볼 때 마음이 일성해져서 분수를 넘어서지 않는 것으로 보는 것이 타당함.
요의(要義) : 중요한 방법.
등위(等威) : 등급과 위엄.
위급(位級) : 지위와 계급.
의찰기정(宜察其情) : 마땅히 그 정상을 살펴야 한다는 뜻임.
편폐(偏廢) : 어느 한 가지만 없애버리는 것.
소민(小民) : 보살것없는 백성을 뜻함.
시징(是懲) : 이를 징계함.
가오(可惡) : 미워하는 바.
궁실(宮室) : 주택.
거승(車乘) : 수레와 말.
기용(器用) : 쓰는 그릇.

참치(僭侈) : 분수에 넘게 사치하는 것.

유제(踰制) : 제도를 넘어서는 것.

대유(大逾) : 크게 외람된 것을 말함.

천류(賤流) : 천한 계급의 사람들.

교무(交誣) : 서로 헐뜯는다는 것. 서로 무고(誣告)하는 것으로 해석됨.

안치(按治) : 다스리는 것.

다실기실(多失其實) : 그 실정을 잃는 것이 많다는 것.

속폐(俗弊) : 통속적인 폐단.

을 중심으로 계급 질서를 확립하는 동시에 국민의 단결을 호소하고 있다.

목민관은 마땅히 등급을 가리는 정책을 강력히 추진하여 평민들이 신분을 돌보지 않고 제멋대로 행동하거나 중인들이 양반을 모독하는 행위 등을 엄단할 것과 주택, 거마, 의복, 기용 등에 있어서 극도로 사치하여 제도를 넘어서는 것을 엄금할 것을 강조하고 있다.

이 글에서의 변등 정책은 오늘날과 같은 민주 체제하에서는 논란의 대상이 되지 않는다. 다만 국민들이 사치에 흐르면 돈을 낭비하게 되고 따라서 경제가 궁핍해지며 국가 재정이 흔들리게 된다. 근검과 절약은 국민 경제의 성장을 가져오고 국가의 부강을 이룩하는 길이다. 오늘날에는 분수에 넘치는 사치풍조를 버리고 검소한 생활을 하도록 적극 계몽하여 질실강건(質實剛健)한 생활 풍토를 이룩하도록 노력해야 한다.

6. 인재를 길러내자
……과예(課藝)

6// 科擧之學 壞人心術 然選擧之法未改 不得 不勸其肄習 此之謂課 藝 課藝宜亦有額 旣擧

과거(科擧)의 학은 사람의 심술(心術)을 파괴하는 것이다. 그러나 선거(選擧)하는 법을 고치지 않는 한 그 이습(肄習)을 권장하지 않을 수 없으니, 이를 일러 과예(課藝)라고 한다.

과예도 마땅히 정원이 있어야 한다. 이미 추천하여 뽑혔거든 곧 시험을 치르게 하고 이내 편성하여 그들에게 본 시험을 보게 해야 과예라고 할 수 있다.

근세에 와서는 문체는 낮추어지고 구법(句法)도 거칠어졌으며 편법(篇法)도 짧아졌으니, 이를 바르게 하지 않을 수 없는 것이다.

동몽(童蒙)의 총명·강기한 자들은 따로 뽑아서 정성껏 가르쳐야 한다.

과예를 부지런히 권장하여 과거에 합격하는 자가 계속 나오면 드디어 문명한 고을이 되는 것이니, 또한 목민관의 지극한 영광인 것이다.

과규(科規)가 서지 않으면 선비의 마음이 쏠리지 않게 된다. 과예의 정책도 또한 독선적이어서는 안 된다.

| 풀이 | 과거란 시험에 의하여 인재를 선발하는 제도를 말한다. 과거제도의 기원을 살펴보면 중국에서는 수(隨)나라 때 실시하였으며, 우리 나라에서는 이를 모방하여 통일신라 원성왕(元聖王) 때 독서삼품과(讀書三品科)를 두었으나 고려 광종(光宗) 때 비로소 체제를 갖추었다고 한다. 그리고 조선 고종 31년 갑오경장이 실시되기까지 약 1천 년 동안 존속되었다. 과거에도 문과(文科)·무과(武科)·잡과(雜科) 등 여러 가지 종류가 있었으나 그중에서 가장 중요한 것이 문과이며 여기서 논의된 것도 바로 문과이다. 문과란 시(詩)·부(賦)·송(頌)·책(策) 등 사장(詞章)을 비

既選 乃試乃編 於是乎課之也 近世以來 文體卑下 句法澆悖 篇法短促 不可以不正也 童蒙之聰明强記者 別行抄選 敎之誨之 課藝旣勤 科甲相續 遂爲文明之鄕 亦民牧之至榮也 科規不立 則士心不勸 課藝之政 亦無以獨善也

선거(選擧) : 추천으로 뽑아내는 것.
이습(肄習) : 익히는 것.
과예(課藝) : 과거 공부.
액(額) : 어느 한도. 여기서는 정원을 뜻함.
과지(課之) : 과거시험을 보게 하다는 것.
요패(澆悖) : 거친 것.
편법(篇法) : 문장(文章).
단촉(短促) : 극히 짧은 것, 극히 빈약한 것.
동몽(童蒙) : 어린 학생.
강기(强記) : 기억력이 극히 좋은 것.
별행초선(別行抄選) : 따로 선발하는 것.
회지(誨之) : 가르친다는 것.
과갑(科甲) : 과거에 합격한 사람.
상속(相續) : 계속하여 나오는 것.
지영(至榮) : 지극한 영광.

롯하여 경서(經書)에 이르기까지 그 시험 과목이 다양하였으며, 여기에 합격된 사람은 고등 문관에 임용되었다. 즉 오늘날의 고등고시에 해당된다. 문과의 고시 장소는 서울이었으며, 이에 응시하는 자격은 지방에서 선발되어 예비시험에 합격된 자에 국한되었다.

목민관은 먼저 과거에 응시할 수 있는 자를 추천으로 뽑은 뒤 예비시험을 실시하여 합격자를 선발하고 이들에게 과거에 응시토록 해야 한다. 그밖에 어린 학생들 중에서도 극히 총명하고 기억력이 좋은 사람을 선발하여 따로 교육을 실시하도록 한다. 과거에 합격하는 사람이 계속적으로 많이 나오면 그 고을은 문명한 시골이 될 것이며 목민관에게는 지극한 영광이 되는 것이다. 그러므로 목민관은 응시 후보자의 엄선과 과예의 내용에 충실을 기하는 동시에 그 권장을 게을리하지 않아야만 한다.

8

병전 6조(兵典六條)

1. 건전한 병무 행정을
……첨정(簽丁)

첨정(簽丁)으로부터 포(布)를 거두는 일은 양연(梁淵)에 게서 시작되어 오늘에 이르고 있는데, 폐단이 커서 백성들의 뼈에 사무치는 병통이 되고 있다. 이 법을 고치지 않는다면 백성은 모두 죽게 될 것이다.

대오(隊伍)란 명목뿐이며 쌀이나 포목은 실지이다. 실지대로 이미 거두었는데 명목을 어찌 또 묻겠는가. 명목을 또 물으려 한다면 백성들이 그 해독을 받을 것이다. 그러므로 군정(軍政)을 잘 다스리는 자는 다스림만을 일삼지 않고, 첨정(簽丁)을 잘하는 자는 첨정만을 일삼지 않는다. 거짓을 조사하고 죽은 것을 밝혀내서 결원을 보충하고 대리할 것을 문책하는 일은 오히려 아전의 이익이 되는 것이니, 어진 목민관은 이를 하지 않는다.

한두 명을 보충하지 않을 수 없을 경우에는 마땅히 넉넉한 집에서 찾아내어 역전(役田)으로 보충하여 실제의 군사를 고용하도록 해야 한다.

군역(軍役) 한 자리에 첨정의 대상이 5, 6명이 될 때 모두 쌀과 포목을 거두어서 아전의 주머니로 들어가게 되니, 이를 살피지 않을 수 없는 것이다.

1// 簽丁收布之法 始於 梁淵 至于今日 流波浩 漫 爲生民切骨之病 此 法不改 而民盡劉矣 隊 伍名也 米布實也 實之 旣收 名又奚詰 名之將 詰 民受其毒 故善修軍 者 不修 善簽丁者 不簽 査虛覈故 補闕責代者 吏之利也 良牧不爲也 其有一二不得不簽補者 宜執饒戶 使補役田 以 雇實軍 軍役一根 簽至 五六 咸收米布 以歸吏 槖 斯不可不察也 軍案 軍簿 竝置政堂 嚴其鎖 鑰 無納吏手 威惠旣洽 吏畏民懷 尺籍乃可修 也 欲修尺籍 先破契房 而書院 驛村豪戶 大墓 諸凡逃役之藪 不可不 査括也 收布之日 牧宜 親受 委之下吏 民費以 倍 僞造族譜 盜買職牒 圖免軍簽者 不可以不 懲也 上番軍裝送者 一 邑之巨弊也 十分嚴察

乃無民害

첨정(簽丁) : 병역 의무자.
수포(收布) : 포(布)를 거두는 것 뜻함.
양연(梁淵) : 자는 거원(巨源), 호는 설옹(雪翁). 조선 중종 때의 문신. 김안로(金安老) 등 소인배를 물리쳤으며, 군적수포(軍籍收布)의 법을 시행할 것을 건의하여 이를 시행토록 하였으며, 벼슬이 좌찬성에 이르렀음.
호만(浩漫) : 넓고 크다는 것을 말함.
절골지병(切骨之病) : 뼈에 사무치는 병폐를 말함.
대오(隊伍) : 군대의 행렬. 여기서는 군대로 해석됨.
명우해힐(名又奚詰) : 명목을 또 어찌 물을 것인가라는 뜻.
사허핵고(査虛覈故) : 거짓을 조사하고 죽은 것을 밝혀내는 것.
요호(饒戶) : 생활이 넉넉한 집을 뜻함.
고(雇) : 고용하는 것.
실군(實軍) : 실지 군대.
이귀리탁(以歸吏橐) : 아전의 낭탁으로 돌아감.
군부(軍簿) : 군적부(軍籍簿)를 말함.
정당(政堂) : 정무(政務)를 처리하는 방.

군안(軍案)이나 군부(軍簿)는 다같이 정당(政堂)에 보관하고 엄중하게 자물쇠를 채워서 아전들의 손에 들어가는 일이 없도록 해야 한다.

위엄과 은혜가 이미 흡족하여 아전이 위엄을 두려워하고 백성이 은혜를 생각하게 된 후라야 척적(尺籍)을 정리할 수 있을 것이다.

척적을 정리하려면 먼저 계방(契房)을 없애버려야 하며, 서원(書院) · 역촌 · 호호(豪戶) · 대묘(大墓) 등 여러 가지 병역을 도피하는 보금자리를 조사하지 않을 수 없다.

포(布)를 거두는 날에는 목민관이 마땅히 친히 받아야 한다. 하리(下吏)에게 맡기면 백성의 비용이 갑절이 될 것이다.

족보를 위조하였거나 직첩을 몰래 사서 군적(軍籍)을 면하려는 자는 이를 징계하지 않을 수 없다.

상번군(上番軍)을 장송(裝送)하는 것은 한 고을의 큰 폐단이니, 십분 엄하게 살펴야만 백성의 피해가 없다.

| 풀이 | 병역 대신 포를 나라에 바치는 것을 군포(軍布)라고 하니, 이 법은 조선 중종 때 대사헌(大司憲) 양연(梁淵)의 건의로 비로소 실시된 것인데, 백성들의 부담이 극히 무거워져서 그 폐해가 막심하였다. 영조(英祖) 26년에 균역법을 실시하여 해마다 바치던 군포 두 필을 한 필로 줄여 받음으로써 비로소 백성들의 부담이 적지않이 경감되고 민생이 안도를 얻었다. 그러나 그후 병적(兵籍) 정리의 착오라든가 아전들의 농간, 수령들의 착취 행위 등으로

크게 문란해져서 백골징포(白骨徵布)니 황구첨정(黃口簽丁)이니 하는 용어가 나오기에 이르렀다. 백골징포는 이미 죽은 사람에게도 포를 부과하는 것이며, 황구첨정은 갓난아이에게도 포를 부과하는 것이니, 문란이 극도에 이르러서 백성들은 도탄의 구렁텅이 속에서 신음하였던 것이다.

우리는 흔히 역사를 통하여 삼정(三政)의 문란이 조선의 쇠망을 초래하였음을 알고 있다. 그러나 〈목민심서〉의 기록을 볼 때 실로 통탄을 금할 수 없다. 기록의 일부를 소개해 보기로 한다. 다산 선생이 유배생활을 하고 있을 때, 노전(蘆田)이라는 마을에서 일어난 일이다. 어떤 사람이 아들을 낳았는데 난 지 사흘되던 날 벌써 병적에 올려지고 군포를 내지 못한다고 이정〔里正 : 지금의 통장(統長)〕이 그 집의 소를 끌어갔다. 이 광경을 본 그 집 남자는 칼을 가지고 방으로 들어가서 "이것의 죄다."라고 하면서 자신의 음경을 끊어버리고는 그 자리에 쓰러지고 말았다. 그의 아내는 통곡하면서 그 끊어진 음경을 싸 가지고 현아(縣衙)로 찾아가서 하소연하게 되었는데, 그 음경에서는 그때까지 붉은 피가 흘러내렸으며, 관청의 문지기는 그 여자가 문 안으로 들어가는 것을 막기 위하여 진땀을 빼더라는 목격담이다. 이 어찌 한심스런 일이 아니겠는가. 정치의 혼란이 이 지경에 이르렀던 것이다.

다산 선생은 목민관으로서 병적 관리와 군포 징수에 대하여 유의할 점들을 아래와 같이 열거하고 있다. 군사(軍事)에 관한 모든 문서와 군적부(軍籍簿)는 반드시 정당(政

엄기쇄약(嚴其鎖鑰) : 자물쇠 채우기를 엄하게 함.
위혜기흡(威惠旣治) : 위엄과 은혜가 흡족한 것.
이외민회(吏畏民懷) : 아전은 위엄을 두려워하고 백성은 은혜에 감격한다는 것.
척적(尺籍) : 군적(軍籍)의 기초가 되는 장부.
호호(豪戶) : 세력이 있는 집을 말함.
도역지수(逃役之藪) : 병역을 도피하는 보금자리.
사괄(查括) : 샅샅이 조사함.
민비이배(民費以倍) : 백성의 비용이 갑절이 된다.
도매직첩(盜買職牒) : 관직의 임명장을 몰래 사들임.
도면군첨(圖免軍簽) 병역을 면제받으려고 일을 도모함.
상번군(上番軍) 서울로 뽑혀가는 군인.

현아(縣衙) : 지금의 군청.

堂)에 비치하고, 그 관리를 철저히 함으로써 아전들이 마음대로 손을 댈 수 없도록 해야 한다. 그리고 위엄과 은혜를 병행함으로써 아전들이 감히 농간을 부릴 수 없게 하고, 백성들이 은혜에 감복하여 믿고 따르게 되어야만 비로소 공정 무사한 군적부를 정비할 수 있다. 군적부를 정비하기 위해서는 먼저 모든 부정부패의 근원인 계방(契房)을 없애버리는 동시에 서원·역촌·호호(豪戶)·대묘(大墓) 등 병역 도피의 온상이 되는 곳들을 철저히 색출하여 병적에 등재해야 한다. 또 족보를 위조한다든지 돈을 주고 직첩(職牒)을 사들여서 병역을 면하려는 부정 행위를 조사하여 엄하게 징벌해야 한다. 이와 같이 함으로써 공정하고도 신빙성 있는 군적부를 만들 수 있다.

군적부가 정비된 후에는 운영의 묘를 기함으로써 병역 의무의 공정한 부과와 동시에 아전들의 농간과 협잡(挾雜)을 근절하여 민생을 안정시켜야 한다. 예를 들어 군포를 받아들이는 일 같은 것도 아전들에게 맡기지 않고 목민관이 병역 의무자들로부터 직접 받아들이도록 한다. 이것을 만일 아전들에게 맡긴다면 아전들이 생트집을 잡아서 좋은 포목도 나쁘다고 물리치고 돈으로 받는다든지 또는 포목상과 결탁하여 농간을 부리는 등 백성들에게 크게 해를 끼치게 될 것이다.

이 글에서는 주로 병역 의무자에 대한 징포(徵布) 문제를 논하고 있다. 오늘날에 이르러서는 병적 사무도 과학적으로 운영되어서 다산 선생이 생존해 있던 그 시대처럼 백골징포니 황구첨정이니 하는 기상천외의 용어는 찾아 볼 길이 없다. 그러나 부정이 근절되었다고 볼 수는 없다. 사람의 머리가 발달되면 발달될수록 부정도 지능화되어 가고 있다. 병역이란 납세·근로·교육과 함께 국민의 4 대 의무로 되어 있으니 국민은 마땅히 그 의무에 충실해 야 할 것이다. 만일 병역 의무자가 병역을 기피하고 병무 담당자가 이에 부화뇌동하여 병사 부정을 저지른다면 이 는 국민 총화를 깨뜨리고 무엇보다도 중대한 국방에 차질 을 가져오는 무서운 결과를 낳게 되는 것이니, 각자가 정 신 자세를 바르게 하고 당국에서도 강력하게 규제하여 밝 은 병사 행정이 이루어지기를 바라는 마음 간절하다.

2. 만일에 대비
……연졸(練卒)

연졸(練卒)은 무비(武備)의 중요한 일이다. 조연(操演)의 법은 교기(教旗)의 술(術)이다.

오늘날의 이른바 연졸이란 헛수고일 뿐이다. 첫째 속오 (束伍), 둘째 별대(別隊), 셋째 이노대(吏奴隊), 넷째 수군(水 軍)인데, 법이 갖추어지지 않았으니 훈련해도 이익될 것이 없다. 문서에 따른 형식뿐이니 시끄럽게 떠들 필요가 없 는 것이다.

2// 練卒者 武備之要務
也 操演之法 教旗之術
也 今之所謂練卒 虛務
也 一曰束伍 二曰別隊
三曰吏奴隊 四曰水軍
法既不具 練亦無益 應
文而已 不必擾也 惟其
旗鼓 號令 進止 分合之
法 宜練習詳熟 非欲教
卒 要吏衙官列校 習於

規例 吏奴之練 最爲要
務 前期三日 宜預習之
若年豊備弛 朝令無停
以行習操 則其充伍餙
裝 不得不致力 軍中收
斂 軍律至嚴 私練公操
宜察是弊 水軍之置於
山郡 本是謬法 水操有
令 宜取水操程式 逐日
肄習 非無闕事

연졸(練卒) : 군사들을 훈련
시키는 것.
무비(武備) : 무력에 의한
방비를 말함.
요무(要務) : 중요한 일.
조연(操演) : 연습하고 조련
하는 것.
교기(校旗) : 각종 기(旗)의
신호에 의하여 동작하는 방
법을 가르치는 것.
속오(束伍) : 대오를 편성하
는 것.
별대(別隊) : 기병(騎兵).
이노대(吏奴隊) : 아전이나
관노로써 조직한 군대.
응문(應文) : 문서에 의한
형식적인 것.
기고(旗鼓) : 기치(旗幟)·
징·북.
진지(進止) : 앞으로 나아가
고 그 자리에 멈추는 것.
분합(分合) : 흩어지고 모이
는 것.
상숙(詳熟) : 자세하게 익힘.

오직 기고(旗鼓)·호령(號令)·진지(進止)·분합(分合)의
법은 마땅히 연습하여 자세히 익힐 것이니, 군사에게만
가르치려는 것이 아니라 아전이나 군교로 하여금 규예(規
例)를 익히게 하려는 것이다.

이노(吏奴)의 훈련은 가장 중요한 일이다. 기한 3일 전
에 마땅히 예습해야 한다.

만일 풍년이 들고 준비가 해이하다 하더라도 조정의 명
령이 멈추지 않고 조련(操練)을 행한다면 그 대오(隊伍)를 보
충하고 장비를 갖추는 일에 힘쓰지 않을 수 없는 것이다.

군중(軍中)에서 수렴하는 일은 군율(軍律)이 지극히 엄중
하니 사련(私練)이나 공조(公操)에서 마땅히 그 폐단을 살
필 것이다.

수군(水軍)을 산군(山郡)에 둔다는 것은 본래 잘못된 법
이다.

수군 조련의 명령이 있으면 마땅히 수조(水操)의 정식(程
式)을 취하여 날마다 익혀서 빠지는 일이 없도록 해야 한다.

| 풀이 | 군사훈련을 실시한다는 것은 용감하고 규칙적인
군대를 육성하려는 것이기 때문에 튼튼한 국방을 위하여
필수불가결한 것이다. 그렇기 때문에 여기서도 연졸(練卒)
은 무비(武備)에 있어서 가장 중요한 일이라고 말하고 있
다. 군사훈련이 없다면 군대가 있다 한들 어떻게 일사불
란한 행동을 취할 수 있을 것이며, 유사시에 어찌 수비와
공격을 할 수 있을 것인가. 그러나 다산 선생은 연졸의 중

요성을 강조하면서 당시의 제도하에서는 연졸이 형식에 그치는 무익한 것임을 논하고 있다.

공자는 족식(足食 : 백성들이 배부르게 먹는 것)·족병(足兵 : 군대가 용감하여 국방이 튼튼한 것)·민신지(民信之 : 백성들이 정부를 믿는 것)의 세 가지를 나라를 다스리는 첩경으로 설명하였다. 옛날에는 나라에서 군사를 뽑아갈 때 그 가족들에게 생활을 영위할 수 있는 농토를 주거나 식량을 공급해 줌으로써 생활을 보장해 주었다. 따라서 군사들도 군적(軍籍)에 오르는 것을 영예로 생각하고 뒷일의 염려 없이 신명을 바쳐 나라를 위하여 싸웠던 것이다.

그러나 지금의 군대라는 것은 노비나 천인들만으로 구성되고 그나마도 10여 세의 소년이나 백발 노인까지 편입되어 있으며, 더욱이 가족들의 생활 대책도 전혀 보장해 주지 않아서 심적으로 안정을 얻지 못하고 있다. 그리고 무기는 100년 전에 만든 것으로 녹슬었으며 총은 만든 지가 하도 오래된 것이어서 불만 번쩍거릴 뿐 소리도 나지 않는다. 남쪽에서는 별대(別隊)라 이름하고 서로(西路)에서는 무학(武學)이라고 부르는 이른바 기병(騎兵)이라는 것은 처음 설립하였을 때 말 한 필씩을 분배해 주었을 뿐이며, 그후로는 대책이 없어서 세월이 오래 흘러가고 보니 백에 하나도 쓸 것이 없게 되었다.

훈련하는 날이면 사방에서 말을 세내어 사용하게 되는데 큰 것은 송아지만하고 작은 것은 쥐새끼만하며 절름발이, 애꾸눈, 늙고 병든 것 등 각양각색이어서 차마 눈으로

아관(衙官) : 아전들.
열교(列校) : 군교(軍校)들.
비이(備弛) : 준비가 해이함.
충오(充伍) : 결원을 보충하는 것.
식장(飾裝) : 장비를 갖춤.
치력(致力) : 힘을 다하는 것을 말함.
사련(私練) : 고을에서 군사 훈련을 실시하는 것.
산군(山郡) : 산간 지대에 있는 고을.
유법(謬法) : 잘못된 법.
수조(水操) : 수군의 조련.
정식(程式) : 방법.
축일(逐日) : 날마다.
이습(肄習) : 익히는 것.
비무궐사(非無闕事) : 빠지는 일이 없도록 하라는 것.

서로(西路) : 서도(西道). 황해도와 평안남북도의 총칭.

볼 수 없는 지경이다. 강권으로 인하여 마지못해 끌려온 오합지졸에다가 녹슨 병기, 병에 걸린 말들이 모이는 이와 같은 진용(陳容)에 의한 형식적인 훈련이란 소란만 피울 뿐 하나도 이익될 것이 없는 헛수고라고 논평하였다.

그리고 군대 안에서 장교라는 자들이 신병(新兵)들로부터 신입례(新入禮)라 이름하여 돈을 거두는 등 수탈 행위를 하는데 이를 엄금할 것을 주장하고 있다. 군대란 어느 시대를 막론하고 병기의 비축이 충분하고 식량의 보급이 원활하며 군인들이 후고(後顧)의 염려가 없을 정도로 그 가족들에 대한 생활 보장이 되어 있어야 한다. 또한 장교들은 그 부하를 자기 몸처럼 사랑하여 장수와 군사들이 한마음 한뜻으로 뭉쳐지는 곳에 비로소 군인 정신이 확립되고 용감한 군대가 존재하며 그 국방은 금성철벽처럼 튼튼해질 것이다.

후고(後顧) : 뒷날의 근심.

오늘날에는 군인이 젊고 씩씩하며 병기가 근대화되어 다산 선생의 시대와는 비록 격세지감이 있기는 하지만, 만일 장수와 병사들이 각각 자기의 이익만을 추구하려 든다면 역시 그 기능을 발휘할 수 없게 되는 것이다. 그러므로 장수는 병사를 사랑하고 병사들은 진심으로 장수를 따르는 인간애를 바탕으로 하는 군인 정신의 확립이 선결 문제라고 생각된다. 군대 안에서 병사들로부터 금품을 거둔다든지 하는 일은 털끝만큼도 용납될 수 없는 것이다.

3. 철저한 무기 관리
……수병(修兵)

병(兵)은 병기(兵器)를 말한다. 병기는 100년을 쓰지 않아도 좋지만 하루라도 준비를 하지 않을 수는 없는 것이다. 병기를 정비하는 일은 지방을 지키는 신하의 직책인 것이다.

나누어 준 전죽(箭竹)이나 다달이 나누어 주는 화약은 마땅히 법을 만든 취지를 생각하여 출납을 삼가야 한다.

만일 조정의 명령이 엄중하다면 수시로 수리하고 보충하는 일을 그만둘 수는 없는 것이다.

| 풀이 | 병기(兵器)를 예리하게 만들고 이를 수리하며 보충하는 일은 병사(兵事)에 있어서 극히 중요한 일이다. 아무리 군대가 훈련이 잘되어 있고 용감하다 하더라도 그 병기가 빈약하다거나 보급이 충분하지 못하다면 도저히 적을 맞아서 싸울 수는 없다.

용감한 군대와 예리한 병기가 합치됨으로써 비로소 전필승(戰必勝)·공필취(攻必取)의 실력을 발휘할 수가 있는 것이다.

사람은 누구나 전쟁을 싫어하고 평화를 사랑한다. 병기는 그 쓰일 곳이 없을수록 좋은 것이다. 그러나 어느 때 어느 나라의 침략이 있을지 어떤 내부적인 혼란이 일어날지 기약할 수 없는 처지에서 무비(武備)를 게을리할 수 없

3// 兵者 兵器也 兵可百年不用 不可一日無備 修兵者 土臣之職也 箭竹之移頒者 月課火藥之分送者 宜思法意謹其出納 若朝令申嚴 以時修補 未可已也

토신(土臣) : 지방을 지키는 신하, 즉 수령.
전죽(箭竹) : 화살을 만드는 대(竹)를 말함.
분송(分送) : 나누어 보내주는 것.
신엄(申嚴) : 지극히 엄중한 것이라는 뜻임.
수보(修補) : 수리하고 보충하는 것.

무비(武備) : 군사상의 준

는 것이며, 무비의 일환으로써 지방을 지키는 수령들은 마땅히 병기의 정비와 보충에 힘써야 한다. 그렇기 때문에 조선시대에도 각 고을의 병기를 점검하여 수령들의 성적을 평가하는 것이 제도화되어 있었다. 그러나 그것이 철저히 시행되지 못하였기 때문에 유사시에 큰 차질을 초래하곤 하였던 것이다.

반면에 어진 수령들은 평소에 군대를 훈련시켜서 날쌔고 용감한 군사를 양성하고 새로운 병기를 많이 만들어내서 국난 극복에 큰 공헌을 하기도 하였다. 곧 충무공 이순신 같은 어질고 현명한 장수는 전라좌도 수군절도사(全羅左道水軍節度使)로 있으면서 세계 최초의 철갑선인 거북선을 발명하여 왜적을 무찌르고 위기일발에 처해 있는 나라를 구하였던 것이다.

이 글은 병기(兵器)에 대하여 논하고 있다. 오늘날 세계 열강은 다투어서 군비 경쟁에 급급하여 갈수록 새롭고 위력이 무서운 병기를 만들어내고 있는 실정이다. 우리는 세계의 정세와 우리가 처해 있는 위치를 생각하여 병기의 정비와 보강으로써 어느 때 어떠한 침략을 당하더라도 일사불란의 태세로 이에 대응하여 필승을 이룰 수 있도록 힘써야 할 것이다.

4. 시급한 국민 총무장

……권무(勸武)

동방(東方 : 우리 나라)의 풍속은 유순하고 근신하여 무예를 좋아하지 않았다. 익히는 바는 오직 활 쏘는 것뿐이었는데 지금에 와서는 그것마저도 익히지를 않으니 무(武)를 권하는 것은 오늘날의 시급한 일이다.

수령의 임기가 오래되는 자는 6년에 이르기도 한다. 그와 같이 될 것으로 생각하여 무예를 권장한다면 백성들도 그 권장에 따를 것이다.

강노(强弩)를 당겨서 쏘는 것을 반드시 익혀두지 않으면 안 된다.

무릇 호령하는 것과 동작하는 법과 달리며 치고 찌르는 태세 등은 국난의 염려가 있을 때 익히고 연습하는 것이 좋을 것이다.

| 풀이 | 우리 나라 사람들은 옛날부터 활을 잘 쏘았다. 그렇기 때문에 중국 사람들이 우리를 일러 동이(東夷)라고 하였으니, 이(夷)란 한문으로 '큰 대(大)'에 '활 궁(弓)'을 붙여 만든 글자로서 활을 잘 쏘는 큰 사람이란 뜻이다. 특히 고구려 사람들이 활을 잘 쏘았던 것 같은데 근래 고구려 고분에서 출토되고 있는 벽화가 그것을 입증하고 있다. 그러나 우리 나라 사람들은 성품이 매우 유순하고 평화를 사랑하며 남과 다투는 것을 싫어하였기 때문에 신라

4// 東俗柔謹 不喜武技 所習惟射 今亦不習 勸武者 今日之急務也 牧之久任者 或至六朞 揣能如是者勸之 而民勸矣 强弩之張設發放 不可不習 若夫號令坐作之法 馳突擊刺之勢 須有隱憂 乃可肄習

권무(勸武) : 무예를 권장함.
유근(柔謹) : 유순하고 근신하는 것.
유사(惟射) : 오직 활쏘는 것뿐이라는 것.
구임(久任) : 오래 유임함.
육기(六朞) : 만 여섯 해.
취(揣) : 헤아려서 생각함.
강노(强弩) : 강한 쇠뇌.
장설(張設) : 활을 당기는 것을 말함.
발방(發放) : 쏘아 내보냄.
좌작(坐作) : 앉았다, 섰다 동작하는 것.
치돌(馳突) : 이리저리 달리는 것.
격자(擊刺) : 치고 찌르는 것을 말함.
은우(隱憂) : 숨은 근심거리.

가 삼국을 통일한 후로부터 무예를 숭상하는 풍이 극히 줄어들어서 일반적인 무예는 고사하고 활 쏘는 것까지도 등한히 하였다. 그렇기 때문에 외적의 침입이 있을 때마다 굴욕적인 치욕의 한을 남기곤 하였던 것이다.

여기서는 우리 나라 사람들이 무예를 익히기를 좋아하지 않는 것을 통탄하고 무예를 권장하는 일이야말로 목민관으로서 힘써야 할 가장 시급한 일이라고 말하고 있다. 아울러서 강노(强弩) 사용법의 숙련과 호령·동작·치돌(馳突)·격자(擊刺)의 법 등을 평소에 익힐 것을 주장하고 있다.

옛날 성인의 말씀에도 "유문사 필유무비〔有文事必有武備 : 학문을 하는 일이 있다면 반드시 무비(武備)가 있어야 한다〕."라는 구절이 있다. 일찍이 불세출의 임금인 세종대왕도 안으로 학문을 장려하는 동시에 밖으로 무비를 튼튼히 하였기 때문에 우리 나라 문화의 황금기를 이룩하고 번영을 누릴 수 있었던 것이다.

오늘날 우리 나라는 남북이 대립되고 있는 상황 아래에서 국방을 철저히 하고, 더욱더 무예를 권장하여 필승을 이루어 내도록 힘써야 할 것이다.

5. 비상사태의 수습
……응변(應變)

수령은 곧 병부를 가진 관원이다. 뜻밖에 일어나는 변이 많으니 응변하는 방법을 미리 강구하지 않을 수 없다.

뜬소문이 근거 없이 저절로 나돌기도 하고 혹 변란의 기미가 엿보이기도 하는 것이니, 목민관으로서 이에 응할 때는 조용히 진압하기도 하고 혹 묵묵히 살피기도 해야 할 것이다.

무릇 괘서(掛書)나 투서는 태워서 없애버리기도 하고 혹 묵묵히 살피기도 한다. 무릇 변란이 있더라도 마땅히 경동(驚動)하지 말며 조용히 귀추를 생각하여 그 변에 응해야 한다.

혹 지방의 풍속이 패악하여 관장(官長)을 죽이려는 음모가 있거든 잡아서 죽이거나 또는 조용히 진압할 것이다. 기미를 밝혀내고 간사한 것을 꺾되 소란스럽게 해선 안 된다.

강도나 유적(流賊)이 서로 모여서 난을 일으킨다면 혹 깨우쳐서 항복하도록 하거나 계교로써 사로잡아야 한다.

토적(土賊)이 이미 평정되었건만 인심이 아직도 의심하고 두려워한다면 마땅히 성의를 다하고 믿음을 보여서 불안한 민심을 안정시키도록 해야 한다.

| 풀이 | 수령은 병권을 장악하고 있으므로 언제나 뜻밖에 일어나는 변에 대처하는 방법을 강구하고 있어야 한

5// 守令 乃佩符之官 機事多不虞之變 應變 之法 不可不預講 訛言 之作 或無根而自起 或 有機而將發 牧之應之 也 或靜而鎭之 或默而 察之 凡掛書投書者 或 焚而滅之 或默而察之 凡有變亂 宜勿驚動 靜 思歸趣 以應其變 或土 俗獷悍 謀殺官長 或執 而誅之 或靜而鎭之 炳 幾折奸 不可膠也 强盜 流賊相聚爲亂 或諭以 降之 或計以擒之 土賊 旣平 人心疑懼 宜推誠 示信 以安反側

패부(佩符) : 병부(兵符)를 가지는 것.
불우지변(不虞之變) : 뜻하지 않은 변란.
응변(應變) : 뜻하지 않은 변에 적응하는 것.
예강(預講) : 미리 강구함.
와언(訛言) : 유언비어.
정이진지(靜而鎭之) : 조용히 진압시키는 것.
괘서(掛書) : 벽에다 붙인 글을 말함.
분이멸지(焚而滅之) : 태워

서 없애버리는 것.
경동(驚動) : 놀라서 움직이는 것.
광한(獷悍) : 패악한 것.
병기절간(炳幾折奸) : 기미를 밝혀내고 간사한 것을 꺾는 것을 말함.
유적(流賊) : 떠돌아다니는 도적.
유이항지(諭而降之) : 깨우쳐서 항복하게 하는 것.
계이금지(計以擒之) : 계교를 써서 사로잡는 것.
토적(土賊) : 지방의 도적.
의구(疑懼) : 의심하고 두려워하는 것.
추성시신(推誠示信) : 성의를 다하고 믿음으로써 보이는 것을 뜻함.

다. 유언비어가 나돌고 있을 때는 이것을 소홀히 넘겨버리지 말고 반드시 그 출처를 조사해야 한다. 장차 큰 변이 일어나려고 할 때는 반드시 먼저 유언비어가 나돈다는 것을 명심해야 한다.

이 책의 기록을 본다면 영조 때 이인좌(李麟佐)의 난이 일어나기 직전과 순조 11년 홍경래의 난이 일어나기 직전에 유언비어가 크게 나돌았다고 한다. 이들은 변란을 일으키기 전에 유언비어를 퍼뜨려서 먼저 민심을 현혹시키고 교란작전을 폈던 것이다. 유언비어란 실로 무시할 수 없는 것이다.

괘서(掛書)라고 하는 것은 벽이나 문 같은 곳에다 남모르게 글을 써서 여러 사람에게 보이는 것이니, 이것은 주로 나라의 정치를 비방한다든지 어떤 특정인을 공격하기 위한 하나의 수단이다.

투서란 어떤 사람의 비위 사실을 적어서 남모르게 관장에게 던져주는 것이니 상대방의 처벌을 요구하는 것이라고 볼 수 있다. 이와 같은 것들도 잘 살펴서 조사하고 처리해야 한다.

그리고 지방의 풍속이 패악하여 관장(官長 : 여기서는 수령을 말함)을 죽이려는 음모가 있다든지 도적들이 모여서 변란을 일으켰을 경우에 이에 적응하는 방법 등에 대하여 논하고 있으며, 뜻밖의 변이 일어났을 때일수록 행동을 침착하게 하고 앞 일을 깊이 생각하여 될 수 있는 대로 조용한 가운데 빈틈없이 선처할 것을 강조하고 있다. 또한 수령은 변란이 끝난 뒤의 불안해진 민심을 성의와 믿음으로써 수습해야 한다고 말하고 있다.

이 글에서는 수령의 임기응변에 대하여 논하고 있다. 이 임기응변이라 함은 주로 무력에 의하여 뜻밖의 변을 진압하는 문제를 논하고 있는 것이므로, 수령이 병권까지도 장악하고 있던 그 시대에 해당되는 일이지만, 병권은 고사하고 경찰권마저도 없는 지금의 수령에게는 예외라고 생각된다. 다만 지방의 치안을 유지하기 위하여 당해 기관에 협조할 의무는 있는 것으로 본다.

6. 순국의 정신
……어구(禦寇)

외적의 침입이 있을 때는 지방을 지키는 신하는 마땅히 강역(彊域)을 지켜야 하며 그 방어의 책임은 장신(將臣)과 같은 것이다.

병법에 말하기를, "허(虛)하면 실(實)한 체하고 실하면 허한 체하라."고 하였으니, 이것은 또한 수어(守禦)하는 자로서 마땅히 알아야 할 것이다.

지키기만 하고 공격하지 않아서 도적으로 하여금 지경을 지나가게 한다면 이것은 도적을 임금에게로 보내는 것이니 추격을 어찌 그만둘 수 있겠는가.

6// 值有寇難 守土之臣 宜守彊域 其防禦之責 與將臣同 兵法日 虛而示之實 實而示之虛 此又守禦者 所宜知也 守而不攻 使賊過境 是以賊而遺君也 追擊庸得已乎 危忠凜節 激勵士卒 以樹尺寸之功 上也 勢窮力盡 繼之以死 以扶三五之常 亦分也 乘輿播越 守土之臣 進其土膳 表厥忠愛 亦職分之常也 兵所不及 撫綏

百姓 務財訓農 以贍軍
賦 亦守土之職也

치유구난(値有寇難) : 외적
의 침입을 당하면이라는 뜻.
강역(疆域) : 관할하는 지경.
장신(將臣) : 무장(武將).
허이시지실(虛而示之實) :
이쪽의 세가 허하게 되면
상대방에게는 실한 것으로
보여주는 것. 즉 감히 이쪽
을 업신여기고 덤벼드는 일
이 없도록 한다는 것.
실이시지허(實而示之虛) :
이쪽의 세가 실하게 되면
상대방에게 허한 것으로 보
여주는 것. 상대방이 착각
을 하여 공격해 들어오도록
유인하는 계책임.
과경(過境) : 지경을 지나가
게 하는 것.
유군(遺君) : 임금에게로 보
내는 것.
용득이호(庸得已乎) : 용
(庸)은 어찌의 뜻이며, 호
(乎)는 어조사로서 할 수 있
겠는가의 뜻임.
위충름절(危忠凜節) : 높은
충성과 늠름한 절개.
수(樹) : 세우는 것.
척촌지공(尺寸之功) : 척촌
(尺寸)이란 극히 작은 것을
표시하는 것으로서, 즉 작
은 공로를 말함.
세궁역진(勢窮力盡) : 형세
가 궁해지고 힘이 다한 것.
삼오지상(三五之常) : 삼강
오륜의 떳떳한 길.

높은 충성과 늠름한 절의(節義)로 사졸(士卒)을 격려하여 척촌(尺寸)의 공을 세우는 것이 상(上)이요, 세궁역진(勢窮力盡)하면 죽음으로써 삼오(三五)의 강상(綱常)을 부식(扶植)하는 것도 또한 직분인 것이다.

임금이 파천해 오면 그 지방을 지키는 수령은 그곳에서 나는 음식을 대접하여 충애(忠愛)하는 뜻을 표시하는 것도 또한 당연한 직분인 것이다.

병화(兵火)가 미치지 않는 곳에서는 백성을 어루만져 편안케 하고, 물자 비축을 위하여 힘쓰고 농사를 권장하여 군비의 조달을 넉넉하게 하는 것도 또한 지방을 지키는 수령의 직책인 것이다.

| 풀이 | 수령은 자기 관할 안에서 병권을 장악하고 있으므로 지경을 수비할 책임이 있으며, 병법에 정통하여 적을 대항해야 한다. 그러나 수비의 책임이 있다고 하여 지경을 지키기에만 힘쓰고 적을 공격하지 않음으로써 적으로 하여금 무난히 그 지경을 통과하게 한다면 이는 적을 임금이 있는 서울로 보내는 결과밖에 되지 않는다. 쉬지 않고 맹렬하게 추격하여 적을 무찔러서 국난을 진압하도록 힘써야 할 것이다.

적의 세력이 강대하고 이편은 미약해서 상대가 될 수 없을 경우에는 충의(忠義)로써 사졸(士卒)을 격려하여 조금이라도 적의 힘을 꺾을 수 있다면 다행이요, 만일 기세가 꺾이고 힘이 다해서 어찌할 수 없을 지경에 이르렀다면

목숨을 바쳐 싸워서 대의(大義)에 죽어야 할 것이다.

병화(兵火)가 미치지 않는 곳에 있는 수령이라면 백성을 사랑하는 정치를 베풀고 물자를 비축하며 산업을 장려하여 군비를 넉넉히 조달함으로써 국난을 극복하는 데 도움이 되도록 힘써야 한다.

이 글에서는 외적의 침략이 있을 때 수령으로서 마땅히 해야 할 일들을 논하고 있다. 오늘날의 수령은 병권이 없기 때문에 전쟁이 일어났을 경우에 비록 일선에 나아가서 싸울 수는 없겠으나 군부와 협력하여 지경을 지키도록 힘써야 하며, 지방의 치안을 유지하고 산업에 지장을 가져오지 않도록 힘써서 일사불란한 태세로 국난 타개에 적극 협력해야 할 것이다.

승여(乘輿) : 임금의 행차.
파월(播越) : 임금이 난을 피해서 오는 것.
토선(土膳) : 그 지방 소산의 음식.
표궐충애(表厥忠愛) : 그 충성하고 사랑하는 뜻을 표시하는 것.
무수(撫綏) : 어루만져 편안케 하는 것.
무재훈농(務財訓農) : 물자 비축을 위하여 힘쓰고 농사를 지도하는 것.
이섬군부(以贍軍賦) : 군사의 비용을 넉넉하게 하는 것을 말함.

9

형전6조(刑典六條)

1. 진상의 정확한 파악

(1) 청송(聽訟) 상

청송(聽訟)의 근본은 성의에 있고 성의의 근본은 신독(愼獨)에 있다.

그 다음은 먼저 내 몸을 바르게 하고서 백성을 경계하며 가르쳐서 굽은 것은 바르게 펴줌으로써 또한 송사(訟事)하는 일이 없도록 해야 한다.

송사 처리를 물 흐르는 것처럼 하는 것은 천재나 할 수 있는 일이지만 그 방법은 위험하다. 송사 처리는 반드시 사람의 마음을 속속들이 파헤쳐야만 그 법이 사실에 맞게 된다. 그러므로 간략히 하려는 자는 그 판결이 반드시 늦는데, 한 번 판결을 내린 후에는 다시 일어나지 않게 하기 위해서인 것이다.

막히고 가려져서 통하지 못하면 민정이 답답해진다. 달려와서 호소하려는 백성들로 하여금 부모의 집으로 들어오는 것같이 한다면 이것은 어진 목민관인 것이다.

무릇 소송이 있는데 급하게 달려와서 고하는 자는 이를 그대로 믿어서는 안 된다. 천천히 응하면서 그 실지를 살펴야 한다.

한 마디 말로 옥사(獄事)를 결단하고 판결하기를 귀신처

1// 聽訟之本 在於誠意
誠意之本 在於愼獨 其
次律身 戒之誨之 枉者
伸之 亦可以無訟矣 聽
訟如流 由天才也 其道
危 聽訟 必核盡人心也
其法實 故欲詞訟簡者
其斷必遲 爲一斷而不
可復起也 壅蔽不達 民
情以鬱 使赴愬之民 如
入父母之家 斯良牧也
凡 有訴訟 其急疾奔告
者 不可傾信 應之以緩
徐察其實 片言折獄 剖
決如神者 別有天才 非
凡人之所宜傚也 人倫之
訟 係關天常者 辨之宜
明 骨肉之爭 忘義殉財
者 懲之宜嚴 田地之訟
民産所係 一循公正民
斯服矣 牛馬之訟 聲名
所出 古人遺懿 其庶效
之 財帛之訟 券契無憑
察其情僞 物無遁矣 虛
明照物 仁及微禽 異聞
遂播 華聲以達

청송(聽訟) : 소송을 판결함.
신독(愼獨) : 혼자 있을 때
행동을 삼가는 것.
율신(律身) : 몸을 닦는 것.
계지회지(戒之誨之) : 경계
하고 또 가르치는 것.
왕자(枉者) : 굽은 것. 행동
이 그릇된 자를 말함.
가이무송(可以無訟) : 송사
가 없도록 할 수 있는 것.
기도위(其道危) : 도(道)를
방법으로 해석, 방법이 위
태롭다는 것.
핵진인심(核盡人心) : 사람
의 마음을 속속들이 파헤침.
욕사송간자(欲詞訟簡者) :
송사를 간단하게 하려는 자.
부기(復起) : 다시 일어남.
옹폐부달(壅蔽不達) : 막히
고 가려져서 통하지 못함.
울(鬱) : 답답한 것.
부소(赴愬) : 달려와서 호소
하는 것.
급질(急疾) : 급하게.
분고(奔告) : 달려와서 고하
는 것.
경신(傾信) : 전적으로 믿음.
응지이완(應之以緩) : 천천
히 이에 응한다는 것.
편언(片言) : 한 마디 말.
절옥(折獄) : 옥사를 처결한
다는 것.
부결(剖決) : 조리를 따져서
판결하는 것.
소의효야(所宜傚也) : 마땅
히 본받을 바라는 것.
인륜지송(人倫之訟) : 인륜
에 관한 송사.
천상(天常) : 하늘의 도리.
변지의명(辨之宜明) : 마땅

럼 하는 것은 천재만이 할 수 있는 것이니, 범인(凡人)으로
서 마땅히 본받을 바가 아니다.

인륜의 송사는 천상(天常)에 관계되는 것이니 마땅히 밝
혀서 가려내야 한다.

골육의 쟁송(爭訟)은 의를 잊고 재물에 눈이 어두운 자
들이 하는 것이니, 마땅히 엄하게 징계해야 한다.

전지(田地)의 송사는 백성의 재산에 관계되는 것이니 한
결같이 공정하게 하면 백성이 복종할 것이다.

소나 말의 송사는 명성이 나는 것이니, 옛날 사람이 남
긴 좋은 판례를 본받아야 한다.

재화나 비단의 송사는 문서로 증거할 것이 없으나 진정
인지 거짓인지를 가려내면 피할 수 없을 것이다.

허(虛)하고 밝은 마음이 만물을 비치면 인덕(仁德)이 미
물인 새에게까지도 미칠 것이니, 특이한 판결의 소문이
퍼지면 그의 빛나는 명성이 널리 알려지게 될 것이다.

| 풀이 | 청송(聽訟)이라고 하는 것은 백성들의 소송을 처
리하는 것으로서 과거 동양 여러 나라에서는 목민관이 재
판권까지 장악하고 있었으므로, 다산 선생은 청송에 대하
여 논하고 있다. 목민관은 모름지기 먼저 자기 몸을 닦고
행동을 절도 있게 하여 백성들에게 모범을 보이고 백성들
을 바른길로 가르치고 경계함으로써, 그 마음을 정화시켜
처음부터 송사라는 문제가 일어나지 않도록 하라고 강조
하고 있다.

공자도 말하기를, "청송을 하라면 나도 남만큼 하겠지만 반드시 송사가 일어나는 일이 없도록 해야 한다."라고 하였다. 위정자는 마땅히 백성들을 선과 정의로 이끌어서 질서정연한 도의적인 명랑 사회를 건설함으로써 백성들의 소송을 기다리고, 이를 처리하기 전에 청송이 없는 이상적인 시대를 이룩할 것을 호소하고 있다. 송사를 처리할 때는 성의를 다하여 세밀히 조사하고 원고와 피고 쌍방의 심리를 정확하게 파악하여 두 번 다시 소송을 하는 일이 없도록 판결의 신중을 기하라고 말하고 있다.

억울한 일이 있어서 송사를 하려는 백성이 있을 때는 언제든지 목민관을 만나서 호소할 수 있는 길을 터주어야 하며, 원고나 피고 쌍방에 있어서 어느 한쪽의 말을 편파적으로 믿어서는 안 된다. 또한 모든 송사의 처리는 지극히 공정하여 털끝만큼도 납득되지 않는 점이 없도록 할 것을 주장하고 있다.

옛날에 어진 목민관들이 청송을 한 좋은 예를 들어 보기로 하자. 당나라 때 이걸(李傑)이 하남(河南)의 원이 되었는데 한 과부가 그 자식의 불효를 고하였다. 그 자식은 변명을 하지 못하고 어미에게 죄를 지었으니 죽음도 달게 받겠다고 말하였다. 걸이 그 자식의 억울함을 알아차리고 그 어미에게 묻기를, "너는 10년을 홀로 지내면서 오직 자식 하나가 있을 뿐인데 이제 벌을 받아 죽어도 후회가 없겠는가?" 하니, 과부는 서슴지 않고 대답하기를, "없습니다. 그처럼 불효막심한데 애석할 것이 있겠습니까."라고

히 밝혀서 가려내야 함.
골육(骨肉) : 부자 · 형제 등 근친을 말함.
망의순재(忘義殉財) : 의리를 잊고 오직 재물만을 아는 것을 뜻함.
징지의엄(懲之宜嚴) : 마땅히 엄하게 징계하는 것.
일순공정(一循公正) : 오로지 공정한 길을 따르는 것.
민사복의(民斯服矣) : 백성이 복종할 것이라는 것.
고인유의(古人遺懿) : 옛사람이 남긴 아름다운 전례.
기서효지(其庶效之) : 그것을 본받을 만하다는 것.
재백(財帛) : 재화나 비단.
권계(券契) : 문서.
무빙(無憑) : 증거가 없는 것을 말함.
정위(情僞) : 진정인지 거짓인지.
물무둔의(物無遁矣) : 여기서는 사실을 숨길 수 없다는 뜻임.
허명(虛明) : 가려진 것이 없이 환하게 밝은 것.
미금(微禽) : 미물인 새.
화성이달(華聲以達) : 빛나는 명성이 널리 알려지는 것을 말함.

하였다. 걸이 다시 말하기를, "그렇다면 가서 관을 사오너라. 네 자식의 시체를 담으리라." 하고 사람을 시켜서 과부의 뒤를 밟게 하였다. 과부가 밖에 나가더니 한 도사(道士)에게 말하였다. "이제 일은 끝났어요. 관을 사오면 그만이에요."라고 하였다. 걸은 마침내 도사를 붙잡아 모든 진술을 받았다. 도사는 일찍부터 과부와 정을 통해 왔는데 그 자식이 있어서 제약을 받아왔기 때문에 이를 제거하려고 하였던 것이다. 걸은 그 과부와 도사를 사형에 처하여 과부가 사온 관에 함께 넣어 묻게 하고 자식은 무죄로 방면함으로써 청송의 묘(妙)를 얻었던 것이다.

신응시(辛應時)가 호남안찰사(湖南按察使)가 되었다. 남원의 한 백성이 독실한 불교 신자여서 적지 않은 논밭을 만복사(萬福寺)라는 절에 시주하였다. 그후 그 사람은 몹시 가난해져서 죽고 아들의 대에 아버지가 절에 시주한 논밭을 돌려받게 해달라고 관가에 호소하게 되었는데, 신공이 이 소장을 받아보고 "논밭을 절에 시주한 것은 원래 복을 구하기 위해서였다. 그러나 자신은 이미 굶주려서 죽고 아들 또한 구걸하며 다니니 부처의 영험 없음을 이것으로서 가히 알 수 있다. 논밭은 주인에게 돌려주고 복은 부처에게 바치라〔捨施田土 本爲求福 身旣飢死 子又行乞 佛之無靈 據此可知 還田於主 收福於佛〕."는 판결문을 내렸다. 이에 그 사람은 절로부터 논밭을 돌려받아서 잘살게 되었는데 이것은 명판결로서 후세 사람들의 입에 널리 오르내리고 있다.

송(宋)나라 때 고헌지(顧憲之)가 건강령(建康令)이 되었는데 소를 도둑질한 자가 있어서 원주인과 더불어 서로 자기의 소라고 다투었다. 고헌지가 그 소를 풀어놓아 가는 대로 내버려 두었는데 소가 바로 주인의 집으로 돌아가니 도둑은 어쩔 수 없이 죄를 자복하게 되었다.

오늘날에는 민주주의 체제 아래 삼권이 분립되어 재판권은 목민관에 있지 않고 사법부에 속해 있다. 그러나 판결의 원칙이란 과거와 현재가 다를 수 없다. 그리고 오늘날의 법률이란 극히 세분되고 과학적으로 다루어져 있기 때문에 과거의 빈약한 법과는 천양지판(天壤之判)으로 비교도 되지 않는다. 그러나 법조문이 잘되어 있다고 하여 모든 문제가 해결되는 것은 아니다. 법의 공정성은 반드시 그 법을 집행하는 법관의 올바른 정신 자세에 의하여 유지될 수 있는 것이다. 공정한 판결이 이루어지고 법의 존엄성이 지켜지는 곳에 사회 질서가 확립되고 그 민족의 번영을 기대할 수 있는 것이다.

(2) 청송(聽訟) 하

묘지에 대한 송사는 이제 폐단의 풍속이 되었다. 싸우고 때려서 죽이는 것이 반은 이로부터 일어나고 발굴의 변을 스스로 효도 때문이라고 하니, 송사의 판결을 밝게 하지 않을 수 없는 것이다. 국가의 법전에 기재되어 있는

1// 墓地之訟 今爲弊俗 鬪毆之殺 半由此起 發掘之變 自以爲孝 聽斷 不可以不明也 國典所 載 亦無一截之法 可左 可右 惟官所欲 民志不

定 爭訟以繁 貪惑旣深
攘奪相續 聽理之難 倍
於他訟 奴婢之訟 法典
所載 繁瑣多文 不可依
據 參酌人情 不可拘也
債貸之訟 宜有權衡 或
尙猛以督債 或施慈以
已債 不可膠也 軍簽之
訟 兩里相爭 考其根脈
確然歸一 決訟之本 全
在券契 發其幽奸 昭其
隱慝 唯明者能之

폐속(弊俗) : 폐단이 있는
풍속을 말함.
투구지살(鬪毆之殺) : 싸우
고 때려 죽이는 것.
발굴(發掘) : 시체를 파냄.
청단(聽斷) : 송사를 판결하
는 것.
국전소재(國典所載) : 국가
의 법전에 기재되어 있는
바의 뜻임.
일절지법(一截之法) : 잘라
서 정한 법.
가좌가우(可左可右) : 이렇
게도 할 수 있고 저렇게도
할 수 있는 것.
쟁송이번(爭訟以繁) : 쟁송
이 번거로운 것.
탐혹(貪惑) : 탐욕과 의혹.
양탈(攘奪) : 도둑질하고 빼
앗는 것.
상속(相續) : 서로 잇달아
일어나는 것.
번쇄다문(繁瑣多文) : 번잡

것이 또한 일정한 법이 없어 이렇게도 하고 저렇게도 할
수 있으니 오직 관의 마음대로 할 수 있는 것이다. 그렇기
때문에 백성의 뜻이 정해지지 않고 쟁송(爭訟)이 번거롭게
되는 것이다. 탐욕과 의혹이 깊어서 도둑질하고 빼앗는
일이 서로 잇달으니 알아서 처결하기 어려운 것이 다른
송사의 갑절이나 된다.

노비에 대한 송사는 법전에 기재되어 있는 것이 복잡하
고 조문이 많아서 의거(依據)할 수가 없으니 인정을 참작
하여 처리할 것이며 법문에만 구애될 것이 없다.

채권에 대한 소송은 마땅히 권형(權衡)이 있어야 하니,
혹 심한 독촉으로 받아주거나 은혜를 베풀어서 빚을 탕감
해 주기도 하여 일정한 법만을 지킬 것이 아니다.

병역에 대한 소송으로 마을이 서로 다툴 때 그 근원과
계통을 알아본다면 확연하게 어느 한쪽으로 결정지을 수
있을 것이다.

송사 판결의 근본은 오로지 문서에 달려 있으니, 그 속
에 감추어진 간사한 것을 들추고 숨겨져 있는 사특한 것
을 밝혀내야 하는데, 그것은 오직 현명한 사람만이 할 수
있는 것이다.

| 풀이 | 묘지에 대한 송사는 오랜 세월을 두고 쌓여 온
폐단으로 되어 있다. 과거 중국을 비롯하여 동양 여러 나
라에서는 경신숭조(敬神崇祖 : 신을 공경하고 조상을 숭상함)
의 사상이 머리 속에 깊이 뿌리박혀 있었으며, 또 자손만

대의 길흉을 예언하는 풍수지리설이 사람의 마음을 매우 현혹시켰다. 그렇기 때문에 권력으로 남의 산림을 강점한다든지 심지어는 명당 자리라면 남의 분묘라도 마다않고 파헤치기까지 하여 자기 조상들의 유골을 묻는다든지, 또는 남의 집 산소 경내에 몰래 부모 형제의 시신을 장사지내는 투장(偸葬) 행위 등이 성행하였다. 그러므로 묘지에 관한 송사가 끊일 날이 없었으며 일반적으로 이와 같은 송사를 산송(山訟)이라고 부르게 되었다.

조상을 위한다는 대의명분을 앞세워서 산송의 폐단은 극심한 지경에 이르렀다. 이 때문에 살상의 참극을 빚어내고 분묘를 발굴하는 변고가 속출하였다. 산송이란 실로 사회 불안의 요소가 되었던 것이다. 더욱이 국가 법전에도 산송 문제에 대한 판례의 명문이 나와 있지 않아서 관에서 마음대로 처리하였기 때문에 민심이 안정되지 못하고 송사가 번잡하였다. 또 사람마다 목숨조차 돌보지 않고 다투는 것이므로 다른 송사보다도 다루기가 어려웠다. 목민관은 마땅히 면밀히 조사하고 산송의 판례라든지 정상을 참작하여 극히 공정한 판결을 내리도록 힘써야 한다.

순조(純祖) 때의 일이다. 어의(御醫) 강명길(康命吉)이 임금의 총애를 믿고 행동이 극히 방자하니 사람들이 차마 바로 볼 수 없을 정도였다. 서울 서쪽 교외에다 산을 사고 그 부모를 장사지냈다. 산 밑에 민가가 수십 호가 있었는데 그것마저 10월 추수 후에 집을 비운다는 조건부로 사들였다. 그러나 그 해는 큰 흉년이 들어서 백성들이 약속

하고 조문이 많은 것.
불가구야(不可拘也) : 구애될 것이 없다는 것.
채대(債貸) : 빚을 준 것.
권형(權衡) : 융통성이 있는 것을 뜻함.
맹이독채(猛以督債) : 독촉을 심하게 하는 것.
시자(施慈) : 은혜를 베풂.
이채(已債) : 채무를 탕감해 주는 것.
근맥(根脈) : 근원과 계통.
결송(決訟) : 소송을 판결하는 것.
권계(券契) : 문서.
유간(幽奸) : 속에 감추어져 있는 간사한 것.
소(昭) : 밝혀내는 것.
은특(隱慝) : 숨겨져 있는 간특한 것.

한 대로 집을 비울 수가 없었다. 명길이 그의 하인을 시켜
서 한성판윤(漢城判尹)에게 소송을 제기하였다. 당시 한성
판윤은 권엄(權儼)이었는데 권공은 그 백성들을 강제로 철
거시키는 것을 허락지 않았다.

　어느 날 임금이 승지 이익운(李益運)을 불러서 판윤에게
밀지를 내리기를, 다시 소송하기를 기다리고 아전을 발동
시켜서 민가를 철거시키라고 명하였다. 다음날 명길이 다
시 소송을 제기하였다. 그러나 권공은 여전히 변함 없는
판결을 내렸다. 이날 임금은 이익운을 불러서 책망을 하
는데 크게 진노하여 듣는 자가 목을 움츠릴 지경이었다.
이익운은 권공을 찾아가 그와 같은 사실을 알렸다. 그러
나 권공이 말하기를, "백성들은 바야흐로 기한(饑寒)이 뼈
에 사무쳤는데 이들을 강제로 쫓아낸다면 모두 길 위에서
죽게 될 것이오. 내가 차라리 벌을 받을지언정 차마 그렇
게 하여 백성들로 하여금 나라를 원망케 하는 일은 할 수
없소."라고 하였다. 다음날 명길은 또다시 소송을 하였으
나 이번에도 판결은 마찬가지로 내려지니 듣는 이는 권공
을 위태롭게 생각하였다.

　그후 며칠이 지났는데 이번에는 임금이 이익운에게 말
하기를, "내가 조용히 생각해 보니 판윤의 처사가 참으로
옳았다. 판윤이야말로 훌륭한 인물이다. 아마도 경은 그에
게 미칠 수 없을 것이다."라고 하였다. 권엄은 이 말을 전
해 듣고는 감격하여 울었다고 한다. 강명길이 제기한 송사
에 대한 권엄의 판결이야말로 백성을 사랑하는 공심(公心)

의 표현이며 인정과 사리에 밝은 판단이라고 보겠다.

2. 신중과 명결을
……단옥(斷獄)

옥사(獄事)를 처단하는 요체는 밝고 삼가는 데 있을 따름이다. 사람의 죽고 사는 것이 나 한 사람의 살핌에 달려 있으니 어찌 밝지 않을 수 있을 것인가. 또 사람의 죽고 사는 것이 나 한 사람의 생각에 달려 있으니 어찌 삼가지 않을 수 있을 것인가.

큰 옥사가 만연(蔓延)하게 되면 원통한 자가 열이면 아홉은 된다. 내 힘이 미치는 대로 남몰래 구해 준다면 덕을 심어서 복을 구하는 것이 이보다 큰 것이 없다.

그 괴수는 죽이고 이에 연루된 자들은 용서해 준다면 원통한 일이 없을 것이다.

의옥(疑獄)은 밝히기 어려우니 평반(平反)을 힘쓰는 것이 천하의 착한 일이며 덕의 터전이 될 것이다.

오래 옥에 가두고 놓아주지 않아서 세월만 지연시키는 것보다는 그 채무를 면제해 주고 문을 열어 내보내는 것이 또한 천하의 통쾌한 일일 것이다.

밝게 판단하고 곧 결행하여 막히고 걸리는 바가 없다면 이는 마치 먹구름이 끼고 천둥이 치는 하늘을 맑은 바람이 씻어버리는 것과 같은 것이다.

2// 斷獄之要 明愼而已 人之死生 係我一察 可不明乎 人之死生 係我一念 可不愼乎 大獄蔓延 冤者什九 己力所及 陰爲救拔 種德徼福 未有大於是者也 誅其首魁 宥厥株連 斯可以無冤矣 疑獄難明 平反爲務 天下之善事也 德之基也 久囚不釋 淹延歲月 除免其債 開門放送 亦天下之快事也 明斷立決 無所濡滯 則如陰曀震霆 而淸風掃滌矣 錯念誤決 旣覺其非 不敢文過 亦君子之行也 法所不赦 宜以義斷 見惡而不知惡 是又婦人之仁也 酷吏慘刻 專使文法 以逞其威明者 多不善終 士大夫 不讀律 長於詞賦 闇於刑名 亦今日之俗弊也 人命之獄 古疎今密 專門之學 所宜務也 獄之所起 吏校恣橫 打家劫舍 其村

단옥(斷獄) : 옥사를 처단하
는 것.
명신(明愼) : 밝고 삼가는
것을 말함.
계아일찰(係我一察) : 나 한
사람의 살핌에 달려 있다.
십구(什九) : 열이면 아홉이
된다는 뜻.
기력소급(己力所及) : 자기
힘이 미치는 데까지.
종덕요복(種德徼福) : 덕을
심고 복을 구하는 것.
미유(未有) : 있지 않다. 즉
없다는 뜻.
수괴(首魁) : 괴수.
유(宥) : 용서함.
주련(株連) : 관련이 있는
것을 말함.
구수불석(久囚不釋) : 오래
가두고 놓아주지 않는 것.

잘못된 생각으로 그릇되게 판결하고 그 잘못을 깨달아
감히 허물을 꾸며대려 하지 않는다면 또한 군자의 행동인
것이다.

법에서 용서할 수 없는 바라면 마땅히 의로써 처단할
것이다. 악을 보면서도 악을 모르는 것은 이 또한 부녀자
의 인(仁)인 것이다.

혹독한 관리가 참혹하고 각박하여 오로지 법문만을 행
사(行使)하고 그 위엄과 밝음을 펴면 명대로 살지 못하는
이가 많다.

사대부가 법률의 학문을 읽지 않아서 사부(詞賦)는 잘하되
형명(刑名)에는 어두운 게 또한 오늘날의 속된 폐단이다.

인명에 대한 옥사는 예전에는 소홀하였으나 지금은 엄밀
하게 하고 있으니, 전문적인 학문에 마땅히 힘써야 한다.
옥사가 일어난 곳에는 아전과 군교가 방자하고 횡포해서
집을 부수고 재물을 약탈하여 그 마을이 망하게 되는 것이
니, 가장 먼저 염려할 것이 바로 이것이다. 부임하여 처음
정사를 돌볼 때 마땅히 이에 대한 약속이 있어야 한다.

옥의 체제가 지극히 중대하나 현장 검증에서 취조하는
데는 원래 형(刑)을 쓰는 법이 없었다. 지금의 관장(官長)은
법례에 통달하지 못하여 형장(刑杖)을 함부로 사용하니 이
는 큰 잘못이다.

무고(誣告)로 옥사를 일으키는 것을 도뢰(圖賴)라고 일컫
는데, 이러한 것은 엄히 다스려서 용서하지 말고 반좌(反
坐)의 율에 비추어서 처결해야 한다.

검초(檢招)가 하루가 지났는데도 같은 날에 한 것으로 기록하는데 이것은 마땅히 고쳐야 할 법이다.

크고 작은 옥사의 처결에는 다 정해진 날짜가 있는데 해가 지나고 세월이 흘러가서 늙고 수척하게 버려두는 것은 법이 아닐 것이다.

보고(保辜)하는 기한은 범죄에 따라 같지 않다. 인증이 맑지 않으면 의논이 혹 공평을 잃게 된다.

살인하여 몰래 매장한 것은 모두 마땅히 파내서 검사해야 한다. 대전(大典)의 주(註)는 본래 잘못된 기록이니, 반드시 이에 구애될 것이 없다.

| 풀이 | 형사 문제의 판결은 귀중한 사람의 생명이 좌우되는 중대한 문제이니만큼 범죄의 정상을 정확하게 파악하고 충분한 증거를 수집한 후에, 면밀한 조사를 거쳐서 명확한 판난 아래 신중히 다루어져야 한다. 어디까지나 사람을 살리는 방향으로 흘러서 너그러운 태도로 임해야만 한다. 형옥의 관련 범위가 넓을 때는 주범을 엄하게 처단하고 나머지 관련자들은 가볍게 다스려서 억울하게 벌을 받는 일이 없도록 해야 한다. 그리고 형옥의 처리는 법정 기한을 엄수하고 속결주의를 써서 범죄자들을 최대한으로 보호하며 인권이 유린당하는 일이 없도록 힘써야 한다.

형옥의 판결은 물론 법조문에 의하여 이루어지겠지만 도의적인 문제라고 하여 소홀히 다루어져서는 안 된다. 따라서 남을 무고하여 옥사를 일으킨 자는 무고죄로 엄중

엄연(淹延) : 세월을 끄는 것을 말함.

명단입결(明斷立決) : 밝게 판단하고 즉시 결행함.

무소유체(無所濡滯) : 막히고 걸리는 데가 없는 것.

음에진정(陰曀震霆) : 날이 흐리고 천둥치는 것.

착념오결(錯念誤決) : 잘못된 생각으로 그릇 판결하는 것.

문과(文過) : 과오를 저지르고도 이를 그렇지 않은 것처럼 꾸며대는 것.

의단(義斷) : 의리로써 처단하는 것.

전사문법(專使文法) : 법 조항만을 따지는 것.

정기위명(逞其威明) : 그 위엄과 밝음을 뽐내는 것.

장어사부(長於詞賦) : 사부는 문장, 장(長)은 잘한다는 뜻이니, 즉 문장을 잘 만든다, 문장에 능하다는 것.

고소금밀(古疎今密) : 옛날에는 소홀하였지만 오늘날에는 엄밀하다는 것.

이교자횡(吏校恣橫) : 아전과 군교들이 방자하고 횡포한 것.

타가겁사(打家劫舍) : 집을 부수고 재물을 약탈하는 것.

상관지초(上官之初) : 새로 부임해서 처음.

검장취초(檢場取招) : 현장을 검증하고 공초(供招)를 받는 것.

잡시형장(雜施刑杖) : 여러 가지 형벌을 베푸는 것.

엄치물사(嚴治勿赦) : 엄하게 다스려서 용서치 않는 것을 말함.
조율(照律) : 법률에 비추어서 처리한다는 것.
반좌(反坐) : 위증이나 무고로써 남을 죄에 빠지게 한 자에 대하여 피해자가 받은 해(害)와 동일한 해를 형벌로써 범인에게 과하는 것.
미일(彌日) : 그 날짜를 지나쳐버리는 것.
보고(保辜) : 사건 처리 기한을 말함.
수범부동(隨犯不同) : 범죄에 따라 같지 않은 것.
실평(失平) : 공평한 처리를 잃는 것.
개당굴검(皆當掘檢) : 모두 마땅히 파내서 검사해야 한다는 것.

히 처벌되어야 한다. 법의 규정을 무시하고 형벌을 남용하며 죄수를 참혹하게 다루는 것을 극히 경계하도록 하였다. 또 과거에는 중죄인이 있어서 형옥이 일어나게 되면 아전이나 군교들이 그 마을에 있는 민가를 파괴하고 재물을 약탈하는 횡포를 자행하여 그 마을은 폐허가 되어버리는 경향이 있었던 것 같다. 그러므로 목민관은 부임 초에 아전이나 군교들과 약속하여 그러한 횡포를 못하도록 하고 이를 엄중 단속할 것을 강조하고 있다. 형전 6조의 제1항 청송 상·하에서는 민사소송의 처리를 다루고 있으나 이 글 에서는 형옥(刑獄), 즉 형사 문제의 처결에 대하여 논하고 있다.

오늘날에는 다산 선생이 생존해 있던 그 시대와는 사정이 많이 달라져서 목민관은 행정권이 있을 뿐, 재판권은 법관의 소관 사항으로 되어 있다. 그러나 법관이 형옥을 처리하는 원칙이라든지 자세에 있어서는 많은 공통점을 발견할 수 있다고 생각된다.

3. 형벌은 신중하게
……신형(愼刑)

3// 牧之用刑 宜分三等
民事用上刑 公事用中
刑 官事用下刑 私事無

목민관이 형벌을 쓰는 것은 마땅히 세 등급으로 나누어야 한다. 민사(民事)에는 상형(上刑)을 쓰고, 공사(公事)에는 중형(中刑)을 쓰고, 관사(官事)에는 하형(下刑)을 쓰며 사사(私事)는 형벌하지 않는 것이 좋다.

집장(執杖)의 군사를 그 자리에서 노하여 꾸짖어서는 안 된다. 평소에 약속을 엄하게 신칙하고 일이 끝난 후에 징치(懲治)하는 것이 반드시 믿음이 있으면 성색(聖色)을 움직이지 않더라도 장형(杖刑)의 너그럽고 사나운 것이 뜻대로 될 것이다.

수령이 집행할 수 있는 형벌은 태형(笞刑) 50대 이내로 스스로 처단할 수 있으며 그 이상은 모두 남형(濫刑)인 것이다.

오늘날의 군자는 큰 곤장을 사용하기를 좋아하니 2태(二笞)와 3장(三杖)으로는 뜻을 만족시키기에 부족한 것이다.

형벌로써 백성을 바르게 한다는 것은 최하의 수단이다. 자신을 단속하고 법을 받들어서 장엄하게 임한다면 백성이 법을 범하지 않을 것이니 형벌은 없애버려도 좋을 것이다.

옛날의 어진 목민관은 반드시 형벌을 완화시켰으니 그 아름다운 이름이 사책(史策)에 실려서 길이 빛나고 있다.

한때의 분한 것으로 형장(刑杖)을 남용하는 것은 큰 죄악이다. 열성조의 유계(遺戒)가 간책(簡册)에 빛나고 있다.

부녀자는 큰 죄가 있는 것이 아니면 마땅히 형벌을 결행하지 않아야 한다. 신장(訊杖)은 오히려 가(可)하나 볼기 때리는 것은 매우 좋지 않다. 늙은이와 어린이를 고문해서는 안 된다고 율문(律文)에 기록되어 있다.

악형(惡刑)이란 도적을 다스리는 것이니 평민에게 가볍게 쓸 수 없는 것이다.

刑焉 可也 執杖之卒 不可當場怒叱 平時約束 申嚴 事過 懲治必信 則不動聲色 而杖之寬猛 唯意也 守令所用之刑 不過笞五十自斷 自此以往 皆濫刑也 今之君子 嗜用大棍 以二笞三杖 不足以快意也 刑罰之於以正民 末也 律己奉法 臨之以莊 則民不犯 刑罰雖廢之可也 古之仁牧 必緩刑罰 載之史策 芳徽馥然 一時之忿 濫施刑杖 大罪也 列祖遺戒 光于簡册 婦女非有大罪 不宜決罰 訊杖猶可 笞臀尤褻 老幼之不拷訊 載於律文 惡刑 所以治盜 不可輕施於平民也

민사(民事) : 부역, 군정, 환곡 등에 대한 죄안(罪案). 즉 백성들의 일.
공사(公事) : 조운(漕運), 세납(稅納), 공물 등에 대한 죄안. 즉 공무에 관한 일.
관사(官事) : 제사, 빈객 등 고을의 임무에 관한 죄안.
상형(上刑) : 태(笞) 30대.
중형(中刑) : 태(笞) 20대.
하형(下刑) : 태(笞) 10대.
집장지졸(執杖之卒) : 장형(杖刑)을 집행하는 군사. 고을에서 장형을 집행하는 사람을 일반적으로 집장사령(執杖使令)이라고 하며 아전에 속하였음.

노질(怒叱) : 성내어 꾸짖음.

신엄(申嚴) : 거듭 엄중하게 신칙하는 것.

사과(事過) : 지나간 일.

징치필신(懲治必信) : 징계하기로 약속을 하였으면 약속한 그대로 하는 것.

성색(聲色) : 음성과 표정.

관맹(寬猛) : 너그럽고 혹독한 것.

자단(自斷) : 스스로 처단함.

남형(濫刑) : 형벌을 함부로 쓰는 것.

기용대곤(嗜用大棍) : 곤(棍)은 곤장으로서 대곤·중(中)곤·소곤·중곤(重棍)·치도곤(治盜棍)의 다섯 가지가 있음. 즉 큰 곤장을 쓰기를 좋아하는 것.

이태(二笞) : 태(笞 : 작은 것)·태장(笞杖 : 큰 것).

삼장(三杖) : 신장(訊杖 : 작은 것)·성장(省杖 : 보통의 것)·국장(鞫杖 : 큰 것).

쾌의(快意) : 마음에 통쾌함.

정민(正民) : 백성을 바로잡는 것.

율기봉법(律己奉法) : 자기 몸을 단속하고 법을 준수하는 것.

방휘복연(芳徽馥然) : 아름다운 업적이 빛난다. 또는 아름다운 이름이 빛난다 등으로 풀이됨.

열조(列祖) : 역대 임금들.

유계(遺戒) : 남겨놓은 훈계.

| 풀이 | 형벌이란 사람의 육체를 몹시 괴롭히며 자칫 잘못하면 생명까지도 빼앗게 되는 것이니 이를 신중히 다루어야 한다. 그렇기 때문에 이 글의 제목까지도 신형(愼刑), 즉 형벌을 신중히 한다로 되어 있다. 목민관은 형벌을 세 등급으로 나누어서 민사(民事)에는 상형(上刑), 공사(公事)에는 중형(中刑), 관사(官事)에는 하형(下刑)을 실시할 것을 주장하였으며, 목민관으로서 50대 이상의 태형을 쓴다면 이는 형벌의 남용이 되는 것이며, 감정에 의하여 남형을 쓰는 것은 죄를 저지르는 행동이라고 규정지어 형벌의 남용을 신랄하게 비판하였다.

부녀자에 대해서는 큰 죄인이 아닌 이상 형벌을 쓰지 말 것과 볼기를 때리는 것은 도의적인 면에서 보더라도 더욱 좋지 않다고 말하였다. 어떤 고을의 수령이 부녀자를 다스릴 때 집장사령에게 볼기를 칠 것을 명령하였다. 집장사령이 그 부인의 옷을 벗기려고 하자 부인이 벌떡 일어서며 수령을 향하여 크게 꾸짖으며 별별 추악한 욕설을 다 퍼부었다. 수령도 입장이 난처해져서 그 부인을 미치광이로 몰아 내쫓게 하였다. 윗사람이 경솔하여 도의에 어긋나는 행동을 하면 밑에 있는 자가 무례하게 욕을 하더라도 당하게 되는 것이니 어찌 신중하지 않을 것인가. 목민관은 마땅히 예법을 지키고 도덕을 존중하여 후회하는 일이 없도록 해야 한다.

70세 이상의 노인과 15세 이하의 어린이에게는 형벌을 가하여 문초해서는 안 된다는 것이 법에 명문화되어 있으니, 노인이나 어린아이에 대해서는 형벌을 쓰는 일이 없도록 강조하였다.

그리고 특히 형벌을 써서 백성을 바로잡으려는 것은 최하의 방법이니, 목민관은 마땅히 자기 몸을 닦고 법을 준수함으로써 백성들에게 모범을 보이고 감화시켜 처음부터 죄를 범하는 일이 없도록 할 것을 강조하고 있다. 접수된 소송을 밝게 처리하는 것보다는 처음부터 소송이 없는 도의적인 사회를 만들어야 된다는 앞 장의 논법대로 여기서도 형벌을 쓰기 이전에 형벌을 쓰게 되는 일이 없도록 해야 한다고 논하고 있다.

다산 선생은 어진 목민관, 도의적인 백성, 소송도 없고 형벌도 없는 이상적인 사회를 추구하고 있다.

인구 밀도가 크게 높아지고 물질문명이 고도로 발달되었으며, 사회문제가 복잡해진 오늘날의 시대는 다산 선생의 생존 당시와는 비교도 안 될 만큼 양상이 달라지긴 하였으나, 정신 세계의 확립과 제도의 보완으로써 그와 같은 이상 세계가 이루어졌으면 하는 염원 또한 간절하다.

4. 수인에게 온정을
   ……휼수(恤囚)

옥(獄)은 양계(陽界)의 귀부(鬼府)이다. 옥에 갇힌 죄수의

간책(簡册) : 기록.
결벌(決罰) : 벌을 결행하는 것을 말함.
태둔(笞臀) : 볼기를 치는 것을 말함.
고신(拷訊) : 형벌을 가해서 문초하는 것.
율문(律文) : 법조문.
치도(治盜) : 도둑을 다스리는 것.
경시(輕施) : 가볍게 베풂.

4// 獄者 陽界之鬼府也

獄囚之苦 仁人之所宜
察也 枷之施項 出於後
世 非先王之法也 獄中
討索 覆盆之冤也 能察
此冤 可謂明矣 疾痛之
苦 雖安居燕寢 猶云不
堪 況於犴狴之中乎 獄
者 無隣之家也 囚者 不
行之人也 一有凍餒 有
死而已 獄囚之待出 如
長夜之待晨 五苦之中
留滯其最也 牆壁疎豁
重囚以逸 上司督過 亦
奉公者之憂也 歲時佳
節 許其還家 恩信旣孚
其無逃矣 久囚離家 生
理遂絕者 體其情願 以
施慈惠 老弱代囚 尙在
矜恤 婦女代囚 尤宜難
愼 流配之人 離家遠謫
其情悲惻 餔穀安挿 牧
之責也

휼수(恤囚) : 죄수를 불쌍히
여기는 것.
양계(陽界) : 사람이 살고
있는 밝은 세상.
귀부(鬼府) : 귀신이 사는
집. 쉽게 말하면 지옥.
가(枷) : 죄수의 목에 씌우
는 큰 칼.
시항(施項) : 목에 채우는
것을 말함.
토색(討索) : 강제로 금품을
빼앗는 것.
복분지원(覆盆之冤) : 남모

괴로움을 어진 사람은 마땅히 살펴주어야 한다.

목에 칼을 씌우는 것은 후세에 나온 것이니 선왕(先王)
의 법이 아니다.

옥중에서 토색(討索)을 당하는 것은 남모르게 당하는 원
통한 일이다. 능히 이 원통함을 살필 수 있다면 밝다고 말
할 수 있을 것이다.

질병의 고통이란 비록 좋은 집에 편안히 살아도 오히려
견디기가 어려운 일이거늘 하물며 옥중에서야 어떻겠는가.

옥은 이웃 없는 집이며 죄수란 다닐 수 없는 사람이다.
한 번 동뇌(凍餒)가 있으면 죽음이 있을 따름이다.

옥에 갇힌 죄수가 나가기를 기다리는 것은 긴긴 밤에
새벽을 기다리는 것과 같으니 다섯 가지 괴로움 중에서
머물러 지체하는 것이 가장 큰 것이다.

장벽이 소활(疎豁)하여 중죄수가 도망하면 상사가 문책
을 하게 되니 또한 봉공하는 사람의 근심거리인 것이다.

세시(歲時)나 명절 때 그 집으로 돌아갈 것을 허락하여
은혜와 신의로 서로 믿는다면 도망하는 자가 없을 것이다.

집을 떠나 오래 옥에 갇혀 있어서 자녀의 생산이 끊기
게 된 자는 그 정상과 소원을 잘 살펴서 인자한 은혜를 베
풀어야 한다.

늙고 약한 자를 대신 가두는 것도 오히려 불쌍한 노릇
인데 부녀자를 대신 가두는 일은 더욱 어렵게 생각하고
삼가야 할 것이다.

유배되어 있는 사람은 집을 떠나 멀리 귀양살이를 하는

것이므로 그 정상이 슬프고 측은하니 집과 곡식을 주어 편안히 살게 하는 것도 또한 목민관의 책무이다.

┃풀이┃ 당시는 옥에 갇힌 죄수에게 손에 수갑을 채우고 발에 족쇄를 채운 외에도 또 목에다 큰 칼을 씌웠다. 목에 큰 칼을 씌우는 것은 너무 가혹한 처사이며, 선왕의 법에 그와 같은 제도가 없음을 들어서 논하고 있다.

또 옥중에서 죄수에 대한 수탈이 심한 것에 대하여 말하고 있다. 옥졸(獄卒)은 신장(神將)을 자칭하고 가장 오래 갇혀 있는 죄수가 마왕(魔王)이 되며, 그 밑에 영좌(領座)니 공원(公員)이니 장무(掌務)니 하는 부서가 있어서 죄수가 새로 들어오게 되면 다섯 가지 모진 형벌을 준다. 옥문에 들어설 때는 유문례(踰門禮)가 있고, 방에 들어서면 지면례(知面禮)가 있으며, 칼을 벗게 되면 환골례(幻骨禮), 여러 날이 경과되면 면신례(免新禮) 등 갖가지 토색이 행해져서 말을 잘 듣지 않는 죄수들에게는 세상 사람들이 일찍이 들어보지도 못한 혹독한 형벌을 가하였다.

위에서 이를 금하면 이들은 업신여기고 이를 고발하는 죄수가 있으면 무서운 형벌을 가하여 아무도 감히 입을 벌리지 못하였다. 목민관은 마땅히 이와 같은 원통한 정상을 살펴서 시정할 것을 강조하고 있다.

좋은 집에서 편안하게 살아도 병이 들게 되면 그 고통을 견딜 수가 없는데 더욱이 옥중에서 병들면 그 고통이 어떠하겠는가? 죄수 중에서 환자가 있으면 치료해 주고

르게 착취를 당하면서도 호소할 수 없는 원통한 일.
연침(燕寢) : 좋은 집.
불감(不堪) : 견딜 수 없음.
한폐(犴陛) : 감옥을 뜻함.
동뇌(凍餒) : 추위와 굶주림.
유체(留滯) : 머물러 지체함.
소활(疎豁) : 관리가 소홀함.
독과(督過) : 허물을 추궁하는 것.
봉공자(奉公者) : 공직을 맡아보는 사람.
세시가절(歲時佳節) : 새해나 좋은 명절.
은신(恩信) : 은혜와 신의.
부(孚) 믿는 것.
생리(生理) : 자녀의 생산이 끊어지는 것.
정원(情願) : 정상과 소원.
대수(代囚) : 대신 가두는 것을 말함.
난신(難愼) 어렵게 생각하고 신중히 함.
원적(遠謫) : 멀리 귀양감.
비측(悲惻) : 슬프고 측은함.
관곡(館穀) : 집과 곡식.
안삽(安挿) : 편안하게 살게 하는 것.

보살펴야만 한다. 또 옥중에 갇혀 있는 죄수는 구호의 손길이 미칠 수 없으며 죄수란 한걸음도 옥문 밖을 나갈 수 없다. 그리고 옥중은 보온 시설이 거의 되어 있지 않다. 사람이 춥고 배고프면 얼어죽게 마련이니 그와 같은 참혹한 죽음이 생기지 않도록 옥의 관리와 죄수의 보호를 철저히 해야 한다.

새해나 그밖의 명절 때는 집으로 돌아가서 가족들과 단란하게 지낼 수 있는 은전을 베풀며, 심지어는 오랜 세월을 가족들과 별거해 있어서 후사(後嗣)가 끊어질 염려가 있는 자는 그 정상을 참작하여 부부가 만날 수 있는 기회를 만들어주는 은혜까지도 베풀어줄 것을 제의하고 있다. 노약자를 대신 가두는 것은 측은한 일이며 부녀자를 대신 가두는 것은 더욱 어려운 일이니 극히 신중을 기해야 한다고 말하였다.

조선 영조 37년에 교서를 내리기를, "노인을 노인으로 공경하며 어른을 어른으로 대접하는 것은 아름다운 도덕이다. 자식으로서 아비를 대신하고 동생으로서 형을 대신하는 것은 좋으나, 아비로서 자식을 대신하고 형으로서 동생을 대신하며 심지어는 어미에게 미치는 것은 윤리와 기강에 어긋나고 풍교(風敎)에 관계되는 일이다. 또 잡직(雜職)의 부류에 이르러서는 그 본처를 가두며 이를 차지(次知)라고 일컬으니 침탈이 심하게 되고 폐단이 백출한다. 금후로는 아비로서 아들을 대신하고 형으로서 동생을 대신하며 본처를 붙잡아다 문초하는 일을 엄금하도록 하

잡직(雜職) : 어업 · 공업 · 상업 등의 직업.
차지(次知) : 대가를 받고 남을 대신하여 형벌을 받던 사람.

라. 이 교시를 범하는 자는 벼슬의 대소를 막론하고 제서 (制書)의 율로 다스릴 것이며 그 부하들도 사실이 발견되는 대로 형장을 쳐서 귀양보낼 것이다."라고 하였다.

다산 선생은 옥에 갇혀서 자유를 잃고 질병, 동뇌(凍餒), 토색(討索) 등 갖은 고통을 겪고 있는 죄수들을 긍휼히 여겨 보호하며 은혜를 베풀 것을 역설하고 있다. 그리고 유배생활을 하고 있는 불우한 사람들에게는 집과 식량을 주어서 힘을 다해 편의를 제공해 줄 것을 강조하였다.

죄수의 관리와 보호문제야말로 오늘날에 있어서도 적극 추진되어야 할 일이다. 지금은 물론 그 시대에 비하여 훨씬 개선되었을 것으로 생각되나, 감옥 안의 모든 시설을 개선하고 보강하여 죄수들의 불편을 덜어주고, 급식이라든지 위생에도 유의하며 직업 보도, 또는 정서교육 등에 힘써서 참된 인간의 길을 지향하고 갱생의 터전을 마련해 주는 데 힘써야 할 것이다.

5. 폭력을 엄하게 단속하라
······금포(禁暴)

횡포와 난동을 금지하는 것은 백성을 편안하게 하는 것이요, 호족(豪族)과 강성한 자를 단속하며 귀족이나 근시(近侍)를 꺼리지 않는 것은 목민관으로서 마땅히 힘써야

제서(制書) : 교시를 위반함.

5// 禁暴止亂 所以安民
搏擊豪强 毌憚貴近 亦
民牧之攸勉也 權門勢
家 縱奴豪橫 以爲民害

者 禁之 禁軍怙寵 內官
橫恣 種種憑藉 皆可禁
也 土豪武斷 小民之豺
虎也 去害存羊 斯謂之
牧 惡少任俠 剽奪爲虐
者 亟宜戢之 不戢將爲亂
矣 豪强之虐 毒痛下民
其竇尙多 不可枚擧 狹
邪奸淫 携妓宿娼者 禁
之 市場酗酒 掠取商貨
街巷酗酒 罵詈尊長者
禁之 賭博爲業 開場群
聚者 禁之 俳優之戲 傀
儡之技 儺樂募緣 妖言
賣術者 並禁之 私屠牛
馬者 禁之 徵贖則不可
印信僞造者 察其情犯
斷其輕重 族譜僞造者
罪其首謀 宥其從者

금포지란(禁暴止亂) : 횡포
와 난동을 금지하는 것.
박격(搏擊) : 단속하는 것.
무탄귀근(毋憚貴近) : 귀족
이나 임금의 측근되는 사람
들을 두려워하지 않는 것.
종노호횡(縱奴豪橫) : 종들
을 풀어놓아서 호기를 부리
고 횡행하는 것.
금군(禁軍) : 대궐을 지키고
임금을 호위하는 군사.
호총(怙寵) : 임금의 은총을
믿는 것.
내관(內官) : 궁중에서 심부
름하는 내시.

할 일이다.

권문세가에서 종을 풀어놓아 횡포를 부려서 백성들에게
해가 되는 것은 금해야 한다.

금군(禁軍)이 임금의 은총을 믿고 내관이 횡행 방자하여
여러 가지 구실로 백성을 괴롭히는 것은 모두 금해야 한다.

지방의 호족이 무단(武斷)을 행하는 것은 약한 백성에게
는 시랑(豺狼)이며 호랑이인 것이다. 해를 제거하고 양(羊)
같이 순한 백성을 살려내야만 목민관이라고 말할 수 있다.

악한 소년들이 협기를 부려서 물건을 약탈하며 포악하
게 행동할 때는 마땅히 이를 조속히 금지해야 한다. 금지
하지 않으면 장차 난동을 부리게 될 것이다.

호족들의 횡포가 약한 백성들을 병들게 하고 해독을 끼치
는데 그 방법이 너무도 많아서 일일이 들어 말할 수 없다.

사(邪)를 끼고 간음하며 기생을 데리고 다니며 창녀 집
에서 유숙하는 것을 금해야 한다.

시장에서 술주정하며 장사하는 물건을 약탈하거나 거리
나 골목에서 술주정하며 존장(尊長)을 욕하는 것을 금해야
한다.

도박을 직업으로 삼거나 노름판을 벌이고 무리를 지어
모이는 것을 금해야 한다.

광대의 놀이, 꼭두각시의 재주, 나악(儺樂)으로 사람을 모
으고 요사스런 말로 술법을 파는 걸 아울러 금해야 한다.

사사로이 소나 말을 도살하는 자는 이를 금해야 한다.
돈을 바쳐 속죄하게 하는 것은 옳은 일이 아니다.

도장을 위조한 자는 그 범죄의 정상을 살펴서 경중(輕重)을 판단한다.

족보를 위조한 자는 그 주모자에게만 벌을 주고 이에 따른 자는 용서한다.

┃ 풀이 ┃ 강자의 횡포를 금지한다는 것은 고금을 막론하고 사회의 안녕과 질서 유지를 위하여 꼭 필요한 정책이라고 볼 수 있다. 그 당시에는 횡포를 부리는 부류가 많았으며 그 방법도 다양하였던 것 같다. 지방의 호족인 토호(土豪)들이 약한 백성들을 함부로 다루고 구사(驅使)하였으며, 권문세가에서는 종들을 놓아서 백성들을 유린하였다. 금군(禁軍)이나 내관들은 임금의 은총을 배경으로 백성들을 수탈하고 횡포를 부렸으며, 악한 소년이나 불량배들은 시장에서 술주정을 하며 상인들의 물건을 갈취하거나 길거리에서 어른을 욕보이는 것이 일쑤였다. 또 도박이 성행하고 혹세무민(惑世誣民)하는 술법이 나돌았으며, 소나 말을 밀도살하거나 도장이나 족보를 위조하는 일이 많이 생겼다. 이에 목민관은 마땅히 권귀(權貴)를 두려워하지 말고 위에 열거한 것과 같은 난폭한 행동을 엄금하고 그 혹심한 것은 엄중하게 처단하여, 양같이 순한 백성들의 고통을 덜어주고 사회를 정화할 것을 강조하였다.

허후(許厚)라는 이가 지평현령(砥平縣令)이 되었는데 지평에는 내노(內奴 : 궁중의 노복)가 있어서 횡포를 부려 백성을 괴롭힌 것이 10여 년이 되었건만 관가에서 이를 금

종종빙자(種種憑藉) : 여러 가지로 구실을 붙이는 것.

무단(武斷) : 권력을 부려서 횡포를 일삼는 것.

시호(豺虎) : 늑대와 호랑이.

거해존양(去害存羊) : 해를 제거하여 양같이 순한 백성들을 살게 하는 것.

악소임협(惡少任俠) : 악한 소년들이 협기를 부리는 것.

표탈위학(剽奪爲虐) : 금품을 약탈하며 횡포를 일삼는 것을 말함.

독부하민(毒痡下民) : 약한 백성들을 병들게 하고 해독을 끼치는 것.

두(竇) : 구멍, 방법.

불가매거(不可枚擧) : 낱낱이 들어서 말할 수 없는 것.

휴기(携妓) : 기생을 데리고 다니는 것.

숙창(宿娼) : 창녀의 집에서 자는 것.

후주(酗酒) : 술주정하는 것.

상화(商貨) : 장사하는 물건.

가항(街巷) : 거리와 골목.

매이(罵詈) : 욕하는 것.

개장군취(開場群聚) : 도박판을 벌여 떼지어 모이는 것을 말함.

괴뢰(傀儡) : 꼭두각시.

나악(儺樂) : 굿이나 경을 읽는 음악.

모연(募緣) : 인연을 모으는 것. 즉 사람들을 모으는 것.

요언(妖言) : 요사스런 말.

매술(賣術) : 술법을 파는 것을 말함.

사도(私屠) : 사사로이 도살하는 것.

징속(徵贖) : 돈을 바쳐서
죄를 속하는 것.
인신(印信) : 도장.
정범(情犯) : 범행한 정상.

하지 못하였다. 선생이 그를 잡아다가 법금(法禁)을 범한
10여 가지 죄목을 들어 사형에 처하고 말았다. 백성들은
크게 기뻐하였으나 함부로 사람을 죽인 죄 때문에 옥에
갇혀서 겨울과 여름을 지냈다. 고을 백성들이 대궐 문 밖
에 모여 원통함을 호소하였는데, 때마침 날이 가물었으므
로 원통한 옥사로 인정받아서 석방되었다.

　시장마다 반드시 한두 명의 흉악하고 불량한 자들이 장
사꾼들의 호랑이 노릇을 하여 중국의 소패왕(小霸王)이라
는 별명으로 일컫는데, 되와 말을 조종하고 저울과 자를
속이며 창녀를 사다가 술을 팔고 밀도살을 하여 고기를
판다. 언제나 술에 취하여 욕설을 일삼고 재물을 빼앗으
며, 낯을 붉히고 눈을 부라리면서 독을 때려부수고 항아
리를 깨뜨리나 누구 하나 감히 말하는 자가 없다. 그 횡포
란 실로 눈에 보이는 것이 없고 하늘 무서운 줄을 모른다.
목민관은 또한 마땅히 이러한 자들을 붙잡아다 큰 곤장으
로 살이 터지도록 볼기를 치고 목에 큰 칼을 씌워 엄히 다
스림으로써 다시는 감히 그와 같은 행패를 부리지 못하도
록 단속해야 한다.

　권력 · 금력의 횡포나 폭력의 난무는 다산 선생의 시대
뿐만 아니라 어느 시대에나 문젯거리가 되고 있다. 권력
이나 금력의 횡포란 사회의 부조리를 낳고 국민총화를 깨
뜨리며 국가 발전에 큰 어두운 그림자를 던지고 있다. 불
량배가 폭력을 휘두르고 물품을 약탈하며 술주정을 하고

욕설을 퍼붓는 등의 행패는 사람을 불안과 공포 속으로
몰아넣고 사회의 안녕과 질서를 파괴한다. 법치국가에서
는 이러한 일이 있을 수 없다. 국민 도의의 함양과 법치의
강화로써 모든 횡포와 난동이 없어지고 명랑한 사회가 하
루빨리 이룩되어야겠다.

6. 사회의 정화
……제해(除害)

백성을 위하여 해를 제거하는 것은 목민관으로서 힘써
야 할 것이다. 그 첫째는 도적이요, 둘째는 귀신이요, 셋
째는 호랑이이다. 이 세 가지가 없어져야만 백성의 근심
이 덜어질 것이다.

도적이 생기는 데는 세 가지 이유가 있다. 위에서는 행
실을 단정하게 하지 않고, 중간에서는 명령을 받들어 행
하지 않고, 아래에서는 법을 두려워하지 않기 때문이니,
비록 도적을 없애려고 해도 어찌할 수가 없는 것이다.

임금의 어진 뜻을 선유(宣諭)하여 그 죄악을 용서해 주
어서 옛것을 버리고 스스로 새로워져 각각 그 직업으로
돌아가게 하는 것이 상책이다.

이와 같이 한 후에야 행실을 고치고 자취를 감추며 길
에서 흘린 것을 줍지 않고 부끄러움을 느끼며 바르게 될
것이니, 또한 착한 일이 아니겠는가.

6// 爲民除害 牧所務也
一曰盜賊 二曰鬼魅 三
曰虎狼 三者息 而民患
除矣 盜所以作 厥有三
繇 上不端表 中不奉命
下不畏法 雖欲無盜 不
可得也 宣上德意 赦其
罪惡 棄舊自新 各還其
業 上也 如是然後 改行
屛跡 道不拾遺 有恥且
格 不亦善乎 奸豪相聚
怙惡不悛 剛威擊斷 以
安平民 抑其次也 懸賞
許赦 使之相捕 使之相
告 以至殘滅 又其次也
朱墨之識 表其衣裾 以
辨禾莠 以資鋤拔 亦小
數也 僞攀運喪 譏盜之
恒例也 僞訃察哀 詗盜
之小數也 運智出謀 鉤
深發隱 唯能者 爲之察

理辨物 物莫遁情 唯明
者 爲之 凶年 子弟多暴
草竊小盜 不足以大懲
也 枉執平民 鍛之爲盜
能察其寃 雪之爲良 斯
之謂仁牧也 誣引富民
枉施虐刑 爲盜賊執仇
爲吏校征貨 是之謂昏
牧也 鬼魅作變 巫導之
也 誅其巫 毀其祠 妖無
所憑也 假託佛鬼 妖言
惑衆者 除之 憑依雜物
邪說欺愚者 除之 虎豹
噉人 數害牛豕 設機弩
穽獲 以絕其患

제해(除害) : 해를 제거함.
귀매(鬼魅) : 귀신붙이.
삼자식(三者息) : 세 가지가
없어지는 것.
삼유(三繇) : 세 가지 이유.
단표(端表) : 행실을 단정하
게 하는 것.
수욕무도(雖欲無盜) : 비록
도둑을 없애고자 하나.
선상덕의(宣上德意) : 상
(上)은 임금을 뜻함. 즉 임
금의 어진 뜻을 널리 편다
는 것.
기구자신(棄舊自新) : 옛날
의 그릇된 행실을 버리고
새로운 길을 가는 것.
개행병적(改行屛跡) : 잘못
된 행실을 고치고 자취를 감
추는 것을 뜻함.

간악하고 세력 있는 자들이 서로 모여 악을 행하고 고치지 않으면 굳센 위력으로 쳐부수어 백성을 편안케 하는 것도 그 다음 방법일 것이다.

현상(懸賞)하고 용서해 줄 것을 허락하여 서로 잡아들이거나 고발하게 하여 잔멸(殘滅)하기에 이르도록 하는 것이 또 그 다음 방법인 것이다.

붉은빛과 먹물로 옷에 표시하는 것은 곡식과 가라지를 분별하여 김매는 데 도움이 되게 하는 것이니 또한 작은 계획이다.

거짓 상여로 운상(運喪)하는 것은 간사한 도적이 항상 하는 예이니, 거짓 조문(弔問)으로써 슬퍼하는가를 살피는 것은 도적을 조사하는 작은 술수이다.

지혜를 짜내고 꾀를 써서 깊은 것을 캐내고 숨은 것을 들추는 것은 오직 능한 자만이 할 수 있는 일이다.

이치를 살피고 사물을 분간하면 사물이 그 실상을 숨기지 못하니 오직 밝은 자만이 할 수 있을 것이다.

흉년이 들면 젊은이들의 횡포가 많아지니 보잘것없는 좀도둑들은 크게 징계하지 않아도 된다.

잘못하여 평민을 잡아다가 억지로 도둑을 만드는 수가 있는데, 능히 그 원통함을 살펴서 다시 양민(良民)으로 만들어준다면 이는 어진 목민관이라고 말할 수 있다.

거짓 죄를 꾸며 돈 있는 백성을 잡아다가 함부로 혹독한 형벌을 가하는 것은 도둑을 위하여 원수를 갚아주는 것이며, 아전을 위하여 돈을 벌게 해주는 것이니, 이를 일러 혼암(昏暗)한 목민관이라고 하는 것이다.

귀매(鬼魅)가 작변(作變)하는 것은 무당의 짓인 것이다. 무당을 벌하고 그 당집을 헐어야만 요마(妖魔)가 의지할 곳이 없어질 것이다.

부처나 귀신을 빙자하여 요사스런 말로 대중을 현혹시키는 자는 제거해야 한다.

잡물(雜物)을 빙자하여 사특한 말로 어리석은 사람을 속이는 자는 제거해야 한다.

호랑이나 표범이 사람을 물고 여러 차례 소나 돼지를 해치면 틀을 놓고 함정을 만들며 노도(弩刀) 등 무기를 써서 이를 잡아 그 근심을 없애야 한다.

| 풀이 | 일반적으로 사람에게 해독을 끼치는 것으로는 첫째 도둑, 둘째 귀신붙이, 셋째 호랑이이다. 두둑이 없어지지 않고 성행하는 세 가지 이유는 다음과 같다.

첫째, 윗사람의 행실이 올바르지 못하기 때문이다. 수령·방백(方伯 : 감사), 또는 병수사(兵水使) 등이 부정한 방법으로 재물을 탐하고 불법을 자행하니, 일산(日傘) 밑을 가리켜서 대도(大盜)라고 지칭하게 되었다. 그와 같이 행실이 단정치 못한 사람이 어찌 다른 사람을 바로잡을 수 있겠는가. 도둑들이 행차를 바라보며 서로 알기를, "저처럼 의젓하고 지위가 높으며 나라의 은혜를 받고 있으면서도 오히려 도둑질을 하거늘, 우리처럼 끼니도 제대로 잇지 못하는 소인배들이 어떻게 앉아서 죽기를 기다리겠는

도불습유(道不拾遺) : 길에 떨어진 것을 줍지 않음.
유치차격(有恥且格) : 부끄러움을 알고 몸이 바르게 되는 것.
간호(奸豪) : 간사하고 세력 있는 자.
호악부전(怙惡不悛) : 악을 행하여 고치지 않는 것.
강위격단(剛威擊斷) : 굳센 위엄으로 쳐부수는 것.
억기차야(抑其次也) : 또한 그 다음이라는 것.
현상허사(懸賞許赦) : 상(賞)을 내걸고 용서하기를 허락하는 것.
잔멸(殘滅) : 쇠잔하여 없어지는 것.
주묵지지(朱墨之識) : 붉은 빛과 먹물의 표지(標識).
표기의거(表其衣裾) : 그 의복에다 표시하는 것.
이변화유(以辨禾莠) : 곡식과 가라지를 구별하는 것.
이자서발(以資鋤拔) : 호미로 뽑아내는 것. 김매는 것.
위여운상(僞轝運喪) : 거짓 상여로 장사지내는 흉내를 내는 것.
휼도(譎盜) : 간사한 도둑.
위부찰애(僞訃察哀) : 거짓 조문으로 슬퍼하는 것을 살피는 것.
형도(詗盜) : 도둑을 염탐함.
운지출모(運智出謀) : 지혜를 짜내고 꾀를 내는 것.
구심발은(鉤深發隱) : 깊은 것을 캐내고 숨은 것을 들추는 것.

찰리변물(察理辨物) : 이치를 살피고 사물을 분간함.

물막둔정(物莫遁情) : 사물이 그 실상을 숨길 수 없는 것을 뜻함.

자제다포(子弟多暴) : 젊은 이들의 횡포가 많다는 것.

초절소도(草竊小盜) : 변변치 않은 작은 도둑들.

대징(大懲) : 크게 징계함.

왕집평민(枉執平民) : 죄없는 백성을 잘못 잡아오는 것을 말함.

단지위도(鍛之爲盜) : 두들겨서 억지로 도둑을 만듦.

설지위량(雪之爲良) : 죄없는 것을 밝혀서 양민으로 만드는 것.

무인(誣引) : 거짓죄를 꾸며서 잡아가는 것.

왕시학형(枉施虐刑) : 혹독한 형벌을 함부로 베푸는 것을 뜻함.

집구(執仇) : 원수를 갚아줌.

이교(吏校) : 아전과 군교.

정화(征貨) : 돈을 빼앗는 것을 말함.

혼목(昏牧) : 혼암(昏暗)한 목민관.

요무소빙(妖無所憑) : 요마(妖魔)가 의지할 곳이 없음.

요언혹중(妖言惑衆) : 요사스런 말로 대중을 현혹시키는 것.

사설기우(邪說欺愚) : 사특한 말로 어리석은 사람들을 속이는 것.

담인(噉人) : 사람을 무는 것을 말함.

가.” 하니 도둑이 어찌 없어질 수 있겠는가.

둘째, 중간에서 명령을 받들지 않기 때문이다. 무릇 토포군관(討捕軍官 : 도둑을 잡는 군관)이란 모두 도둑의 두목인 것이다. 군관을 끼지 않고는 도둑질을 할 수 없다. 직책상 도둑을 잡는 척하며 도망칠 구멍을 만들어주고, 도둑이 부잣집의 의복이나 그릇을 훔친다 하더라도 남의 이목이 두려워서 저자에 내다 팔 수 없다. 군교들이 대신 팔아서 10분의 6을 도둑에게 주고 10분의 4는 자기가 차지하는 것이 관례처럼 되어 있다. 도둑이 처음 나오게 되면 군교들에게 참알례(參謁禮)를 행해야 하며, 세 번 그 장물을 바치고 나서야 비로소 자기도 차지하게 되는데, 그중 한 번이라도 자기 것으로 하면 가차없이 관청으로 잡혀가게 된다. 군교들은 잡아간 도둑들을 시켜 부자 백성들을 찍어다 붙여 혹은 같은 무리라 하고, 혹은 장물을 팔았다고 하여 연루자가 많아지게 되고 무고한 사람들이 머리를 맞대게 되는데, 그들의 고혈을 다 빨아 먹고서야 그 원통한 것을 밝혀준다. 그러고는 옥에다 바깥과 통하는 길을 만들어서 밧줄을 주고 사다리를 걸쳐 도둑들을 도망가게 하니, 진영의 포도군관(捕盜軍官)이란 모두가 양산박(梁山泊 : 중국 산동성 제남 근처에 있는 섬인데 송나라 때 큰 도둑떼의 소굴이었음)의 두령인 것이다.

셋째, 아래에서 법을 무서워하지 않는다는 것은 도둑의 집주인은 모두 성읍 근처 주막집 사이에 있으며, 산 밑의 외로운 마을은 도둑의 소굴이 아니기 때문이다. 여관집에는 하루에도 사람이 수없이 드나든다. 비록 낯선 손님이 있어도 사람들이 의심하지 않으나 고요하고 궁벽한 곳이라면 한 나그네가 오자마자 이웃에서 알려고 캐물으니 종적이 곧 탄로나고 말이 널리 퍼진다. 그러므로 무릇 종적을 감추는 사람들은 모두 주막집에 있으며 10리나 5리쯤 떨어져 꼬리를 물어 포진(布陣)하고, 계획하는 일이 있으면 서로 호응하고 급한 일이 있으면 서로 알려주는 것이니, 장물 숨기는 일이나 가족의 의탁이 모두 여기에 있는 것이다.

이상 세 가지가 도둑이 없어지지 않는 이유라는 것을 목민관은 깊이 깨닫고 도둑을 제거하는 계획을 세워서 실천에 옮겨야 할 것이다. 그리고 도둑을 제거하는 방법들을 다음과 같이 열거하고 있다.

임금의 어진 뜻을 널리 알려서 그 죄악을 용서하고, 지난날의 그릇된 행동을 고치고 새 사람이 되어 각자 올바른 직업으로 돌아가게 하는 것이 가장 좋은 방법이라고 논하고 있다. 그렇게 되면 도둑들도 은혜에 감격하여 행실을 고치고 자취를 감추며 염치를 아는 올바른 사람이 될 것이다.

백성들이 도둑이 되는 원인은 여러 가지가 있겠지만 그 중에서도 강호(强豪)들에게 착취당하여 살 길을 잃은 것이 그 주요한 것이다. 간사한 호족들이 서로 모여서 횡포를 부리며 고칠 줄 모르는 것을 엄중하게 처단하여 백성들을 편안히 살도록 하는 것도 좋은 방법인 것이다.

삭해우시(數害牛豕) : 자주 소와 말을 해치는 것.
설기노정확(設機弩穽擭) : 틀을 놓고 그 궁노(弓弩)를 쓰며 함정을 파서 잡는 것.
이절기환(以絶其患) : ~하게 함으로써 그 근심을 끊어버리는 것.

현상(懸賞)이나 죄를 용서해 주는 조건으로 도둑들로 하여금 서로 잡고 고발케 하여 도둑의 힘이 약해지고 멸망하게 만드는 것도 일종의 방법이다. 붉은빛이나 먹물로 의복에다 표시함으로써 도둑을 가려내는 방법도 있다. 또 도둑들은 흔히 거짓으로 장사를 지내고 있다. 시체를 운반하는 것처럼 상여를 메고 있으나 상여 속에는 시체가 들어 있지 않으며, 병기나 약탈한 재화(財貨)를 넣어서 목적지까지 운반하는 상투(常套) 수단인 것이다. 상여 나가는 것이 의심스러울 때는 거짓 조문하는 시늉을 하며 도둑의 동향을 살피는 것도 도둑을 잡는 하나의 작은 계책이라고 볼 수 있다. 도둑을 문초하는 데 있어서 도리를 살피고 사물을 판단하면 아무리 상대방이 실상을 숨기려고 해도 숨길 수 없다는 것을 강조하고 있다.

이상은 도둑을 제거하는 방법을 설명한 것인데 반면에 도둑을 처리하는 데 있어서 주의할 점을 다음과 같이 말하고 있다. 죄 없는 백성이 잡혀와 형벌을 이기지 못하고 억지로 도둑 누명을 쓰게 될 경우에는 그 원통함을 살펴서 죄를 벗겨주어 양민으로 돌아가게 해야 한다. 부자에게 도둑의 죄명을 씌워 체포하고 함부로 혹독한 형벌을 가하는 것은 아전이나 군교의 배를 불리고 양민을 괴롭히는 어둡고 어리석은 행동이다.

그리고 무당·술사(術師)·사기꾼들이 많아서 부처나 잡신 등을 내세우고 요사한 말로 어리석은 대중을 현혹시켜서 금품을 빼앗으며 세상을 어지럽게 하니, 백성이 궁핍해지고 그 여파가 국가 재정에까지 미치게 되었다. 목민관은 마땅히 무당을 처벌하고 잡신을 위하는 당집들을 철거해 버리며, 요사스런 말로써 혹세무민하는 불도(佛徒)나 술사나 사기꾼들을 가차없이 처벌해야 한다.

또 당시에는 맹수를 사냥하는 성능이 우수한 총포류가 없었으며 더욱이 산림이 우거져서 짐승들의 번식과 횡포가 대단하였다. 이에 맹수들이 사람을 잡아먹고 농작물을 해쳐서 백성들이 공포에 떨었으며 경제적으로도 피해가 컸었다. 범에 물려가는 것을 호환(虎患)이라고 부를 정도였으니, 틀을 놓고 함정을 파거나 예리한 무기를 써서 맹수를 잡아 없앰으로써 민생을 안정시키라고 말하고 있다.

여기서 말하는 세 가지 해독 중에서 맹수 문제는 인간의 지혜가 발달된 오늘날에는 거론될 여지가 없다. 그러나 도둑이나 미신만은 아직도 우리의 큰 관심거리가 아닐 수 없다. 다산 선생은 도둑이 생기는 세 가지 이유를 들고 있는데, 이것은 오늘날에 있어서 전혀 참고의 여지가 없다고 볼 수는 없다. 지금도 신문지상에 강도나 절도사건이 끊임없이 보도되어 사람들의 빈축을 사고 있는데, 도둑이 생기는 중요한 원인을 살펴본다면 역시 경제의 빈곤이 큰 비중을 차지하고 있다. 물론 도둑을 잡아서 국법에 의한 처벌을 해야겠지만, 도둑을 처벌하기 전에 먼저 위정자들이나 국민들의 각성이 필요하다고 생각된다.

옛날 중국의 우왕(禹王)은 한 사람의 백성이라도 도탄의 앙양(昻揚) : 높이 쳐들어 드러냄.

구렁텅이에 빠지는 자가 있다면 그것을 곧 자기의 책임으로 느껴서 밤에 잠을 이루지 못하였다고 한다. 정부에서는 건전한 경제계획과 용의주도한 실천으로 많은 생산공장이나 기업체를 세우고, 직업 없는 사람들을 구제하여 생업에 종사케 함으로써 국민생활의 안정을 기해야 한다. 그와 동시에 도의정신을 앙양하여 사람들의 마음과 행동을 바로잡아서 도둑이 생기게 되는 그 근본문제를 해결해야 할 것이며, 국민들도 정부시책에 적극 호응하여 도둑이 없는 명랑한 사회와 부강한 나라를 이룩하도록 힘써야겠다. 도둑이 많다는 것은 불안한 사회를 대변하는 것으로서 나라와 민족의 수치인 것이다.

　그리고 우리 사회에는 아직도 미신이 판을 치고 있다. 먼 시골에서는 중병에 걸려 있는데도 의사를 찾아가 고치지 않고 무당을 찾아간다. 시골뿐만 아니라 수도 서울에서도 무슨 도사니 술사니 하는 사람들의 요사스런 말에 현혹되어 수많은 사람들이 몰려들어서 병을 고치려고 하는 실정이다. 그밖에도 사주 · 관상 · 작명 · 점술 등이 성행하여 어떤 곳에서는 이른 아침부터 사람들이 줄을 서서 미래를 점치려고 아우성을 치고 있다. 그 폐단은 작게는 자신의 장래를 그르치고 크게는 가정의 파탄을 불러오게 되니, 오늘날의 과학시대에 있어서 실로 한심한 일이 아닐 수 없다. 당국에서는 혹세무민의 장본인들을 엄단하는 동시에 민중들에게 널리 계몽 선전을 함으로써 사회 정화에 힘써야 할 것이다.

10

공전 6조 (工典六條)

1. 사랑하여 가꾸자
……산림(山林)

산림은 나라의 공부(貢賦)에서 나오는 바이니, 산림에 관한 정사를 옛날의 어진 임금들은 소중히 여겼던 것이다.

봉산(封山)에 소나무를 기르는 것은 엄중한 금령이 있으니 목민관은 마땅히 삼가 지켜야 하며, 간사한 아전들의 폐단이 있으면 마땅히 세밀히 살펴야 한다.

사양산(私養山)의 법금에 있어서도 그 사벌(私伐)은 봉산과 같다.

봉산의 소나무가 차라리 썩어서 버릴지언정 사용하기를 청해서는 안 된다. 황장(黃腸) 봉산에서 벌채한 나무를 끌어내리는 부역에서 농간하는 폐단이 있는가를 마땅히 살펴야 한다.

장사치들이 금지하는 송판을 몰래 실어내는 것을 금해야 한다. 삼가 법을 준수하며 재물에 염결해야만 옳은 것이다.

소나무를 심고 가꾸어 기르는 게 비록 법조문에 있기는 하나 해치지만 않는다면 무엇 때문에 다시 심는단 말인가.

여러 가지 나무를 심어 가꾸는 정사는 또한 쓸데없는 법일 뿐이다. 목민관이 오래 유임된다고 생각한다면 마땅

山林者 邦賦之所出 山林之政 聖王重之也 封山養松 其有厲禁 宜謹守之 其有奸弊 宜細察之 私養山之禁 其私伐與封山同 封山之松 寧適朽棄 不可以請用也 黃腸曳木之役 其有奸弊者察之 商賈潛輸禁松之板者 禁之 謹於法而廉於財斯可矣 植松培松 雖有法條 能弗害之而已矣 何以植之 諸木栽植之政 亦徒法而已 量可久任 宜遵法典 知其速遞 無自勞矣 嶺隘養木之地 其有厲禁 宜謹守之 山腰禁耕之法 宜有測定 不可縱弛 亦不可膠守也 西北蔘貂之稅 宜從寬假 其或犯禁 宜從闊略 東南貢蔘之弊 歲加月增 盡心稽察 毋至重斂 金銀銅鐵 舊有店者 察其奸惡 新爲礦者 禁其鼓冶 土産寶物 無煩採掘 以爲

民病 採金之法 又有新
方 苟有朝令 試之無妨

방부(邦賦) : 나라의 공물과
세금.
성왕중지(聖王重之) : 옛날
의 어진 임금이 소중히 여
겼다는 것.
봉산(封山) : 나라에서 벌채
를 금하는 산.
양송(養松) : 소나무를 기르
는 것.
여금(厲禁) : 엄중하게 금함.
간폐(奸弊) : 농간을 부리는
폐단.
사양산(私養山) : 개인이 나
무를 기르는 산.
사벌(私伐) : 관의 허가를 얻
지 않고 마음대로 벌채함.
영적후기(寧適朽棄) : 차라
리 썩혀서 버릴지언정.
청용(請用) : 사용하기를 청
하는 것.
황장(黃腸) : 황장목(黃腸
木). 질이 좋은 소나무로서
왕실 관목(棺木)으로 사용
되었음. 빛이 누르고 목질
이 단단함.
예목(曳木) : 벌채한 나무를
끌어내리는 것.
잠수(潛輸) : 남몰래 실어
나르는 것.
금송지판(禁松之板) : 금하
는 소나무 판자.
배송(培松) : 소나무를 가꾸
어 기르는 것.

히 법전을 준수할 것이나 속히 체임될 것을 안다면 스스
로 수고하지 않을 것이다.

영애(嶺隘)의 나무 기르는 땅에는 엄중한 금법이 있으니
마땅히 삼가 지켜야 할 것이다.

산허리의 경작을 금지하는 법은 마땅히 측량하여 정함
이 있어야 한다. 나라의 법을 이완시킬 수도 없으며 또한
융통성 없이 법을 지키기만 할 수도 없다.

서북지방에서 생산되는 인삼이나 담비 가죽에 대한 세
금은 마땅히 너그럽게 해주어야 한다. 혹시 법금을 범하
더라도 마땅히 너그럽게 처리해야 한다.

동남부지방에서 인삼을 공납하는 폐단이 해마다 늘어나
고 날로 더해진다. 마음을 다하여 상고하고 살펴서 과중
하게 거두어들이지 말아야 한다.

금·은·동·철이 예전부터 있던 광산은 그 간악한 것
을 살펴야 하며, 새로 광산을 채굴하는 자에게는 그 제련
을 금지해야 한다.

지방에서 나는 보물을 번거롭게 채굴하여 백성들에게
병폐가 되는 일이 없게 해야 한다.

채금(採金)하는 방법이 또 새로운 법이 있는데, 진실로
조정의 명령이 있다면 시험해 봐도 무방하다.

┃풀이┃산림에 대한 정책은 오늘날뿐만 아니라 오랜 옛
날부터 극히 중요시되었던 것이다. 〈맹자〉에 보면, '순납
우대록(舜納于大麓)'이란 말이 있는데 대록(大麓)이란 산림

을 관장하는 벼슬을 말하는 것이니, 요(堯)임금 시대에 벌써 산림정책이 시행되었음을 알 수 있다. 또 주(周)나라의 역사라고도 볼 수 있는 〈주례〉에는 "산에는 세 등급이 있으니 대산(大山)·중산(中山)·소산(小山)이며, 산림에는 또 세 등급이 있으니 대록(大麓)·중록(中麓)·소록(小麓)이다. 각각 12사람의 관원을 두어서 지키고 함부로 벌채하는 것을 금하게 하였다. 동짓달에 나무를 베는데 모든 백성이 나무 베는 것에 일정한 기일이 있고, 나라의 공장(工匠)이 나무를 골라 베는 것은 금지나 제한이 없으며, 무릇 도벌하는 자는 형벌이 있다."라고 기록되어 있다. 또 〈맹자〉에 '이시입산림(以時入山林)'이란 말이 있으니, 즉 때에 맞추어서 산에 들어가 나무를 벤다는 뜻이다. 이러한 것으로 미루어보건대 수천 년 전에 벌써 산림에 대한 관심이 얼마나 컸던가를 알 수 있다.

역시 우리 나라에서도 국가에서 산림정책을 추진시켜 왔으며 조선시대에 이르러 더욱 구체화되었다. 무릇 산을 봉산(封山)과 사양산(私養山)의 두 가지로 나누는데, 봉산은 국가에서 금양(禁養 : 나무 등을 베지 못하게 하여 가꿈)하며 보호하는 산이니 쉽게 말하면 국유림이며, 사양산은 개인이 금양하는 산이니 사유림을 말한다.

〈속대전〉에 말하기를, "모든 황장 봉산(黃腸封山)에는 수시로 경차관(敬差官)을 보내어 감독케 한다. 경상도와 전라도에서는 10년에 한 번씩 벌채를 행하고, 강원도에서는 15년에 한 번씩 벌채를 행하여 왕실의 관재(棺材)를 선

도법이이(徒法而已) 한갓 법뿐이다. 쓸데없는 법일 뿐이라는 것.

양가구임(量可久任) : 오래 유임할 수 있다고 추측함.

속체(速遞) : 속히 체임됨.

영애(嶺隘) : 높고 험한 산이 막힌 사이로 좁은 길이 있는 곳.

산요(山腰) : 산허리.

종이(縱弛) : 함부로 이완시키는 것.

교수(膠守) : 융통성 없이 법 그대로를 지키는 것.

삼초(蔘貂) : 인삼과 담비 가죽을 말함.

관가(寬假) : 너그럽게 함.

활락(闊略) : 너그럽게 처리하는 것.

공삼(貢蔘) : 인삼을 공물로 바치는 것.

진심계찰(盡心稽察) : 마음을 기울여 싱고하고 실핌.

중렴(重斂) : 과중하게 거두어들이는 것.

점(店) : 여기서는 광산(鑛山)을 말함.

고치(鼓冶) : 광석을 녹여서 광물을 빼내는 것.

신방(新方) : 새로운 방법.

구(苟) : 진실로.

조령(朝令) : 조정의 명령.

택한다. 여러 도의 봉산에서는 소나무의 벌채를 금지하여 법금을 범하고 도발한 자는 중벌에 처한다. 소나무의 벌채를 금지하는 산의 조선재(造船材)를 수신(帥臣)이나 수령이 그 벌채를 함부로 허가하거나 또는 직접 벌채하였을 때는 군기(軍器)를 사매(私賣)한 율(律)로 다스린다. 또 솔밭에 불을 놓는 자는 사형에 처한다."라고 하였다.

〈대전(大典)〉의 주(註)에는 "산의 소나무를 벌채한 자에게서 사사로이 속전(贖錢)을 받는 수령이나 변장(邊將)에게는 장물(贓物)을 계산하여 그 정도에 따라 죄를 논한다."라고 하였으며, 또 〈금송절목(禁松節目)〉에 말하기를, "연해(沿海) 30리 이내에서는 비록 사양산(私養山)이라 할지라도 벌채를 엄금한다."라고 하였다.

다산 선생은 이와 같은 산림법에 대하여 논하고 있다. 아무리 산림의 보호가 필요하다 하더라도 법금의 범위가 그처럼 넓고 또 지엄해서야 어떻게 그 법이 그대로 지켜질 수 있겠느냐고 평하고 있다.

예를 들면 전라도의 완도(莞島)는 황장 봉산(黃腸封山)이다. 황장이라 함은 황장목(黃腸木)을 말하는 것으로 그 빛이 누르고 목질이 단단한 질이 좋은 소나무다. 조선시대에는 주로 왕실의 관재용으로 많이 쓰였으니, 황장목을 금양하는 황장 봉산이야말로 그 관리가 철저하고 경계가 삼엄하였던 것이다. 첨사(僉使)가 지키고 현감이 관리하며, 수사(水使)가 벌채를 금지하고 감사가 통찰한다. 범법의 정도가 작으면 곤장의 형을 받고 정도가 크면 신장(訊

수신(帥臣) : 병사(兵使)나 수사(水使)를 말함.

사매(私賣) : 몰래 팔아먹는 것.

속전(贖錢) : 죄를 면하기 위하여 바치는 돈.

신장(訊杖) : 죄인을 신문할 때 매질하던 몽둥이.

杖)을 결행하며 더욱이 또 벌금이 4천 전이다.

　그러나 완도 주위에 있는 수백 리의 땅이 집짓는 일을 비롯하여 배를 만들고 관곽을 만들며 농기구 제조, 옹기구이, 땔나무, 숯에 이르기까지 다 완도만을 쳐다보고 있는데 어떻게 그 법금이 지켜질 수 있겠는가. 또 그 많은 위반자를 어떻게 일일이 논죄할 수 있겠는가. 그리고 법금을 범한 자의 처벌은 어떠한 결과를 불러오게 되는가. 백성 한 사람이 수금(囚禁)되면 나무는 100그루가 베어진다. 나무를 도벌해다 팔아서 속전(贖錢)을 바치기 때문이다. 나무를 금양한다는 것이 오히려 나무를 베게 하는 결과를 낳고, 감수관(監守官)에게 이득을 주고 아전과 군교의 배를 불리며, 백성을 괴롭히고 결국 국가의 손실을 가져오게 된다.

수금(囚禁) : 죄인을 잡아 가둠.

　그러므로 마땅히 옛날의 법을 따라서 관에서 중추(仲秋)에 백성을 감독하여 풀을 베게 하고, 중동(仲冬)에 나무를 베어서 백성들이 필요한 데 쓸 수 있도록 해야 한다. 재목이 될 만한 나무는 이를 가꾸어 기르고, 재목이 될 수 없는 것은 이를 뽑아버려서 나무가 잘 자라도록 해야 한다. 관에서는 백성들로부터 나무의 대전(代錢)을 받아들여서 공용(公用)에 보충하고, 백성들은 관의 감독 밑에 벌채를 하였으니 후환이 없기 때문에 공사 양편이 모두 편리하다. 이렇게 한다면 나무는 잘 자라고 법은 지켜질 것이다. 그러나 한 고을의 수령으로서 마음대로 할 수 없는 일이니, 나라의 법금은 삼가 지키도록 하고, 아전들의 농간부

중추(仲秋) : 음력 팔월.

중동(仲冬) : 동짓달.

대전(代錢) : 대금.

리는 폐단을 엄히 단속하되 법금을 범한 백성이 있을 때는 관대하게 처리하여 백성을 괴롭히고 봉산의 나무들이 날로 줄어드는 폐해를 막도록 힘써야 할 것이다.

또 연해 30리 이내에 있는 사양산에 대해서도 벌채를 엄금한다는 법조문에 대하여 다음과 같이 논하고 있다. 개인이 산에 나무를 기르는 것은 필요한 때에 베어 쓰기 위해서이다. 그 벌채를 봉산과 마찬가지로 엄하게 금한다면 누가 산에 나무를 기를 것인가. 그렇기 때문에 연해의 모든 산이 벌거숭이가 되어 있다. 마땅히 봉산과는 법금을 달리하여 백성들로 하여금 산림을 보호하고 배양하려는 의욕을 불러일으켜야 할 것이다.

목민관은 마땅히 민정을 살펴서 무릇 자기 산의 나무를 벌채한 자는 혹독하게 다루지 말아야 하며, 수사(水使)의 영문(營門)에서 백성을 침노하며 파산 지경에 이르는 일이 없도록 해야 한다. 여기에 연일현감(延日縣監)으로 있었던 정만석(鄭晩錫)의 상소문 일부를 참고로 소개한다.

"바다 연변 여러 고을에 다 봉산이 있는데 영문(營門)과 고을의 징구(徵求)가 또한 너무 많습니다. 잣·송진·송이·송판 등 한 번 실어다 바칠 때마다 그 비용이 너무 많이 듭니다. 그러나 그것은 오직 산 밑에 사는 백성만이 그와 같은 곤란과 고통을 받을 뿐입니다. 봉산이 지방 전체의 근심거리가 되는 점을 예로 든다면, 나무 한 가지 판자한 조각이라도 백성이 어쩌다가 가져다 쓴다면 그것이 비록 다른 산에서 베어낸 것이며 다른 고을에서 사들인 것

징구(徵求) : 돈이나 곡식 따위를 내놓으라고 요구함.

이라 할지라도 영문과 고을의 아전과 군교들이 이를 빙자하여 침탈을 일삼고 있습니다. 그렇기 때문에 집을 짓는 사람은 재목을 모으기에 겁을 내고 초종장사를 치르는 자는 관 짜는 것을 두려워합니다. 심한 자는 이미 지은 집을 헐어버리고 이미 묻은 널을 파내어 버립니다. 무릇 가옥과 관곽은 우리 백성이 살아 있는 사람을 기르고 죽은 사람을 보내는 일에 쓰는 것인데, 재물이 있어도 마음이 기쁘지 않고 유감이 없을 수 없으니 어찌 슬프지 않겠습니까."

이 글을 본다면 산림법은 너무 범위가 넓고 백성의 생활을 염두에 두지 않은 정책이라 하겠다.

〈금송절목〉에 보면, "풍락송(風落松)은 베어 감을 허가하지 말며, 쓰러진 자리에서 그대로 썩게 하라."는 조항이 있기 때문에 봉산의 소나무는 차라리 썩어서 버릴지언정 사용하기를 청할 수 없다, 비록 관청 건물이 심히 퇴락하여 그 보수가 시급한 처지에 놓여 있더라도 나무가 썩어가는 것을 보면서도 사용할 수 없으니, 실로 이용후생(利用厚生)의 길을 모르는 것이다.

황장목(黃腸木)을 벌채하는 날에는 여러 고을에서 일제히 백성을 동원시키게 되는데, 돈 있는 집이나 부유한 동네에서는 모두들 돈으로 막아버리고 오직 가난하고 병든 백성들만이 부역에 동원되어 고초를 겪게 된다. 목민관은 마땅히 그와 같은 아전들의 농간을 살펴서 엄중하게 단속해야 한다. 그리고 무거운 것을 운반하는 힘을 덜며 일의 능률을 올리기 위하여 길을 닦고 마차를 많이 만드는 것

풍락송(風落松) : 바람에 부러진 소나무.

이 좋을 것이다.

〈속대전〉에 말하기를, "판자(板子) 상인은 반드시 본조(本曹)와 귀후서(歸厚署)의 허가증서를 받아야 한다. 공용이나 사용의 관재가 경강(京江)으로 들어오는 것은 귀후서에서 10분의 1을 세금으로 받아들이고, 관재로서 합당치 못한 송판은 본조에서 10분의 1을 세금으로 받아들인다."라고 하였다. 목민관은 마땅히 상인들이 금지하는 산림의 송판을 몰래 운반하려는 행위를 금해야 하며, 오직 법을 지키는 데 힘쓰고 재물을 탐내고 이를 묵인하는 행동을 해서는 안 된다.

〈경국대전〉에 말하기를, "지방에 있는 금산(禁山)에는 나무를 벌채하는 것과 불놓는 것을 금지하며 해마다 봄에 치송(稚松)을 재식(栽植)하거나 파종하여 배양한다. 세초(歲抄) 때 재식한 것과 파종한 숫자를 임금에게 보고한다. 이를 위반하였을 때는 산지기는 장(杖) 80대에 처하고 담당관은 장 60대에 처한다."라고 하였다. 또 〈통편(通編)〉에 말하기를, "지방 사람으로서 사사로이 소나무 1천 주를 심어 재목을 이룰 수 있는 것이 있다면 그 지방의 수령이 직접 실지 답사를 행하고 관찰사(觀察使)에게 보고하여 표창할 것을 논한다."라고 하였다.

다산 선생은 소나무를 심어 가꾸는 것이 비록 법조문에 있기는 하지만 바람이 불어 씨가 땅에 떨어지면 자연히 수풀을 이루게 되므로 굳이 심어서 무엇하겠느냐고 말하였으며, 또 나무를 심고 가꾸어 기르는 정책은 쓸데없는 법

치송(稚松) : 어린 소나무.
재식(栽植) : 농작물이나 초목 따위를 심음.
세초(歲抄) : 해마다 6월과 12월에 정기적으로 정무(政務)를 보고하는 것.

일 뿐이니 수령이 한 곳에 오래 유임될 가능성이 있다면 법에 따라 힘쓰겠지만 곧 체임될 것을 안다면 구태여 애쓸 필요가 없다고 하였는데, 이와 같은 견해는 너무나 소극적이어서 강력한 산림정책이 될 수 없는 것으로 생각된다.

<속대전>에 말하기를, "산허리 이상에서 개간 경작하는 것을 엄금한다. 산허리 밑에서 묵은 밭을 경작하는 것은 논하지 않으나 나무를 베어버리고 새로 밭을 만드는 행동은 일체 금한다."라고 하였다. 높고 낮은 산의 구별도 없이 일률적으로 산허리를 말한다는 것은 너무나 막연한 논법이다. 그와 같이 법이 분명치 못하면서 백성들에게 법을 범하지 말라는 것은 이치에 맞지 않는 것이다. 목민관은 마땅히 지상으로부터 200장(杖)이라든지 300장의 기준을 만들어서 백성들이 그 법을 지킬 수 있도록 만들어주어야 할 것이다. 한계가 분명치 않은 막연한 법조문을 그대로 밀고 나아간다면 백성을 괴롭힐 뿐만 아니라 행정의 혼란을 일으키게 된다.

<속대전>에 말하기를, "삼 장수가 강계에 내려갈 때는 호조(戶曹)에서 황첩(黃帖)을 주고 세금(1장에 3량)을 받는다. 첩문(帖文)이 없이 간 자에 대해서는 잠상률(潛商律)로 다스리며 화물을 관에서 몰수한다. 허가 없는 상인으로서 강계 사람과 몰래 사고 파는 자는 다른 사람이 붙잡아서 고발하는 것을 허용하고, 그 삼화(蔘貨)는 전부를 고발한 자에게 준다. 또 삼을 산출하는 고을의 수령이 자기 관내에 잠상(潛商)이 있어도 적발하지 못하였다가 후에 다른

유임(留任) : 있던 직에 계속 머무름.

황첩(黃帖) : 허가증서.

잠상(潛商) : 관의 허가를 받지 않고 법으로 금지된 물건을 몰래 파는 장사.

일로 인하여 드러나게 되면 수령을 중벌에 처한다."라고 하였다.

삼과 담비 가죽을 우리 나라의 귀중한 산물이다. 중국의 〈한서(漢書)〉나 〈남북사(南北史)〉에서도 낙랑(樂浪)·현도(玄菟)·구려(句麗)·발해(渤海)의 산물로서 삼과 담비 가죽을 손꼽았으니 이러한 까닭에 나라에서도 이에 대한 법규를 엄히 하는 것이다. 그러나 국가의 수입이란 오직 황첩세(黃帖稅) 3냥뿐, 이른바 속공(屬公)은 모두 탐관오리의 주머니로 돌아가서 백성의 재물을 박탈할 뿐이니, 나라의 재정에는 도움이 되지 않는다.

속공(屬公) : 현물을 관에서 몰수하는 것.

강계의 법에 의하면 무릇 삼을 채취하려는 자는 관으로부터 증서를 받아 가지고 산으로 들어간다. 풍찬노숙(風餐露宿)을 하고 범과 표범 등 맹수와 싸우면서 가을과 겨울을 난다. 구사일생으로 간신히 목숨을 보전하여 산에서 나오게 되면 그 주머니를 뒤지고 품속과 소매속을 샅샅이 더듬어서 한 뿌리의 삼도 남김없이 찾아내고는 헐값으로 강탈하여 관청으로 들여간다. 나라에 공헌(貢獻)한다는 구실로 사복을 채운다.

풍찬노숙(風餐露宿) : 바람과 이슬을 맞으며 한데에서 먹고 잠. 곧 모진 고생.

간사한 아전과 교활한 군교들이 아래에서 조종하여 뇌물을 주고 서로 빠질 구멍을 뚫으니, 국법은 시행되지 않고 관리들의 사악만 조장될 뿐이다. 이러한 실정이니 나라에 무슨 도움이 되겠는가.

목민관은 마땅히 이와 같은 실정을 알아서 공헌에 소용되는 것은 모두 본가(本價)를 주고 그 나머지는 제 마음대

본가(本價) : 삼 1냥쭝에 대하여 400냥.

로 팔게 하여 한 뿌리라도 빼앗지 말아야 할 것이다.

그리고 혹 법규를 위반한 자가 있을 때는 자세히 그 정상을 살펴서 피폐하고 잔약하며 불쌍한 자는 관대하게 처리하고, 간악하고 가증한 자는 법에 의하여 물건을 몰수해야 한다.

담비 가죽이나 녹용 등은 다 귀중한 보물인데, 서북 변읍(邊邑)의 예를 본다면 때때로 사냥꾼에게 약간의 마른 양식을 주어서 산속으로 들여보내고 산을 나오게 되면 담비 가죽이나 녹용은 값도 주지 않고 그대로 빼앗아버린다. 목민관은 전례를 그대로 따르지 말고 스스로 법을 만들어서 시세에 준하여 쌀과 베를 주도록 하며 이도(吏道)를 바로잡아야 할 것이다.

〈속대전〉에 말하기를, "각 도의 은(銀)을 산출하는 곳에는 광(鑛)을 열고 세금을 받는다. 허가 없이 은을 채굴하는 자는 섬으로 귀양을 보낸다. 호조(戶曹)이거나 중외(中外)의 영읍(營邑)을 막론하고 조정의 허락 없이 새로 은이나 연광(鉛鑛)을 개설한 자는 도신(道臣) 이상은 파직하고 수령 이하는 나문(拿問)한다."라고 하였으며, 〈경국대전〉에는 말하기를, "각 도의 철을 산출하는 곳에는 제련공을 두고 그 명단을 작성하여 공조(工曹)와 본도(本道)·본읍(本邑)에 비치하고 농한기 때마다 제련하게 하여 상납한다."라고 하였다. 그러나 지금의 광산이란 모두 간사한 백성들이 사사로이 개인적으로 설치한 것으로서 호조에서 세를 징수하는 것은 극히 적다.

또한 도망한 자를 감추고 간사한 자를 숨게 하여 도적을 모으고 변란을 일으키니, 농사짓는 자는 품팔이꾼이나 머슴을 구할 수 없고 장사하는 자는 재화를 다룰 수 없다. 농토는 날로 깎이고 대지는 날로 구멍이 나니, 훗날 비록 조정의 신하들이 관채(官採)의 법을 의논하여 시행하더라도 산의 정기가 쇠약해져서 다시는 샘솟듯하지 않을 것이다. 오늘을 위하여 계획을 세운다면 이를 엄금하느니만 못한 것이다.

　　또 그전부터 있었던 광산은 그 간악한 것을 살펴서 불우(不虞)의 변에 대비하고 새로 생기는 광산은 그 주모자를 잡아서 엄중 처단함으로써 악의 싹을 잘라버려야 한다. 조선시대에도 금·은·동·철 등 모든 광산을 국가 관리로 하여 백성들이 사사로이 채굴하는 것을 엄금하고 있었다. 또 광산지대에는 불량한 무리들이 많이 모여들어 도적의 소굴이 되기도 하고 여러 가지 변란이 이로부터 비롯되었다. 그 가까운 예로 순조 11년 홍경래가 난을 일으킨 것도 역시 금광을 본거지로 하였다. 그러므로 과거에는 광산의 개발은 될 수 있는 한 제한하고 또 이 지대에 대한 기찰(譏察)을 엄중히 하였던 것이다.

기찰(譏察) : 엄중히 살핌. 넌지시 탐사함.

　　번거롭게 토산물이나 보물을 채굴함으로써 백성을 괴롭히는 일이 없도록 하라고 말하고 있다. 〈대전〉의 기록은 "여러 고을의 보물이 생산되는 곳은 대장을 만들어서 공조(工曹)와 본도(本道) 및 본읍(本邑)에 보관한다."라고 되어 있다. 토산 보물로는 경주의 수정, 성천(成川)의 황옥

(黃玉), 면천(沔川)의 오옥(烏玉), 장기(長鬐)의 뇌록(磊綠), 남포(藍浦)의 벼룻돌, 해남(海南)의 양지석(羊肢石), 흑산도(黑山島) 바닷속에서 나는 석웅황(石雄黃) 등을 들고 있다. 보물이 산출되는 것은 곧 지방민들의 뼈를 휘게 하는 큰 폐단이 되는 것이다. 목민관은 마땅히 백성들의 어려움을 살펴서 이러한 보물을 구하는 요구에 응하지 말아야 하며, 보물이 있다는 보고가 있더라도 채굴하지 말아야 하고, 임기를 마치고 교체되어 돌아갈 때 보물 한 조각이라도 짐 속에 들어 있지 않다면 참으로 청백한 벼슬아치라고 할 수 있다.

이상이 다산 선생이 당시의 산림정책을 서술하는 한편 법의 잘잘못을 논리적으로 비판한 것이며, 목민관이 마땅히 취해야 할 태도 등을 열거한 것이다. 이러한 산림정책들은 오늘날에는 해당되는 것도 있고 해당되지 않는 것도 있다. 또 아직까지도 목민관의 소관 사항인 것도 있고 아닌 것도 있다. 8·15해방 이후 우리 나라는 산림보호를 지키지 않고 남벌·도벌 등으로 인하여 산림이 극도로 황폐되어 벌거벗은 산이 많이 생겼다. 산림이란 기후를 조절하고 발전(發電)의 원동력이 되며, 수해와 한해를 방지하며 목재나 펄프의 자원이 되고, 아름다운 경치를 조성하여 우리의 감각을 아름답게 하는 등 우리 인간생활에 기여하는 바가 실로 크다. 어느 나라를 가든지 그 나라의 발전상을 알려면 먼저 그 나라의 산을 보라는 말이 있다.

뇌록(磊綠) : 회록색의 도료.

석웅황(石雄黃) : 천연으로 나는 등황색의 비소 화합물.

산림녹화야말로 우리 나라에 있어서 초미(焦眉)의 급무가 아닐 수 없다. 근년에 이르러 뒤늦게나마 산림정책이 강력하게 추진되고 있는 것은 다행한 일이라 아니할 수 없다. 물론 당국에서는 모든 여건을 조사하고 연구에 연구를 거듭한 후에 면밀한 계획을 수립하여 이를 실천에 옮기리라 믿는다. 건전한 산림정책이야말로 우리의 생활을 풍부하게 만들며 우리의 경제를 향상시킬 수 있다.

서구의 핀란드나 노르웨이, 스웨덴 같은 나라들은 임업(林業)이 그 나라 산업의 큰 줄기를 이루고 있으며 그 나라를 지상의 낙원으로 만들고 있다. 필자가 항상 강조하는 것은 훌륭한 법이나 계획보다도 일을 집행하는 사람의 정신 자세가 선행되어야 한다는 것이다. 아무리 법이 훌륭하고 계획이 면밀하더라도 일을 실천에 옮기는 사람의 정신 자세가 확립되어 있지 않다면 그것은 사상누각이 되어서 수포로 돌아가고 만다.

우리는 계획에 입각하여 나무 한 그루라도 제자리에서 잘 자랄 수 있도록 정성들여 심어야 하며, 또 제때에 거름을 주어 가꾸고 벌채를 금지하며 관리를 철저히 해야 한다. 그리고 끊임없는 계몽 선전으로 국민들의 협력과 각성을 촉구해야 하며, 적은 예산이라도 낭비하지 않고 적절하게 사용해야 한다. 관민일치가 되어 우리 민족과 국가의 백년대계를 위하여 참되고 힘차게 일하는 곳에 우리의 산림은 무성할 것이며 우리는 잘살 수 있는 것이다.

인삼은 옛날부터 영약(靈藥)으로 알려져 있으며 중국이

나 일본 등지에 수출되어 외화 획득의 자원이 되고 있다. 오늘날에도 수출품에 있어서 큰 비중을 차지하고 있느니만큼 인삼 재배의 장려, 가공에 대한 연구, 광범위한 판로 개척 등 정부의 적극적인 지원이 기대된다.

2. 수리(水利)시설
…… 천택(川澤)

천택(川澤)은 농리(農利)의 근본이 되는 것이니 천택의 정치를 옛날의 어진 임금은 소중히 여겼다.

냇물이 흘러서 고을을 지나가면 도랑을 파고 물을 끌어들여서 전지(田地)에 댄다. 백성들로 하여금 공전(公田)을 경작케 하여 민역(民役)에 보충하는 것도 선정인 것이다.

작은 것을 지소(池沼)라 하고, 큰 것을 호택(湖澤)이라 하며, 그 막는 것을 방축 또는 제방이라고 하는데 이는 물을 아끼기 위함이다. 이것이 〈주역(周易)〉의 수택절(水澤節) 괘의 대상(大象)에서 말하는 택상(澤上)에 물이 있으면 절(節)이 된다는 것이다.

우리 나라에는 호수(湖水)라고 이름하는 것이 겨우 7, 8 군데가 있을 뿐이다. 그 나머지는 모두 폭이 좁고 작으며 그나마도 방기풀이 우거져 있고 수리하지 않았다.

토호와 귀족들이 수리(水利)를 제 마음대로 하여 오로지 자기 전지에만 물대는 것을 엄금해야 한다.

2// 川澤者 農利之所本 川澤之政 聖王重焉 川流逕縣 鑿渠引水 以溉 以灌 與作公田 以補民役 政之善也 小日池沼 大日湖澤 其障日陂 亦謂之堤 所以節水 此澤上有水之 所以爲節也 東土名湖 僅有七八 餘皆窄小 然且葑合而不修矣 土豪貴族 擅其水利 專溉其田者 嚴禁 若瀕海捍潮內 作膏田 是名海堰 江河之濱 連年衝決 爲民巨患者 作爲堤防 以安厥居 漕路所通 商旅所聚 疏其汎溢 固其堤防 亦善務也 池澤所産 魚鼈蓮芡菱蒲之屬 爲之屬守 以補民役 不可自取以養己

천택(川澤) : 내와 연못.
천류(川流) : 냇물의 흐름.
경현(逕縣) : 고을을 지나가는 것.
착거(鑿渠) : 도랑을 팜.
이개이관(以漑以灌) : 물을 대는 것.
여작공전(與作公田) : 백성들로 하여금 공전을 경작케하는 것.
이보민역(以補民役) : 백성의 공과금에 보충하는 것.
파(陂) : 방죽.
제(堤) : 제방.
절수(節水) : 물을 절약함.
동토(東土) : 동쪽의 땅. 우리 나라를 가리키는 말임.
근유칠팔(僅有七八) : 겨우 7, 8군데가 있을 뿐이다.
착소(窄小) : 범위가 좁고 작은 것.
봉(葑) : 방기풀.
불수(不修) : 수리하지 않음.
천(擅) : 제멋대로 하는 것.
전개기전(專漑其田) : 오로지 자기 전지에만 물을 댐.
빈해(瀕海) : 바닷가를 따라서란 뜻임.
한조내(捍潮內) : 조수가 안으로 들어오는 것을 막음.
고전(膏田) : 기름진 전지(농토)를 말함.
해언(海堰) : 바다를 막은 제방을 말함.
충결(衝決) : 부딪쳐서 무너지는 것.
이안궐거(以安厥居) : 그 거처를 안정시키는 것.
조로(漕路) : 뱃길.
상려소취(商旅所聚) : 장사

만일 바닷가를 따라 조수가 안으로 들어오는 것을 막고 기름진 전지를 만든다면 이를 해언(海堰)이라고 일컫는다.

강하(江河)의 물가가 해마다 부딪쳐 무너져서 백성들에게 큰 해가 되고 있는 곳은 제방을 만들어서 그들의 생활을 안정시켜야 한다.

뱃길이 통하는 곳과 상인과 나그네가 모여드는 곳은 그 범람하는 것을 소통시키고 제방을 견고하게 하는 것도 또한 좋은 일이다.

연못에서 생산되는 물고기·자라·연·마름·부들 등속을 엄히 지켜서 민역(民役)에 보충해야 한다. 스스로 취하여 자신을 살찌게 해서는 안 된다.

| 풀이 | 오늘날에도 산업에 있어서 농업이 큰 비중을 차지하고 있지만, 과거에는 동서양을 막론하고 농업이 단연 수위를 차지하고 있었으며, 국민 경제 내지 국가 경제를 좌우하였다. 그렇기 때문에 '농자천하지대본(農者天下之大本)'이라 하여 국가에서는 농업을 힘써 권장하였다. 적전(籍田)이 있어서 임금이 친경(親耕)을 하여 백성들에게 시범을 보였으며, 궁중에는 잠실(蠶室)이 있어서 왕후가 여관(女官)을 거느리고 친히 양잠을 하였다.

농사를 짓는 데 있어서 곡식의 생명이 되는 것은 무엇보다도 물이다. 수분이 부족하면 곡식이 시들어 죽고 자라지 못하게 된다. 따라서 물이 많이 모여 있는 연못·호수·하천 등이 중요한 역할을 하게 되었으니, 아득한 옛날부터

내와 연못의 관리란 국가의 중요한 시책이 되어 왔던 것이다. 〈주례〉에 말하기를, "천형(川衡)이라는 관리와 택우(澤虞)라는 관리가 있어서 천택(川澤)의 수금(守禁)과 부세(賦稅)의 수납을 관장하였으니, 부세란 지관(地官)의 소관이며 오직 수리(水利)에 관한 일은 동관(冬官)의 관장하는 사항이다."라고 하였다. 마융(馬融)이 말하기를, "사공(司空)은 공지(空地)를 맡는다."라고 하였는데 공지라는 것은 산림(山林)과 천택(川澤)을 말하는 것이다.

또 〈주례〉에, "도인(稻人)은 수리시설을 관장한다. 못을 파서 물을 저축하고 제방을 만들어서 물이 흘러나가는 것을 방지하며, 도랑을 파서 물을 통하게 하고 수(遂)를 만들어 물을 고르게 하며, 열(列)을 만들어 물을 머무르게 하고 회(澮)를 만들어 물을 쏟아내며, 물이 지나가게 하여 베어낸 풀을 떠내려 보내고 밭을 경작한다."라고 하였다.

이러한 기록으로 미루어보아 지금으로부터 3천 년 전에 중국에서는 벌써 수리사업이 계획적으로 치밀하게 진행되고 있었음을 알 수 있다.

다산 선생은 이 글에서 옛사람들이 백성을 위하는 업적을 열거하여 당시 목민관들이 자리 보전에만 급급하여 아무런 시책도 없이 우유도일(優遊度日)하는 고식적(姑息的)인 태도를 통탄하고 있다.

목민관들은 마땅히 자기 관내의 백성들이 농사를 잘 지어서 생활이 향상되도록 힘써야 할 것이며, 그러기 위해서는 무엇보다도 수리시설을 확장하고 보수와 관리를 철

꾼과 나그네들이 모이는 곳을 말함.
소기범일(疏其汎溢) : 그 넘치는 것을 소통시키는 것.
선무(善務) : 잘한 일.
별(鼈) : 자라.
검릉(茨菱) : 마름.
포(蒲) : 부들.
여수(屬守) : 엄하게 지킴.
자취(自取) : 스스로 취함.
양기(養己) : 자기 배를 불리는 것.

도인(稻人) : 벼슬 이름.

수(遂) : 밭머리의 작은 도랑.
열(列) : 밭고랑.
회(澮) : 밭꼬리에 있는 큰 도랑.

우유도일(優遊渡日) : 하는 일 없이 한가롭게 세월을 보냄.

저히 해야 한다.

　냇물이 흘러서 고을을 지나가면 마땅히 도랑을 파서 물을 끌어들여 전지에 공급해 줌으로써 백성들이 농사를 잘 지을 수 있도록 힘써야 한다. 동시에 백성들과 함께 공전(公田)을 경작하여 백성들에게 도움이 되도록 해야 한다. 당시에는 각 고을마다 민고(民庫)라는 창고가 있었으니, 이는 관청의 임시비 지출을 위하여 백성들에게서 해마다 곡식과 돈을 거두어 보관하는 창고를 말한다. 민고야말로 관장이나 아전들의 착취의 대상이며 백성들에게 막중한 부담을 주었다. 민고의 부담이 늘면 늘수록 백성의 생활이 궁핍해지고 심지어는 파산 지경에까지 이르게 된다. 그렇기 때문에 여기서도 수리시설을 철저하게 하고 공전을 부지런히 경작함으로써 그 수확을 민고에 충당하여 백성들의 부담을 덜어줄 것을 역설하고 있다. 공전에도 여러 가지 종류가 있으나 이 글에서 말하는 공전이란 호전 6조(戶典六條) 평부(平賦) 상(上)에서 논한 대로 목민관이 민고의 부담을 덜어주기 위하여 특별히 마련한 전지(田地)라고 해석된다.

　호수나 연못 등에 둑을 쌓아서 그 유출을 방지하고 물을 모았다가 전지에 관개할 것을 강조하고 있다. 그리고 우리 나라에는 호수라고 할 수 있는 것이 겨우 7, 8군데에 지나지 않고 나머지는 범위가 좁고 작아서 보잘것없는데, 그나마도 버려두고 관리를 하지 않는 것은 너무나 수리시설에 무관심한 행정임을 지적하고 있다. 사람의 힘으로 인공호나 저수지를 마련해서라도 수리시설을 하는 것이 위정자의 할 일인데 천혜적인 것마저도 방치한다는 것은 실로 한심한 일이 아닐 수 없다.

반계(磻溪) 유형원(柳馨遠)이 말하기를, "우리 나라에서 김제(金堤)의 벽골제(碧骨堤), 고부(古阜)의 눌제(訥堤), 익산(益山)과 전주(全州) 사이의 황등제(黃登堤)는 다 같이 큰 저수지로 한 지방에 큰 이익이 있는 것이다. 먼 옛날에 온 나라의 힘을 기울여서 축조한 것인데 이제 와서는 다 폐하여 무너졌다. 무너진 것이 몇 장(丈)에 지나지 않아서 그 공력을 계산해 본다면 1천 명의 사람이 10일이면 완성시킬 수 있으니, 처음 역사에 비한다면 그 만분의 1도 안 될 것인데 누구 하나 건의하는 사람이 없으니 실로 통탄하고 애석한 일이다. 만일 이 세 저수지를 1천 경(頃)의 물을 저축할 수 있는 저수지가 되게 한다면 노령(蘆嶺) 이상은 영원히 흉년이 들지 않을 것이다."라고 하였다.

이밖에도 함창(咸昌)의 공골제(空骨堤), 제천의 의림지(義林池), 덕산(德山)의 합덕지(合德池), 광주의 경양지(慶陽池), 연안의 남대지(南大池) 등 큰 저수지들도 모두 막혀버렸으니 이는 그 고을 수령의 책임인 것이다. 이와 같은 기록을 볼 때 조선시대의 정책이 얼마나 빈곤하였으며 이용후생의 길을 전혀 도외시하여 산업이 위축되고 민생경제가 궁핍하였던가를 짐작할 수 있다.

토호나 귀족들이 제멋대로 수리시설을 하고 오로지 자기 전지에만 물을 대는 행동은 엄금해야 한다. 천택(川澤)

이란 공유 수면이며 어느 한 사람의 독점물이 아닌데, 토호나 귀족들이 세력을 믿고 함부로 수리시설을 하여 자기 전지에만 물을 대고 이익을 독점하려는 것은 옳지 않은 태도이다.

다산 선생은 또 해언(海堰) 축조를 주장하고 있다. 바닷가를 둘러막아서 조수가 안으로 흘러들어오는 것을 방지하고 전답을 개간하여 농토를 확장시키는 것이 빈농이라든지 직업이 없는 백성들을 구제하는 길이 되며 식량의 증산도 기대할 수 있다고 하였다.

강과 바다의 물가가 해마다 부딪쳐서 무너지고 침수되어 농작물에 큰 타격을 주고 백성들을 궁핍하게 만들고 있다. 목민관은 마땅히 물가에 제방을 축조함으로써 백성들의 근심을 덜어주고 생활을 안정시키도록 힘써야 한다.

호수나 연못 등에서 산출되는 물고기·자라·연·마름·부들 등속의 관리를 철저히 하여 여기서 얻어지는 수입으로 민고 부담을 덜고 조금이라도 백성들의 이익을 도모할 것을 강조하고 있다. 이러한 것은 물론 백성을 위해서 하는 일이기는 하지만 그 실시가 쉬운 문제가 아니라고 생각된다. 〈토정비결〉의 저자로서 이름높은 토정(土亭) 이지함(李之菡)이 아산현감(牙山縣監)이 되었을 때였다. 백성들의 고통스런 일을 물으니 고기 잡는 연못이 고통스럽다고 대답하는 자가 있었다. 알아보니 고을에 물고기를 기르는 연못이 있어서 백성들로 하여금 돌아가며 잡아 바치게 하였기 때문에 백성들이 이를 심히 괴로워하고 있었

해언(海堰) : 조수(潮水)를 막는 둑.

다. 토정은 관하인(官下人)을 시켜 그 연못을 메워서 후환을 없애버렸다.

천택에 관한 정책이란 고금을 막론하고 소홀히 할 수 없는 것이다. 앞에서도 말한 바와 같이 수리(水利)란 곧 농업의 생명체가 되기 때문이다. 우리 조상들이 궁핍한 생활에 쪼들리고 국가가 빈약하였던 것은 정부의 시책이 빈곤하였던 것에 그 원인을 찾을 수 있다. 오늘날에는 세심한 연구와 치밀한 계획과 과학적인 방법으로 수리시설을 추진하고 있기 때문에, 농업뿐만 아니라 직접·간접적으로 관련성이 있는 그밖의 산업까지도 비약적인 발전을 가져왔다고 볼 수 있다.

우리 나라 어디를 가더라도 크고 작은 저수지를 비롯하여 관개시설이 되어 있고 양수(揚水) 장치가 되어 있어서 농지의 몽리 면적이 확장되었으며, 수력발전을 하여 우리의 눈을 밝혀 주며 모든 기계가 힘차게 돌아가고 있다. 그러나 아직도 수리시설이 전천후 농토를 이룩하기에는 요원하며 전력 문제에 있어서도 원유가 생산되지 않고 석탄의 매장량도 풍족지 못한 실정에서, 화력발전을 수력발전으로 전환시킬 필요성을 감안해 볼 때 아직도 절대량이 부족하다고 생각된다. 또 우리 나라는 산지가 많고 평지가 적으며 인구에 비하여 농토가 부족하므로 농지개발도 시급한 문제가 아닐 수 없다. 근년에 이르러 바다를 막거나 하천 부지 등을 개척하여 농지 조성에 힘쓰고 있는 것

몽리(蒙利) : 저수지, 보 따위의 수리시설에 의하여 물을 받음.

은 너무나도 당연한 일이다.

송나라 때 범중엄(范仲淹)이란 명신(名臣)이 있었는데 서계염창(西溪鹽倉)을 감독하고 지킬 때 통주(通州)·태주(泰州)·해주(海州) 등 세 주의 조수가 모두 성 밑에 모여들어 전지에 염분이 많아서 농사를 지을 수 없었다. 공이 세 주의 경계에 제방을 수백 리 쌓아서 백성의 전지를 보호할 것을 건의하자, 임금이 조서를 내려 이에 따르고 공을 흥화령(興化令)으로 임명하여 그 역사를 전담케 하였다. 백성들이 그 이(利)를 누리게 되니 사당을 세워서 제사지내고 아들을 낳으면 범(范)자로 이름을 지었다고 한다. 옛날에도 바닷가에 둑을 쌓아 농토를 보호하기도 하고 또 개간하기도 하였던 것이다. 정부에서는 더욱더 수리시설에 힘써서 수해나 한해를 모르는 전천후 농토를 만들고 바다나 강을 막아 제방을 쌓는 일을 적극 추진하여 많은 농지를 개척함으로써 농업의 과학화와 아울러 식량 증산에 박차를 가해야 할 것이다. 동시에 수력발전을 크게 확충시킴으로써 공업의 발달을 촉진시켜야 할 것이다.

3. 보수와 환경 미화
……선해(繕廨)

3// 廨宇頹圮 上雨旁風 莫之修繕 任其崩毁 亦民牧之大咎也 律有

관청 건물이 기울거나 무너져서 위에서는 비가 새고 옆으로는 바람이 들이쳐도 수선하지 않고, 무너지고 헐어지도록 내버려두는 것은 또한 목민관의 큰 잘못이다. 율(律)에 함부로 역사(役事)를 일으키는 자를 벌하는 조항이 있고, 나라에는 사사로이 건축하는 것을 금하는 법령이 있으나, 전 사람들은 여기에 구애되지 않고 스스로 수선을 행하였던 것이다.

누각이나 정자의 한가하고 운치 있는 관상(觀賞)은 또한 성읍(城邑)에 없을 수 없는 시설이다.

아전이나 군교나 노예의 무리도 마땅히 부역에 나아가야 하며 승려를 모아 일을 돕게 하는 것도 또한 한 가지 방법이다.

재목을 모으고 공장(工匠)을 모집하는 일은 헤아려 생각함이 있어야 한다. 폐단의 구멍은 먼저 틀어막지 않을 수 없으며, 노력과 비용도 생각지 않을 수 없는 것이다.

청사(廳舍)의 관리가 이미 잘되어 있거든 꽃을 가꾸고 나무를 심는 것도 또한 맑은 선비의 자취인 것이다.

┃풀이┃ 관청의 청사가 퇴락되어 비가 새고 바람이 들어와도 수선을 하지 않고 무너지도록 내버려두는 것은 수령의 큰 잘못임을 밝혔다. 어질지 못한 목민관은 돈벌 생각만 하고 자리 보전에만 급급하여 위로는 나라를 생각지 않고 아래로는 백성을 사랑할 줄 모른다. 따라서 청사가 100번 무너져도 고칠 생각을 하지 않는다.

이것이 청사가 퇴락하는 가장 큰 원인이다. 어쩌다가 한 관원이 수선하는 경우에는 공사(公事)를 빙자하고 사리

擅起之條 邦有私建之禁 而先輩於此 自若修擧 樓亭閒燕之觀 亦城邑之所不能無者 吏校奴隷之屬 宜令赴役 募僧助事 是亦一道 鳩材募工 總有商量 弊竇 不可不先塞 勞費不可不思者 治廨旣善 栽花種樹 亦淸士之跡也

선해(繕廨) : 관청의 청사를 수선하는 것.
퇴비(頹圮) : 무너지는 것.
상우방풍(上雨旁風) : 위에서는 비가 새고 옆으로는 바람이 들어오는 것.
임기붕훼(任其崩毀) : 그 무너시고 혈어시는 내도 내버려두는 것.
구(咎) : 허물, 잘못.
천기(擅起) : 제 마음대로 역사를 일으키는 것.
사건지금(私建之禁) : 사사로이 건축하는 것을 금지하는 법령.
자약(自若) : 조금도 구애를 받지 않는다는 것. 즉 그와 같은 법령에 구애를 받지 않았다는 것.
수거(修擧) : 수선을 행함.
누정(樓亭) : 누각과 정자.
한연지관(閒燕之觀) : 한가롭고도 운치 있어 보이는 구경거리.

일도(一道) : 한 가지 방법.
구재(鳩材) : 재목을 모음.
모공(募工) : 공장(工匠)을 모집하는 것.
총유상량(總有商量) : 헤아려서 생각함이 있어야 한다는 뜻임.
폐두(弊竇) : 폐단의 구멍.
색(塞) : 막는 것.
치해(治廨) : 관청의 청사를 관리하는 것.
청사지적(淸士之跡) : 맑은 선비의 자취.

서기(序記) : 서문이나 기록.

사복을 채우기 위하여 비용을 늘려 방대한 설계를 만들어 가지고 영문의 보조를 구하며, 창고와 장부를 제멋대로 농간하고 백성들의 고혈을 빨아들인다. 아전과 공모하여 그 남은 것을 가로채서 사복을 채웠다가 오래지 않아 적발되어 법망에 걸려든다. 그러므로 관청의 청사를 수선하는 일은 진실로 죄의 함정에 빠져드는 동기가 된다. 그렇기 때문에 비록 청렴하고 유능한 인사라도 경계하고 두려워하여 가만히 있는 것을 상책으로 여긴다.

조선 초기에는 무릇 사사로이 청사를 수선하는 일을 나라의 법으로 엄금하였는데 그 까닭은 탐욕하는 관리들이 그 비용을 도둑질하였기 때문이다. 그러나 청렴하고 유능한 관원들이 법금을 무릅쓰고 수리한 것들이 많았으니 그 사적들이 유명한 공사(工事)의 서기(序記) 속에 많이 보인다. 더욱이 지금은 나라의 금령도 없고 백성들의 슬픈 탄식도 없는데 어찌 무너져가는 것을 보고만 있겠는가. 다만 백성을 부리고 경비를 쓰는 데 있어서 기준과 절도가 있게 하여 노력과 비용을 많이 들이지 않고도 공을 많이 세워야 민정(民情)이 기뻐하며 의심과 비방이 이르지 않을 것이다.

목민관이라면 마땅히 사리사욕을 버리고 염결의 이도(吏道)를 고수하며, 오직 국가와 백성을 사랑하는 견지에서 노력과 경비를 최대한으로 절약하면서 관청 청사의 수리와 관리를 철저히 할 것을 강조하고 있다. 노력과 경비를 절약하는 방법으로는 먼저 물자 구입이나 용역(用役)에 대한 빈틈없는 예산과 아전·군교·관노 등을 부역에 동원할 것과 승려들까지도 불러모아서 역사를 도와야 한다고 하였다. 또한 청사의 수리를 마친 뒤에는 꽃도 가꾸고 나무도 심어서 환경을 미화해야 한다고 하였으며, 누각이나 정자 같은 것도 잘 관리하여 사람들의 관상(觀賞)에 제공할 것을 주장하였다.

오늘날에는 모든 관청 청사의 수리비는 국가 예산이나 지방 예산에 계산되어 있어서 철저한 관리를 하고 있기 때문에 논의의 대상이 될 수 없다. 다만 예산을 절약하여 쓰면서 관리를 철저히 한다는 원칙론에 있어서는 다산 선생의 생존 당시나 지금이나 전혀 다를 것이 없다고 생각된다.

4. 국토 방위의 만전
……수성(修城)

성(城)을 수리하고 호(濠)를 파서 국방을 튼튼히 하고 백성을 보전하는 것은 또한 영토를 지키는 자의 직분이다.

전쟁이 일어나고 적이 이르러서 급한 때를 당하여 성을 쌓게 된다면 마땅히 그 지세를 살피고 민정에 순응하도록 해야 한다.

성을 쌓되 제때에 쌓지 못하면 성을 쌓지 않으니만 못

4// 修城浚濠 固國保民
亦守土者之職分也 兵
興敵至 臨急築城者 宜
度其地勢 順其民情 城
而不時 則如勿城 必以
農隙 古之道也 古之所
以築城者 土城也 臨難
禦寇 莫如土城 堡垣之
制 宜遵尹耕堡約 其雉

堞敵臺之制 宜益潤色
其在平時 修其城垣 以
爲行旅之觀者 宜因其
舊 補之以石

수성(修城) : 성을 수리함.
준호(浚濠) : 호(濠)는 성 밑
을 따라 깊은 연못을 파서
적의 접근을 막는 것이니,
즉 호를 파는 것.
고국(固國) : 국방을 견고하
게 하는 것.
병흥(兵興) : 병란(兵亂), 즉
전쟁이 일어난 것.
임급(臨急) : 급한 때를 당
하는 것.
도(度) : 살피는 것.
성이불시(城而不時) : 성을
쌓는 것이 때가 아니면.
즉여물성(則如勿城) : 성을
쌓지 않느니만 못하다는 뜻.
어구(禦寇) : 도적을 막음.
보원(堡垣) : 성가퀴.
윤경보약(尹耕堡約) : 윤경
(尹耕)이 지은 것으로 보원
(堡垣)에 대한 것이 쓰여져
있음.
치첩(雉堞) : 성 위에 쌓은
성가퀴로 성첩(城堞)이라고
도 한다.
적대(敵臺) : 망루.
성원(城垣) : 성의 담.
인기구(因其舊) : 옛것을 따
르는 것.
보지이석(補之以石) : 돌로
보수하는 것.

하다. 반드시 농한기에 하는 것이 옛날의 방법이다.

옛날에 이른바 성을 쌓는 것은 토성(土城)이었다. 변란
에 임하여 도적을 방어하는 데는 토성만한 것이 없다.

보원(堡垣)의 제도는 마땅히 〈윤경보약(尹耕堡約)〉을 따
라야 하며 그 치첩(雉堞)과 적대(敵臺)의 제도는 마땅히 윤
색(潤色)을 더해야 한다.

평시 성의 담을 수리하여 나그네들에게 관람하게 하려
면 마땅히 그 옛것대로 따라서 돌로 보수해야 한다.

| 풀이 | 오늘날의 시대는 강력한 신무기들이 생산되어
만일 강대국 사이에 전쟁이 발발할 경우 핵폭탄 한 개면
적국을 초토화시킬 수 있으며, 자칫하면 인류 역사의 종
말을 불러오게 될 현실에 처해 있으므로 성곽 같은 시설
은 아무런 역할도 할 수 없다. 그러나 과거에는 성곽이 적
의 침략을 방지할 수 있는 유일한 수단이며, 또 아무리 강
력한 군대라 할지라도 견고한 성 앞에서는 전진이 저지되
고 용맹을 떨칠 수 없었다.

역사의 기록을 통하여 우리가 잘 알고 있는 안시성(安市
城) 싸움이 그 좋은 예이다. 당 태종(唐太宗)의 30만 대병
이 고구려를 침략하였을 때 전략 요충인 안시성을 포위하
고 석 달 동안 밤낮으로 치열한 공격을 가하였다. 그러나
견고한 성을 함락시킬 수 없어서 마침내 군사를 거두어
헛되이 돌아가고 말았다. 중국을 통일하고 천하를 호령하
던 당 태종의 기세도 견고한 성 앞에서는 무릎을 꿇고 말

앗던 것이다. 옛날의 성이란 이와 같이 큰 역할을 하였으
니 대운하와 함께 중국의 2대 공정으로 이름높은 만리장
성도 진시황(秦始皇)이 북방민족의 침략을 막기 위하여 오
랜 세월에 걸쳐 수많은 백성을 동원하고 경비를 들여서
축조한 것이다.

  이와 같은 사실들을 볼 때 국방 문제에 있어서 성이 얼
마나 중요한 위치를 차지하고 있었다는 것을 짐작할 수
있을 것이다. 성을 축조하고 수리하는 일은 옛날부터 국
가의 중요한 정책으로 되어 있었으니 우리 나라 어디를
가도 옛 성터를 볼 수 있으며, 거기에는 여러 가지 애환
어린 전설이 남아 있어서 보는 사람의 감회를 자아내고
있다. 이 공전 6조(工典六條)에서도 수성(修城)에 관한 문
제를 논하고 있다. 성을 수축하고 호를 깊이 파서 국방을
튼튼히 하고 백성을 보전하는 것이 그 지방을 지키는 수
령의 직책임을 강조하고 있다. 옛날에는 성을 쌓게 되면
반드시 성 밑을 따라 깊은 연못을 팠다. 이것을 호라고 일
컬었으며, 성에 접근하는 것을 방지하는 한편 아군이 적
을 공격하기에 편리하도록 한 것이었다. 그래서 성을 견
고하게 수축하고 호를 깊이 파 놓는다면 적의 침략을 염
려할 필요가 없다.

  만일 외적의 침략을 받아서 위급해졌을 때 임시로 성을
쌓게 되는 경우에는 반드시 지세(地勢)를 살펴서 적을 방어
하기에 편리한 위치를 선택해야 하며, 백성들의 힘을 참작
하여 과중한 부담이 되지 않도록 할 것을 말하고 있다.

성을 축조하거나 수축하는 일은 반드시 농한기를 이용해야 한다. 만일 그렇지 않다면 백성들의 실농(失農)으로 기근이 들고 국민 경제가 파탄에 이르며 국가 재정이 궁핍해진다. 그렇기 때문에 제때에 성을 쌓지 않는다면 쌓지 않느니만 못하다고 하였다. 그리고 성에는 토성(土城)·석성(石城)·전성(甎城) 등 여러 가지가 있는데 우리나라에서는 벽돌을 굽지 않았었으니 전성에 대해서는 논할 여지가 없다. 토성과 석성을 비교해 볼 때, 토성이 석성보다 훨씬 견고하므로 토성을 쌓을 것을 역설하고 있다. 석성을 쌓는 데는 노력과 비용이 많이 들 뿐 아니라 오래 견디지도 못한다. 겉으로 보기에는 단단한 것 같지만 속이 물러서 금이 가고 가라앉기도 하여 구멍이 나며, 몇 해 안 가서 봄의 해동과 여름의 장마에 계속 무너지고 떨어져나간다. 그리고 또 만일 적이 성을 공격할 줄 아는 자라면 날카롭고 견고한 무쇠 갈고리로 돌부리를 움켜잡고 여러 사람이 잡아당기게 되면 순식간에 성은 무너지고 만다. 그렇기 때문에 변란을 당하여 적을 방어하는 데는 토성만한 것이 없다고 논평하였다.

성을 쌓는 데 있어서 치첩(雉堞)과 적대(敵臺)의 제도를 보강할 것을 말하고 있다. 치첩이란 성 위에 얕은 담을 쌓아서 몸을 숨기고 적을 공격하게 되어 있는 것이며, 적대(敵臺)란 적의 행동을 감시하는 망루를 말하는 것이니, 치첩이 있으면 반드시 망루가 있어야 서로 호응하여 적을 공격할 수 있는 것이다. 치첩이나 적대는 성을 지키기 위

전성(甎城): 벽돌로 쌓은 성.

변란(變亂): 사변으로 일어난 소란.

하여 없어서는 안 될 시설이다. 그러므로 치첩과 적대에 대한 연구와 보강으로 적을 방어하고 공격하는 데 편리하도록 할 것을 말하고 있다.

오늘날에는 도시계획에 의한 철거나 자연 붕괴 등으로 온전하게 남아 있는 성을 볼 수 없으나, 아직도 성문이나 일부 성벽들이 여기저기에 산재해 있어서 선인들의 발자취를 보여주며, 문화재로서 정부 당국으로부터 보호를 받고 있는 실정이다. 수성(修城)에 대한 문제는 이미 국가 정책 속에서 사라져간 지 오래이다.

5. 교통을 편리하게
　　……두 루(道路)

도로를 닦고 수리하여 나그네들로 하여금 그 길로 가기를 원하게 하는 것은 또한 어진 목민관의 정사인 것이다.

다리는 사람을 건네주는 도구이다. 날씨가 추워지면 마땅히 가설해야 할 것이다.

나루터에 배가 없는 일이 없으며 정(亭)에 후(堠)가 없는 일이 없으면 또한 행상과 나그네의 즐거워하는 바이다.

여관에서 물건을 져 나르지 않고 고개에서 가마를 메지 않는다면 백성들이 어깨를 쉴 수 있을 것이다. 객점에서 간악한 자를 숨기지 않고 참원(站院)에서 음탕한 행동을

5// 修治道路 使行旅願生於其路 亦良牧之政也 橋梁者濟人之具也 天氣旣寒 宜卽成之 津不闕舟 亭不缺堠 亦商旅之所樂也 店不傳任 嶺不擡轎 民可以息肩矣 店不匿奸 院不恣淫 民可以淑心矣 路不鋪黃 畔不植炬 斯可曰知禮矣

길에 황토를 깔지 않고 길 옆에 횃불을 세우지 않는다면 가히 예를 안다고 말할 수 있을 것이다.

| 풀이 | 길은 사람이 왕래하고 물자를 운반하는 곳으로서 인간의 생활에 꼭 필요한 관계에 놓여 있으니 먼 옛날로부터 중요한 국가 시책으로 되어 있었다. 〈주례〉에 말하기를, "추관(秋官) 야려(野廬) 씨가 나라의 도로를 맡아보아서 기내(畿內 : 제왕의 영토)가 사방에 이르게 하였고, 하관(夏官) 합방(合方) 씨는 천하의 도로를 맡아 다스려서 재리(財利 : 재물과 이익)를 통하게 하였다."라고 기록되어 있으며, 〈고공기(考工記)〉에 말하기를, "장인(匠人)이 국도(國道)를 건설할 때는 경도는 9궤(軌)로 하고 환도는 7궤로, 야도(野道)는 5궤로 한다. 제후의 경도는 7궤, 소도시의 경도는 5궤로 한다."라고 하였다. 정현(鄭玄)의 주(註)에 1궤(一軌)란 8척이라 하였으니 7궤라면 7인(仞)이 되며 5궤라면 5인이 되는 셈이다. 이와 같은 기록을 본다면 지금으로부터 3천 년 전 주나라 시대에 벌써 도로가 국도 · 지방도 등으로 구별되어 있었으며, 또 그 종류에 따라서 노폭에 일정한 규격이 있었음을 알 수 있다.

그러나 우리 나라의 형편은 어떠하였나. 〈유산필담(酉山筆談)〉에 말하기를, "옛날의 〈사기(史記)〉를 훑어보니 귀융(歸融)의 검각(劍閣) 개통과 진요좌(陳堯佐)의 태행산 개통은 모두 천험(天險)을 뚫어 깨뜨려서 평탄한 길을 이루게

제인(濟人) : 사람을 건네주는 것.
진(津) : 나루터.
궐주(闕舟) : 배가 없는 것.
정(亭) : 정자. 여기서는 이수(里數)를 표시한 나무틀.
후(堠) : 이수를 표시하기 위해 만든 돈대로, 흙을 쌓아서 만듦.
점(店) : 객점, 즉 여관.
전임(傳任) : 짐을 져 나름.
대교(擡橋) : 가마를 메는 것을 말함.
식견(息肩) : 어깨를 쉬는 것을 말함.
익간(匿奸) : 간악한 것을 숨기는 것.
원(院) : 참원(站院). 즉 관원들의 여관.
자음(恣淫) : 음란한 행동을 함부로 하는 것.
숙심(淑心) : 마음을 맑게 하는 것.
치거(植炬) : 여기의 치(植)는 입(立)의 뜻. 즉 횃불을 세우는 것.

천험(天險) : 땅의 형세가 천연적으로 험함.

한 것이다. 우리 나라에서는 왕성부 내에서 아오갯재〔牙
聱峴〕 같은 것은 곧 서강(西江)으로 나가는 길이요, 약전고
개〔店峴〕는 용산으로 나가는 길인데, 쌀과 좁쌀을 운반하
는 수레가 서로 부딪치고 어깨를 서로 비벼야 하건만 돌
하나 빼내지 않고 웅덩이 하나 메우지 않는다. 미끄러워
서 발붙일 땅이 없고 질퍽거려서 가문 날에도 진창이다.
이 재를 지나자면 말굽 자국에 진흙물이 튀어서 도포와
적삼자락이 더럽혀진다. 나라의 한복판이 이러하니 하물
며 다른 길은 어떠하겠는가.”라고 하였으니 그 당시 도로
의 실정을 여실히 말해 주고 있는 것이다.

　다산 선생은 도로의 중요성을 역설하고 그 수축과 확장
을 강조하고 있다. 또 물을 건너는 수단인 다리를 제때에
가설할 것을 주장하였다. 옛날에는 국도를 비롯하여 이름
있는 큰 도시 중심부의 개천이나 개울을 건너는 수단으로
돌다리를 가설하는 외에는 고정적인 다리를 가설하지 않
았다. 큰 물은 나룻배로 건너고 작은 물은 옷을 걷어붙이
고 건넜다. 늦가을로 접어들면서 날씨가 차가워지면 옷을
걷고 건너기가 어렵기 때문에 비로소 판자나 통나무로 다
리를 놓게 되는데, 다음해 여름에 장마가 지면 떠내려가
게 마련이었다.

　중국의 전국시대에 정자산(鄭子産)이라는 어진 정승이
진수(溱水)와 유수(洧水) 사이에서 그가 탄 수레로 사람들
을 건네주었는데 맹자는 이것을 보고 말하기를, “정자산
은 은혜로우나 정치를 할 줄 모른다. 11월에 도강(徒杠)이

도강(徒杠) : 걸어서만 건널
수 있는 작은 다리.

여량(輿梁): 가마가 지날
수 있는 나무다리.

이루어지고 12월에 여량(輿梁)이 이루어진다면 백성들이
물을 건너는 데 괴로울 것이 없을 터인데, 사람을 일일이
건네주려 한다면 날이 모자랄 것이다."라고 하였다. 역시
제때에 교량을 가설할 필요성을 부르짖은 것이다.

도선(渡船): 나룻배.

나루터에는 언제든지 도선(渡船)이 대기하고 있어서 나
루를 건너는 데 불편이 없도록 할 것과 도로에는 5리에 1
정(亭), 10리에 1후(堠)로 이정표를 세워서 길 가는 사람들
에게 편의를 제공할 것을 말하고 있다. 옛날에는 나루터
에서 뱃사공들이 횡포를 부리고 뱃삯을 비싸게 받아서 사
람들을 괴롭히는 일이 자주 있었다. 〈유산필담〉에 말하기
를, "원주 개채(開砦) 나루터에 못난 사나이가 배를 부리고
있었다. 스스로 사족(士族)이라고 칭하면서 사람들 건네주
는 것을 좋아하지 않았다. 상인이나 나그네가 지나가면
다른 나루터보다 배나 비싼 뱃삯을 받고서야 건네주었다.
그리고 유람하는 선비가 깨끗한 차림을 하고 다가와 뱃삯
을 비싸게 받을 수 없을 때는 배를 바위 틈에 감춰버리고
종일 이에 응하지 않았다.

이러한 일도 또한 목민관의 책임인 것이다. 무릇 관내
에 나루터가 있으면 마땅히 계시하고 단속하여 지나치게
뱃삯을 비싸게 받는다거나 배를 감추고 응하지 않는 자는
엄중히 다스려야 할 것이다."라고 하였다.

여점(旅店)에서 전임(傳任)을 금하고 고개에서 가마 메게
하는 것을 엄중히 단속할 것을 말하고 있다. 〈다산필담(茶
山筆談)〉에 말하기를, "전임은 여점의 큰 폐단이다. 여러

영문의 비장이나 각 고을의 책객(册客)들이 그 상사를 속이고 행장을 꾸려 가지고 관청문을 겨우 나서면 곧 행패를 부린다. 갑점(甲店)에서 견디지 못하여 한 번 짐을 지게 되면 곧 을점(乙店)이나 병점(丙店)으로 순풍의 기세로 명령하지 않아도 위엄이 발휘된다. 이 길이 한 번 트이니 전해 내려가며 서로 본받게 되었다. 저리(邸吏)와 토호(土豪)와 도장(道掌)과 탕자(蕩子)까지도 머리에 전립(氈笠)을 쓴 교활한 하인을 거느리고 와서 여점의 우두머리를 불러내어서는 등을 채찍으로 갈기고 꽁무니를 발길로 차면서 전임을 독촉하지 않는 자가 없다. 임금이 그의 공물(貢物)을 수송하는 데도 오히려 이와 같이 하지 않아서 차역(差役)과 면역(免役)의 법을 자주 변경하기까지 하였는데, 이제 필부(匹夫)와 천인(賤人)까지도 어찌 이 짓을 한단 말인가.

목민관은 마땅히 상사에 보고하고 그 지시를 받아서 엄중하게 금단해야 하며, 특히 따로 유능한 자를 여점에 보내어 잠복하였다가 기회를 엿보아 한 놈을 잡아다가 엄히 징계하고 쫓아낸다면 이러한 풍습이 조금은 멎을 것이다."라고 하였다.

전임이란 실로 횡포에 의한 수송 수단으로써 백성을 혹독하게 부리고 괴롭혔던 것이다. 고갯길에 교자를 메는 백성들에게는 잡부역(雜賦役)을 면제시켜 주었으니, 이는 상부에서 내려오는 사신을 영접하고 또 이웃 고을의 관원들을 예대(禮待)하기 위해서였는데 각 영문의 비장, 고을의 책객(册客), 토호, 경저(京邸)의 간악한 아전들이 강제로

책객(册客) : 고을 원의 비서 업무를 맡아보던 사람.

차역(差役) : 노역을 시킴.

예대(禮待) : 예로써 대접함.

가마를 메게 하는 횡포를 부려서 백성들을 괴롭혔다. 목민관은 마땅히 이와 같은 월권행위와 백성을 괴롭히는 행동을 엄중히 단속해야 하며, 자기 가족부터 교군을 타고 고갯길을 넘을 때는 견가(肩價)를 지불하여 솔선수범할 것을 강조하였다.

길에 황토를 깔고 길가에 횃불을 세우는 일을 폐지하도록 주장하고 있다. 길에 황토를 깔고 길가에 횃불을 세우는 것은 임금이 행차할 때만 하는 일인데 지금은 감사가 군현을 순력(巡歷)할 때도 이를 적용하고 있으니, 이것은 수령이 직속 상관인 감사에게 아첨하는 짓이며, 이와 같은 대접을 받아들이는 것은 참람한 행동이 되는 것이다. 이처럼 예법에 어긋나는 일을 일소해 버리는 것이 목민관의 올바른 태도인 것이다.

오늘날에는 전임이란 말조차도 들어볼 수 없고 교군이라는 교통 수단도 사라져버렸으며, 길에다 황토를 깔거나 길가에 횃불을 세우는 것도 다 옛날이야기로 변해 버렸으므로 새삼스럽게 논할 여지가 없게 되었다. 아직도 두메산골 같은 데서는 여름에 옷을 벗고 개울을 건너며 늦가을이 되면 임시로 통나무나 판자를 이용하여 다리를 놓기도 하나 그밖에는 거의 다 견고하고 고정된 다리가 놓여져 있으므로 나룻배의 이용도 줄어들고 있는 실정이다. 특히 인구 증가에 따르는 교통난의 해소를 위하여 넓고 평탄한 도로가 날로 확장되어 가고 있으며, 고속도로의

견가(肩價) : 가마를 메는 교군꾼의 삯.

순력(巡歷) : 각처로 돌아다님. 감사가 각 고을을 순회하는 것.

건설로 우리 나라는 일일생활권을 형성하고 있으니, 실로 이 시대는 다산 선생이 생존하였을 당시에 비하면 크게 변화된 것이다.

6. 건전한 공업 육성
……장작(匠作)

공작(工作)을 번다하게 일으키고 뛰어난 기술자를 다 모으는 것은 탐욕의 나타남인 것이다. 비록 백공이 모두 갖추어졌어도 결코 제조하지 않는 것은 청렴한 선비의 관부(官府)인 것이다.

설사 제조하는 일이 있더라도 탐욕스럽고 비루한 심장이 기명(器皿)에까지는 미치지 말도록 해야 한다.

무릇 기물(器物)을 제조하는 데는 마땅히 인첩(印帖)이 있어야 한다.

농기구를 만들어서 백성들에게 경작을 권장하며 베짜는 기계를 만들어서 여공(女功)을 권장하는 것은 목민관의 직책인 것이다.

전거(田車)를 만들어서 농사를 권장하고 병선(兵船)을 만들어서 전쟁에 대비하는 것은 목민관의 직책인 것이다.

벽돌 굽는 법을 강구하고 또한 기와도 구어서 고을 안을 모두 기와집으로 만드는 것도 또한 잘하는 정치이다.

되와 저울이 집집마다 다른 것은 어찌할 수 없으나 모

6// 工作繁興 技巧咸萃 貪之著也 雖百工具備 而絶無製造者 淸士之 府也 設有製造 毋令貪 陋之腸 達於器皿 凡器 用製造者 宜有印帖 作 爲農器 以勸民耕 作爲 織器 以勸女功 牧之職 也 作爲出車 以勸農務 作爲兵船 以設戎備 牧 之職也 講燒甓之法 因 亦陶瓦 使邑城之內 悉 爲瓦屋 亦善政也 量衡 之家異戶殊 雖莫之救 諸倉諸市 宜令畫一

공작(工作) : 물건을 만듦.
번흥(繁興) : 번다하게 일으키는 것.
함췌(咸萃) : 모두 모으는 것을 뜻함.
저(著) : 나타나는 것.

백공(百工) : 온갖 기술자.

부(府) : 관부(官府).

탐루지장(貪陋之腸) : 탐욕
스럽고 비루한 심장.

기명(器皿) : 그릇.

기용(器用) : 그릇.

인첩(印帖) : 관인(官印)이
찍힌 증서.

직기(織器) : 직조하는 기구.

여공(女功) : 여자의 할 일.

전거(田車) : 농사짓는 데
쓰는 수레.

융비(戎備) : 전쟁 준비.

소벽(燒甓) : 벽돌을 굽는
것을 말함.

도와(陶瓦) : 기와를 굽는
것을 말함.

실(悉) : 다.

와옥(瓦屋) : 기와집.

양형(量衡) : 양은 말이나
되, 형은 저울을 말함.

가이호수(家異戶殊) : 집집
마다 다른 것.

권귀(權貴) : 권세가 있고
지위가 높음.

든 창고와 시장의 것은 마땅히 같게 해야 한다.

| 풀이 | 과거에는 목민관들이 온갖 기술자들을 모아놓고
자기의 사물(私物)을 만들거나 여러 가지 진기한 물건들을
만들어서 세도가들에게 아첨하느라고 많은 관의 재화를
낭비하였던 것 같다. 여기서도 비록 온갖 공장(工匠)이 다
구비되어 있더라도 물건을 제조하지 않는 것이 청렴한 선
비의 관부(官府)라고 하면서 목민관은 공작을 일으키지 말
것을 강조하고 있다. 그리고 또 청렴한 목민관들의 사적
을 다음과 같이 소개하고 있다.

최윤덕(崔潤德)이 태안군수(泰安郡守)가 되었을 때 차고
있는 전통(箭筒)의 장철(粧鐵 : 쇠장식)이 깨어졌으므로 공
장(工匠)이 관용(官用)의 철로 때웠더니 최공은 즉시 그 쇠
를 다시 뜯게 하였다. 그의 청렴결백한 것이 이와 같았다.

이수일(李守一)이 삼도수군통제사(三道水軍統制使)가 되
었다. 종래에 이 직책에 있던 자는 날마다 공장을 시켜 진
기한 물건들을 만들어서 권귀(權貴)에게 바쳤으므로 그 비
용이 한 달에 1천 냥이 넘었다. 그런데 이공(李公)은 이를
모두 없애버렸다. 그리고 군(軍)의 비축 미곡에 이름만 남
아 있고 실상이 없는 것들은 조사하여 면제해 주니 여러
고을이 편안하게 되었다. 공은 일찍부터 돈으로 벼슬을
사고 상사에게 아첨하는 풍습을 미워하였기 때문에 끝내
돈 한 푼 비단 한 자도 정권을 잡고 있는 재상들에게 선사
하지 않았다.

목민관이 개인의 욕심을 채우거나 상사에게 아첨하기 위하여 물건을 만드는 일이 있어서는 안 되지만, 백성들에게 농업을 권장하기 위하여 농기구를 만들거나 부녀자들의 길쌈을 권장하기 위하여 베짜는 기계를 만드는 것에는 당연히 힘써야 한다. 중국 한(漢)나라 때 조과(趙過)라는 목민관은 누거(樓車)와 누두(樓斗)를 만들어서 씨 뿌리는 법을 가르쳤으므로, 백성의 노력을 크게 덜어주었다. 명나라 때 진유학(陳幼學)이 관산현(官山縣)의 영(令)이 되었을 때 물레 800여 틀을 만들어서 어려운 부녀자들에게 나누어 주니 칭송이 자자하였다.

누거(樓車) : 씨 뿌리는 데 사용하는 수레.
누두(樓斗) : 씨 뿌리는 데 사용하는 그릇.

전거(田車)를 만들어서 농업을 권장하고 병선(兵船)를 만들어서 전쟁에 대비하여 목민관으로서 마땅히 그 제조에 힘쓸 것을 강조하고 있다. 전거라는 것은 풀을 운반하고 분뇨를 실어내고 곡식을 운반하는 데 사용하는 것으로서 그 적재량이 소 네 필에 해당된다. 만드는 비용이 저렴하게 들고 능률적이어서 농사짓는 데 큰 도움이 된다. 농사란 국민 경제의 핵심을 이루고 있는 것이니만큼 목민관은 농사에 필요한 여러 가지 기계를 창안하고 제조하는 데 힘을 기울여야 할 것이다.

연해(沿海)의 군현(郡縣)은 언제 외적이 침입하는 사태가 일어날지 모른다. 낡은 병선은 수리하고 또 새로운 제도에 의한 신예(新銳) 병선을 만들어서 이에 대비할 것을 강조하고 있다. 이것은 임진왜란의 쓰라린 경험에 비추어 보아도 소홀히 할 수 없는 일이다.

벽돌 굽는 법을 강구하고 또한 기와를 구워 성안의 집들을 모두 기와집으로 개조할 것을 논하고 있다. 초가집이란 화재의 염려가 크며 더욱이 성안과 같이 인구가 조밀한 지역에서는 한 집에 불이 나면 이것이 만연되어 한 동네, 심할 때는 온 성안을 불태우는 경우가 있다.

중국 당나라 때 위단(韋丹)이 홍주자사(洪州刺史)가 되었다. 도공(陶工)을 불러서 기와를 굽게 하여 백성들에게 실비로 제공해 주고 부세(賦稅)의 반을 면제해 주어 초가지붕을 기와로 고치게 하였다. 또 가난 때문에 할 수 없는 자에게는 관에서 그 비용을 부담해 주고 이를 권장하였으니, 얼마 후에 성안의 초가집들이 다 기와집으로 변하여 화재 염려를 덜게 되었다.

도(度)·량(量)·형(衡)이 집집마다 다른 것은 어쩔 수 없는 일이지만 창고나 시장에서만은 똑같게 해야 한다고 주장하고 있다. 도량형이란 물물교역이 있은 후부터 만들어지게 된 것이니 그 역사가 실로 오래되었다. 주(周)나라 때도 천하의 도량형을 똑같게 하였다는 것이 기록에 나오며 진시황(秦始皇)도 6국(國)을 병탄(併呑)하여 중국을 통일하자 곧 여러 지방의 화폐와 도량형을 같게 하여 문화의 통일을 꾀하였던 것이다. 도량형이 일정치 않다는 것은 아전과 상인들이 농간을 부리는 원천이 되는 동시에 백성들의 경제를 궁핍하게 하는 결과를 초래한다. 특히 흉년이 들었을 때는 더욱 사회의 혼란을 빚어내게 된다.

다산 선생은 집집마다 다른 도량형은 이를 바로잡을 수

병탄(併呑) : 아울러 삼킨다는 뜻으로, 남의 영토나 주권 등을 강제로 제 것으로 삼음.

없으나 상인들이 사용하고 있는 도량형과 아전들이 사용하고 있는 도량형은 이를 일제히 회수하고, 법의 기준에 입각한 도량형을 만들어 나누어 줌으로써 각 창고와 상인들의 도량형을 일치시켜야 한다고 주장하였다. 그렇게 함으로써 비로소 아전과 상인들의 농간을 방지하고 백성들이 이로 인하여 입는 피해를 줄일 수 있다고 말하였다.

이 글에서는 목민관들이 우수한 기술자들을 모아 놓고 공작(工作)을 빈번히 일으켜서 관의 재화를 낭비하고 개인의 욕심을 채우며, 또 영달을 위하여 상사들에게 아첨하는 행동을 비판하고 목민관으로서 취할 태도에 대하여 논하고 있다.

오늘날에는 목민관들이 직접 공장들을 모아놓고 물건을 만들게 하는 일이 없으며 도량형도 전국적으로 통일이 되어 있어서 별로 참고될 것이 없다. 다만 농민들이 사용하기에 편리하고 능률을 향상시킬 수 있는 농기구를 발명하거나 생산을 권장하는 것은 좋은 일이라고 생각되며, 근년에 와서는 새마을운동의 일환으로 초가지붕을 기와나 슬레이트 등으로 대체하는 사업이 적극 추진된 탓에 산간 벽지까지도 초가지붕이 완전히 사라져 버린 실정이다. 이와 같은 지붕 개량은 화재 방지뿐만 아니라 퇴비를 생산하거나 연료를 얻기 위해서도 극히 중요한 일이라고 보겠다.

11

진황6조(賑荒六條)

1. 흉년에 대비
…… 비자(備資)

황정(荒政)은 선왕이 마음을 기울이던 바이니 목민관의 재능을 여기에서 볼 수 있다. 황정을 잘한다면 목민관의 큰 일은 다하였다고 할 수 있다.

구황(救荒)하는 정치는 미리 준비를 하느니만 못하다. 미리 준비하지 않는다면 모두 구차할 따름이다.

곡부(穀簿)에는 따로 진곡(賑穀)이 있으니 본현(本縣)에서 저축한 것의 유무와 허실을 마땅히 급히 조사해야 한다.

그 해의 농사가 이미 판정되거든 급하게 간영(으로) 달려 가서 곡식 옮길 것을 의논하고 조세(租稅)를 감면해 줄 것도 의논해야 한다.

원도(遠道)로 곡식을 옮기는 것은 본지(本地)에 머물러 두는 것만 못하니, 두 가지를 다 편안하게 하는 정사를 마땅히 의논하여 상부에 청할 것이다.

보진(補賑)하는 모든 물건은 궁중에서 반사(頒賜)가 있으며 계술(繼述)하는 정치가 드디어 예를 이루었다.

임금의 은혜가 비록 고르다 할지라도 오직 어진 목민관만이 능히 이를 받아들일 수 있을 것이다.

어사(御史)가 내려오는 것은 진휼(賑恤)을 관리하고 살펴

1// 荒政 先王之所盡心
牧民之才 於斯可見 荒
政善 而牧民之能事畢
矣 救荒之政 莫如乎預
備 其不預備者 皆苟焉
而已 穀簿之中 別有賑
穀 本縣所儲 有無虛實
亟宜查檢 歲事既判亟赴
監營 以議移粟 以議蠲
租 與其移粟於遠道 莫
若留財於本地 兩便之
政 宜講仰請 補賑諸物
厥有內頒 繼述之政 遂
以成例 上恩雖均 亦唯
良牧 克獲承受 御史下
來 管賑監賑 亟宜往謁
以議賑事 隣境有粟 宜
即私糴 須有朝令 乃毋過
也 其在江海口者 須察
邸店 禁其橫暴 使商船
湊集 不俟詔令 便宜發
倉 古之義也 使臣之行
也 今之縣令 則何敢焉

황정(荒政) : 구황(救荒)하는 정치, 즉 기근을 구제하는 정치.

진심(盡心) : 마음을 다함.

어사가견(於斯可見) : 여기에서 볼 수 있다는 것.

능사필의(能事畢矣) : 유능한 일이 끝나는 것.

막여(莫如) : ~만 같지 못하다는 것.

구(苟) : 구차한 것.

곡부(穀簿) : 곡식 장부.

진곡(賑穀) : 백성을 구제하는 곡식.

소저(所儲) : 저축한 것.

세사(歲事) : 그 해 농사.

기판(旣判) : 여기서는 흉년인지 아닌지가 이미 판정되는 것.

감영(監營) : 감사의 영문. 즉 지금의 도청(道廳).

이속(移粟) : 속(粟)은 조의 뜻이나 여기서는 곡식을 말함. 즉 곡식을 옮기는 것.

견조(蠲租) : 조세(租稅)를 감면해 주는 것.

양편지정(兩便之政) : 두 가지 모두를 편안하게 하는 정치.

앙청(仰請) : 상부에 청함.

보진(補賑) : 진휼을 보조함.

내반(內頒) : 궁중에서 나누어 주는 것.

계술(繼述) : 선조(先祖)가 하던 일을 따라서 하는 것.

상은(上恩) : 임금의 은혜.

극획승수(克獲承受) : 받아들일 수 있을 것이라는 것.

하래(下來) : 서울에서 내려오는 것.

려는 것이니, 마땅히 급하게 가서 만나고 진휼에 관한 일을 의논해야 한다.

이웃 고을에 곡식이 있으면 마땅히 곧 사적할 것이니 비록 조정의 명령이 있어도 이를 막지 말아야 한다.

강해(江海)의 어구에 있어서는 모름지기 저점(邸店)을 살펴서 그 횡포를 금하고, 상선(商船)으로 하여금 모여들게 해야 한다.

조령(詔令)을 기다리지 않고 권도로 창고를 여는 것이 옛날의 의이며 사신(使臣)의 행정이다. 오늘의 현령이 어찌 감히 할 수 있으랴.

| 풀이 | 과거에는 수리시설이 빈약하여 전답이 천수(天水)만을 의존하고 있었으며, 제방도 잘되어 있지 않아서 조금만 비가 와도 홍수가 나는 형편이었다. 그렇기 때문에 한해와 수해가 잦았으며 이에 따르는 기근으로 백성들 중에는 부황이 생기고 굶어죽는 사람이 속출하였다. 그렇기 때문에 흉년에 기근을 구제하는 황정(荒政)이 국가의 중요한 정책이었으며, 역대 임금들이 여기에 마음을 기울이고 목민관들이 있는 힘을 다하였던 것이다. 이 책에서도 진황 6조(賑荒六條)가 큰 단원으로 나와 있으며, 그 제1항 비자(備資)편 첫머리에서 "황정은 선왕의 마음을 기울이던 바이니 목민관의 재능을 여기에서 볼 수 있다. 황정을 잘한다면 목민관의 큰 일은 다하였다고 할 수 있다."라는 말이 나오고 있다.

〈주례〉에 말하기를, "대사도(大司徒)가 황정(荒政) 12조로써 만민을 구제하였다. 즉 1. 산리(散利)는 종자와 식량을 대부해 주는 것이다. 2. 박정(薄政)은 조세를 가볍게 하는 것이다. 3. 완형(緩刑)은 형벌을 너그럽게 하는 것이다. 4. 이력(弛力)은 요역(徭役)을 쉬는 것이다. 5. 사금(舍禁)은 산림과 천택(川澤)의 법금을 해제하여 백성들로 하여금 먹을 것을 얻게 하는 것이다. 6. 거기(去幾)는 관문(關門)이나 시장에서 세금을 받지 않는 것이다. 7. 생례(眚禮)는 길례(吉禮)와 빈례(賓禮)를 없애는 것이다. 8. 쇄애(殺哀)는 흉례(凶禮), 즉 장례를 간소하게 하는 것이다. 9. 번악(蕃樂)은 음악을 사용하지 않는 것이다. 10. 다혼(多昏)은 예식을 거행하지 않고 혼인하는 자가 많게 하는 것이다. 11. 색귀신(索鬼神)은 정당한 귀신이 아니면 제사지내지 않는 것이다. 12. 제도적(制度賊)은 도적을 없애는 것이다."라고 하였다.

〈예기〉 곡례편에 말하기를, "흉년이 들어 곡식이 익지 않으면 임금의 상에 고기가 오르지 않고, 말〔馬〕이 곡식을 먹지 못하니 임금의 행차길에 풀을 매지 않고, 제사에 음악을 쓰지 않으며 대부(大夫)는 기름진 곡식을 먹지 않고, 선비는 술마실 때 음악을 연주하지 않는다."라고 하였다.

왕조(王藻)가 말하기를, "연사(年事)가 순조롭게 되지 않으면 천자는 흰 옷에 흰 수레를 타고 음식을 먹을 때 음악이 없으며, 제후는 무명옷에 선비의 홀(笏)을 꽂으며 관량(關梁)에 세금을 받지 않으며 역사(役事)를 일으키지 않고, 대부는 거마(車馬)를 만들지 않는다."라고 하였다. 또 역사

관진(管賑) : 진휼하는 일을 관리하는 것.
감진(監賑) : 진휼을 감독하는 것.
왕알(往謁) : 찾아가서 뵙는 것을 말함.
진사(賑事) : 진휼에 관한 일을 말함.
인경(隣境) : 이웃 고을.
사적(私糴) : 사사로이 사들이는 것.
무알(毋遏) : 막지 말라는 것을 뜻함.
저점(邸店) : 물상 객주(物商客主) 상점.
주집(湊集) : 모여드는 것.
불사조령(不俟詔令) : 조서와 명령을 기다리지 않는다.
하감언(何敢焉) : 어찌 감히 그와 같이 할 수 있겠는가.

관량(關梁) : 관문(關門)과 교량.

의 기록을 보면 조선 영조(英祖) 6년에 큰 기근이 들었다. 임금이 몸소 흥화문(興化門)에 어거하여 걸인 100여 명을 불러서 죽을 먹이고 한 그릇을 떠오라 하여 친히 맛보았다. 또 영조 9년에 교서를 내리기를, "이제 흉년이 들어 기근이 이에 이른 것은 모두 나의 부덕한 탓이다. 궁중에 바치는 쌀은 추수 때까지 5분의 1을 감하고 밥쌀 이외에는 일체를 좁쌀로 바꾸도록 하라."고 하였다.

이와 같은 기록들을 본다면 과거의 제왕들이 얼마나 흉년을 두려워하였으며 그 정책에 근심하였는지를 알 수 있다. 다산 선생은 구황을 위한 정책으로서 목민관이 힘쓸 것을 다음과 같이 열거하고 있다.

1. 평소에 곡식을 저축하여 흉년에 대비한다. 무슨 일이든지 예비를 하면 일단 급한 경우를 당하였을 때 당황하지 않고 이에 대처해 나아갈 수 있는 것이다. 그 좋은 예로써 고려 때 이무방(李茂方)이 경주부윤(慶州府尹)이 되었는데 첫해에 큰 풍년이 들었다. 무방은 이 기회에 어염(魚鹽)을 사들이고 의창(義倉)을 마련하여 곡식을 저축해 두었다. 후에 기근이 들었지만 백성들은 무사히 넘길 수 있었다.

영조 26년에 우의정 송인명(宋寅明)이 상소를 올리기를, "작년에 연사가 좋은 편이었으며 금년에도 또한 풍년이 들 징조가 보입니다. 지금 만약 각 도와 각 읍으로 하여금 진휼할 곡식을 거두게 하여 그중에서 가장 많이 거둔 고을에 대해서는 상을 주고, 가장 실적이 없는 고을에 대해서는 책임을 물어 벌을 준다면 비록 흉년을 만나더라도

어염(魚鹽) : 생선과 소금. 곧 서민 생활의 필수품.
의창(義倉) : 흉년에 빈민을 구제할 목적으로 마련한 비상미 저축 제도. 또는 그 창고.

연사(年事) : 농사가 되어가는 형편.

진휼하는 데 곡식이 없어서 걱정되는 일이 없을 것입니다."라고 하였다. 영조는 이를 기쁘게 받아들이고 곧 각 도와 각 고을에 유시(諭示)하여 이를 실시토록 하였다. 목민관은 풍년이 들 때는 물론이거니와 어떠한 방법으로든지 평소에 곡식을 저축하여 기근에 대비해야 한다.

2. 곡부(穀簿) 안에는 별도로 진곡(賑穀)이 있으니 목민관은 그 실지로 있고 없는 것을 조사하여 언제든지 진휼용(賑恤用) 실태를 파악하고 이에 대한 대책이 서 있어야 한다.

3. 흉년이 들었다고 판정되었을 때는 지체말고 감영(監營)으로 달려가서 곡식을 옮기고, 기민(飢民)을 구제하는 일이나 조세 감면에 대한 문제들을 신중히 의논하여 물샐 틈 없는 계획을 세워 놓았다가, 그때를 당하여 차질없이 시행함으로써 민생을 안정시키도록 해야 한다.

> **기민**(飢民) : 굶주리는 백성.

4. 공금이나 사재(私財)를 막론하고 총동원하여 이웃 고을의 곡식을 사들여서 기민을 구제해야 한다. 이웃 고을에서 와 곡식 사가는 것을 금하는 알적(遏糴) 같은 풍습은 있을 수 없는 관례이다. 흉년이 들었을 때는 이웃 나라 사이에도 서로 곡식을 사고 파는 것을 막지 않는데, 더욱이 한 나라 안에서 이웃 고을 사람에게 곡식 파는 것을 금한다는 것은 있을 수 없는 일이다. 비록 조정의 명령이 있다 하더라도 이를 막아서는 안 된다. 조정에서도 이와 같은 실정을 살펴서 알적과 같은 폐풍(弊風)을 금함으로써 곡식이 널리 유통되도록 해야 한다.

> **폐풍**(弊風) : 나쁜 풍습. 폐해가 되는 풍습.

5. 각 포구(浦口)에 있는 저점(邸店)을 단속하여 그 횡포

를 금하도록 해야 한다. 흉년에 상선(商船)이 포구에 닿게 되면 점주와 말강구가 농간을 부려서 값을 깎고 군교와 아전들이 침탈하기 때문에, 상선이 곡식을 싣고 들어왔다 가도 겁을 내고는 배를 돌려 멀리 달아나게 마련이다. 이렇게 되니 곡식이 들어오지 못하고 따라서 값은 날마다 올라간다. 목민관은 이러한 실정을 살펴서 점주나 이속(吏屬)들의 농간을 엄하게 다스림으로써 상선이 모여들고 자유롭게 교역을 하도록 해야 한다.

6. 기근이 심하여 사태가 절박할 때는 조정의 명령을 기다리지 말고 창고를 열어서 구제해야 한다. 설사 목민관이 조정으로부터 문책을 당하는 일이 있더라도 수많은 백성이 귀중한 생명을 잃는 일이 있어서는 안 된다.

중국 진(晉)나라 때 곽묵(郭默)이 동군태수(東郡太守)가 되었는데 때마침 크게 기근이 들었다. 곽묵은 조정의 명령을 기다리지 않고 창고를 열어서 기민들을 구제하고는, 황제에게 글을 올려 자책하고 대죄하였다. 그러나 황제는 곽묵을 벌주기는커녕 조서를 내려 그의 영단(英斷)을 칭찬하였다.

조선 태종 때 조흡(曹洽)이 영길도(永吉道) 도순문사(都巡問使)가 되었을 때 창고를 열어 진대(賑貸)할 것을 청하자 임금이 교서를 내리기를, "위에 일일이 보고하고 그 명령을 기다리게 되면 때가 늦어져서 일에 미치지 못할 것이니, 이제부터는 때를 당하는 대로 먼저 진휼하도록 하라." 고 하였다.

이 글에서는 목민관의 구황정책에 대하여 논하고 있다. 당시에 비하여 농업이 눈부시게 발달된 오늘날에도 진황(賑荒)이란 역시 국가의 중요한 정책으로 되어 있다. 수리 시설이나 사방사업이 잘되어 있어서 수재나 한해의 근심이 많이 덜어지긴 하였으나 아직도 비가 많이 오거나 가뭄이 심하면 재해를 면하기 어렵다. 이와 같은 경우를 당하였을 때는 정부에 재해대책본부가 세워지고 조세를 감면해 주며 식량을 공급하고 재해 복구비를 지출하여 이재민 구호에 온 힘을 기울여야 한다.

그러나 교통이 고도로 발달되어 세계가 한 이웃처럼 되어 있는 오늘날에는 식량의 유통이 원활하여 국가간에도 상호 협조하는 정신을 발휘하기 때문에 과거처럼 아사(餓死) 상태에 이르는 일은 거의 없다. 현재 정부 당국에서는 전국의 농지를 전천후 농토로 만드는 사업을 적극 추진하고 있으므로 기근의 원인이 되는 재해가 많이 줄어들 것으로 생각되지만, 항상 진황(賑荒)에 대한 대비만은 게을리할 수 없을 것이다.

2. 재해 의연의 권장
……권분(勸分)

권분(勸分)의 법은 멀리 주(周)나라 때부터 시작된 것이나 세상이 그릇되고 정치가 쇠하여 내용과 실지가 같지

2// 勸分之法 遠自周代 世降政衰 名實不同 今 之勸分 非古之勸分也

中國勸分之法 皆是勸
糶不是勸糶 皆是勸施
不是勸納 皆是身先 不
是口說 皆是賞勸 不是
威脅 今之勸分者 非禮
之極也 吾東勸分之法
使民納粟 以分萬民 雖
非古法 例已成矣 察訪
別坐 酬之以官 厥有故
事 載於國乘 將選饒戶
分爲三等 三等之內 又
各細剖 乃選鄕望 排日
敦召 採其公議 以定饒
戶 勸分也者 勸其自分
也 勸其自分 而官之省
力多矣 勸分令出 富民
魚駭 貧士蠅營 樞機不
愼 其有貪天 以爲己者
矣 竊貨於飢吻之中 聲
達邊徼 殃流苗裔 必不
可萌於心也 南方諸寺
或有富僧 勸取其粟 以
贍環山 以仁俗族 抑所
宜也

권분(勸分) : 여기서는 흉년
이 들었을 때 부유한 사람
들에게 곡식을 나누어서 기
민 구제할 것을 권하는 것.
세강정쇠(世降政衰) : 세상
이 그릇되고 정치가 쇠한
것을 뜻함.
오동(吾東) : 우리 나라가
동쪽에 있다는 뜻에서 우리
나라를 일컫는 말임.

않아졌으니, 지금의 권분이란 곧 옛날의 권분이 아니다.

중국의 권분의 법은 모두 조미(糶米)를 권하는 것이지 희미(糶米)를 권하는 것이 아니며, 모두 은혜 베풀기를 권하는 것이지 바치는 것을 권한 것이 아니며, 모두 몸소 먼저 실행하였던 것이지 입으로만 말한 것이 아니며, 모두 상을 주어 권하였던 것이지 위협한 것이 아니니, 지금의 권분이란 비례(非禮)의 지극한 것이다.

우리 나라 권분의 법은 백성들로 하여금 곡식을 바치게 하여 만민에게 나누어 주는 것이니, 비록 옛날의 법은 아니나 예(例)가 이미 이루어졌다.

찰방(察訪) · 별좌(別坐)의 벼슬로 갚아주는 것은 고사(故事)가 있으며 그 사실이 국승(國乘)에 실려 있다.

장차 요호(饒戶)를 가리려면 3등급으로 나누며 3등급 안에서도 또한 각각 작게 쪼개야 한다.

이에 향망(鄕望)을 뽑아서 날을 정하여 모두 부르고 공의(公議)를 채택하여 이로써 요호를 정한다.

권분은 스스로 나누는 것을 권하는 것이다. 스스로 나누는 것을 권한다면 관(官)의 힘은 크게 덜어질 것이다.

권분하는 명령이 내리면 부유한 백성은 물고기처럼 놀라고 가난한 선비는 파리처럼 모여들 것이니, 추기(樞機)를 삼가지 않는다면 그 은덕을 탐하여 자기 것으로 삼는 자가 있을 것이다.

재물을 주린 입속에서 도둑질하면 그 소리가 변방까지 들리고 재앙이 자손에게까지 미칠 것이니, 도둑질할 생각이 절대로 마음속에서 싹터서는 안 된다.

남쪽 지방 여러 절에 혹 부유한 승려가 있으면 권하여 그 곡식을 나누어 주어 산에 둘러 있는 지방을 구제하고, 속세와 인연이 있는 친족들에게 인(仁)을 베풀게 하는 것도 또한 마땅히 해야 할 일이다.

| 풀이 | 권분이란 기근이 들었을 때 부유한 백성들로 하여금 굶주리고 있는 백성들에게 나머지 곡식을 나누어 주어서 구제하도록 권장하는 것을 말한다. 이 권분이란 실로 진황정책에 있어서 중요한 부분을 차지하고 있다. 이 법은 오래 전 중국 주나라 때 벌써 시행되었던 것이다. 그러나 후세로 내려오면서 도덕이 희미해지고 정치가 문란해져서 명분과 실지가 서로 달라지게 되었다.

옛날 중국에서의 권분은 부유한 백성들에게 여분의 곡식을 팔도록 권고하는 것이지 굶주리는 백성들에게 거저 줄 것을 권고하는 것이 아니며, 은혜를 베풀도록 권고하는 것이지 관에 바치는 것을 권고하는 것이 아니다. 모든 일을 목민관 자신이 솔선수범한 것이지 입으로만 말한 것이 아니며, 상을 주어서 권장하였을 뿐이지 위협하는 것이 아니었다. 권분은 나라에서 부유한 백성들에게 여분 있는 쌀을 팔 것을 권장하고 이를 사들여서 굶주림에 허덕이고 있는 백성을 구제하는 것이다. 흉년이 들면 곡식값이 오르게 마련이며 부유한 사람들은 곡식을 팔려고 하지 않는데, 관에서 굶주린 백성을 구제하기 위하여 여분을 나누어 주기

사민납속(使民納粟) : 백성들에게 곡식을 바치게 함.
찰방(察訪) : 조선시대의 낮은 벼슬 이름.
별좌(別坐) : 낮은 벼슬 이름임.
수(酬) : 갚는 것.
국승(國乘) : 나라의 역사.
요호(饒戶) : 부유한 집.
향망(鄕望) : 향리에서 덕망 있는 사람.
돈소(敦召) : 부르는 것.
자분(自分) : 스스로 나누는 것. 즉 자신이 깨달아서 곡식을 나누어 주는 것.
생력(省力) : 힘을 덜어줌.
영출(令出) : 명령이 나옴.
어해(魚駭) : 물고기가 놀라듯 놀라는 것.
승영(蠅營) : 파리처럼 모여드는 것.
추기(樞機) : 중추가 되는 긴요한 기관 또는 정무(政務)를 말함.
탐천(貪天) : 은혜를 탐함.
절화(竊貨) : 재화를 훔침.
기문(飢吻) : 주린 입.
성달변요(聲達邊徼) : 소리가 변방에까지 이르는 것.
앙류묘예(殃流苗裔) : 앙화가 후손에까지 내려가는 것.
맹어심(萌於心) : 마음속에 싹트는 것.
이섬환산(以贍環山) : 산에 둘러 있는 지방을 구제하는 것을 말함.
이인속족(以仁俗族) : 속연(俗緣)의 친족에게 은혜를 베푸는 것.

를 권장하는 것이기 때문에 권분이라고 이름지은 것이다.

송(宋)나라 때의 일이다. 증공(曾鞏)이 통판(通判)이 되었
을 때 흉년이 들었는데 진휼할 곡식이 부족하였다. 그는
그 고을의 부자들을 불러모아서 여분의 곡식을 나누어 주
기를 권하여 15만 석을 얻었으며, 상평(常平)의 값에 비하

여 좀 후한 값을 치러주고 그 곡식으로 백성들을 진휼하
였다. 이것이야말로 조미(糶米)를 권한 것이며 그 값에 있
어서는 상평보다 조금 비싸고 시가보다 약간 쌀 뿐이었
다. 그런데 오늘날의 권분이란 값을 주지 않고 곡식을 빼
앗고 있으니 어디에 근거를 둔 것인지 알 수 없는 일이다.
권분이란 조미를 권장하는 것이니 부유한 사람들로부터
곡식을 사들여서 기근을 구제할 것을 주장하고 있다. 한
편 당시 목민관들이 부유한 백성들로 하여금 곡식을 무상
으로 바치게 하는 것을 근거 없는 비합리적인 처사라 하
여 신랄하게 비판하고 있다.

곡식을 많이 바친 자에게는 벼슬을 주어서 이에 보답하
는 것도 권분하는 데 있어서 좋은 방법임을 주장하였으
며, 그와 같은 고사(故事)들이 국승(國乘)에 실려 있는 것을
고증하여 이를 강조하고 있다. 그러나 그 벼슬이란 미관

(微官) 말직에 지나지 않았으며 실직을 주느냐 직첩(職帖)
만을 주는 데 그치느냐 하는 의견이 분분하기도 하였다.

영조(英祖) 7년에 우의정 조문명(趙文命)이 아뢰기를,
"권분은 구황하는 데 있어서 가장 큰 정책입니다. 무릇 벼
슬을 파는 것은 진실로 아름다운 일이 아니오나 흉년 든

해에는 부득이한 일입니다. 명나라 선비 구준(丘濬)도 말하기를, 평상시에는 옳지 않지만 구황하는 데는 이것이 중요한 정책이라고 하였습니다. 효묘(孝廟)와 현묘(顯廟) 두 조정에서도 역시 이미 행한 예가 있사오나 근년 이래로는 조정에서 이 일에 대하여 신용을 잃은 것이 자못 많기 때문에 백성들이 즐겨 좇지 않습니다. 나라에서는 본래 백성들에게 신용을 잃어서는 안 되거늘 하물며 이같은 흉년을 당해서는 더욱 마땅히 격려하는 일이 있어야 할 것입니다."라고 하였다. 이와 같은 기록을 상고해 볼 때 진황정책에 많은 곡식을 바친 자에게는 벼슬을 내려 보답함으로써 권분의 실(實)을 거두었던 것이 사실이다.

권분을 위하여 부잣집을 추리는 데는 이것을 3등급으로 나누고 3등급을 또다시 세분할 것을 주장하고 있다. 부잣집의 기준이란 능히 여덟 식구가 먹을 곡식을 쌓아두고서도 남음이 있는 집을 말하는 것이다. 3등급이란 상·중·하의 세 등급을 말하며 등급마다 다시 9급으로 세분한다. 즉 하등의 최하급이 2섬으로부터 시작해서 1급마다 1섬씩을 더하여 최상급은 10섬을 배정하게 되고, 중등급은 최하급이 20섬으로부터 시작해서 1급마다 10섬씩을 더하여 최상급은 100섬을 배정하며, 상등급은 최하급이 200섬으로부터 시작해서 1급마다 100섬씩을 더하여 최상급은 1천 섬을 배정하게 된다. 1천 섬 이외에도 자진하여 곡식을 내어서 상전(賞典)을 받고자 하는 자는 반드시 제한할 필요가 없는 것이다.

상전(賞典) : 공로의 크고 작음에 따라 상을 주는 격식.

진희(賑饎) : 값을 받지 않는 것.
진대(賑貸) : 가을 추수 때 곡식으로 회수하는 것.
진조(賑糶) : 값을 받고 파는 것.

총호(塚戶) : 묘지기.

　중국에서의 권분은 곡식이 4천 섬이나 5천 섬에 이르는데 우리 나라에서는 많아야 1천 섬으로 제한한 것은 우리 백성은 극히 빈곤하여 큰 부자라 하더라도 곡식 1천 섬을 바칠 자가 드물기 때문이다. 무릇 상등급의 부자에게는 진희(賑饎)로 권하고 중등급의 부자에게는 진대(賑貸)로 권하며, 하등급의 부자에게는 진조(賑糶)로 권할 것을 주장하고 있다. 부의 정도에 따라서 진휼에 참여케 하는 것이다. 부자를 추리는 방법으로서 목민관은 향망을 뽑아서 회의를 소집하고 공의(公議)에 부칠 것과 가좌부(家坐簿)와 같은 장부를 살려서 조정할 것을 말하고 있다.

　부자를 선정하였으면 부자에게도 저마다 형제가 있고 인척이 있으며 이웃 동네가 있고 총호(塚戶)가 있게 마련이니, 그 내놓는 곡식의 양에 맞추어서 인원을 배정하고 이를 진휼케 한다면 관의 일이 많이 덜어질 것이다.

　남쪽 여러 절에는 부유한 승려들이 있으니, 그들에게도 권유해서 곡식을 내게 하여 산속에 있는 지방을 구제하고 속세와 인연이 있는 친족들에게 은혜를 베풀게 하는 방법도 취할 것을 말하고 있다.

　오늘날에는 이처럼 제도화되다시피 한 것은 아니지만 권분과 비슷한 사례가 아직도 행해지고 있다. 예를 들면 천재지변으로 이재민이 많이 생겼을 때 관공서를 비롯하여 각 기관에서 또는 소속 직원들이 의연금을 갹출하거나 부유층을 비롯하여 국민들에게 구호를 호소하고 권유하는 것이 이 제도와 같은 것이다.

한 나라 안에서 핏줄을 같이한 국민이 큰 재난을 당하였을 때 이들을 힘껏 돕는 것이야말로 사람의 도의인 동시에 미풍양속인 것이다. 같은 국민들 사이의 협조뿐만 아니라 좀더 시야를 넓혀서 다른 나라에 재난이 있을 때도 우리는 따뜻한 손길을 보내어 박애의 정신을 발휘해야 할 것이다.

3. 사랑의 정을 발휘하라
······규모(規模)

진황(賑荒)하는 데는 두 가지 관점이 있으니 첫째는 시기에 맞추는 것이요, 둘째는 규모가 있는 것이다. 불에서 구하고 물에 빠진 사람을 건지는 데 그 기회를 살필 수 있겠는가. 대중을 이끌어 나가고 물건을 평등하게 하는 데 어찌 규모가 없을 수 있겠는가.

무릇 진조(賑糶)에 관한 법은 국전(國典)에도 없는 것이나 현령이 사사로이 사들인 쌀이 있다면 또한 가히 행하도록 한다.

그 진장(賑場)을 설치하는 데는 작은 고을은 마땅히 한두 곳에 그칠 것이요, 큰 고을은 모름지기 10여 군데에 이를 것이니, 이는 곧 옛날의 법도이다.

어진 사람이 진휼하는 것은 불쌍히 여길 따름이다. 다

3// 賑有二觀 一曰及期 一曰有模 救焚拯溺 其可以玩機乎 馭衆平物 其可以無模乎 若夫賑糶之法 國典所無 縣令有私糶之米 亦可行也 其設賑場 小縣宜止一二處 大州須至十餘處 乃古法也 仁人之爲賑也 哀之而已 自他流者受之 自我流者留之 無此疆爾界也 今之流民 往無所歸 唯宜惻怛勸諭 俾勿輕動 其分糶分饋之法 宜博考古典 取爲楷式 乃選飢口 分爲三等 其上等 又分爲三級 中等下等 各爲一級

이관(二觀) : 두 가지 관점.

급기(及期) : 시기에 맞춤.

유모(有模) : 규모가 있음.

구분(救焚) : 불을 끄는 것.

증익(拯溺) : 물에 빠진 사람을 건져주는 것.

완기(玩機) : 기회를 보아서 하는 것.

어중(馭衆) : 대중을 이끌어 가는 것.

평물(平物) : 물건을 평등하게 하는 것.

진조(賑糶) : 돈을 받고 곡식을 주는 것.

사적(私糴) : 사사로이 사들이는 것.

진장(賑場) : 진휼하는 장소.

자타류자(自他流者) : 다른 곳으로부터 들어온 자.

자아류자(自我流者) : 내 고장으로부터 다른 곳으로 나가려는 자.

차강이계(此彊爾界) : 경계를 분명히 하는 것.

왕무소귀(往無所歸) : 떠나가도 돌아갈 곳이 없는 것.

측달(惻怛) : 측은하게 생각하는 것.

권유(勸諭) : 깨우치고 권고하는 것.

비물경동(俾勿輕動) : 비(俾)는 하여금. 즉 사람들로 하여금 가볍게 움직이지 말게 하라는 것.

분조(分糶) : 조미(糶米)를 나누어 주거나 돈을 나누어 주는 것. 즉 돈을 받고 곡식을 나누어 주는 것을 말함.

분희(分餼) : 구호미를 무상으로 나누어 주는 것.

른 곳에서 들어오는 자는 받아들이고 내 고장에서 떠나가는 자는 만류하여 네 고장 내 고장의 구별이 없어야 한다.

지금의 유민(流民)은 떠나도 돌아갈 곳이 없으니 오직 불쌍히 여기고 권유하여 가볍게 움직이지 말도록 해야 한다.

분조(分糶)와 분희(分餼)의 법은 마땅히 널리 고전을 상고하여 법식을 삼을 것이다.

기구(飢口)를 추려서 3으로 나눈다. 그 상등은 또 3급으로 나누고 중등과 하등은 각각 1급씩 만든다.

| 풀이 | 진휼에는 두 가지 관점이 있으니, 첫째가 시기에 맞추어야 하는 것이며, 둘째가 원칙이 서 있어야 하는 것이다. 값을 받고 곡식을 나누어 주어서 기민을 구제하는 일은 국가 법전에는 없는 것이지만, 목민관이 사사로이 팔 곡식이 있다면 이를 행해도 무방하다. 흉년이 들면 곡식값이 오를 뿐만 아니라 유통이 잘되지 않아서 돈이 있어도 곡식을 구하기 어렵고 설사 곡식이 있다 하더라도 비싸기 때문에 사 먹기가 어려운 실정이다. 이와 같은 경우에 목민관이 개인적으로 보유하고 있는 곡식이 있다면 이를 시가보다 싼 값으로 어려운 백성들에게 나누어 주는 것도 진휼의 한 방법이라고 볼 수 있다.

송(宋)나라 때 문언박(文彦博)이 성도(成都)에 있을 때 쌀값이 크게 올랐다. 문공이 가까운 원촌(院村) 18개소에서 시가보다 값을 내려서 곡식을 내어 팔도록 하되 그 수량을 제한하지 않는다고 거리에 방문(榜文)을 써 붙이자 이

틀날로 곡식값이 크게 떨어졌다. 혹 곡식의 양을 제한하거나 그 값을 제한하였다면 오히려 곡식 가진 사람들의 기세를 복돋우어 그 값을 올리는 결과가 되었을 것이다.

진장(賑場)의 설치는 큰 고을에는 10여 군데, 작은 고을이라도 2, 3개소를 설치해야 한다. 우리 나라는 비록 큰 고을이라도 관아의 소재지에만 진장을 설치하고 혹 외창(外倉)이 있어야 따로 진장을 설치하였다. 며칠씩 굶주려서 기진맥진한 백성들이 몇 되의 곡식을 얻기 위하여 먼 길을 가는 것은 어려운 일이며 굶주린 백성을 더욱 괴롭히는 일이 될 것이다. 따라서 잘 보살피고 감독하여 백성들의 힘을 덜어주어야 할 것이다.

진휼할 때는 내 고장 사람, 다른 고장 사람을 가려서는 안 된다. 오직 측은히 여겨서 이를 구제하기에 힘써야 한다 다른 곳으로부터 들어오는 사람은 따뜻하게 받아들이고 내 고장에서 다른 곳으로 떠나가려는 사람이 있다면 만류하여 구원의 손길을 보내야만 한다. 오직 사랑하는 마음으로 사람을 기아선상에서 살려내는 데 온 힘을 기울여야 한다.

사람이 굶주리게 되면 요행을 바라는 마음에서 고향을 버리고 살 곳을 찾아 떠나는 수가 많다. 그러나 떠난다고 좋은 일이 생기는 것은 아니며, 낯선 곳에 갈수록 고생이 심하게 마련이다. 목민관은 이와 같은 사람들을 살피고 간곡하게 설득시켜서 경솔하게 고향을 떠나는 일이 없도록 해야 한다.

박고고전(博考古典) : 옛날의 법전을 널리 상고하는 것을 말함.
해식(楷式) : 법식.
기구(飢口) : 굶주리는 사람을 말함.

외창(外倉) : 관아의 소재지에서 멀리 떨어져 있는 곳.

조미를 나누어 주고 희미를 나누어 주되 옛일을 상고하여 기준을 만들어야 한다. 송나라 증공(曾鞏)의 〈구재의(救災議)〉에 말하기를, "창고를 열어 곡식을 주되 장정은 하루에 두 되, 어린이는 하루에 한 되를 주어 이로써 주린 자를 돌보았으니 이것은 굶주려 죽는 것을 막을 뿐이요, 깊은 생각이나 먼 안목으로 만든 백성을 위한 장구한 계책은 아니다. 중호(中戶)로써 계산하더라도 한 호에 식구가 10명은 될 것이니, 장정 6명에게 한 달에 곡식 3석 6두를 주고, 어린이 4명에게 한 달에 곡식 1석 2두를 준다면 이 한 집에 한 달에 5석은 되는 것이니, 이와 같은 진휼 방법은 오래 계속할 수 없는 것이다."라고 하였다. 목민관은 마땅히 굶주린 백성들을 조사하여 그 정확한 숫자를 파악하는 동시에 식량의 재고량이나 동원시킬 수 있는 총량을 조사하여 진휼에 만전을 기하도록 해야 한다.

　굶주린 백성들을 조사하여 상·중·하의 등급으로 나누고 상등은 다시 3급으로 나눈다. 부잣집 중에서 곡식을 가장 많이 내놓을 수 있는 사람이 상등이 되는 것과는 반대로 굶주린 백성들 가운데서 상등이란 굶주림의 정도가 가장 심한 사람을 말한다. 중등은 그 사정이 비록 절박하다 하나 봄에 살아날 수만 있다면 가을에는 빌린 곡식을 갚을 수 있는 사람들이며, 하등이란 비록 당장 곡식을 구하지 못하여 굶주리고 있으나 아직도 약간의 재화가 있어서 곡식을 살 수 있는 사람을 말한다. 목민관은 마땅히 이와 같은 기구를 조사하여 등급을 결정하고 일일이 그 실정에

맞는 진휼책을 세우며 이를 실천에 옮김으로써 구황에 힘
써야 할 것이다.

이 글에서는 주먹구구식 진휼을 지양하고 굶주린 백성
들의 실태와 식량 사정 등을 면밀히 조사하여 파악한 것
을 기초로 하여, 계획을 수립하고 용의주도한 진휼을 실
시함으로써 한 백성이라도 희생을 당하는 일이 없이 기근
을 극복하여 많은 성과를 이룩할 것을 강조하고 있다.

4. 구호시설의 확충
······설시(設施)

진청(賑廳)을 설치하고 감리(監吏)를 두며 가마솥이나 소
금·간장·미역·마른 새우 등을 갖추어 놓아야 한다.
알곡식을 까불러서 그 실지 수량을 알고 기구(飢口)를
헤아려서 실지 숫자를 정한다.
이에 진패(賑牌)·진인(賑印)·진기(賑旗)·진두(賑斗)·
혼패(閽牌)를 만들고 진력(賑曆)을 갖춘다.
소한 10일 전에 진제조례와 진력 1부씩을 만들어서 모
든 향리에 반포한다.
소한날에는 목민관은 일찍 일어나 패전(牌殿)에 나아가
첨례(瞻禮)를 행하고, 진장(賑場)으로 나아가 죽을 주고 희
미를 나누어 준다.

4// 乃設賑廳 乃置監吏
乃具錡釜 乃具鹽醬海帶
乾鰕 乃簸穀粟 以知實
數 乃算飢口 以定實數
乃作賑牌 乃作賑印 乃
作賑旗 乃作賑斗 乃作
閽牌 乃修賑曆 小寒前
十日 書賑濟條例 及賑
曆一部 頒于諸鄕 小寒
之日 牧夙興詣牌殿瞻
禮 乃詣賑場 饋粥頒餼
立春之日 改曆修牌 大
展其規 驚蟄之日 頒其
貸 春分之日 頒其出糶
淸明之日 頒其貸 流乞

者 天下之窮民而無告
者也 仁牧之所盡心 不
可忽也 死亡之簿 平民
飢民 各爲一部 饑饉之
年 必有瘟疫 其救療之
方 收瘞之政 益宜盡心
嬰孩遺棄者 養之爲子
女 童稺流離者 養之爲
奴婢 並宜申明國法 曉
諭上戶

입춘날에는 진력을 고치고 진패를 정리하여 그 규모를 넓힌다.

경칩날에는 식량용 대곡(貸穀)을 나누어 주고, 춘분날에는 조미(糶米)를 나누어 주며, 청명날에는 종자 대곡을 나누어 준다.

걸식하며 다니는 자는 천하의 궁민(窮民)으로서 고할 데가 없는 자이니, 어진 목민관이라면 마음을 다하여 소홀히 할 수 없다.

죽은 자의 명부는 평민과 기민을 각각 한 부씩 만든다.

기근이 든 해에는 반드시 전염병이 유행한다. 그 구제하고 치료하는 방법과 거두어 묻는 일에는 더욱 마땅히 마음을 다해야 한다.

갓난아이를 버리면 거두어 길러서 자녀를 삼으며, 떠돌아다니는 어린아이를 길러서 노비를 삼는 것은 다 같이 마땅히 국법을 밝혀서 상호(上戶)에 효유해야 한다.

| 풀이 | 진휼할 때 진청(賑廳)을 따로 설치하고 감독하는 아전을 두어서 일을 보살피되 도감(都監) 한 사람, 감관(監官) 두 사람, 색리(色吏 : 사무를 맡아보는 아전) 두 사람 정도 두는 것이 좋다고 하였다. 그리고 진청에는 가마솥을 갖추어 놓고 소금·간장·미역·마른 새우 등을 준비하여 진휼에 대비해야 한다. 큰 가마솥 5개를 걸어놓는다면 가마솥 하나에 죽 50그릇씩을 쑬 수 있어서 한 번에 250그릇을 만들 수 있으니, 하루에 네 번을 한다면 1천 명의

진청(賑廳) : 진휼을 맡아보는 관청.

감리(監吏) : 감독하는 아전.

기부(錡釜) : 가마솥.

해대(海帶) : 미역.

건하(乾鰕) : 마른 새우.

파(簸) : 까부르는 것.

곡속(穀粟) : 알곡식.

진패(賑牌) : 진휼을 받는 증서를 말함. 목패(木牌)로 되어 있음.

진인(賑印) : 진휼하는 일에 찍는 도장.

진기(賑旗) : 진휼을 받는 조직의 표시로 사용되는 기(旗)로서 조직에 따라 빛깔이 다름.

진두(賑斗) : 진휼용으로 쓰이는 말〔斗〕과 되〔升〕.

혼패(閽牌) : 희장(饎場 : 죽을 쑤어 기민들을 먹이는 곳) 출입증.

진력(賑曆) : 진휼에 관한 장부를 말함.

굶주린 백성에게 죽을 줄 수 있다. 그리고 마른 새우는 비싸지 않으니 이것을 사들여서 죽을 쑬 때 집어넣으면 죽 맛도 좋아서 먹는 사람을 기쁘게 할 수 있다.

모든 창고의 곡식들을 까불어서 겨를 날려버리고 다시 두량(斗量)하여 곡식의 실지 재고량을 정확하게 파악하며, 또 굶주린 백성을 조사하고 그 정확한 인원을 파악하여 진휼정책을 계획성 있게 추진시켜야 한다.

진패(賑牌)의 조직, 진인(賑印)·진기(賑旗)·진두(賑斗)·혼패(閽牌)·진휼 장부 등을 비치하여 진휼 업무의 진행에 차질이 없도록 해야 한다.

진제조례(賑濟條例)와 진휼자 명부를 만들어서 각각 1부씩을 모든 부락에 배포하여 백성들로 하여금 이해하고 협조토록 해야 한다. 그리고 목민관이 초하루와 보름날 패전(牌殿)에 나아가 첨례(瞻禮)를 행한 뒤에는 진장으로 가서 진휼하는 일을 보살펴야 한다.

입춘날에는 진휼자 명부를 새로 만들고 진패(賑牌)을 새로 발급하여 진휼사무를 재정비해야 하며, 경칩 때가 되면 농사일이 시작될 시기이니만큼 농사짓는 동안 먹을 양식을 대여해야 한다. 춘분날에는 조미를 나누어 주고, 청명날에는 씨 뿌리는 시기에 맞추어서 종자용 곡식을 대여해 주어야 한다. 이와 같이 함으로써 백성들의 농사일을 돕고 굶주린 백성을 구제하는 데 힘써야 한다.

천하의 궁핍한 백성으로서 의지할 데 없는 유민을 구호하는 일에도 최대한의 성의를 베풀어야 한다. 중국의 진

진제조례(賑濟條例) : 진휼에 대한 규정.
제향(諸鄕) : 여러 동네.
숙흥(夙興) : 일찍 일어남.
패전(牌殿) : 국왕의 위패를 모셔놓은 전각(殿閣). 매월 초하루와 보름이면 지방관들이 이 패전에 나와서 절하였으며, 대궐에서 조회하는 예와 같음.
첨례(瞻禮) : 임금이 계신 대궐을 바라보고 행하는 예.
개력(改曆) : 진휼에 관한 장부를 새로 만드는 것.
수패(修牌) : 그 전의 패(牌)를 거두어들이고 새로 패를 만들어서 발급하는 것.
유걸(流乞) : 걸식하며 다니는 것.
궁민(窮民) : 곤궁한 백성.
무고(無告) : 하소연할 데가 없는 것.
홀(忽) : 소홀히 하는 것.
여역(癘疫) : 나쁜 전염병.
구료(救療) : 구제하고 치료하는 것.
수예(收瘞) : 거두어 묻는 것을 뜻함.
영해(嬰孩) : 갓난아이.
동치(童穉) : 어린아이.
유리(流離) : 떠돌아다님.
신명(申明) : 밝히는 것.
효유(曉諭) : 설명하여 깨우치는 것.

흌정책은 유민 구호에 중점을 두어서 유민들이 살아갈 수 있었으나, 우리 나라의 진휼정책이란 현주민에 치중하여 유민을 도외시하고 있기 때문에, 유민들은 삶의 터전을 얻지 못하고 죽음의 구렁텅이로 떨어지고 만다. 이 어찌 슬픈 일이 아니겠는가. 목민관은 이들을 긍휼히 여겨 구호곡을 따로 비축해 놓고 집도 마련하여 구호에 힘을 기울이며, 또 이들에게 직업을 알선해서 살아갈 길을 열어 주어야 한다.

기근이 드는 해에는 전염병이 유행하기 쉬우니 부락과 긴밀한 연락을 취하여 질병 발생 상황을 수시로 파악하고, 구호약품의 공급과 의원을 파견하는 등 병에 걸린 자에 대한 구제와 치료에 힘을 다한다. 또 전염병으로 죽은 자는 그 시체를 신속하게 매장하여 전염병의 확산 방지에 힘을 기울여야 한다.

길에 버려진 갓난아이를 거두어 길러서 자식을 삼거나, 떠돌아다니는 어린아이를 길러서 노비로 만드는 사람들에게는 나라의 법을 따르도록 깨우쳐 주어서 인권 옹호에 힘써야겠다. 사족(士族)의 자녀로서 노비가 된 것을 발견하였을 때는 관에서 돈을 내어 속량(贖良)시켜 주도록 힘써야 한다.

속량(贖良) : 양민으로 환원시키는 것.

이 글에서는 진휼할 때 갖추어야 할 시설에 대하여 논하고 있다. 오늘날에는 큰 재난으로 인한 이재민이 생기더라도 정부 당국에서 긴급한 대책을 세워서 구호사업이

합리적으로 추진되어 잘 수습되고 있다. 또한 의학이 발달되고 위생시설이 잘되어 있어서 과거처럼 기근이 들었을 때 전염병이 유행되는 일은 거의 없으므로 이러한 문제는 논의될 여지가 없다. 오직 구호사업을 추진해 나가는 담당자들이 청렴결백한 자세와 사랑의 마음으로 구호와 재해 복구에 힘써야 할 것이다.

5. 재민(災民) 구호의 만전을
……보력(補力)

연사(年事)가 이미 판정되었거든 마땅히 신칙하여 논을 밭으로 만들도록 하고 서둘러 다른 곡식을 심으며, 가을이 되거든 보리를 심을 것을 거듭 권장하도록 해야 한다.

봄날이 이미 길어지면 공역(工役)을 일으켜야 한다. 관아의 청사가 퇴락하여 모름지기 수선해야 할 것은 마땅히 이때에 보수하고 이엉을 덮어야 할 것이다.

구황할 수 있는 풀로서 백성들의 식량에 보충할 수 있는 것은 마땅히 좋은 것을 골라, 학궁의 여러 유생(儒生)들로 하여금 몇 가지 종류를 추려서 각각 전하여 알리게 한다.

흉년에 도둑을 없애는 정책에 힘을 다해야 하며 소홀히 해서는 안 된다. 실정을 알고 보면 불쌍해서 죽일 수 없을 것이다.

굶주린 백성들이 방화(放火)하는 수가 있는데 이는 마땅

5// 歲事旣判 宜飭水田 代爲旱田 早播他穀 及秋 申勸種麥 春日旣長 可興工役 公廨頹圮 須修營者 宜於此時補葺 救荒之草 可補民食者 宜選佳品 令學宮諸儒 抄取數種 使各傳聞 凶年除盜之政 在所致力 不可忽也 得情則哀 不可殺也 飢民放火者 宜亦嚴禁 糜穀莫如酒醴 酒禁未可已也 薄征已責 先王之法也 冬而收糧 春而收稅 乃民庫雜徭 邸吏私債 悉從寬緩 不可催督

히 엄금해야 할 것이다.

곡식을 소모하는 것 중에는 술과 단술보다 더한 것이 없으니 주금(酒禁)은 하지 않을 수 없는 것이다.

세금을 적게 하고 공채(公債)를 탕감해 주는 것은 선왕의 법이다. 겨울에 곡식을 거두어들이고 봄에 세금을 거두는 일과 민고(民庫), 잡요(雜徭), 저리(邸吏)의 사채(私債)는 다 같이 늦추어주어야 하며 심하게 독촉해서는 안 된다.

| 풀이 | 한해로 인하여 흉년이라고 판정되었을 때는 논을 밭으로 대신하고 시기에 늦어지는 일이 없도록 다른 곡식 종자를 대파(代播)할 것과 가을이 되면 보리를 심도록 권장할 것을 주장하고 있다. 대파하는 곡식으로는 차조(黏粟)·메밀·콩 등 세 가지가 있으며 목민관은 마땅히 평년에 종자를 비축하여 한 해에 대비할 것을 강조하고 있다. 목민관으로서 이것이 여의치 못할 때는 백성들을 깨우쳐서 비축을 권장해야 한다.

흉년이 든 이듬해 봄에는 일하기 좋은 때를 이용하여 토목공사를 일으킬 것을 말하고 있다. 또한 관아의 청사가 퇴락한 것도 이러한 시기에 보수하고 이엉을 덮는 것이 좋다고 하였다. 토목공사를 크게 일으켜서 노임을 지불하는 것도 하나의 중요한 구황정책이라고 볼 수 있다.

송나라 때 범중엄(范仲淹)이 절서(浙西)지방을 다스렸는데 오중(吳中)에 크게 기근이 들었다. 범공은 백성들을 모아서 경도(競渡)놀이를 하게 하고 자신은 날마다 호수 위

칙(飭) : 신칙하는 것.
수전(水田) : 논.
한전(旱田) : 밭.
급추(及秋) : 가을에 미치면, 즉 가을이 되면이라는 뜻.
신권(申勸) : 거듭 권장함.
종맥(種麥) : 보리를 심는 것을 말함.
가흥(可興) : 일으킬 수 있다는 것.
공역(工役) : 토목공사(土木工事).
퇴비(頹圮) : 퇴락하고 무너지는 것.
보즙(補葺) : 보수하고 이엉을 덮는 것.
제도지정(除盜之政) : 도둑을 없애는 정책.
득정(得情) : 실정을 알아내는 것.

경도(競渡) : 물을 다투어 건너게 하여 먼저 건너는 자에게는 상을 주는 것.

에서 잔치를 벌이고 즐기기를 일삼아 봄부터 여름까지 계속하니, 주민들까지도 이를 본받아서 집을 비우고 나와 놀게 되었다. 그리고 또 흉년에는 품삯이 싸다는 구실로 여러 사람들에게 크게 토목공사를 일으킬 것을 권유하여 창고와 아전의 집도 새로 건축하였다. 감사가 이를 탄핵하고 조정에 아뢰기를, "항주는 구황정치를 게을리하고 노는 것이 절도가 없으며 공사(公私)의 토목공사를 크게 일으켜서 백성의 힘을 소모시키고 있습니다."라고 하였다. 범공이 이에 항변하기를, "놀이로 잔치를 벌이고 토목 공사를 일으킨 것은 여분이 있는 재화를 동원하여 어려운 사람들에게 잘살 수 있는 길을 터주려는 것이며, 공장(工匠)이나 노무자 중에서 공사(公私)의 토목사업에 기대어 생활을 유지하는 자가 하루에도 수만 명이나 되니, 구황 정책에 있어서 이보다 더 큰 것은 없습니다."라고 하였다. 이 해에 양절(兩浙)에서 오직 항주만이 평온하였으며 유민이 생기지 않았던 것은 실로 범공의 힘이었다.

흉년이 들어서 사람들의 생활이 궁핍해지면 도둑이 많이 생기게 마련이며 따라서 사회가 혼란에 빠지게 된다. 그렇기 때문에 흉년에 도둑을 근절시켜서 불안 요소를 제거하는 것은 목민관으로서 마땅히 힘써야 할 일이다. 그러나 도둑질을 한 동기를 살펴보면 굶주린 나머지 견딜 수 없어서 범행을 저지르는 것이니 실로 그 상황이 가련하다. 그러므로 그 동기를 십분 참작하여 너그럽게 처리할 것을 종용하였다.

탄핵(彈劾) : 죄상을 조사하여 꾸짖음. 공직에 있는 사람의 부정이나 비행 따위를 조사하여 그 책임을 추궁하는 것.

양절(兩浙) : 절서와 절동. 항주는 절서에 속함.

왕증(王曾)이 낙현(洛縣)의 수령이 되었는데 흉년이 들었다. 굶주린 백성들이 떼를 지어 부잣집으로 몰려들어 주인을 위협하고 돈과 곡식을 약탈하였다. 이웃 고을에서는 이와 같은 백성들을 강도로 논죄하여 죽은 자가 심히 많았으나, 왕증은 태장(笞杖)을 쳤을 뿐 모두 놓아주어서 살아난 사람이 수천 명을 헤아렸다. 또 왕요신(王堯臣)이 광주(光州)의 지부(知府)가 되었는데 몹시 가물었다. 도둑의 무리가 백성의 창고를 열고 곡식을 가져갔다. 법대로 하면 마땅히 죽여야 하지만 왕공은 말하기를, "이것은 굶주린 백성들이 먹을 것을 얻으려는 것뿐이니 구황하는 정치로 마땅히 긍휼히 여겨야 한다."라고 하며 사형을 감면해 주도록 상부에 청하여 시행하였다. 도덕이 법에 선행(先行)되었다고 볼 수 있다.

굶주린 백성들 중에는 본성을 잃어서 사소한 원한 때문에 남의 집에 불을 놓는 수가 많다. 이러한 일은 사람들을 공포 속으로 몰아넣고 사회를 혼란에 빠뜨리는 행동이니만큼 엄중하게 처단하여 금해야 한다. 〈대명률(大明律)〉에 말하기를, "불을 놓아서 고의로 남의 집을 태운 자는 장(杖) 100대와 도형(徒刑) 3년에 처하며 따라서 도둑질까지 한 자는 참형(斬刑)에 처한다."라고 하였다.

술을 만드는 데는 많은 식량이 소모되게 마련이니 흉년에는 술 만드는 것을 엄금해야 한다. 그러나 아전들이 이를 빙자하여 약한 백성들을 괴롭히기 때문에 백성들은 더욱더 견디기가 어렵게 된다. 그러나 탁주만은 요기가 될 수 있으며 행려자들에게는 편의를 줄 수 있는 것이니 엄금할 필요가 없다. 소주는 양조를 엄금하여 밀주(密酒)를 만드는 자를 발견하였을 때는 벌금을 물리고 그 돈을 진휼하는 데 충당해야 한다.

흉년에는 봄과 가을에 거두는 곡식이나 세금을 비롯하여 민고의 부담, 요역, 아전의 사채 등을 늦추어주고 독촉하지 말 것을 강조하고 있다. 백성을 살리는 길은 오직 부담을 덜어주는 데 있다. 그렇기 때문에 여기서도 세금을 적게 받고 공채(公債)를 탕감해 주는 것은 선왕의 법이라고 밝혔다.

이 글에서는 일반적인 재해 대책에 대하여 논하고 있다. 오늘날에도 심한 한해로 벼농사가 가망이 없을 때는 메밀이나 콩 등의 대파(代播)를 권장하여 적극 추진시키고 있으며, 여러 가지 토목사업을 일으켜 재민들에게 일자리를 마련해 줌으로써 이를 구제하기도 한다. 그리고 인구에 비하여 식량이 부족하였을 때 우리 나라에서는 오래 전부터 쌀로 술 만드는 것을 금하고 있었던 실정이므로 주금(酒禁)에 대해서는 더 이상 논의할 것이 없다.

세금 문제는 형벌을 줄이고 세금을 가볍게 하는 것이 왕도정치의 근본이기 때문에 동서고금을 막론하고 역대의 통치자들이 고민해 왔다. 실로 세제란 국민 경제를 좌우하는 것으로서 신중하게 다루어져야 한다. 세금을 가볍게 하는 것이 국민을 잘살게 하는 길임을 감안하여 이상

적인 세계를 확립하고 세무 행정의 기강을 바로잡으로써
국민 경제 내지 국가 경제의 건전한 발전에 힘써야 한다.

6. 재민 구호의 결산
……준사(竣事)

진휼하는 일이 장차 끝날 때는 시종(始終)을 점검하고
범한 죄과를 낱낱이 살펴야 할 것이다.

스스로 갖춘 곡식을 상사(上司)에 보고하려고 할 때는 스
스로 정실(情實)을 살펴서 감히 허장(虛張)하지 말아야 한다.

잘하고 잘못한 것과 공을 세우고 죄를 범한 것은 법령
을 자세히 살펴보면 스스로 알 수 있을 것이다.

망종(芒種)날에 이미 진장을 파하였으면 곧 파진하는 잔
치를 베풀되 기악(妓樂)은 쓰지 말아야 한다.

이날에 논공행상을 하고 그 이튿날에는 장부를 정리하
여 상사에 보고해야 한다.

크게 기근이 든 나머지 백성들의 초췌함이 중병을 치른
뒤에 원기를 회복하지 못한 것과 같으니, 어루만져 안정
시키는 일을 소홀히 해서는 안 된다.

| 풀이 | 장차 진휼에 관한 일이 끝나려고 할 때는 진휼을
시작하였을 때부터 끝날 때까지의 경과를 빠짐없이 점검
하여 자기의 공과(功過)를 낱낱이 반성해 본다. 일을 지극

6// 賑事將畢 點檢始終
所犯罪過 一一省察 自
備之穀 將報上司 自査
情實 毋敢虛張 善與不
善 其功其罪 詳觀法令
斯可以自知矣 芒種之
日 旣罷賑場 乃設罷賑
之宴 不用妓樂 是日 論
功行賞 厥明日 修簿報
司 大饑之餘 民之綿綴
如大病之餘 元氣未復
撫綏安集 不可忽也

준사(竣事) : 일을 끝내는
것을 말함.
진사(賑事) : 진휼에 관한
일을 말함.
장필(將畢) : 장차 끝나려는
것임.
성찰(省察) : 살피는 것.
무감허장(毋敢虛張) : 허장
이란 없는 것을 있는 것처럼
과장한다는 뜻으로, 즉 감히
허장하는 일이 없도록 하라

히 공정하게 처리하고 국가와 백성을 위하여 공헌하였다면 그것은 목민관으로서의 책임을 다한 것이라고 볼 수 있겠지만, 털끝만큼이라도 잘못된 점이 있다면 깊이 자책하여 서슴지 말고 고쳐야 하며, 훗날 또다시 이와 같은 일을 처리하게 될 경우에는 이것을 거울삼아 차질이 없도록 힘써야 할 것이다. 자기의 잘잘못과 공과(功過)의 판단에 있어서 조금이라도 애매한 점이 있을 때는 법령을 자세히 상고해 보면 저절로 알 수 있다.

망종날이 되면 진장을 파하고 따라서 진장을 파하는 연회를 베풀어야 한다. 그러나 이 연회란 그 동안 진휼의 일을 위하여 수고한 사람들을 위로하는 데 그 의의가 있다. 그 동안 기근으로 인하여 많은 백성이 생명을 잃었으며, 살아 있는 사람이라 하더라도 아직도 기아를 면치 못하고 있는 실정 밑에서 연회하는 자리에 기생을 참여케 하거나 풍류를 사용해서는 안 된다. 이 자리에는 진휼하는 일을 맡아보았던 아전과 군교를 비롯해서 많은 곡식을 희사하여 진휼에 큰 도움을 준 상·중·하의 부잣집 사람들이 참석하게 되며, 이들에 대한 논공행상(論功行賞)이 있어야 한다. 50석 이상 곡식을 내어서 진휼을 도운 자에게는 조정에 보고하여 상전(賞典)을 신청한다.

〈속대전〉에 말하기를, "개인적으로 굶주린 백성을 진휼하여 많은 사람을 살린 자와 많은 곡식을 희사하여 관의 진휼을 도운 자는 그 실정에 의하여 논상(論賞)에 차등을 둔다."라고 하였으며, 〈통편(通編)〉에 말하기를, "각 도에

는 것.
상관법령(詳觀法令) : 자세히 법령을 본다는 것.
가이자지(可以自知) : 스스로 알 수 있다는 것.
망종(芒種) : 소만(小滿)과 하지(夏至) 사이. 6월 5일경을 말함.
파진(罷賑) : 진휼을 끝내는 것을 말함.
기악(妓樂) : 기생과 풍류.
논공행상(論功行賞) : 공을 논의하여 그에 알맞는 상을 주는 것.
궐명일(厥明日) : 그 이튿날.
수부보사(修簿報司) : 장부를 정리하고 상사에 보고하는 것을 말함.

서 진곡 50석 이상을 바친 자는 조정에 보낼 것이며, 50 석 이하의 것은 해당 도에서 시상한다."라고 하였다. 법은 비록 이처럼 되어 있으나 만일 조정으로부터 아무런 처분이 없다면 목민관이 힘써 주선하여 그 공로에 보답해야 할 것이다. 이와 같이 논공행상을 하는 것은 상대방의 노고나 협조에 대한 답례일 뿐만 아니라, 사람들의 착한 행실을 권장하며 상부상조하는 미풍양속을 살리는 데 그 의의가 크다고 보겠다.

기근에 시달려서 극도로 피폐한 백성을 따뜻하게 대해 주고 이들의 생활을 안정시키는 데 최선을 다해야 한다. 생활을 안정시키는 방법으로서는 식량의 보조, 농우(農牛)의 공급, 세금의 경감, 공채(公債)의 탕감 등을 들 수 있다. 목민관은 수시로 향촌(鄕村)을 순행하여 그들의 고통을 위문하며 그들의 소원을 들어서 이루어주고 그들의 힘을 배양함으로써 생활의 안정에 기여해야 한다.

이상은 목민관이 진휼을 끝마치고 나서 할 일에 대하여 열거한 것이다. 오늘날에도 목민관이 된 인사들에게 참고할 바가 많다. 진휼을 끝낸 뒤의 반성이란 자기의 공과(功過)를 판단하는 첩경이 될 것이며 앞으로의 일을 처리하는 데 있어서도 거울이 될 수 있다. 또 이재민들을 위문하고 방법을 강구하여 그들의 생활을 안정시키는 것도 깊이 연구되어야 할 문제라고 생각된다.

12

해관 6조(解官六條)

1. 무상한 벼슬살이

······체대(遞代)

벼슬은 반드시 체대(遞代)가 있는 것이니 갈려도 놀라지 않으며 잃어도 연연하지 않으면 백성이 공경할 것이다.

벼슬 버리기를 신짝같이 한 것은 옛날의 의리이다. 이미 바뀌고서 슬퍼한다면 또한 부끄러운 일이 아니겠는가.

평소에 장부를 정리해 두어서 그 이튿날 홀연히 떠나가는 것은 맑은 선비의 풍도(風度)이다. 장부를 마감한 것이 염결하고 분명하여 후환이 없게 하는 것은 지혜 있는 선비의 행실이다.

부로(父老)가 서로 모여 교외에서 술을 마시며 전송하는데, 갓난아이가 어머니를 잃은 것같이 하여 정(情)이 언사(言辭)에 나타나는 것은 또한 인간 세상의 지극한 영광인 것이다.

돌아가는 길에 완악(頑惡)한 백성을 만나 꾸짖고 욕을 당하며 악한 소리가 멀리 퍼지는 것은 인간 세상의 지극한 치욕인 것이다.

| 풀이 | 목민관은 과만(瓜滿)이라고 해서 6년 또는 3년의 임기가 만료되면 원칙적으로 갈리게 되는 과체(瓜遞)를 비

1// 官必有遞 遞而不驚 失而不戀 民斯敬之矣 棄官如蹝 古之義也 旣 遞而悲 不亦羞乎 治簿 有素 明日遂行 淸士之 風也 勘簿廉明 俾無後 患 智士之行也 父老相 送 飮餞于郊 如嬰失母 情見于辭 亦人世之至 榮也 歸路遭頑 受其呵 罵 惡聲遠播 此人世之 至辱也

체대(遞代) : 벼슬이 갈리는 것을 말함.
유체(有遞) : 체대가 있는 것을 말함.
실이불련(失而不戀) : 잃어도 연연하지 않는다. 즉 미련이 없는 것.
민사경지의(民斯敬之矣) : 백성들이 공경할 것. 여기의 사(斯)는 별다른 뜻이 없으나 곧으로 해석할 수 있음.
여사(如蹝) : 조금도 미련없이 버리는 것을 흔히 '헌

신짝 버리듯 한다'로 표현한 것.

불역수호(不亦羞乎) : 또한 부끄러운 일이 아니겠는가.

치부유소(治簿有素) : 평소에 장부를 정리하는 것.

청사지풍(淸士之風) : 맑은 선비의 풍도.

감부(勘簿) : 장부를 마감하는 것.

염명(廉明) : 청렴하고 분명한 것.

비무후환(俾無後患) : 후환이 없도록 한다는 것.

부로(父老) : 나이 많은 인사들을 말함.

음전우교(飮餞于郊) : 교외에서 술 마시며 전별하는 것을 말함.

정견우사(情見于辭) : 정(情)이 말씨에 나타나는 것.

지영(至榮) : 지극한 영광.

구완(遘頑) : 여기서는 완악(頑惡)한 백성을 만남.

질매(叱罵) : 꾸짖고 욕하는 것을 뜻함.

원파(遠播) : 널리 퍼짐.

지욕(至辱) : 지극한 치욕.

독우(督郵) : 속현(屬縣)의 잘못을 살피는 관원.

오두미(五斗米) : 팽택령의 봉급.

롯하여 여러 가지 명목의 체대(遞代)가 행해지게 마련이다. 승체(陞遞)라는 것은 현(縣)에서 군(郡), 군(郡)에서 부(府), 부(府)에서 목(牧)으로 승진되어 가는 것을 말하는 것이며, 내체(內遞)란 경관직(京官職), 곧 내직(內職)으로 갈려가는 것이며, 소체(召遞)란 삼사(三司)나 승정원(承政院) 같은 데로 소명(召命)을 받아 갈려가는 것을 말하는 것이다. 이처럼 영달의 길로 체대되는 것은 갈려가는 목민관의 마음을 기쁘게 할 수 있지만, 좌천되어 가거나 대각(臺閣 : 사간원이나 사헌부)의 탄핵을 받아서 갈려가게 된다거나 암행어사에게 봉고파직(封庫罷職)을 당해 갈려가게 될 경우에는 놀라움과 미련이 남아 있어 마음이 괴롭기 마련이다.

그러나 이미 체대된 이상 돌이킬 수 없는 일이다. 새삼스럽게 놀랄 것도 없고 미련을 둘 필요도 없다. 불쾌한 빛을 보이지 않고 깨끗이 떠나가는 것이 맑은 선비의 거취(去就)이며 백성들로부터 존경을 받는 행동이다. 여기에 기관여사(棄官如蹝)라는 말이 나오는데 곧 벼슬 버리기를 헌 신짝처럼 한다는 뜻이다. 체대가 되고 나서 슬픈 빛이 얼굴에 나타나며 당황하여 허둥지둥한다면 이것은 참으로 수치스러운 일이며, 아전이나 그밖의 사람들의 조소거리에 지나지 않는 것이다.

동진(東晉) 때 도연명(陶淵明)이 팽택령(彭澤令)이 되었는데 군수가 독우(督郵)를 보내어 이르렀다. 아전이 도연명에게 예복을 갖추고 마중하라고 하자 도연명은 말하기를, "내 어찌 오두미(五斗米) 때문에 허리를 굽혀 시골 어린아이를 섬길 수 있으랴." 하고는 인수(印綬)를 풀어놓고 고을을 떠나버렸다. 고향으로 돌아가면서 지은 귀거래사(歸去來辭)는 명문(名文)으로 손꼽힌다. 또 우훈(禹訓)이 산음현감(山陰縣監)이 되었는데, 부임하는 날에 행장이 한 바리도 차지 않았으며, 과만(瓜滿)이 되었을 때 공사(公事)로 이웃 고을에 나가 있다가 체임(遞任)되었다는 말을 듣고는 그날로 떠나가 버렸다고 한다.

목민관은 언제나 장부를 정리하여 채대의 명령이 있으면 즉시 그 이튿날로 떠나갈 수 있도록 해야 하며, 장부의 마감은 청렴하고 분명하게 하여 떠나간 뒤에라도 아무런 말썽을 일으키지 않도록 해야 한다.

목민관으로 재임하는 동안 청렴 공정의 이도(吏道)를 지키고 백성들에게 은혜를 베풀어서 잘살 수 있게 한다면, 체대되어 떠나가는 날에는 백성들이 마치 부모를 잃기라도 한 것처럼 생각하며 석별의 정을 금치 못할 것이다. 이와 같은 광경이야말로 떠나가는 사람의 마음을 흐뭇하게 하며 지극한 영광이라고 할 수 있다.

만일 재임 기간 동안에 염정(廉正)의 이도(吏道)를 저버리고 백성을 괴롭히는 악정을 베풀었다면, 체대되어 떠나가는 목민관을 손가락질하고 욕할 것이며 그 나쁜 이름이 멀리까지 퍼져나갈 것이니, 이 얼마나 수치스럽고 욕된 일인가. 목민관은 모든 장부를 미루지 말고 그때그때 명확하게 잘 정리해 두어서 상부 관청으로부터 감사가 있거나 체임되어 떠나가더라도 이에 대비할 수 있도록 해야

인수(印綬) : 직인.

과만(瓜滿) : 벼슬의 임기가 참.

염정(廉正) : 청렴하고 공정한 것.

하며, 선정을 베풀어서 백성들이 잘살 수 있도록 최선의 노력을 해야 한다.

해관 6조(解官六條)는 목민관의 벼슬이 갈릴 경우에 당사자의 자세와 취할 바 행동 등을 논하고 있으며 제1항 체대에서는 목민관의 자세에 대하여 설명하고 있다. 여기서 논의되고 있는 문제들은 어느 시대를 막론하고 목민관의 공통점이라고 할 수 있는 것이다. 오늘날의 목민관들도 깊이 참고하여 도움이 되기를 바라는 바이다.

2. 두 소매에 청풍(淸風)을
……귀장(歸裝)

2// 淸士歸裝 脫然瀟灑 敝車羸馬 其淸颷襲人 笥籠 無新造之器 珠帛 無土産之物 淸士之裝也 若夫投淵鄭火 暴殄天物 以自鳴其廉潔者 斯又不 合於天理也 歸而無物 淸素如昔 上也 設爲方 便 以贍宗族 次也

귀장(歸裝) : 여기서는 벼슬이 갈려서 퇴임하는 행장.
탈연(脫然) : 초연한 것.

청렴한 선비의 퇴임 행장은 초연히 깨끗하여 해어진 수레와 여윈 말일지언정 맑은 바람이 사람을 엄습한다. 상자와 채롱에 새로 만든 그릇이 없고 주옥과 비단 등 토산물이 없다면 맑은 선비의 행장이다.

무릇 연못에 던지고 불에 집어넣어서 하늘이 준 물건을 학대하고 없애버려서 스스로 그 염결을 드러내려고 하는 자는 오히려 천리(天理)에 어긋나는 것이다.

돌아온 후에도 새로운 물건이 없고 청빈한 것이 옛날과 같은 것은 상이요, 방편(方便)을 베풀어서 종족을 넉넉하게 하는 것은 그 다음이다.

| 풀이 | 모름지기 목민관이 체임되어 돌아갈 때의 행색은 해어진 수레와 여윈 말에다 행장에는 별다르게 지닌 것이 없이 오직 맑은 바람만이 사람을 엄습하는 초연함이 있어야 한다. 그러기 위해서는 목민관은 염결의 이도(吏道)를 지켜서 털끝만큼도 백성을 침해하거나 국고를 축내는 일이 없어야 한다.

그렇기 때문에 그들의 돌아가는 행장 속에는 그 고을에 재임하면서 새로 만든 그릇이나 토산물 같은 것이 들어 있어서는 안 될 것이다.

허자(許鎡)는 가선령(嘉善令)이 되었는데도 극히 염결하고 공정하였다. 체임되어 돌아갈 때는 수레를 탈 돈이 없어서 마침내 나귀 한 마리를 빌려서 타고 갔다. 또 진도(陳韜)는 귀하고 현달한 뒤에도 오직 선인의 의대(衣帶)를 입었으며, 손님이 오면 질그릇에 나물밥으로 서로 대하되 부끄러워하는 빛이 없었다. 하남태수(河南太守)로 나갔다가 상고(喪故)의 기별을 받고 돌아가는데 행장이 쓸쓸하여 오직 수레 하나뿐이었다. 광동(廣東)에 부임할 때는 나귀를 타고 도성(都城) 문을 지나갔다.

또 김명중(金命中)이 풍덕(豊德)군수로 있다가 갈려서 돌아올 때, 집안사람이 관사에 깔았던 자리를 걷어 가지고 왔다. 옮겨온 후에 중당(中堂)에 깔았는데 공이 보고 비로소 알고는 노하여 책망하며 곧 돌려보내게 하니 이웃 친구가 말리며 말하기를, "돌려보낸다면 너무 야박하지 않은가. 자네가 그냥 두지 않을 생각이라면 나에게 주게."라

소쇄(瀟灑) : 맑고 깨끗한 것을 말함.
폐거(敝車) : 해어진 수레.
이마(羸馬) : 여윈 말.
청표(淸飇) : 맑은 회오리바람을 말함.
습인(襲人) : 사람을 엄습하는 것.
사롱(笥籠) : 상자와 채롱.
주백(珠帛) : 주옥과 비단.
장(裝) 행장.
투연(投淵) : 연못에 던짐.
척화(擲火) : 불속에 던짐.
폭진(暴殄) : 학대하고 없애버리는 것.
천물(天物) : 하늘이 낸 물건을 말함.
불합어천리(不合於天理) : 하늘의 이치에 어긋나는 것.
귀이무물(歸而無物) : 집으로 돌아간 후에도 새로운 물건이 없는 것.
청소(淸素) : 청빈(淸貧)이란 뜻인.
여석(如昔) : 옛날과 같다는 것을 말함.
이섬종족(以贍宗族) : 종족을 넉넉하게 해주는 것.

고 하자 공이 웃으며 주었다고 한다.

자기의 염결한 풍도를 남에게 보이기 위하여 연못에 던지거나 불에 태워서 귀중한 물건들을 학대하고 없애버리는 행동은 천리(天理)에 어긋나는 것이라 하여 이를 신랄하게 비판하였다. 무슨 물건이든 물건이란 모두 하늘이 준 것으로 극히 소중히 여겨야 한다. 하나라도 이를 사랑하지 않고 없애버린다면 이는 천리에 어긋나는 일이며, 동시에 개인의 손실뿐만 아니라 국가의 손실을 가져오는 것이다. 또 자연스럽게 행하는 것이 아니라 아름다운 이름을 얻기 위하여 하는 행동이라면 경솔하고 천한 것인 것이다.

여러 해 동안 목민관 생활을 하고 체임되어 집으로 돌아간 후에도 그 집안에 이렇다할 물건이 없고 청빈하기가 그전이나 다름없다면 이는 가장 훌륭한 목민관이며, 녹봉을 축적하여 그것으로 어려운 종족들을 구제하는 것도 또한 아름다운 일인 것이다.

양성재(揚誠齊)는 강동(江東)의 수운(水運)을 맡아서 녹봉으로 받은 돈 1만 꾸러미를 창고 속에 그대로 둔 채 돌아갔으며, 그의 아들 동산(東山)은 오양(五羊)의 수(守)가 되어 받은 녹봉 7천 꾸러미로 가난한 백성을 대신하여 세금을 내어 주었다. 그러나 그 집은 실로 보잘것없었으며 3대 동안 일찍이 집 치장을 한 적이 없었다. 또 윤광안(尹光顔)이 경상감사(慶尙監司)를 지내다 돌아와서 의장(義庄)과 전원(田園)과 서적(書籍)을 주어 종족들이 혜택을 입었다.

이 글에서는 목민관의 염결을 주장하고 있는데, 염결의 이도(吏道)를 지켜야 한다는 것은 목민관뿐만 아니라 동서 고금을 막론하고 어떠한 벼슬아치들도 마땅히 준수해야 할 원칙이다. '관청민자안(官淸民自安)'이라는 글이 있으니, 즉 벼슬아치들이 청렴결백해야만 백성들이 안정된 생활을 누릴 수 있다는 뜻이다. 부정을 저지를 줄 모르는 공무원, 국가와 국민을 위하여 봉사하는 공무원이라는 정신 자세가 확립되는 곳에 비로소 명실상부한 튼튼한 건설이 이루어지고 국민의 생활이 향상되며, 국가의 발전을 가져오게 될 것이다. 벼슬아치들의 정신 자세가 확립되어 있지 않다면 아무리 제도가 잘되어 있고 계획이 잘 세워져 있다 하더라도 그것은 화려한 문항이나 숫자의 나열, 또는 전시 효과를 노리는 데 그칠 뿐 소기의 성과를 기대할 수 없는 것이다. 이를테면 아무리 우수한 기술자라 하더라도 좋은 물자를 쓰지 않고 성의를 다하여 물건을 만들지 않는다면 결코 튼튼하고 좋은 물건을 생산할 수 없는 것과 같은 것이다. 우리 나라의 밝은 앞날은 무엇보다도 공무원들의 건전한 정신 자세에 기대되는 바가 크다고 생각된다.

3. 청덕을 사모하는 민정(民情)
  ……원류(願留)

떠나가는 것이 못내 아쉬워 길을 막고 더 머무르기를 원

流輝史册 以照後世 非
聲貌之所能爲也 奔赴
闕下 乞其借留 因而許
之 以順民情 此古勸善
之大柄也 聲名所達 或
隣郡乞借 或二邑相爭
此賢牧之光價也 或久
任以相安 或旣老而勉
留 唯民是循 不爲法拘
治世之事也 因民愛慕
以其聲績 得再莅斯邦
亦史册之光也 其遭喪
而歸者 猶有因民不舍
或起復而還任 或喪畢
而復除 陰與吏謀 誘動
奸民 使之詣闕而乞留
者 欺君罔上 厥罪甚大

석거지절(惜去之切) : 떠나
가는 것이 못내 아쉬운 것.
차도(遮道) : 길을 막는 것.
원류(願留) : 유임을 원함.
유휘(流輝) : 빛을 남김.
사책(史册) : 역사의 기록.
이조후세(以照後世) : ~함
으로써 후세를 밝히는 것.
성모(聲貌) : 성음(聲音)과
소모(笑貌). 즉 언행.
분부궐하(奔赴闕下) : 대궐
로 달려가는 것.
차류(借留) : 빌어서 유임시
키는 것.
대병(大柄) : 큰 방법.
성명소달(聲名所達) : 명성
이 이르는 곳.
걸차(乞借) : 빌리기를 원하

하며 그 빛을 사책(史册)에 남김으로써 후세(後世)를 밝히는
것은 성음(聲音)이나 소모(笑貌)로 능히 되는 바가 아니다.

달려가 궐하(闕下)에 다다라 유임하기를 빌면 그 뜻을
존중하여 이를 허락함으로써 민정에 따르는 것은 곧 옛날
에 선을 권장하는 큰 권병(權柄)이다.

명성이 널리 미쳐서 혹 이웃 고을에서 빌리기를 원하거
나 혹 두 고을이 서로 다툰다면 이것은 어진 목민관의 빛
나는 가치 때문이다.

혹 오래 임무를 맡겨서 서로 편안케 하였거나 혹 이미
늙었어도 부득이 유임시켜, 오직 민의(民意)를 따르고 법
에 구애되지 않는 것도 세상을 다스리는 일이다.

백성들이 그 명성과 행적을 아끼고 사모하여 그 고을에
재임하게 하는 것도 또한 사책(史册)에 빛날 일이 될 것이다.

그 친상(親喪)을 만나서 돌아간 자라도 오히려 백성들이
놓지 않으므로, 혹 기복(起復)하여 환임(還任)되는 자도 있
고 혹 상기(喪期)를 끝내고 다시 제수되는 자도 있다.

아전과 더불어 꾀하여 간사한 백성을 유혹하고 움직여
서 대궐에 이르러 유임을 빌게 하는 자는 임금을 속이고
윗사람을 속이는 것이니 그 죄가 심히 큰 것이다.

| 풀이 | 목민관이 어진 정치를 베풀어서 백성들을 잘살
게 해준다면 백성들은 그 목민관을 따르며 사랑하고 사모
하게 된다. 이와 같이 훌륭한 목민관이 떠나가게 되는 것
은 백성들에게는 큰 손실이며 애석함을 금할 수 없는 일

이다. 이러한 경우에는 목민관의 가는 길을 막고 그 유임을 원하기도 한다. 또 목민관이 체대되었다면 그 지방의 백성들이 임금이 계신 대궐로 몰려가서 그 유임을 빌기도 하는데, 이 경우에 임금이 백성의 청원을 들어서 유임을 허락해 주는 것은 백성들의 갸륵한 뜻을 가상히 여기는 한편 목민관들에게는 선정을 권장한다는 뜻에서 그 의의가 큰 것이다.

목민관이 선정을 베푼다는 것이 널리 퍼져서 이웃 고을 백성들이 자기 고을의 목민관으로 전임시켜 줄 것을 상부에 청원하거나 또는 두 고을 백성들이 서로 다투어 자기 고을의 목민관을 삼으려 한다면 그 목민관은 더욱 빛이 나며 성가(聲價)가 올라가게 마련이다. 그리고 백성들이 목민관을 숭배하고 사랑하여 그 유임을 청원하면 임금도 청원을 받아들여서 같은 고을에 재임하게 해주는 것은 곧 그 어진 이름을 역사에 올려서 후세에 길이 빛나게 하는 것이다.

유성증(俞省曾)이 나주(羅州)목사가 되어서 백성을 잘 다스렸는데, 선조 때 고을 백성들이 대궐에 이르러 글을 올리고 유임시킬 것을 비니, 특별히 두 번 제수하였다. 또 송나라 때 두연(杜衍)이 건주의 원이 되었는데 1년이 못되어 안무사(按撫使)가 그 치적(治績)을 살피어 공으로써 봉상부(鳳翔府)의 대리가 되게 하였다. 두 고을 백성들이 경계선에서 다투는데 한편에서 말하기를, "이 분은 우리의 사또인데 너희가 왜 빼앗으려 하는가." 하고 또 한편에서

는 것. 예를 들면 갑 고을의 목민관이 선정을 베풀어서 백성들을 잘살게 해주므로 이웃 고을에서 그 목민관을 자기 고을로 보내 달라고 임금에게 청원하는 것.

구임(久任) : 오래 맡기는 것. 또는 오래 임무를 맡는 것을 뜻함.

면류(勉留) : 억지로 유임시키는 것.

유민시순(唯民是循) : 오직 민의라면 이에 따르는 것.

법구(法拘) : 법에 구애됨.

성적(聲績) : 명성과 행적(行績)을 말함.

재이사방(再莅斯邦) : 그 고을에 재임하는 것.

조상(遭喪) : 친상(親喪)을 당하는 것.

불사(不舍) : 놓지 않는 것.

기복(起復) : 부모의 상중임에도 불구하고 벼슬길에 나오게 하는 것.

환임(還任) : 본래의 직책으로 다시 임명하는 것.

상필(喪畢) : 상기(喪期)가 끝나는 것.

부제(復除) : 다시 제수함.

여리모(與吏謀) : 아전과 더불어 계교를 꾸미는 것.

걸류(乞留) : 유임을 비는 것을 마함.

기군(欺君) : 임금을 속임.

망상(罔上) : 윗사람을 속이는 것.

궐죄(厥罪) : 그 죄.

말하기를, "이제는 우리 사또이신데 너희가 무슨 상관이 냐." 하였다.

고려 때 최척경(崔陟卿)이 탐라령(耽羅令)이 되어서 이로 운 것을 일으키고 폐단을 고쳐서 백성들이 모두 편안하게 되었다. 그가 돌아가게 되자 탐라 사람들이 난을 일으켰 다. 전라안찰사가 급보로 아뢰기를, "탐라 사람들이 영위 (令尉)의 횡포 때문에 반란을 일으킨다고 하면서 만일 최 척경을 얻어 원을 삼으면 마땅히 군사를 풀겠다고 합니 다."라고 하였다.

왕이 재상에게 말하기를, "이처럼 어진 사람이 있다면 어찌 쓰지 않으랴." 하고 불러서 비단을 내리고 곧 탐라령 에 제수하였다. 탐라 사람들은 척경이 온다는 말을 듣고 곧 배를 갖추어 영접하였으며 그가 지경에 들어오자 다들 창을 던지고 늘어서서 절을 하며 말하기를, "공이 오셨으 니 우리들은 다시 살아났습니다."라고 하였다.

체대(遞代)되어 가는 목민관의 유임을 백성들이 청원하 는 문제에 대하여 논하고 있다. 목민관이 백성을 사랑하 며 백성들의 괴로움을 덜어주고 어진 정치를 베풀어서 백 성들이 평화를 누리며 안정된 생활을 할 수 있다면, 백성 들은 그 목민관을 부모처럼 따르며 사랑과 공경을 다할 것이다.

4. 구명을 호소하는 민의(民意)
   ……걸유(乞宥)

법률에 저촉된 자를 백성들이 슬퍼하여 서로 임금께 호소하며 그 죄를 용서해 주기를 바라는 것은 오랜 옛날의 아름다운 풍속이다.

4// 文法所坐 黎民哀之 相率籲天 冀宥其罪者 前古之善俗也

| 풀이 | 〈주례〉 사훈편(司勳篇)에 말하기를, "민공(民功)을 용(庸)이라 하고 사공(事功)을 노(努)라 하며 치공(治功)을 역(力)이라 한다."라고 하였는데 이것은 당(唐)·우(虞)의 옛 법전이니 이른바 수레와 의복으로써 공을 갚는다는 것이다. 소사구(小司寇) 팔의(八議)의 법에 넷째는 의능(議能)이요, 다섯째는 의공(議功)이요, 일곱째는 의근(議勤)이니 이른바 10대(代)를 용서하여 능한 자를 권한다는 것이다. 천하에 공이니 능이니 하는 것은 백성을 기르고 편안히 하는 데 불과하다. 그 사랑하고 떠받드는 정(情)이 진실하여 거짓이 없으며 호소하는 소리가 슬퍼서 감동할 만하다면 비록 법에 저촉된 것이 무겁더라도 이를 용서하여 백성의 뜻을 따라야 한다.

여언성(餘彦誠)이 안륙주(安陸州) 지사가 되었는데 조세(租稅)를 받아들이는 기한을 어겼으므로 체포당하게 되었다. 이에 부로(父老)들이 대궐 밖에 엎드려 유임시켜 주기를 빌자 태조 황제가 잔치를 베풀고 상을 주어 다시 부임하게 하였으며, 또한 부로들도 잔치에 참여하게 하였다.

문법(文法) : 여기서는 법률을 말함.
소좌(所坐) : 저촉되어.
유천(籲天) : 하늘에 호소하는 것. 여기서는 임금에게 호소하는 것으로 해석됨.
기유(冀宥) : 용서를 바라는 것을 말함.
전고(前古) : 오랜 옛날.
선속(善俗) : 아름다운 풍속.

부로(父老) : 한 동네에서 나이가 많은 어른을 높여 일컫는 말.

또 정민(鄭敏)이 제동(齊東) 지현이 되었는데, 지난 일에 벌을 받아 형부(刑部)에 갇히자 고을 백성 수천 명이 대궐 밖에 엎드려 용서해 주기를 빌었다. 이에 황제가 잔치를 베풀고 위로하여 그 벼슬을 회복하고 은자(銀子)와 의복을 하사하였다. 그리고 몇 해가 지난 뒤 임기가 차서 조정에 들어오게 되니 고을 백성들이 또다시 서울로 달려가서 유임시켜 주기를 청하여 허락하였다.

과거에는 어진 목민관이 법에 저촉되어 파직을 당하고 옥에 갇히게 되면 그 고을 백성들이 임금에게 그 죄를 용서해 주기를 청원하는 일이 왕왕 있었는데, 이것을 걸유(乞宥)라고 하며 임금도 백성들의 갸륵한 뜻을 받아들여서 용서해 주기도 하였다. 어진 목민관과 착한 백성과 거룩한 임금의 뜻이 한데 합쳐진 것으로서 실로 아름다운 일이라고 볼 수 있다.

5. 임소(任所)에서의 운명
……은졸(隱卒)

5// 在官身沒 而淸芬益烈 吏民愛悼 攀輴號咷 旣久而不能忘者 賢牧之有終也 寢疾旣病 宜卽遷居 不可考終于政堂 以爲人厭惡 喪需之

임소에서 몸이 죽어 맑은 향기가 더욱 강렬하며, 아전과 백성이 슬퍼하고 상여를 붙잡고 호곡(號哭)하며, 오래되어도 능히 잊지 못하는 것은 어진 목민관의 최후이다.
오랜 병으로 누워 있게 되면 마땅히 곧 거처를 옮겨야

하며, 정당(政堂)에서 운명하여 다른 사람의 싫어하는 바가 되어서는 안 된다.

상사(喪事)에 소용되는 쌀은 이미 나라에서 주는 것이 있으니 백성이 부의하는 돈을 또 받아서 무엇하랴. 유언으로 명령하는 것이 옳은 일이다.

선치(善治)의 명성이 이미 널리 퍼지고 언제나 이문(異聞)이 있을 것이니 사람들은 그를 칭송할 것이다.

| **풀이** | 장수가 전쟁터에서 목숨을 바치는 일이 영예로운 것과 마찬가지로 목민관이 임소에서 죽는 것을 또한 영광이라 말하고 있다. 어진 목민관이 임소에서 죽게 되면 아전과 백성들이 어버이를 잃은 것처럼 슬퍼할 것이며 평소에 사랑하던 그들에 의하여 상사(喪事)가 집행될 것이다. 그리고 목민관의 어진 모습과 착한 정사는 그들의 머리 속에서 사라지지 않을 것이다. 이것이야말로 목민관의 생애를 명예롭게 장식하는 것이다.

곽은(郭垠)이 담양부사(潭陽府使)가 되었을 때 부역과 세금을 가볍게 하였으며 정치하는 것이 맑고 인자하였다. 그런데 갑자기 관(官)에서 죽으니 사람들이 모두 슬퍼하여 술과 고기를 끊고 조상하였으며, 고향으로 귀장(歸葬)하는 날에는 동네에 곡성이 끊이지 않았다. 그리고 선비와 백성들이 서로 의논하여 해마다 제삿날이 돌아오면 쌀을 모아 재(齋)를 올려서 명복을 빌었다〔곽은의 일은 추강(秋江) 남효온(南孝溫)의 기록에 남아 있음〕.

米 旣有公賜 民賻之錢 何必再受 遺令可矣 治聲旣轟 常有異聞 爲人所誦

은졸(隱卒) : 세상을 떠남.
재관(在官) : 임소에서.
신몰(身沒) : 몸이 죽는 것.
청분(淸芬) : 맑은 향기.
익렬(益烈) : 더욱 강렬한 것을 말함.
도(悼) : 슬퍼하는 것.
반이(攀輀) : 상여를 붙잡음.
호도(號咷) : 부르짖으면서 우는 것.
유종(有終) : 끝나는 것.
침질(寢疾) : 오랜 병.
고종(考終) : 운명하는 것.
정당(政堂) : 정무(政務)를 집행하는 방.
염오(厭惡) : 싫어하는 섯.
상수지미(喪需之米) : 상사(喪事)에 소요되는 쌀.
공사(公賜) : 나라에서 주는 것임.
민부지전(民賻之錢) : 백성들이 부조하는 돈.
재수(再受) : 다시 받는 것.
유령(遺令) : 명령을 남김.
치성(治聲) : 선치(善治)를 하였다는 평판.
이문(異聞) 특이한 소문.
송(誦) : 칭송하는 것.

노대하(盧大河)가 고부군수가 되어 임소에서 죽었다. 장차 염하려고 고을에서 수의를 만들어 왔는데 비단을 사용하였다. 정읍현감(井邑縣監) 박충생(朴忠生)이 염하는 것을 와서 보고는 반대하여 말하기를, "공이 평생에 사치한 것을 예로 삼지 않았다."라고 하였다.

공무를 집행하는 정당(政堂)에서 운명하는 것은 도리에 어긋나는 일이며 또 사람들이 싫어하는 바이다. 목민관 자신이 병이 위독하여 살아날 희망이 없다고 생각될 때는 곧 정당을 비우고 거처를 다른 곳으로 옮겨야 한다.

이위국(李緯國)이 상원(祥原)군수가 되었는데 관아에 귀신의 작희가 있어서 수령으로 온 자들이 많이 죽었다. 그리하여 오래 비워두고 살지 않았는데 공이 부임해 오면서 곧 수리하게 하고 그곳에 거처하였다. 이날 밤에 그가 타고 다니는 말이 까닭없이 갑자기 죽었다. 공은 태연히 아무렇지도 않게 여겼으며 끝내 아무 일도 일어나지 않았다. 뒤에 이천부사(利川府使)가 되었는데 전임 부사로 잇달아 부해(府廨)에서 죽은 자가 세 사람이나 되었다. 이에 부의 사람들이 신위(神位)를 마련하고 자리를 펴서 당(堂)에서 신을 제사지냈으며, 후임 군수가 올 때면 그곳을 피하고 백성의 집에 우거하였다. 이렇게 하여 여러 군수를 거쳤다. 공이 아전에게 말하기를, "신관이 오면 구관은 마땅히 가는 것이다. 신도(神道)인들 어찌 사람의 일과 다르랴."라고 하면서 그 신위를 옮기고 거처하였으나 끝내 무사하였다.

작희(作戲) : 남의 일을 방해함.

부해(府廨) : 부의 관아.

신위(神位) : 죽은 이의 영혼이 의지할 자리. 곧 신주나 지방 같은 것.

신도(神道) : 귀신의 높임말.

옛날 법에 외관(外官)이 임지에서 죽게 되면 나라에서 상수미(喪需米)를 내리게 되어 있다. 상사(喪事)에 소요되는 쌀을 받으면서 또다시 백성들로부터 부의하는 돈을 받는다면 그것은 염결의 도에 어긋나는 것이다. 백성들이 부의로 바치는 돈을 받지 말도록 유언을 남기는 것이 청렴한 목민관으로서 유종의 미를 거두는 것이다. 〈속대전〉에 말하기를, "외관(外官)은 자신이 죽거나 친상(親喪)을 당하였을 때는 상수미(喪需米)를 차등 있게 준다."라고 하였다. 관찰사나 수령이 임지에서 친상을 당하면 호남·영남은 40석이고 호서(湖西)는 30석이며, 자신이 죽으면 호남·영남은 40석이고 호서는 35석이다. 나라에서 상수미를 이처럼 후하게 주는 것은 백성들에게서 부의금을 걷지 않게 하기 위해서이다.

목민관이 선정을 베풀어서 아름다운 명성이 널리 알려지고 더욱이 특이한 일화들이 있다면 사람들이 서로 칭송하며 전하게 마련이다. 왕업(王業)이 형주자사(荊州刺史)가 되어서 백성들에게 은혜를 베풀고 선정을 하였다. 지강(支江)에서 죽었는데 흰 호랑이 세 마리가 머리를 숙이고 꼬리를 끌며 밤을 새워 그 상(喪)을 호위하다가 상여를 운반하여 지경을 넘자 문득 없어지고 말았다. 어진 목민관은 숨을 거둘 때까지도 법도를 지키고 죽은 후에도 민폐를 끼치는 일이 없으며, 백성들이 덕을 사모하여 많은 일화를 남기게 된다. 그리고 잘 다스린 공적은 길이 청사에 빛나고 후진들에게 교훈을 줄 것이다.

이 글은 〈목민심서〉의 마지막을 장식하는 것으로서 목민관이 임소에서 죽게 될 경우에 대하여 논한 것이다.

6. 송덕과 선정비

……유애(遺愛)

6// 旣沒而思 廟而祠之
其遺愛 可知矣 生而祠
之 非禮也 愚民爲之 相
沿而爲俗也 刻石頌德
以示悠遠 卽所謂善政
碑也 內省不愧 斯爲難
矣 木碑頌惠 有誦有諂
隨卽去之 卽行嚴禁 毋
底乎恥辱矣 旣去而思
樹木猶爲人愛惜者 甘
棠之遺也 愛之不諼 爰
取侯姓 以名其子者 所
謂民情大可見也 旣去
之久 再過茲邦 遺黎歡
迎 壺簞滿前 亦僕御有
光 輿人之誦 久而不已
其爲政 可知已 居無赫
譽 去而後思 其唯不伐
而陰善之乎 仁人所適
從者如市 歸而有隨 德
之驗也 若夫毁譽之眞
善惡之判 必待君子之
言 以爲公案

죽은 뒤에 생각하여 사당을 세워 제사를 지낸다면 그 남긴 사랑은 짐작할 수 있는 것이다.

살아 있을 때 사당을 세우는 것은 예가 아니다. 어리석은 백성들이 이를 행하여 서로 본받아 한 풍속이 되었다.

덕을 칭송하여 돌에 새겨 영원히 본보기가 되게 하는 것을 이른바 선정비(善政碑)라 한다. 마음속으로 반성하여 부끄럽지 않기가 어려운 것이다.

목비(木碑)로 은혜를 칭송하는 것 중에는 찬양하는 것도 있고 아첨하는 것도 있으니, 세우는 대로 곧 없애버리고 엄금하여 치욕에 이르지 않게 해야 한다.

이미 떠나 간 뒤에 생각하여 수목(樹木)도 오히려 사람의 사랑하고 아끼는 바가 되는 것은 감당(甘棠)의 유풍인 것이다.

그리운 마음을 잊지 못하여 후(侯)의 성을 따서 그 아들의 이름을 짓는 것은 이른바 민정(民情)을 크게 볼 수 있는 것이다.

이미 간 지가 오래인데 다시 그 고을을 지나게 되면 옛날 백성들이 반갑게 맞아서 물병과 음식이 앞에 가득하니 복어(僕御)에게도 또한 빛이 되는 것이다.

많은 사람들의 칭송하는 소리가 오래도록 그치지 않는다면 그 정치한 것을 알 수 있는 것이다.

있을 때는 혁혁한 명예가 없고 떠나간 뒤에 생각하게 되는 것은 오직 공을 자랑하지 않고 남몰래 착한 일을 한 자일 것이다.

어진 사람이 가는 곳에는 따르는 사람들이 저자와 같고 돌아올 때도 따르는 자가 있는 것은 덕의 징험이다.

훼방과 명예의 참됨과 선악의 판별 같은 것은 반드시 군자의 말을 기다려서 공정한 안(案)을 삼아야 할 것이다.

| 풀이 | 목민관이 백성을 사랑하고 은혜를 베풀어서 백성들을 잘살게 해준다면 백성들은 그 목민관을 어버이처럼 사랑하고 존경하게 된다. 그 사랑하고 존경하는 것이 뼈에 사무치도록 절실하면 그 목민관이 죽은 뒤에는 사당을 세우고 제사까지 지내게 된다.

한문공(韓文公 : 이름은 유(愈)이며 당나라 때 문호로서 당송팔대가의 한 사람)이 조주자사(潮州刺史)가 되었는데 조주 백성들이 기뻐하며 복종하였다. 공이 죽은 뒤에 백성들이 조주성 남쪽에 사당을 세우고 음식이 있으면 반드시 제사 지내며, 수재(水災)·한재(旱災), 질병 여역(癘疫) 등 무릇 재앙이 있을 때는 반드시 빌었다. 또 양(梁)나라 때 임방(任昉)이 오흥태수(吳興太守)가 되었는데 처자가 보리밥으

기몰이사(旣沒而思) : 몰은 죽었다는 뜻이니, 즉 죽은 뒤에 생각하는 것.
묘이사지(廟而祠之) : 묘는 사당. 즉 사당을 세우고 제사내는 것.
유애(遺愛) : 백성들에게 끼친 사랑.
생이사지(生而祠之) : 살아 있을 때 사당을 세우는 것.
상연이위속(相沿而爲俗) : 서로 본받아 풍속이 됨.
각석(刻石) : 돌에 새기는 것을 말함.
유원(悠遠) : 오랜 것.
내성(內省) : 마음으로 반성하는 것.
불괴(不愧) : 부끄럽지 않음.
사위난의(斯爲難矣) : 이것이 어렵다는 것.
목비(木碑) : 나무로 만든 비를 말함.
송혜(頌惠) : 은혜를 칭송함.
천(諂)· 아첨하는 것
수즉거지(隨卽去之) : 세우는 대로 곧 치워버리는 것.
무저호치욕의(毋底乎恥辱矣) : 치욕에 이르는 일이 없도록 하라는 것.
애석(愛惜) : 사랑하고 아끼는 것.
유(遺) : 유풍(遺風).
불훤(不諼) 잊지 않는 것.
후성(侯姓) 수령의 성. 후(侯)는 수령을 제후에 비유해서 하는 말.
이명기자(以名其子) : 그 아들의 이름을 짓는 것.
재과자방(再過玆邦) : 자방(玆邦)이란 그 고을이라는

뜻이니, 즉 다시 그 고을을 지나가게 되면.

유려(遺黎) : 남은 백성들.

호단(壺簞) : 호는 물을 담는 병이라는 뜻이며, 단은 밥 담는 대소쿠리라는 뜻이니, 즉 물과 음식을 말함.

복어(僕御) : 말의 시중꾼.

여인(輿人) : 많은 사람.

구이불이(久而不已) : 오래도록 그치지 않는 것.

거무혁예(居無赫譽) : 있을 때는 혁혁한 명예가 없는 것을 뜻함.

불벌(不伐) : 공을 자랑하지 않는 것.

음선(陰善) : 나타나지 않게 선정을 베푸는 것.

소적(所適) : 가는 곳.

여시(如市) : 저자 같다는 것을 뜻함.

유수(有隨) : 따르는 사람들이 있는 것.

험(驗) : 징험.

부(夫) : 무릇.

훼예(毁譽) : 훼방과 칭송.

로 끼니를 이었다. 체임되어 도성(都城)에 이르렀는데 옷이 없어서 들어가지 못하자 심약(沈約)이라는 자가 옷 한 벌을 보내어 맞아들였다. 후에 백성들이 추모하여 사당을 세워 제사를 지냈다.

남에게서 큰 은혜를 받고 그를 사랑하고 존경하는 것이 지극한 데 이르면 생사당(生祠堂)을 세우는 일이 있다. 생사당이란 죽은 뒤에 세우는 것이 아니라 살아 생전에 사당을 세우고 신위(神位)를 모셔서 제사를 지내는 것을 말하는데, 산 사람을 제사지낸다는 것은 있을 수 없는 일이며 따라서 예법에 어긋나는 일이다. 그러나 어리석은 백성들은 사리를 판단치 못하고 은혜를 갚는다는 생각으로 이러한 일을 행하고 있다.

오리(梧里) 이원익(李元翼)이 평안관찰사(平安觀察使)가 되어 청렴하고 인자하여 은혜스런 정사가 많으니 백성들이 그를 위하여 생사당을 세웠다. 또 서구사(徐九思)가 구용지현(句容知縣)이 되어 선정을 베풀었으므로 그가 체임되어 간 뒤에 구용 백성들이 그를 위하여 모산(茅山)에 생사당을 세웠다. 서구사가 22년이 지난 후 나이 85세에 병들었는데 손을 들고 말하기를, "모산이 나를 맞는다."라고 하며 드디어 죽었다.

목민관이 선정을 베풀어서 백성들을 잘살게 하면 백성들은 그 은혜에 감격하여 돌에다 치적(治績)을 새겨서 길이 후세에 빛나게 한다. 이것을 선정비(善政碑)라고 하며 우리 나라에서도 어느 고을을 가든 옛날 관아가 있던 곳에는 큰 길가에 즐비하게 서 있는 것을 볼 수 있다.

진(晉)나라 때 양호(羊祜)가 오래 양양(襄陽)을 진무(賑撫)하여 어질고 은혜 있는 정사를 많이 행하였다. 양호가 죽은 뒤에 백성들이 현산에다 비를 세우고 사당을 세웠는데 그곳은 바로 호가 평생을 쉬고 놀던 곳이었다. 1년 중 때때로 제사를 드리며 그 비를 바라보며 눈물을 흘리지 않는 이가 없으므로 두예(杜預)가 그 비를 타루비(墮淚碑)라고 일컬었다.

당나라 때 송경(宋璟)이 일찍이 광주(廣州)의 수령이 되어 어진 정사를 베푼 일이 있었는데 광주에서 송경을 위하여 유애비(遺愛碑)를 세우기를 청하였다. 경이 이것을 금하며 아첨하는 풍속을 고쳐서 다른 고을에서까지도 목민관을 위하여 비석을 세우는 일이 줄어들게 되었다.

옛날에는 선정비로서 석비만을 세운 것이 아니라 목비(木碑)를 만들어 세우기도 한 모양이다. 아무리 어진 목민관이라 하더라도 만백성에게 모두 좋게만 대할 수 없는 것이므로 원망하는 백성도 있게 마련이다. 그러므로 오늘 새 목비가 세워졌다가도 목비란 사람이 손쉽게 장난할 수 있는 것이므로 더럽혀지기가 일쑤여서 세워지지 않는 것만 못한 것이다. 따라서 이를 엄금해야 한다고 주장하고 있다.

이상황(李相黃)이 충청도 암행어사가 되었을 때의 일이다. 새벽에 괴산군에 다다랐는데 고을에 5리쯤 못미처 하늘 빛이 아직도 희미한 속에 멀리 미나리밭 가운데에 한 백성이 소매에서 나뭇조각을 꺼내어 진흙 속에 거꾸로 꽂

타루비(墮淚碑) : 눈물을 흘리는 비.

앉다가 길 옆에 바로 세우고, 또 앞으로 수십 보를 가더니 다시 소매 속에서 나뭇조각을 꺼내어 진흙칠을 하여 세우는 것을 보았다. 이렇게 하기를 다섯 번이나 하였다.

어사가 묻기를, "그것이 무슨 물건인가."라고 하니, 대답하기를, "이것은 선정비인데 나그네는 모를 것이오."라고 하였다. 어사가 다시 묻기를, "왜 진흙칠을 하는 것이오?"라고 하니 대답하기를, "암행어사가 사방으로 돌아다니므로 이방(吏房)이 나를 불러 이 비 10개를 주고 동쪽 길에 다섯 개를 세우고 서쪽 길에 다섯 개를 세우라고 하였는데, 눈먼 어사가 이것을 진짜 선정비로 알까 두려워서 진흙칠을 하여 세우는 것이오."라고 하였다. 어사가 그 길로 들어가서 일을 조사하여 먼저 진흙비의 일을 논죄하고 봉고파직하였다.

어진 목민관이 떠나가게 되면 백성들이 그를 사모하는 마음이 간절한 나머지 그가 심고 가꾸어 기르던 나무까지도 사랑하고 아끼며 마치 그를 대하는 것처럼 한다. 남질(南軼)이 칠원(漆原)현감이 되어서 어진 정치를 베풀었는데 그가 심은 나무를 가리켜 남정자(南亭子)라고 일컬으며 백성들이 아끼고 보호하였다.

중국에서는 목민관이 어진 정치를 베풀어서 그 은혜가 뼈에 사무치게 되면 백성들이 그 목민관의 성을 따서 자기 아들의 이름을 짓는 예가 있었다. 목민관을 길이 잊지 않으려는 데서 나온 것이라고 보겠다. 당나라 때 양성(陽城)이 도주(道州)의 원이 되었는데 백성 다스리기를 집 다스리듯 하고, 임금께 아뢰어 난쟁이[侏儒] 놀이의 공(貢)을 파하니, 고을 사람들이 감동하여 아들의 이름에 양(陽)자를 붙여서 지었다. 또 한문공(韓文公)이 양산령(陽山令)이 되었는데 많은 백성들이 아들을 낳으면 그의 성을 따서 이름을 지었다.

어진 목민관은 백성의 머리 속에서 그 인상이 사라지지 않는다. 그렇기 때문에 그 고을을 떠난 지 오래되었어도 다시 그곳을 지나게 되면 백성들은 반갑게 맞아주고 서로 다투어서 술과 음식을 가져와서 정성껏 대접하게 된다. 이 얼마나 즐거운 일인가. 따라가는 하인이나 마부(馬夫)까지도 영광스럽기 마련이다.

한경준(韓景駿)이 일찍이 비현령(肥縣令)이 되어 어진 정사를 베푼 일이 있었다. 조주장사(趙州長史)로 부임하는 길에 비현(肥縣)을 지나가는데 백성과 아전들이 놀라고 기뻐하여 다투어 와서 잔치를 베풀고 전송하여 여러 날을 묵고 있었다. 찾아오는 백성들 중에는 겨우 열 살밖에 안 되어 보이는 어린아이도 있었다.

경준이 말하기를, "내가 북쪽으로 간 것을 따져 보면 그때는 너희들이 나지도 않았으니 이미 옛 은혜가 없는데 어찌 이다지도 친절하게 하느냐."라고 하니, 모두 대답하기를, "요즘에 어른과 노인들이 전하여 말하기를, 고을 안의 공해(公廨) · 학당 · 관사 · 제방 · 교량이 모두 명공(明公)이 남긴 자취라 하기에 옛날 사람인가 하였더니, 뜻밖에 우러러 뵙게 되어 저도 모르게 반갑고 연연한 것이 평

공해(公廨) : 관가 소유의 건물.

상시보다 배나 더해지는 것을 느낍니다."라고 하였다.

고을에 재임(在任)하였을 때는 이렇다 할 명성이 없었으나 체임이 되어 갈려간 뒤에야 비로소 그의 어진 것을 알게 되고 은혜를 생각하게 되는 목민관이 있는데, 그와 같은 목민관은 평소에 자기의 공적을 다른 사람들에게 알리려 들지 않고 나타나지 않게 어진 정치를 행하였기 때문이다. 이러한 목민관이야말로 교양이 높고 유능한 인물이라고 할 수 있다.

고대 중국의 이상적인 군주로 널리 알려지고 있는 요·순(堯舜)시대에 백성들이 격양가(擊壤歌)를 지어서 불렀는데, "해가 뜨면 일을 하고 해가 지면 들어가 쉬네. 밭 갈고 우물 파서 물 마시니 임금의 힘이 나에게 무슨 소용이랴."라고 하였다. 이것은 요임금이나 순임금의 어진 정치가 널리 백성들에게 미치고 있는데도 백성들이 느끼지를 못하였기 때문이다.

진(晉)나라 때 사안(謝安)이 오회(吳會) 태수가 되었는데 재임하였을 때는 명예가 없었으나 간 뒤에야 사람들이 생각하였다.

어진 목민관이 가는 곳에는 그 덕을 사모하여 사람들이 구름처럼 모여든다. 체임되어 갈려가게 되어도 어진 이를 놓칠 수 없다며 따르는 사람이 있게 마련이다.

〈오대사(五代史)〉에 말하기를, "오(吳)나라 월현(越儇)이 영가수(永嘉守)가 되어서 정치와 교화가 널리 미치니 백성들이 지극히 사랑하였다. 그가 고소수(姑蘇守)로 옮기게 되자 영가(永嘉) 사람으로서 짐을 끌고 따르는 자가 많았다."라고 하였다. 〈논어〉에는 '덕불고필유린(德不孤必有隣)'이라는 말이 있는데, 즉 덕은 외롭지 않고 반드시 이웃이 있다는 말로서 실로 금언이라 할 수 있다.

잘못하였다는 훼방과 잘하였다는 명예의 진실성이나, 선악의 공정한 판단 같은 것은 반드시 교양 높은 군자의 말을 빌려서야 비로소 결정지을 수 있는 것이다. 원결(元結)이 〈도주(道州) 자사 청벽(廳壁)의 기(記)〉에서 말하기를, "천하가 태평하면 천리 지방 안의 모든 생령은 자사(刺史)가 능히 생존하게 하고 멸망하게 하며, 성하게 하고 쇠하게 하는 것이고, 천하에 병란이 일어나면 능히 백성을 보호하고 환란을 제거하는 것이 자사에게 있으니, 무릇 자사가 만일 문무의 재주와 도략이 없거나 청렴하지 못하여 아랫사람에게 엄숙하지도 못하며, 밝지도 못하고 은혜롭지도 못하며, 공변되지도 못하고 정직하지 못하면, 한 고을의 생명이 모두 그 해를 입을 것이다."라고 하였다.

금언(金言) : 생활의 본보기로 할 만한 귀중한 내용을 지닌 말.

정약용 연보(年譜)

연 대	중 요 사 적	국 내 정 세
1762 (영조 38)	6월 16일, 경기도 광주군(廣州郡) 초부면(草阜面) 마현(馬峴 : 지금의 남양주시 조안면 능내리)에서 정재원(丁載遠) 공의 넷째 아들로 태어남. 아명(兒名)은 귀농(歸農)임.	* 2월, 왕세손(王世孫) 가례(嘉禮)를 올림. * 윤 5월, 왕세자(王世子)를 폐하여 서인(庶人)을 만들고 이어 뒤주 속에 가두어 죽임.
1767 (영조 43)	아버지 임소인 연천(漣川)으로 따라감. (6세)	
1770 (영조 46)	어머니 숙인(淑人) 해남(海南) 윤씨(尹氏 : 고산 윤선도의 후손) 서거함. (9세)	
1771 (영조 47)	벼슬을 그만두고 물러나 집에 있는 아버지로부터 경서(經書)와 사서(史書)를 수학함. (10세)	
1776 (영조 52)	무승지(武承旨) 홍화보(洪和輔)의 딸 풍산(豊山) 홍씨(洪氏)와 결혼함. 아버지가 복직되어 서울로 이사함. (15세)	* 3월, 왕이 승하하고 왕세손이 즉위함. * 3월, 사도세자(思悼世子)를 장헌세자(莊獻世子)로 함.
1777 (정조 원년)	처음으로 성호(星湖) 이익(李翼)의 유고(遺稿)를 봄. 가을에 아버지의 임소인 화순(和順)으로 따라감. (16세)	

1781 (정조 5)	서울에서 과거시험(科擧試驗)을 봄. (20세)	
1783 (정조 7)	2월, 세자 책봉 경축 증광감시(增廣監試)의 경의초시(經意初試)에 입격. 4월, 회시(會試)에서 생원(生員)에 입격. 9월, 장남 학연(學淵) 출생함. (22세)	*12월, 이승훈(李承薰)이 사신을 따라 연경(燕京 : 지금의 북경)으로 가서 남천주당(南天主堂)에서 세례를 받음.
1784 (정조 8)	여름에 정조(正祖)에게 《중용강의(中庸講義)》를 바침. 율곡(栗谷)의 기발설(氣發說)을 찬양하여 임금으로부터 공변된 의논임을 인정받음. 이벽(李蘗)에게서 서교(西敎)에 대한 설명을 듣고 책 한 권을 봄. (23세)	*3월, 이승훈이 연경으로부터 서교(西敎 : 천주교)에 관한 서적을 가지고 돌아옴.
1786 (정조 10)	7월, 2남 학유(學游) 출생함. (25세)	
1789 (정조 13)	문과에 급제. 부사정(副司正), 가주서(假注書)를 역임함. (28세)	*7월, 영우원(永祐園 : 장헌세자의 묘소)을 수원으로 옮김.
1790 (정조 14)	2월, 예문관(藝文館) 검열(檢閱)이 됨. 3월, 해미현(海美縣 : 지금은 서산군에 편입되었음.)으로 유배되었으나 곧 풀림. 용양위(龍驤尉) 부사과(副司果)로 승진되었으며, 사간원(司諫院) 정언(正言) · 잡과감(雜科監) 대진(臺進)을 거쳐 사헌부	

	(司憲府) 지평(持平)·무과감(武科監) 대진을 제수받음. (29세)	
1791 (정조 15)	사간원 정언·사헌부 지평을 역임함. (30세)	* 11월, 신해사옥(辛亥邪獄) 일어남.
1792 (정조 16)	홍문관(弘文館) 수찬(修撰)을 제수받음. 아버지가 진주(晋州) 임소에서 별세함. 왕명을 받들어 수원성제(水原城制)를 지어 올림. (31세)	
1794 (정조 18)	성균관(成均館) 직강(直講), 홍문관 수찬을 거쳐 경기 암행어사가 되고 어사의 임무를 마친 뒤 홍문관 부교리(副校理)를 제수받음. (33세)	* 12월, 청(淸)나라 신부(神父) 주문모(周文模)가 밀입국하여 상경(上京)함.
1795 (정조 19)	동부승지(同副承旨)·병조참의(兵曹參議)를 거쳐 우부승지(右副承旨)를 제수받음. 주문모 사건에 둘째형 약전(若銓)의 연좌로 금정(金井) 찰방(察訪)으로 외보(外補)됨. 성호 유고(星湖遺稿)를 정리함. 용양위(龍驤衛) 부사직(副司直)에 체임됨. (34세)	* 주문모는 달아나고 그 안내자 지황(池璜)·윤유일(尹有一)·최인길(崔仁吉) 등은 처형됨. 〈이충무공전서〉 14권 간행.
1796 (정조 20)	규영부(奎英府) 교서(校書)·병조참지(兵曹參知)·우부승지(右副承旨)를 거쳐 좌부승지(左副承旨)를 제수받	

연도	행적	비고
	음. (35세)	
1797 (정조 21)	곡산(谷山) 도호부사(都護府使)로 외보됨. 〈마과회통(麻科會通)〉 12권을 편찬. (36세)	
1799 (정조 23)	황주영위사(黃州迎慰使)가 됨. 병조참지·동부승지·부호군(副護軍)을 거쳐 형조참의를 제수받음. (38세)	
1800 (정조 24)	봄에 가족을 데리고 낙향하였으나 왕명으로 다시 상경함. (39세)	* 정조가 승하하고 왕세자가 즉위함. 대왕대비(大王大妃) 김씨 수렴청정함.
1801 (순조 원년)	2월, 무고(誣告)를 입어 옥에 갇힘. 3월, 장기(長鬐: 경상도)에 유배됨. 〈이아술(爾雅述)〉 6권, 〈기해방례변(己亥邦禮辨)〉을 지었음. 10일, 황사영(黃嗣永)의 백서 사건(帛書事件)으로 다시 투옥되고, 10월, 강진(康津: 전라도)으로 유배됨. (40세)	* 1월, 사학(邪學) 천주교를 금함. 오가작통법(五家作統法)을 시행함. * 2월, 신유사옥(辛酉邪獄) 일어남. 둘째형 약전은 신지도(薪知島)에 유배되고 셋째형 약종은 처형됨. 주문모 처형됨. * 9월, 황사영 백서 사건 일어남.
1808 (순조 8)	봄에 강진 도암면(道岩面) 만덕동〔萬德洞: 귤동(橘同)〕 다산(茶山)의 산 밑에 있는 윤박(尹博)의 산정(山亭)으로 옮겨 〈다산문답(茶山問答)〉 한 권을 지었음. (47세)	* 1월, 북청(北靑)·단천(端川) 등지에서 폭동이 일어남. * 5월, 서북인(西北人)을 각별 등용케 함.
1811 (순조 11)	〈아방강역고(我邦彊域考)〉 10권을 저술함. (50세)	* 12월, 홍경래(洪景來)의 난 일어남.

1817 (순조 17)	〈경세유표(經世遺表)〉 40권 완성됨. (56세)	
1818 (순조 18)	〈목민심서(牧民心書)〉 48권 이 완성됨. 8월에 귀양이 풀려서 강진을 떠나 마현 (馬峴) 고향집으로 돌아옴. (57세)	
1819 (순조 19)	〈흠흠신서(欽欽新書)〉 30권 을 저술함. 〈아언각비(雅言 覺非)〉 3권을 저술함. (58 세)	
1822 (순조 22)	회갑(回甲)을 맞아 스스로 자찬묘지명(自撰墓誌銘)을 지음. (61세)	
1830 (순조 30)	5월 5일, 약원(藥院)에서 탕 제(湯劑)의 일로 부호군(副 護軍)으로 단부(單付)되었으 나 약을 쓰기 전에 효명세 자(孝明世子)가 죽어 6일 마 현으로 돌아옴. (69세)	*효명세자(孝明世子) 병으 로 서거함.
1834 (순조 34)	〈상서고훈(尙書古訓)〉과 〈지 원록(知遠錄)〉을 개정하여 21권으로 합편(合編)함. 〈매 씨서평(梅氏書平)〉을 개정보 완하여 10권으로 함. (73세)	*11월, 순조가 승하함. 왕 대비(王大妃) 수렴청정함.
1836 (헌종 2)	2월 22일, 마현 고향집에 서 병으로 서거함. 자택인 여유당(與猶堂 : 당호) 뒷산 에 안장됨. (75세)	

동양 고전으로 미래를 읽는다 001

목민심서

초판 발행_1981년 3월 15일
개정판 중판 발행_2022년 5월 10일

역해자_노태준
펴낸이_지윤환
펴낸곳_홍신문화사

출판 등록_1972년 12월 5일(제6-0620호)
주소_서울시 동대문구 안암로50-1(용두동) 730-4(4층)
대표 전화_(02) 953-0476
팩스_(02) 953-0605

ISBN 89-7055-751-2 03190